U0516595

聶石樵文集

第七卷

玉谿生詩醇

中 華 書 局

目　録

自 序

一

李商隱，字義山，號玉谿生，又號樊南生。生於唐憲宗元和七年(八一二)，卒於唐宣宗大中十二年(八五八)。祖籍懷州河內(今河南沁陽)，從他祖父李浦起，遷居滎陽(今河南滎陽)，因此滎陽就成了他的第二故鄉。

李商隱的父親李嗣，曾做過獲嘉(今河南獲嘉)縣令，他即誕生在父親的任所。三歲時，父親罷獲嘉令，改任紹興、鎮江一帶的幕僚約六七年。他隨之在江南度過了自己的童年。十歲時，父親死於幕府，他不得不奉喪侍母由江南返回滎陽。這時期，他的生活是極端艱苦的，所謂"四海無可歸之地，九族無可倚之親，既袝故丘，便同逋駭；人生窮困，聞見所無"(《祭裴氏姊文》)。在滎陽住了兩年，父喪除後，又把全家遷到洛陽。嚴峻的生活環境砥礪着他的性格，迫使他勤苦學習。"九考匪遷，三冬益苦"(《上漢南盧尚書狀》)，正是他勤苦精神的自我寫照。他希圖通過學習能科舉進身，重振門庭。當時他的一位堂叔對他幫助很大。這位佚名的堂叔隱居不仕，憤世嫉俗，並擅長古文、古體詩和書法。李商隱對之十分敬佩，並深受其影響，在他的薰陶下，幼年早熟，"以古文出諸公間"(《樊南甲集序》)，開始走向應舉的道路。

李商隱十六歲爲參加進士考試而進行"溫卷"活動，首先得到令狐楚的賞識。令狐楚任天平軍節度使(駐鄭州),辟他爲巡官,其時他纔十八歲。令狐楚對他竭誠獎掖,讓他與自己的兒子同學,親自指點,教他寫作今體文。從此李商隱由長於寫古文一變又以擅寫駢體文聞名當世。令狐楚對他的影響是很大的,以至於決定他一生的政治道路和詩歌創作。令狐楚死後,李商隱沉痛地悼念說:"百生終莫報,九死諒難追。"(《撰彭陽公表文畢有感》)充分表露了自己感恩戴德的心情。

其次得到崔戎的賞識。當時他二十二歲,初次到京城應舉落選,心情十分苦悶,窮途知遇,分外高興。崔戎是他的從表叔,任華州(今陝西華縣)刺史,辟李商隱爲幕僚,不久崔戎被調任兗州(今山東兗州西)觀察使,他又隨之赴兗州去了。在崔戎幕府中,他深受府主的器重,與幾位表兄弟相處得很融洽,因此心情比較愉快。可是不久崔戎病死於任所,他無所依倚,便往返於洛陽和滎陽之間。此時,他還曾在河南濟源的玉陽山、王屋山一帶隱居學道,這一方面由於科場失敗,精神苦悶,需要宗教思想來解脫,另一方面名山勝景也可以讀書習業,以利應試,並博得清高的美名,一旦朝廷重用,即可舒展懷抱。

李商隱自二十一歲起,曾三次應進士考試,二十六歲那年,經令狐綯推薦,得登科第。第二年入涇原節度使(駐今甘肅涇川縣北)王茂元幕。王茂元愛其才,將女兒嫁給了他。他先前依附的令狐楚原屬牛黨,而王茂元則被目爲李黨。李商隱並不以任何黨人自居,也無以婚姻來謀取富貴的意圖,但他這一行動,卻招致了牛黨的忌恨。開成三年(八三八),他應吏部"釋褐"考試,先爲考官周墀、李回所取,復審時被"中書長者"抹去。這次打擊,使李商隱對勾心鬥角的黨爭有了切身的體會,發出了"莫近彈棋局,中心最不平"(《無題》)的喟歎!開成四年,他再應吏部"釋褐"考試入選,授秘書省校書郎。校書郎品秩不高，但職屬清要。可能由於牛黨的排擠，不久又外調爲弘農尉，從清職降爲俗吏。

縣尉是一個直接壓迫人民、剝削人民的職位，這是李商隱所不忍心做的。他到任不久，即因爲"活獄"觸怒了陝虢觀察使孫簡，便辭職回京，並沉痛地說："卻羨卞和雙刖足，一生無復没階趨。"（《任弘農縣尉獻州刺史乞假歸京》）表現了一個有正義感的詩人的錚錚鐵骨。

李商隱辭去弘農尉的第二年，文宗死了，武宗即位，任李德裕爲宰相，王茂元也由涇原内召入京爲朝官。李商隱認爲在政治上進取的機會來到了，因此由濟源把家搬到長安，所謂"移家關中"。可是在長安並没有什麽新的出路，秋冬之際，應楊嗣復之招，便南游江鄉。然而楊嗣復由湖南都團練觀察使，再貶爲潮州刺史。他到湖南後，並未見到楊嗣復，幾個月就回來了。江鄉之游，頗違初意，情緒闌珊，"目斷故園人不至，松醪一醉與誰同"（《潭州》），乃情乃景，誠何以堪！會昌二年（八四二），他參加吏部的書判甄拔試入選，授秘書省正字。這是他第二次入秘書省，當時三十一歲，希望從此重振家聲。他在《祭徐氏姊文》中說："三干有司，兩被公選，再命芸閣，叨迹時賢。"即流露了這方面的得意心情。

但是，同年冬天，他母親不幸病故，他不得不離職回家服喪。這期間他爲母親、先輩親屬和小侄女營葬，自認爲是了卻平生一大心事。不久又移家永樂（今山西芮城縣），過了一段清閑寧靜的生活。但他並没有忘懷國家，仍然嚮往長安："身閑不睹中興盛，羞逐鄉人賽紫姑。"（《正月十五夜聞京有燈恨不得觀》）他爲自己不能爲武宗的"中興"事業出力而抱愧。

李商隱三十四歲那年服喪期滿，重返秘書省正字任。幾個月後，武宗死了，宣宗即位。宣宗一反武宗重用李黨的政策，而重用牛黨,大黜李黨。李商隱因爲就婚王氏,被目爲李黨,秘書省的清職難以保持下去,他於宣宗大中元年三十六歲時,又開始了天涯飄泊的幕府生涯。當時李黨的給事中鄭亞外放,出爲桂州刺史、桂管防禦觀察使。他被辟掌書記,很受禮遇。不過由於間關遠隔,孑然一身,一年的桂管生活,始終處在憂鬱懷鄉的心情中:"越鳥巢乾後,歸飛體更輕。"(《晚晴》)他並未領略到桂林山水的秀麗,卻感受着荒陲絕域中的淒厲和險惡。

　　大中二年(八四八),李商隱以幕府職代理昭平(今廣西樂平縣)郡守,二月鄭亞被貶循州(今廣東惠陽縣)刺史。他失去了依靠,便取道潭州(今湖南長沙市)北返,在湖南觀察使李回幕稍事逗留,秋天歸洛陽,冬初返長安。在長安參加了冬選,爲盩厔(今陝西周至縣)尉。不久改爲京兆參軍,職典章奏。他目睹政局的動蕩,又激起憂國傷時的感情,他爲李德裕平亂的功勳被埋沒而鳴不平,爲劉蕡遭貶而悲痛憤慨。第二年,盧弘止鎮徐州,辟他爲判官,得侍御史。在徐州幕,他一反在桂林時那種憂鬱的情調,而是比較開朗、積極向上的,"此時聞有燕昭臺,挺身東望心眼開"(《偶成轉韻七十二句贈四同舍》),就是他當時精神狀態的寫照。大中四年,盧弘止卒,他入朝,以文章干宰相令狐綯,得補太學博士。這是他發爲"途窮"之歎時,第一次得到對他宿憾很深的令狐綯的幫助,他已經感到很榮幸了。同年,他的妻子王氏又卒。王氏是他思想上的同調,政治上的知己。王氏的死,對他是一次重大刺激。他寫了不少悼亡詩,以追念這位患難與共的伴侶,並撫慰自己感情上的創傷。

　　李商隱四十歲,柳仲郢調任梓州刺史、東川節度使。他被辟爲幕府書記。李商隱在梓州幕府五年,由於經歷了仕途的折磨和喪妻之痛,思想上趨向消極,虔心佛教。他在《樊南乙集序》中說:

"三年以來,喪失家道。平居忽忽不樂,始剋意事佛。方願打鐘掃地,爲清涼山行者。"日與和尚楚公、知玄交往。但是他並未完全脱離現實,他結合東川紀游寫了一些詠史詩,以爲當朝鑑戒。

李商隱四十五歲,柳仲郢調回長安任吏部侍郎,他也隨之還京,經柳仲郢推薦,任鹽鐵推官,並游江東。大中十二年,罷職,回鄭州閒居。不久便在淒凉寂寞中死去了。年僅四十七歲。"如何匡國分,不與夙心期。"(《幽居冬暮》)這是他臨死前寫下的名句。他雖有濟世之心,但終不得伸展,衹是壯懷徒抱,引爲平生遺恨!

李商隱是一位有卓越才能的詩人。但是"古來才命兩相妨",他的不幸遭遇,卻激發了他滿腔的憤慨,培育了他優美的詩篇,形成了獨特的風格,成爲有唐一代一個抒情詩歌流派的代表。

二

李商隱是我國文學史上極爲重要的抒情詩人,他的詩歌内容十分豐富、深邃。從現存的六百多首詩歌看,他所涉及的範圍相當廣泛,如自傷生平之不得意,描寫"天荒地變"的現實,剖析晚唐的社會歷史面貌,申斥當時的黑暗腐朽勢力,抒寫深摯的愛情等等。並且不同於一般的抒情叙事,而是立意高、寄托深。他爲我國詩歌創作提供了許多新的因素,值得我們認真地探討和研究。

李商隱抒情詩中最突出的内容是自傷生平,這類詩歌在他的作品中佔很大的比重,如果不充分認識這類詩歌的意義,就不能對李商隱作出公允的評價。特別是其中關於抒發自己理想抱負的作品,是促成他全部詩歌創作的關鍵,應該重視;即使那些抒寫懷才不遇之作,也包含着對那個腐朽社會的憤慨和不滿,"虛負凌雲萬丈才,一生襟抱未曾開"(崔珏《哭李商隱》),是對他一生遭際的總概括。

　　李商隱的詩歌，或通過寫景、叙事、議論等方式表現自己的志向和操守，或在吟詠、讚美歷史人物時即滲透了自己的理想和愛好。他青年時代寫的《初食笋呈座中》，即以初出林的竹笋自喻，自許雖爲寸心，卻有凌雲壯志。之後，他寫的《安定城樓》，進而發出“永憶江湖歸白髮，欲回天地入扁舟”的豪言壯語，即希望幹出一番扭轉乾坤的事業來，且功成不受賞。這是一種很高的思想境界。這種思想貫徹於他一生的行動中。直到晚年，他還“且吟王粲從軍樂，不賦淵明歸去來”（《偶成轉韻七十二句贈四同舍》），但願從軍入幕，爲國家做出貢獻。其間，儘管因爲政治鬥爭形勢的變化，自己的遭際、情感隨之不同，這種思想也表現有强弱之分，但總是或隱或顯地見之於他的行迹。如“軍書雖倚馬，猶未當能文”（《夜出西谿》），説明自己的文才表現在軍事方面的僅僅是局部；“有客虛投筆，無憀獨上城”（《城上》），感歎天涯薄宦，壯志難酬；甚至在對其子袞師的教育上也流露出來：“兒慎勿學爺，讀書求甲乙。穰苴司馬法，張良黃石術。便爲帝王師，不假更纖悉。況今西與北，羌戎正狂悖。誅赦兩未成，將養如痼疾。兒當速成大，探雛入虎窟。”（《驕兒詩》）這不僅是懺悔自己讀書應舉，更重要的是以自己的抱負勉勵袞師。

　　作爲一個詩人，李商隱還把他的理想、抱負經過縝密的構思而形象化，把自己的品質、操守比喻、興寄爲堅貞的松柏。如他在《西谿》中説：“野鶴隨君子，寒松揖丈夫。”認爲爲人要像野鶴那樣氣宇軒昂，爲官要有勁松那樣的耐寒節操。這是以松柏寄興。他還以松柏自喻，如在《題小松》中説：“桃李盛時雖寂寞，雪霜多後始青葱。一年幾變榮枯事，百尺方資柱石功。”頌揚松樹之傲霜雪，常榮不枯，可爲國家柱石。又如在《高松》中説：“高松出衆木，伴我向天涯……有風傳雅韻，無雪試幽姿。上藥終相待，他年訪伏龜。"讚美松樹挺出衆木之中，既饒"雅韻"，復具"幽姿"，生於松根的伏龜，終當爲世所用。這都是藉松樹抒情，是他自己思想、抱負的寫照。在《李肱所遺畫松詩書兩紙得四十韻》中還説："孤根邈無倚，直立撐鴻濛。端如君子身，挺若壯士胸……寓身會有地，不爲凡物蒙。"這自然是以松樹比李肱，稱讚李肱有壯士的胸襟，君子的品德，非同凡夫俗子。但在稱讚中也滲透着自己的思想感情，具有着自己的精神世界。

李商隱還通過歌詠歷史人物以抒寫自己的理想和抱負。他對歷史人物不是單純地吟詠他們的品德、行迹，而是包含着自己的身世之感和不平之鳴。他有兩首寫諸葛亮的名作，即《籌筆驛》和《武侯廟古柏》。《武侯廟古柏》是讚美諸葛亮治蜀的文韜武略、統一中國的深謀遠慮以及功高不自矜伐的高風亮節，"大樹思馮異，甘棠憶召公"，表現了他對這位卓有政績的人物的追念。但是諸葛亮遭逢末世，雖有卓越的才能，並不能挽救蜀國的滅亡。"玉壘經綸遠，金刀歷數終。誰將《出師表》，一爲問昭融！"他對諸葛亮的志業未成，深致痛惜。很明顯，其中融入了自己的政治理想和對現實的政治感受。又《籌筆驛》也是慨歎於諸葛亮雖有卓越的政治、軍事才能和復興漢室的宏大志願，但終未能實現的悲劇下場："徒令上將揮神筆，終見降王走傳車。管樂有才真不忝，關張無命欲何如？他年錦里經祠廟，梁父吟成恨有餘。"諸葛亮生不逢時，用《梁父吟》抒發自己的政治抱負。李商隱藉古人抒情，也以《籌筆驛》感歎自己冷落的一生，《籌筆驛》就是他的《梁父吟》。李商隱還以賈誼、王粲自況，"賈生游刃極，作賦又論兵"（《城上》），自歎文才武略俱備，治國游刃有餘，卻不被重用；"賈生年少虛垂涕，王粲春來更遠游"（《安定城樓》），自傷憂國傷時的懷抱不得伸展。他也以

庾信、沈約自比，“哀同庾開府，瘦極沈尚書”（《有懷在蒙飛卿》），
藉庾、沈以抒憤。由於時代的影響和個人的經歷，他所吟詠的歷
史人物都具有壯志未酬的悲劇特點。杜甫所謂“悵望千秋一灑
淚，蕭條異代不同時”（《詠懷古迹五首》），也唱出了李商隱此時的
心聲！

　　李商隱一生鬱鬱不得志，因此寫了不少懷才不遇的詩篇。他
對李樞言即曾表示：“我有苦寒調，君抱陽春才。”（《戲題樞言草閣三
十二韻》）說明自己的創作格調不高，不過是飢寒交迫中迸發出來的
悲歡。這類詩歌還可以分爲兩種情況：一種是藉詠物以抒情，詩歌
的主題即是抒寫自己的身世之慨的；另一種是在吟詠其他情景中
流露出自己的不平之鳴的。第一種情況如《蟬》、《流鶯》等，都寫
得很成功。他寫蟬：“本以高難飽，徒勞恨費聲。五更疏欲斷，一樹
碧無情！薄宦梗猶泛，故園蕪已平。煩君最相警，我亦舉家清。”蟬
鳴以傳恨，但卻得不到知音。雖已聲嘶力竭，也得不到任何同情。
宦途坎坷不遇，然仍自我警誡，以清高自持。他寫流鶯：“流鶯漂蕩
復參差，度陌臨流不自持。巧囀豈能無本意？良辰未必有佳期。
風朝露夜陰晴裏，萬户千門開閉時。曾苦傷心不忍聽：鳳城何處有
花枝？”流鶯巧囀怎能沒有本願？但佳期難逢，也無可奈何！在長
安冒着朝風夕露流蕩漂泊，看徧了王門相府，也找不到知己，只有
那令人不忍聽的辛酸的哀鳴。這兩首詩把詩人那種寂寞、悲傷、凄
楚的精神狀態逼真地再現出來了。誠所謂“情真調苦”者也。此
外，《回中牡丹爲雨所敗二首》也是作者十分成功的自我寫照：“水
亭暮雨寒猶在，羅薦春香暖不知。舞蝶殷勤收落蕊，佳人惆悵卧遥
帷。”“玉盤迸淚傷心數，錦瑟驚絃破夢頻。萬里重陰非舊圃，一年
生意屬流塵。”寫牡丹被冷遇之情還在，受寵幸之恩不知，以及爲雨
所敗後的狼狽神態和慘紅愁綠的樣子。這正是作者抒寫自己在仕

宦道路上，屢遭挫阨，如同雨打的牡丹，雖有國色天香，其奈雨橫風狂不捨朝暮何？又《北禽》以禽鳥自喻：“石小虛填海，蘆銛未破矰。”慨歎身如精衛，心大力微，壯懷徒抱。又《落花》：“芳心向春盡，所得是霑衣。”心意不得施展，安能不作窮途之哭！第二種情況如《漫成五章》這組重要的詩篇，是直抒胸臆，不加雕飾，在評價初盛唐詩壇的演變與地位及重要政治家的業績時，即流露了自己的身世之感。“當時自謂宗師妙，今日唯觀屬對能”，暗喻自己雖爲駢體章奏能手，又有何用；“集仙殿與金鑾殿，可是蒼蠅惑曙雞”，自負與杜牧齊名，爲一代文宗，卻不爲朝廷所重；“借問琴書終一世，何如旗蓋仰三分”，感歎自己琴書一世，反不如一個武將！這雖然都是自傷身世，但卻有憤世嫉俗的精神在。此外，抒發同樣情感的詩句，俯拾皆是，如“閑倚繡簾吹柳絮，日高深院斷無人”（《訪人不遇留別館》），他自比謝道韞，雖有賦雪高才，卻無人稱賞，迹同柳絮，只有沾泥而已；“淒涼寶劍篇，羈泊欲窮年”（《風雨》），自負有郭震作《古劍歌》的才能，而身世淒涼，不得其用；“滿宮學士皆顔色，江令當年自費才”（《南朝》），自比江總，雖然才高，不過祇作些豔體詩而已；“幾時心緒渾無事？得及游絲百尺長”（《日日》），暗示自己志大身閑，遠不迨游絲之卷舒自如。名篇《錦瑟》，據何焯的意見：“此篇乃自傷之詞。騷人所謂美人遲暮也。”詩云：“錦瑟無端五十絃，一絃一柱思華年。莊生曉夢迷蝴蝶，望帝春心托杜鵑。滄海月明珠有淚，藍田日暖玉生煙。此情可待成追憶，只是當時已惘然。”他回顧平生，雖然心懷大志，但仕途蹭蹬，祇做了幾任節使幕府的幫閑差使，豈不令人痛心疾首！這完全體現了他晚年的思想和生活情況，是他對一生的憤慨、不平、希望和失望的沉痛哀歎！李商隱集中寫自己的身世、經歷和抱負的詩歌是《詠懷寄秘閣舊僚二十六韻》。這是一首自傳性的詩篇，是對他四十歲以前生活的總結。

其中寫到自己青少年時艱苦學習的精神、爲人之謹慎矜持、爲官見輕於僕御、家境之艱難、宦情之冷落、敬神佞佛之不當、爲文不能傳世之可悲，等等。"圖形翻類狗，入夢肯非羆"，感歎志大才疏，反爲禍始厲階；本懷王佐之才，卻沉滯下僚。"乘軒寧見寵，巢幕更逢危"，回顧平生多次幕府生活，何曾得一夕安枕？"悔逐遷鶯伴，誰觀擇虱時"，悔恨要施展抱負，卻陷入無聊的黨爭。"奮迹登弘閣，摧心對董帷。校讐如有暇，松竹一相思"，最後祝勉舊僚奮迹臺閣，自傷儒冠誤身。結以松竹的節概砥礪自己，是一篇的本旨，正體現了李商隱的性格和精神。

李商隱自傷身世之作很多，他把一生滿腔的積憤發爲吟詠，"因事寄情，寓物成命"（《上令狐相公狀二》），寫景叙事，皆有寓意；狀物詠史，率多寄托。他在《上李尚書狀》中説："未嘗輒慕權豪，切求紹介，用脅肩諂笑，以競媚取容。"以文證詩，則他的詩歌是他的思想、品德的真實再現。

在李商隱抒情之作中，還有一部分是抒寫愛情的詩篇。這部分詩歌可分爲與妻子王氏的愛情和與其他女子的愛情兩類。至於説與女冠來往的作品，那恐怕不能算作一種愛情了。李商隱寫與妻子王氏的愛情，包括婚前的傾慕，婚後的愛戀，死亡的悼念。寫婚前的傾慕，如《荷花》、《贈荷花》，以荷花喻王氏："唯有綠荷紅菡萏，卷舒開合任天真。"以讚揚荷之花葉相映，天真自然，稱譽王氏的秀美。"此花此葉長相映，翠減紅衰愁殺人。"藉希望荷之花葉常榮不衰，表現他對王氏的愛憐和珍惜。寫婚後生活的詩篇如《漫成三首》，寫初婚時的愛悦之情："霧夕詠芙蕖，何郎得意初。"表現同樣情景的如《細雨》："帷飄白玉堂，簟卷碧牙牀。楚女當時意，蕭蕭髮彩涼。"末兩句由《楚辭·九歌·少司命》"與女沐兮咸池，晞女髮兮陽之阿"化來，意在説明這樣的絶代佳人，過去祇存在想望之中,現在眼前的"蕭蕭髮彩",不就是《楚辭》上所寫的"晞髮陽阿"的美人嗎?這種得意、喜出望外之情躍然紙上。但是,李商隱一生由於仕途漂泊,和妻子團聚的時間很少,兩地分居的時間卻很多。因此他與王氏的愛情詩更多地是抒寫離別之情和相思之苦。《夜雨寄北》是這方面的代表作:"君問歸期未有期,巴山夜雨漲秋池。何當共剪西窗燭,卻話巴山夜雨時?"詩人留滯巴、閬,夜半聽雨,想到歸期渺茫,心緒惆悵,怎樣纔能回家閑話此時此刻的心情呢?馮浩所謂"語淺情深"。與此詩寫於同時的《因書》,表現同樣的感情:"生歸話辛苦,別夜對凝缸。"追憶初別之苦,預期後會之樂。又《夜意》則寫由於相思而形諸夢寐:"如何爲相憶,魂夢過瀟湘!"這類詩歌大都委婉曲折,一往情深。至於王氏死後,李商隱寫的悼亡詩就更多了。《正月崇讓宅》是其冠冕:"密鎖重關掩綠苔,廊深閣回此徘徊。先知風起月含暈,尚自露寒花未開。蝙拂簾旌終展轉,鼠翻窗網小驚猜。背燈獨共餘香語,不覺猶歌《起夜來》。"這是詩人自四川東歸,再到岳家崇讓里故宅,見人去樓空,遂生感慨而作。"蝙拂簾旌"、"鼠翻窗網",想像伊人猶在。疑似之間,不禁"展轉"、"驚猜"。又好像背燈私語,嗅到餘香,重唱初婚合卺時之歌。完全是"從別後,憶相逢,幾番魂夢與君同"的境界。情摯意真,哀感動人!又《暮秋獨游曲江》:"荷葉生時春恨生,荷葉枯時秋恨成。深知身在情長在,悵望江頭江水聲。"全詩結穴在一"恨"字,而以"春生"、"秋枯"見變化。儘管生者幸存,人在情在,怎奈死者長往,逝如江波!《悼傷後赴東蜀辟至散關遇雪》:"散關三尺雪,回夢舊鴛機。"抒寫赴蜀途中遇雪,夢見王氏爲自己製作寒衣。無家而作有家之想,倍極悲感。李商隱的悼亡詩,都是血淚之篇!

李商隱所寫追求、懷戀其他女子的詩篇,其懷戀的對象多不可考,寫作年代也不易確定,大都爲"無題"之作。這類詩篇反映了中晚唐文人生活的一個側面,感情真摯,旖旎動人。如寫愛情的堅貞:"春蠶到死絲方盡,蠟炬成灰淚始乾。"(《無題》)寫離別之恨:"夢爲遠別啼難喚,書被催成墨未濃。"(《無題四首》)寫心心相印:"身無彩鳳雙飛翼,心有靈犀一點通。"(《無題二首》)寫相思之苦:"春心莫共花爭發,一寸相思一寸灰。"(《無題四首》)等等。此外如《代魏宫私贈》、《板橋曉別》等則是寫其他人的愛情。這類詩歌都表現了在愛情追求中的苦悶和希望,流露了在愛情受挫折時的空虛和惆悵。

李商隱抒寫愛情詩篇的特點,是感情真摯,毫無做作,率爾成章,不加雕飾。因此能膾炙人口,經久不衰。後代的律體詩罕有能與之比者。在這方面,他在我國文學史上也獨樹一幟。

三

李商隱詩歌另一重要内容是描寫唐代"天荒地變"的社會,揭露統治階級的昏庸和腐朽等。這部分内容在他詩歌中所佔的比重之大,與唐代其他詩人比,也是十分突出的。李商隱是極爲關心現實和國家興亡的。他身歷憲宗、穆宗、敬宗、文宗、武宗和宣宗六個君主統治階段,其中文、武、宣三朝是他政治活動和詩歌創作的主要時期。這一時期的許多軍事、政治等重大事件,在他的詩歌中都得到真實的反映,並且表現了自己的觀點和看法。這類詩歌是他作品中最有價值的部分,也是最具有思想光輝的部分。

藩鎮割據是中唐以後唐王朝面臨的一個嚴重的政治問題。據歷史記載,當時"方鎮相望於内地,大者連州十餘,小者猶兼三四"(《新唐書·兵志》),他們據地抗命,恃強叛亂,分裂國家。李商隱對此極爲關注,他對朝廷的平藩戰爭積極擁護,對在平藩戰爭中有功的將相也盡情歌頌。

會昌三年，昭義節度使劉從諫死，其侄劉稹據鎮自立，唐王朝令八鎮兵馬攻討，四年始平。這是李商隱生平所經歷的一次很大的平藩戰爭，他寫了《行次昭應縣道上送戶部李郎中充昭義攻討》一詩，正面描寫這次平藩戰爭的情況："將軍大斾掃狂童，詔選名賢贊武功。暫逐虎牙臨故絳，遠含雞舌過新豐。魚游沸鼎知無日，鳥覆危巢豈待風？早勒勳庸燕石上，佇光綸綍漢庭中。"晉州刺史李丕被詔選爲西面招討副使，追隨主將石雄長驅進討，致使劉稹處於"魚游沸鼎"、"鳥覆危巢"的絕境。詩人懷着戰爭必勝的信心，認爲克敵制勝指日可待，勉勵石雄和李丕早立戰功，歸朝受賞。同時在《登霍山驛樓》中，還呼籲各路士兵："壺關有狂孽，速繼老生功！"希望他們奮起作戰，驍勇奏凱。在《韓碑》中他又藉讚揚裴度平吳元濟之亂功居"第一"，來稱美李德裕在削平劉稹叛亂中立下的不朽業績。

德宗興元元年，朱泚據長安稱"秦帝"，神策軍將領李晟受命攻討，同年五月收復長安。李商隱攝取這一重要題材，寫成《復京》、《渾河中》等詩篇，讚揚李晟勤王以復京，稱頌渾瑊衛帝以免難，一攻一守，功足相匹。《復京》云："虜騎胡兵一戰摧，萬靈回首賀軒臺。天教李令心如日，可要昭陵石馬來。"讚揚李晟有天賦的忠義，對唐王朝起了回天轉地、光復舊物的作用，並説明國家興亡，關鍵在忠臣效命，而不是乞靈鬼神。又《渾河中》云："九廟無塵八馬回，奉天城壘長春苔。咸陽原上英雄骨，半向君家養馬來。"稱頌渾瑊及其部屬，雖出身微賤，但能臨危授命，無愧爲保衛社稷的英雄。在對這些英雄人物的歌頌中，也包含着對叛亂者的憎恨和批判。

李商隱清醒地認識到藩鎮叛亂對唐朝軍事、政治貽患嚴重：

"昔年嘗聚盜,此日頗分兵。"(《淮陽路》)由於當年吳元濟在淮西叛亂,以致今天朝廷仍分派重兵駐守。對文宗將壽安公主嫁給成德軍節度使王元逵以示"懷柔",他大不以爲然,認爲是喪權辱國,有助效尤:"四郊多壘在,此禮恐無時。"(《壽安公主出降》)此例一開,恐怕將來難於應付!他正告那些搞分裂割據的野心家:"莫向金牛訪舊踪!"(《井絡》)不要重蹈蜀王因貪圖"國寶",把石牛要道奉送給秦國,結果爲秦所滅的覆轍。他認爲自德宗以後,藩鎮與朝廷之互相猜疑,是由於朝廷迷信武力,致使藩鎮人人自危,便走嚮公開抗命:"猜貳誰先致,三朝事始平。"(《淮陽路》)同樣的觀點也見於《隋師東》,在他看來,討李同捷的戰爭,如果處理得當,是可以避免的。但因人謀不臧,貿然發動,使朝野都付出重大的代價。"但須鸑鷟巢阿閣,豈假鴟鴉在泮林?"祇要賢人當政,就不患地方節鎮任非其人了。這是詩人明確表示的政治態度。李商隱雖然擁護對藩鎮用兵,但他認爲解決問題的根本辦法在於朝廷中賢者當權,祇有賢者當權,纔能任用良將爲地方節鎮。他的矛頭是指向當時把持朝政的宦官的。

宦官專權是唐王朝面臨的另一重要政治問題。中唐以後的宦官,"迫脅天子,下視宰相,陵暴朝士如草芥"(《通鑑·唐紀》文宗大和九年)。他們跋扈恣肆,氣焰囂張,使朝野人士噤若寒蟬。李商隱經歷的一次重大宦官亂政,是發生在大和九年的"甘露之變"。他以一枝遒勁的筆描寫了晚唐時期這次有深遠影響的社會動亂。他的《有感二首》、《重有感》、《故番禺侯以贓罪致不辜,事覺母者,他日過其門》、《曲江》等,就是這方面的有名詩篇。在《有感二首》中,他主要批判了李訓、鄭注之輕率淺謀,貽誤國事:"素心雖未易,此舉太無名。"動機雖好,但行動措施缺乏周密的安排。同時怨望文宗托付非人,賢愚不識,對這次事件的失敗也負有責任。作者懷着沉痛的心情,描寫了大批朝官之被殺害,"鬼籙分朝部,軍烽照上都",長安到處刀光劍影,一片恐怖氣氛;"誰瞑銜冤目,寧吞欲絶聲",被殺者死不瞑目,幸存者豈能忍恨吞聲? 詩人對之表現了滿腔的憤慨和不平。在《重有感》中,他激勵劉從諫爲朝廷效力,及早平亂,對坐視危難不顧的藩鎮極爲不滿,最後説:"晝號夜哭兼幽顯,早晚星關雪涕收。"長安城内鬼哭狼嚎,人神共憤,宮闕何時收復? 抒發了對平定閹官之亂的迫切願望。《故番禺侯以贜罪致不幸,事覺母者,他日過其門》則寫胡証之子胡澥因父親做官貪贜枉法,成了富豪,在這次事件中也被抄家殺頭。作者對胡証的不法行爲是批判的,但同情胡澥的無辜受戮。作品的重點在指控仇士良等人殺掠無辜方面:"殺人須顯戮,誰舉漢三章。"説明閹官集團犯了"殺人者死"的嚴重罪行。《曲江》是通過曲江的變化寫甘露之變。程夢星云:"此詩專言文宗。蓋文宗時曲江之興罷,與甘露之事相終始也。曲江之修,因鄭注厭災一言始之;曲江之罷,因李訓甘露一事終之。故但是曲江,而大和間時事足以概見矣。"全詩的主旨在"天荒地變心雖折,若比傷春意未多"兩句,朝廷發生翻天覆地的變化,蒿目時艱,令人心碎,但更深重的災難還在後頭呢! 表現了作者謀國憂時的遠見。這些都是正面描寫"甘露之變"的,通過寫"甘露之變",揭露閹官的反動氣焰和凶惡手段。此外,李商隱對閹官集團的指控和批判,在與朋友的贈答詩中也流露出來,對劉蕡就是一個典型例子。劉蕡是個有思想、有氣節的人物。由於應試時在對策中尖鋭揭露閹官亂政,觸怒了閹官,結果被貶爲柳州司户參軍。李商隱懷着深摯的敬意和同情寫了《贈劉司户蕡》、《哭劉蕡》《哭劉司户二首》《哭劉司户蕡》五首詩。在這些詩中,他反復爲劉蕡的遭際鳴不平,"已斷燕鴻初起勢,更驚騷客後歸魂",爲劉蕡之屢遭迫害致慨;"萬里相逢歡復泣,鳳巢西隔九重門”，異鄉相逢，不勝今昔之感，君門萬里，何處訴冤？“路有論冤謫，言皆在中興”，劉蕡持論皆在中興唐朝，反蒙不白之冤，豈不令人扼腕！但是“上帝深宮閉九閽，巫咸不下問銜冤”，“一叫千回首，天高不爲聞”，天門緊閉，根本不問人間的死活。這不但抨擊宦官，而且指責了文宗，在同情和悲憤中表現了劉蕡的高風亮節，同時也顯示了自己同其胸襟和懷抱。

　　晚唐的封建君主，大都政治上昏憒腐朽、寵宦亂政、窮兵黷武，生活上奢侈糜亂、迷信方士、妄求長生，使國家、人民遭受深重的災難。李商隱出於對國家、人民命運的關懷，寫了許多揭露、諷刺當時最高統治者的詩篇。這些詩篇多數採取詠史的形式，詠史所以鑑今，矛頭是針對現實的。其中作爲完整的昏君形象來描寫，並予以辛辣諷刺的是《富平少侯》。《富平少侯》是藉漢成帝和寵臣微行出游，自稱富平侯家人的史事，托喻唐敬宗少年即位，荒淫誤國的現實：“七國三邊未到憂，十三身襲富平侯。不收金彈拋林外，卻惜銀牀在井頭。綵樹轉燈珠錯落，繡檀回枕玉雕鎪。當關不報侵晨客，新得佳人字莫愁。”敬宗李湛還未成長到對當時內憂外患的局勢有所覺察並加以戒備的年齡，就做了皇帝，豈非兒戲？這個幼年皇帝揮金如土，窮奢極慾，終日沉湎於聲色之中而不能自拔，連早朝奏事的臣僚都拒之門外。結句“莫愁”二字雖説是“新得佳人”，但作者的用意是與首句“七國三邊未到憂”相照應，暗示諷刺的對象是如同北齊後主高緯那樣的“無愁天子”。“無愁天子”寵愛“莫愁佳人”，可謂無獨有偶。然而作者於此還有更深的涵義，即無愁必然釀成有愁，他的《無愁果有愁曲北齊歌》即揭示了這一嚴重的課題。在《陳後宮》中，作者也描寫了陳後主這個“無愁天子”的形象：“從臣皆半醉，天子正無愁。”臣皆醉而君無愁，昏憒腐朽極矣，國家不亡何待？

　　此外，表現同一内容的還有《北齊二首》、《齊宫詞》、《隋宫》等等。《北齊二首》是總結北齊後主高緯因“内作色荒，外作禽荒”而亡國的歷史經驗，以垂戒當世：“一笑相傾國便亡，何勞荆棘始堪傷。小憐玉體橫陳夜，已報周師入晉陽。”作者認爲愚者悔禍多遲，智者見微知著，殷鑑不遠，在夏后之世。當馮淑妃進御之夕，齊之亡徵已定。“晉陽已陷休回顧，更請君王獵一圍。”齊後主於晉陽即將淪陷之時，還聽從馮淑妃的請求，再獵一場。作者揭露這个置國家命運於不顧而荒淫無度的昏君的神態多麽深刻！《齊宫詞》是描述齊、梁嬗代，梁滅齊，卻又蹈齊亡覆轍的歷史：“梁臺歌管三更罷，猶自風摇九子鈴。”“九子鈴”是齊之舊物，現在爲梁主所歡，猶摇昔日聲響。説明蕭梁不肯吸取教訓，作亡秦之續。《隋宫》二首是揭露隋煬帝巡幸揚州，不惜耗盡全國的人力、物力而恣情享樂的事。“春風舉國裁宫錦，半作障泥半作帆。”這種驕奢淫逸的生活與陳後主有何區別？作者深有感觸地寫道：“地下若逢陳後主，豈宜重問《後庭花》？”陳後主以荒淫亡於隋，隋煬帝又以荒淫亡於唐，唐的命運如何？這是李商隱這類詠史詩所提出的尖鋭問題。

　　唐代統治者崇信神仙，追求長生是一種普徧現象。他們幻想長生不死，以永久延續自己荒淫無恥的生活。李商隱對他們這種愚蠢的本質給以辛辣的諷刺。如《瑤池》：“瑤池阿母綺窗開，黄竹歌聲動地哀。八駿日行三萬里，穆王何事不重來？”西王母曾預言周穆王能再來瑤池，但穆王畢竟死了，預言成空。這説明死亡是不可避免的，統治者追求長生是妄想！神仙家的説法本來是欺騙，但統治者卻執迷不悟，《賈生》篇記述漢文帝召見賈誼，“可憐夜半虛前席，不問蒼生問鬼神”，他所探問的不是人民的疾苦，卻是鬼神之事！爲了成仙，根本不管人民的死活。另外，像《華嶽下題西王母廟》、《漢宫》、《過景陵》等，都是諷刺統治者求仙反而短命的作品。

這些統治者置國計民生於不顧，只追求長生，其敗亡的命運是必然的。在李商隱看來，一個國家的興亡，不在於是否有山河之固，所謂"不關秦地有山河"（《咸陽》），而在於國君是以勤儉治國，還是驕奢淫逸、求仙佚樂。"歷覽前賢國與家，成由勤儉敗由奢"（《詠史》），這是他對歷史經驗的總結。因此，他規勸統治者"莫恃金湯忽太平"（《覽古》），不要因爲國家很穩固，就忽略太平之治了。

　　李商隱還吟詠本朝史事，以諷諭當代的君主。比較突出的是對唐玄宗失政的吟詠。在李商隱筆下，唐玄宗失政的原因在於荒淫無度。他的《龍池》詩云："龍池賜酒敞雲屏，羯鼓聲高衆樂停。夜半宴歸宮漏永，薛王沉醉壽王醒。"玄宗霸佔兒子壽王的妻子爲妃，在龍池宴樂時，壽王滿腔憤慨，不肯飲酒，所以其他諸王都沉醉了，他獨徹夜不眠。這就辛辣地揭露了唐玄宗宮廷生活的糜爛，是其他詩人的創作中所少見的。但是更重要的是李商隱把玄宗的荒淫無度和國家的危難聯繫起來，如在《馬嵬二首》中，他特別強調馬嵬之變是玄宗咎由自取。他認爲並不是安祿山埋楊貴妃，而是玄宗自埋，楊貴妃也沒有責任，並反駁女子傾國的説法，"君王若道能傾國，玉輦何由過馬嵬"，若説美人傾國，在長安便已傾敗，怎待今日過馬嵬坡呢？"如何四紀爲天子，不及盧家有莫愁"，身爲帝王，反不如一个平民百姓？造成這種悲慘結局的原因是什麼？"當時七夕笑牽牛"，還不是由於迷戀女色，荒廢朝政！《思賢頓》揭露的同樣是昏君誤國，"宸襟他日淚，薄暮望賢西"，看來玄宗略有悔意，怎奈爲時太遲，豈不自作孽不可活！

　　全面反映中唐以後政治、經濟、軍事以及人民生活狀況的詩篇，則是《行次西郊作一百韻》。這首詩反映了自天寶末年"安史之亂"至大和九年"甘露之變"將近百年的歷史變亂和社會各方面的總危機，如皇帝的荒淫昏憒、宦官的專橫跋扈、王權的瀕於瓦解、藩鎮的割據叛亂、財政經濟的窮困支絀、剥削壓迫的日趨殘酷,等等。作者通過長安郊區一個農民口訴,記述了大唐帝國由盛轉衰的歷史過程,並對這些歷史現象表明了自己的看法和觀點。"又聞理與亂,繫人不繫天",他認爲社會的治亂決定於人而不決定於天;"例以賢牧伯,徵入司陶鈞",既然社會的治亂決定於人,那末國家的興亡,就在於是否賢者當政。這是李商隱的基本政治觀點,是他提出來的解決社會問題的一貫主張。

李商隱的詩歌全面、深刻地反映了中晚唐的社會變亂。這種豐富、廣闊的內容,自然是他那個劇烈變化着的時代提供的,同時也是他經過縝密的觀察、分析、綜合並概括的結果,是他對現實生活的複制和再創造。因此,這類詩歌在某種意義上堪稱爲他那個時代的詩史。

四

李商隱的詩歌在藝術方法上獨辟蹊徑,做了新的開拓,形成了獨有的風格。在這方面,他曾獨運匠心,下過一番艱苦的熔裁、冶煉的功夫。在《謝先輩防記念拙詩甚多,異日偶有此寄》詩中,他談自己的創作過程説:"曉用雲添句,寒將雪命篇。良辰多自感,作者豈皆然?"意即鍾嶸《詩品序》:"若乃春風春鳥,秋月秋蟬;夏雲暑雨,冬月祁寒;斯四候之感諸詩者也。"他認爲"因物寄志"的寫作法則,是作家們所共同的,但具體感受卻各有不同。他還自謙作詩不願示人,偶得佳句,也不見得全好:"題時長不展,得處定應偏。"説明自己創作用力之勤,詩作改完已至深夜:"改成人寂寂。"最後申述自己作詩在表達一個"恨"字:"夫君自有恨,聊借此中傳。"此《史記·屈原列傳》所謂"信而見疑,忠而被謗,能無怨乎?

屈平之作《離騷》，蓋自怨生也"。"恨"與"怨"字異，其義一也。這種以詩傳恨、寄怨的思想在其他詩歌中有更明確的表露。如《謝河東公和詩啓》云："爲芳草以怨王孫，借美人以喻君子。"《梓州罷吟寄同舍》云："楚雨含情皆有托。"以芳草寄怨，藉雲雨托恨，這不僅説明了他詩歌的中心内容，而且説明了他創作的藝術風格。在《江亭散席循柳路吟歸官舍》還説："春詠敢輕裁，銜辭入半杯。"他不輕易下筆，遣詞命意、含英吐華皆須借酒助興。把進入創作過程中那種精神活動描繪得細膩入神！他的詩歌所具有的藝術特色，就是在這種艱苦、細緻、專心、凝神的創作基礎上完成的。

　　李商隱詩藝術特色之一，是構思縝密。他獨運神思、抒寫新意，從不作平直語，於感時傷事之中，能得風人之旨，隱含美刺之義，給人以韻味無窮的感覺。如《華清宫》："華清恩幸古無倫，猶恐蛾眉不勝人。未免被他褒女笑，衹教天子暫蒙塵。"是寫玄宗荒淫誤國，但措辭委婉，顯而不露。末二句以褒姒反襯楊妃，朱鶴齡云："言褒姒能滅周而玄宗不久便歸國，是貴妃之傾城，猶在褒姒下也。二語深着色荒之戒，意最警策。"一語道破此詩構思的深曲。又如《宿駱氏亭寄懷崔雍崔袞》："竹塢無塵水檻清，相思迢遞隔重城。秋陰不散霜飛晚，留得枯荷聽雨聲。"是一首懷人之作，但不直寫懷人，而寫"秋陰不散"，則晚上下"雨"，"霜飛晚"，纔"留得枯荷"，因聽雨打荷聲，隱喻長夜不眠。可謂飛逸興於積陰秋氣之中，情味深長，結構嚴密。何焯云："下二句暗藏永夜不寐，相思可以意得也。"確爲的評。至於《常娥》的構思，則另是一番景象。此詩當是作者被卷入黨爭後自懺之詞。"燭影深"、"長河落"、"曉星沉"，寫從夜晚到黎明的過程，烘托自己孤獨的環境。"悔"字是一篇結穴，表現他把參與牛、李黨爭引爲終生遺恨，情思綿邈，風格獨具。李商隱詩細膩的構思，體現在他全部詩歌創作之中。他一生遭逢不偶,以至於内心寂寞悲楚,感情濃摰深沉,發爲吟詠,便多委婉曲折之辭。如他不直説流寓不遇之痛,卻吟詠爲“鶯啼如有淚,爲溼最高花”(《天涯》);不直説離别鄉里之苦,卻吟詠爲“明朝驚破還鄉夢,定是陳倉碧野雞”(《西南行卻寄相送者》);不直説悼亡之恨,卻吟詠爲“荷葉生時春恨生,荷葉枯時秋恨成”(《暮秋獨游曲江》);不直説身世之淒楚,卻吟詠爲“欲問孤鴻向何處,不知身世自悠悠”(《夕陽樓》);不直説懷鄉之悲切,卻吟詠爲“三年已制思鄉淚,更入新年恐不禁”(《寫意》);不直説孤芳自賞,卻吟詠爲“已悲節物同寒雁,忍委芳心與暮蟬”(《野菊》);不直説希望入朝做官,卻吟詠爲“好向金鑾殿,移陰入綺窗”(《巴江柳》)等等。或象徵、或比興、或隱喻、或擬人、或擬物,皆所以“寄托”本意,俱見其熔裁之“杳渺深曲,纏綿頓折”。

李商隱詩藝術特色之二,是用典工切。李商隱是唐代詩人中用典最多的作家,他徑藉史迹、傳説、神話作比喻,以表現現實生活。這些史迹、傳説、神話能襯托他所見所聞的景物,開拓他豐富的構思,使他詩的本意藉以愈益鮮明,刻情鏤物愈益工巧。如《舊將軍》是傷李德裕被貶黜而作,末二句“日暮灞陵原上獵,李將軍是舊將軍”,是用《史記·李將軍列傳》的史實:李廣失位,“居藍田南山中射獵。嘗夜從一騎出……還至霸陵亭,霸陵尉醉,呵止廣。廣騎曰:‘故李將軍。’尉曰:‘今將軍尚不得夜行,何乃故也!’”作者用漢代飛將軍李廣有功受責比托李德裕有功反而連被貶竄的遭遇,異世共慨,宦海同悲!巧在二人同姓,“李將軍”一語雙關,足見詩人用事之精審。又如《送鄭大臺文南覲》是送鄭畋遠游省親之作,其中有句云:“君懷一匹胡威絹,爭拭酬恩相得乾?”是用胡威省親的故實。《世説新語·德行》劉孝標注引《晉陽秋》:“(胡威)父質,以忠清顯。質爲荆州,威自京師往省之。及告歸,質賜威絹一匹,威跪曰:'大人清高,於何得此?'質曰:'是吾奉禄之餘,故以爲汝糧耳。'"作者用這個故事比托鄭畋南下省問被遠貶循州的父親鄭亞,不僅表現了鄭畋純摯的骨肉之情,而且表現了他爲吏的清白之操。工致妥貼,極爲精闢。又《北禽》有六句云:"縱能朝杜宇,可得值蒼鷹。石小虛填海,蘆鍤未破矰。知來有乾鵲,何不向雕陵?"其中用了一連串飛禽的掌故,而且多與蜀地攸關,在手法上變化較多,工切而不空泛。

李商隱用典,往往根據創作的需要,汲取原典的内在涵義,演繹成新的意境。如《贈劉司户蕡》之"楚路高歌自欲翻"一句,是用《論語·微子》、《莊子·人間世》中楚狂接輿歌"鳳兮"以笑孔子的事。但作者卻揚棄了其中明哲保身的消極因素,而吸收了其憤世嫉俗的積極成分,以恰當、準確地表達劉蕡當時的思想情緒。作者擬劉蕡爲"楚狂",是有其現實根據的。馮浩注:"《玉泉子》云:'劉蕡,楊嗣復門生也。中官仇士良謂嗣復曰:奈何以國家科第,放此瘋漢耶?嗣復懼而答曰:昔者蕡及第時,猶未瘋耳?'"作者以"楚狂"比擬劉蕡十分形象,把原典用活了。當然,李商隱用典並非都成功,有時由於用典過多,造成詞義晦澀難解的現象,前人對此即有"獺祭魚"之誚。如《過故府中武威公交城舊莊感事》之"山下祇今黄絹字"一句,即用"黄絹字"代喻《曹娥碑》,又用《曹娥碑》借喻晉人爲羊祜所立的《墮淚碑》,再用《墮淚碑》借喻當時晉地爲盧弘止所立的"紀功碑"。兩三個互不相干的歷史掌故穿插運用,形成堆砌。這種現象在他的其他詩歌中還有不少,也難怪其見譏於後世了。

李商隱詩藝術特色之三,是語言凝煉。李商隱十分注意錘煉語言,在他筆下的成語典故、清詞麗句、民諺方言,經過敷色加工,都涵義豐富,造境新穎,能引起人們廣泛的聯想。古人所謂"紆曲其指,誕漫其詞"(《靜志居詩話》引石林評李義山詩語),應主要指他在語言方面的成就。他特別着力於錘字煉句,使自己的詩歌章無礙句,句無疵字。我國詩歌創作的傳統手法,是在五言的第三字、七言的第五字上下功夫,稱爲詩眼。李商隱同樣運用了這種手法,如《風雨》:"黄葉仍風雨,青樓自管絃。"上句着一"仍"字,詩人的悲涼自見,下句着一"自"字,其被遺棄的倦態全呈。這是錘煉虚詞以增加詩歌的神色的,但他更多的是錘煉動詞。如《楚澤》:"集鳥翻漁艇,殘虹拂馬鞍。""翻"字寫活水禽飛舞、嬉樂自如的形態,"拂"字描盡殘虹行空如綵練的景象。又如《無題四首》:"蠟照半籠金翡翠,麝薰微度繡芙蓉。""籠"、"度"二字下得又穩又活。

李商隱不止錘煉五言第三字,七言第五字,而是隨意之所適,足以表現詩境的字,他都用心琢磨。錘煉第二字,如《思賢頓》:"舞成青海馬,鬬殺汝南雞。"因爲"舞馬"的技藝難度很大,得來不易,故着一"成"字,以見造詣之高;鬬雞以決勝負,譬之射手,着一"殺"字,表明不至没金飲羽,不肯罷休:均備見輪扁匠心。錘煉句尾的字,如《陸發荆南始至商洛》:"四海秋風闊,千巖暮景遲。"秋風來臨,天地蕭清,着一"闊"字,則秋氣彌漫無垠。"暮景遲"的語序應爲"景遲暮","遲暮"是古代成語,作者把"暮"字前置,不僅就律叶韻,而且突出一個"遲"字,表示時序潛流,不停晷刻。錘煉一句中的第二、五兩字,如《訪秋》:"煙帶龍潭白,霞分鳥道紅。""白"字屬煙,"紅"字屬霞,皆拆置句末,以見警策。"帶"、"分"動詞,鑲嵌其間,氣韻生動。

李商隱還擅長用疊字,以加強詩歌的音樂性和節奏感,這些疊字或用於句首,如"暗暗淡淡紫,融融冶冶黄"(《菊》)、"依依向餘照,遠遠隔芳塵"(《離席》);或用於句中,如"稍促高高燕,微疏的的螢"(《細雨》)、"隔樹澌澌雨,通池點點荷"(《腸》);或用於句末,如

"花情羞脈脈,柳意悵微微"(《向晚》)、"閣涼松冉冉,堂靜桂森森"
(《自桂林奉使江陵途中感懷寄獻尚書》)等等。音節和諧,委婉多致,創
造出有聲、有色、有情的境界。

　　李商隱詩藝術特點之四,是詩脈暢通,即劉熙載所謂"深情綿
邈"(《藝概》)。詩脈暢通自有其情真意摯的內在因素,但其表達則
在於句式的錯綜變化和虛詞的靈活運用,使詩脈流轉,情致委婉,
意境低徊,令人吟詠回味無窮。他經常採用的句式,如"山上離宮
宮上樓,樓前宮畔暮江流"(《楚吟》)、"回頭問殘照,殘照更空虛"
(《槿花二首》),即上句最末一個詞,與下句第一個詞相重,使氣韻一
貫,情感飛動。如"蘆花唯有白,柳絮可能溫"(《蜂》)、"蘆白疑粘
鬢,楓丹欲照心"(《自桂林奉使江陵途中感懷寄獻尚書》),每句第二字
與第五字相粘,使句法變換適會,參錯有致。如"杜牧司勳字牧之,
清秋一首杜秋詩。前身應是梁江總,名總還曾字總持",前聯與後
聯疊相吟詠,類乎口語,全是直尋,有一種散體化之美。再如"百里
陰雲復雪泥,行人祇在雪雲西"(《西南行卻寄相送者》)、"楚天長短黃
昏雨,宋玉無愁亦自愁"(《楚吟》),上二句雲、雪重見,下二句愁字
重見,形如滾珠瀉荷,毫無板滯。作者遣詞造句,就是這樣好像並
不費力,意之所至,筆墨逮之,得心應手,左右逢源,使章句搖曳多
姿,具有脈絡流轉,反復唱歎之妙。

　　李商隱靈活運用虛詞,對促成詩脈流暢也起了重要作用。李
商隱十分擅長運用虛詞,他在詩歌中運用虛詞之多與靈活,是唐代
詩人中所僅有的。比較集中體現他運用虛詞的詩是《七月二十八
日夜與王鄭二秀才聽雨後夢作》:"初夢龍宮寶焰然,瑞霞明麗滿
清天。旋成醉倚蓬萊樹,有個仙人拍我肩。少頃遠聞吹細管,聞聲
不見隔飛煙。逡巡又過瀟湘雨,雨打湘靈五十絃。瞥見馮夷殊悵
望,鮫綃休賣海爲田。亦逢毛女無慘慽,龍伯擎將華嶽蓮。恍惚無

倪明又暗,低迷不已斷還連。覺來正是平階雨,獨背寒燈枕手眠。"
其中連用了初、旋、少頃、逡巡、瞥見、亦逢、恍惚、低迷等詞,一句一
轉,若斷若續,把明與暗、虛與實的撲朔迷離夢境,逼真地描寫出
來。詩的形式是古體,音韻卻是律體。由於靈巧地運用虛詞,使文
氣回旋曲折,蕩人心魄。如《贈劉司户蕡》:"已斷燕鴻初起勢,更
驚騷客後歸魂。"已、更,一先一後,連續表現劉蕡的厄運不絕。如
《春日寄懷》:"縱使有花兼有月,可堪無酒又無人。"縱使、可堪,先
賓後主,强調自己孤獨冷寞。如《重有感》:"豈有蛟龍能失水,更
無鷹隼與高秋。"豈有、更無,先果後因,爲國君受制於家奴致慨。
再如《臨發崇讓宅紫薇》:"不先搖落應爲有,已欲别離休更開。"寫
文人孤芳自賞,兩句十四字,全用虛詞,委婉流轉,曲盡情意,已開
宋代詩體。《江亭散席循柳路吟歸官舍》:"寡和真徒爾,殷憂動即
來。"寫自己了無知音之悲,兩句全用虛詞並散文化,别是一番情
脈,亦開宋代詩風。

　　李商隱詩的藝術成就是很高的。葉燮在《原詩》卷四中評論
説:"至李商隱七絶,寄託深而措辭婉,可空百代,無其匹也。"這雖
然講的是七絶,卻可以看作是對他全部詩歌的評價,儘管有些措辭
未免誇張了些。他在《上崔華州書》中有一段話,可作爲我們在總
結他的詩歌思想内容和藝術特色方面的重要參考。他説:"始聞長
老言,學道必求古,爲文必有師法,常悒悒不快。退自思曰:夫所謂
道,豈古所謂周公、孔子者獨能耶?蓋愚與周、孔俱身之耳。以是
有行道不繫今古,直揮筆爲文,不愛攘取經史,諱忌時世。百經萬
書,異品殊流,又豈能意分出其下哉!"他反對作詩爲文局限於周
公、孔子之道,反對因襲經史中的陳詞濫調,主張突破傳統,直抒胸
臆,抨擊現實,不拘一格,揮灑自由。這種新穎的反復古的文學思
想,具體地體現在他的詩歌創作之中。他在詩歌方面的成就,就是

在這種文學思想指導下取得的。李商隱有深厚的藝術功力，爲詩
歌創作傾注了大部分心血，開拓了不少新的領域，爲我們提供了豐
富的創作經驗，值得我們珍視！

五

李商隱一生共寫了多少首詩，我們不可能知道了。最早記載
他詩集的《新唐書·藝文志》記有"《玉谿生詩》三卷"，其次《崇文
總目》記"《李義山詩》三卷"，《宋史·藝文志》亦謂其"《詩集》三
卷"。李義山詩集三卷，官書記載都是如此。至於私家流傳，卻衆
說不一。馮浩引江少虞《皇宋事實類苑》所記，楊億在宋太宗至道
年間"偶得玉谿生百餘篇，意甚愛之"，"由是孜孜求訪，凡得五七
言詩、長短韻歌並雅言共二百八十二首"。到了宋真宗時錢若水
"嘗留意摭拾，纔得四百餘首"。至清初搜集到的已有六百首之
數了。

至於對李商隱詩的箋注，據《西清詩話》記載，都人劉克嘗注
杜子美、李義山詩，又《延州筆記》記載，張文虎有《義山詩注》，今
皆亡佚。今天流傳的箋注本，首先是清初朱鶴齡編撰的《李義山詩
集箋注》三卷，是根據明釋石林（道源）注本，加以增補删改而成的
一個新本。稍後的程夢星，因爲朱鶴齡的箋注有所未備，便重新增
訂，成重訂《李義山詩集箋注》。朱、程箋注的區別，在於朱注學漢
儒之箋疏名物，程注學宋儒之闡發理蘊。在朱、程兩家注釋之間，
還有姚培謙撰寫的《李義山詩集注》，也是清朝乾隆以後極爲流行
的本子。此後，馮浩又對朱、程、姚三家注本進行補闕、正誤、重校，
並採用了徐逢源未刊行的箋本，和馮舒、馮班、何焯、田蘭芳、錢良
擇、楊守智、袁彪諸家的評論，成《玉谿生詩詳注》。這是目前保存

最完備的箋注本。又徐德泓、陸鳴皋選李義山詩二百五十六首,加
以箋疏,名曰"徐陸合解"。屈復編撰有《玉谿生詩意》。同治年
間,沈厚墪就朱鶴齡箋注本作輯評,輯入何焯、朱彝尊、紀昀等人的
評語,成《李義山詩集輯評》。以上是明末清初以來影響較大的評
注本。此外,近人張采田編著的《玉谿生年譜會箋》,對以前各家
箋釋的錯誤多所匡正,考證寫作背景,闡明詩歌意旨,無疑爲李義
山詩提供了一部新注。又岑仲勉作《玉谿生年譜會箋平質》,對
《會箋》中張氏疏於考證的地方,作了不少糾正。這是近代箋釋李
義山詩的兩部重要著作。

　　我們這個注本是以馮浩評注爲主,同時參考其他各家的箋釋、
評注,加以補充、校正、鈎沉、索隱而成的。不敢説有什麽創獲,但
總算用了一番功夫。一九六二年,我曾和先師劉盼遂合寫過一些
關於李商隱詩的札記,先後發表在報刊上。與此同時,我便着手注
釋李商隱詩,到十年動亂前,共得一百餘首。十年動亂開始後,這
項工作停止了。一九八〇年,在工作之餘,又想完成這部舊稿。但
苦於對李商隱某些詩的難以理解,於是我請求王汝弼先生和我合
作,得到王先生的應允。王先生補注了四十餘首,並將我原注的一
百餘首重新修潤、加工。王先生早年受業於高閬仙先生,是高先生
學問的嫡傳。他學識淵博,對經書、史書、辭賦、兩漢樂府、魏晉文
學、唐宋詩文都功力極深。因此,箋釋李義山詩往往多見新意。不
幸王先生並未徹底完成就於一九八二年春節逝世了。這部稿子竟
成了我們合作和永別的紀念。今年我在學校開設"李義山詩"這
門課,一邊上課,一邊對這部稿子進行補闕、正誤等工作。一年來
風朝露夕從未間斷過。有時疲倦了,面對庭院中形如傘蓋的蓉花
樹以及樹上春鶯秋蟬的啼叫聲,倒也能悦胸懷、潤筆墨、助文思。
現在終於完成了,共得一百五十六首,名之曰《玉谿生詩醇》。至

於編選箋釋的是非得失，則有待於專家、讀者和學術界同行們的批
評、指正了。

聶石樵
一九八三年七月寫於北京師大

日　高〔一〕

鍍鐶故錦縻輕拖〔二〕，玉箆不動便門鎖〔三〕。水精眠夢是何人〔四〕？欄藥日高紅髮鬌〔五〕。飛香上雲春訴天〔六〕，雲梯十二門九關〔七〕。輕身滅影何可望？粉蛾帖死屏風上〔八〕。

〔一〕日高：此詩馮《譜》編於敬宗寶曆元年（八二五）。箋曰：“人君勵精圖治，首重臨朝，故李德裕獻《丹扆六箴》，其一曰‘宵衣’，以諷視朝稀晚；裴度亦以爲言。其時諫議大夫李渤出次白宰相，請出閣待罪。既坐班退，左拾遺劉栖楚極諫，叩頭流血，帝爲之動容，事皆見《舊書》紀、傳，‘飛香’句謂此也。‘粉蛾帖死’，所謂老病者幾僵仆也。此本程氏、徐氏之説而參定之。”張《箋》入不編年詩，而另立新説云：“此假艷情，寓可近而不可親之意。篇中皆從想望著筆，結即‘宓妃愁坐芝田館，用盡陳王八斗才’意，或亦暗指令狐陳情不省歟？馮氏謂刺敬宗，説太迂晦。”案《舊唐書·敬宗本紀》：“（長慶四年三月）戊辰，群臣入閣，日高猶未坐，有不任立而踣者。”故詩以《日高》爲題。再看詩中用語：“飛香上雲春訴天，雲梯十二門九關。”顯然是用《漢書·郊祀志》“方士有言黃帝時爲五城十二樓，以候神人”和《楚辭·招魂》“魂兮歸來，君無上天些！虎豹九關，啄害下人些”的掌故，影射帝居，豈刻畫令狐時所宜用？馮氏之注，徵之於史則盡符，考之用詞則確當，故去彼取此。

〔二〕鍍鐶故錦縻輕拖：徐夢星注：“鍍鐶謂門鐶，以故錦繫鐶，便於引曳，宮禁之制如是。”馮注：“拖，一作袘，非。按《史記·上林賦》

‘宛虹拖於楯軒’，又曰‘拖蜺旌’。一音徒我反，一音徒可反。袘與拖通。《説文》引《論語》‘朝服袉紳’，唐左切；此句用韻皆合。若袘字，雖《玉篇》曰‘袘，俗作袘’，然其本音非此韻也。”鍍鐶，鍍金的宮門鋪首獸鐶。縻，繩。故錦縻，繫門錦繩，色已褪舊。輕拖，鬆懈地繫在那裏。作者通過這樣的刻畫，巧妙地透露了李唐王朝走向衰敗的景象。

〔三〕玉筭不動便門鎖：筭，同匙，義爲鑰匙。此句倒裝，意爲便門深鎖而玉筭不動。玉筭、金鑰對文，都是過去刻畫宮廷構件常用的詞彙。

〔四〕水精眠夢是何人：水精，義同水晶。此水精，理解爲水晶簾或水晶宮皆可通。

〔五〕欄藥日高紅髮鬆：欄藥，藥，指芍藥，或木芍藥，即牡丹。髮鬆，與駊騀音義並同。韓偓《多情》詩：“酒蕩襟懷微駊騀，春牽情緒更融怡。”駊騀當寫醉意。此詩句意亦謂紅芍藥爲艷陽所照，顔色益濃，如美人酒醉。此借花寫人，暗喻宮闈生活，無復旰食宵衣，而是俾晝作夜，醉生夢死。

〔六〕飛香上雲春訴天：香，當指雞舌香。《漢官儀》：“尚書郎含雞舌香伏其下奏事。”以後言官奏事，亦含雞舌香。句意暗喻庸主廢朝，言官苦諫。“天”一作“哀”，非是。

〔七〕雲梯十二門九關：馮注：“雲梯十二用十二樓。”按《十洲記》、《水經注》並有“玉樓十二”，《漢書·郊祀志》有“五城十二樓”的説法。此用“雲梯十二”，暗諷朝廷高高在上，遠離臣民。“九關”用《楚辭·九辯》：“豈不鬱陶而思君兮，君之門以九重。”又《招魂》：“君無上天些，虎豹九關，啄害下人些。”作者用此，極言唐朝皇帝深居高拱，禁衛森嚴，臣民不可覯逼。

〔八〕“輕身滅影何可望”二句：最後用極其形象而又巧妙的比喻，暗示朝廷爲了表示“聽言納諫”，廣設言官，然有名無實，徒備裝飾。

如果有人不明底藴，認僞爲真，則他的下場，一定會像把障畫當園林的粉蛾那樣，撞死屏風上面，悲慘地獻出自己的血肉，爲虚構的畫面上平添一點真實點綴而已。然則劉栖楚等人所扮演的角色，不正是和這首詩所描述的"粉蛾"一樣嗎？此詩與李賀七古遣詞命意多近似，當有相師處。通篇工筆重彩，竟出於十三髫齡之手，或以爲疑。然詩人爲詩，從雕繪造平淡者，文學史乘，先例不少，可以覆案。

隋師東[一]

東征日調萬黄金[二]，幾竭中原買鬬心[三]。軍令未聞誅馬謖[四]，捷書惟是報孫歆[五]。但須鸑鷟巢阿閣[六]，豈假鴟鴞在泮林[七]？可惜前朝玄菟郡[八]，積骸成莽陣雲深[九]！

〔一〕隋師東：此詩借諷隋煬帝窮兵黷武，遠征高麗，暗刺唐文宗初年，出兵東征滄景，討李同捷。實際上這場戰爭如果妥善處理，本來是可以避免的。但因人謀不臧，還是貿然發動了。結果朝廷付出重大代價，人民慘遭無辜傷亡。《資治通鑑·唐紀》："大和元年春二月……李同捷擅據滄景，朝廷經歲不問。同捷冀易世（敬宗死，文宗立）之後，或加恩貸。三月壬戌朔，遣掌書記崔從長奉表與其弟同志、同巽俱入見，請遵朝旨。……五月丙子，以天平節度使烏重胤爲横海節度使，以前横海節度副使李同捷爲兗海節度使……（秋七月）李同捷託爲將士所留不受詔。乙酉，武寧節度使王智興奏請將本軍三萬人，自備五月糧以討同捷，許之。八月庚子，削同捷官爵。命烏重胤、王智興、康志睦、史憲誠、李載義與義成節度使李聽、義武節度使張璠各帥本軍討之……(二年冬十一月)時河南北諸軍討同捷,久未成功。每有小勝,則虛張首虜,以邀厚賞;朝廷竭力奉之,江淮爲之耗弊……(三年夏四月)……乃斬同捷,傳首,滄景悉平……滄州承喪亂之餘,骸骨蔽地,城空野曠;户口存者,什無三四。"此詩所寫,可與史文表裏。八句皆詠唐事,惟第七句"可惜前朝玄菟郡"似詠隋史,蓋作者懲於劉蕡的直言遭忌,故采用曲筆(《通鑑》大和二年,采録劉蕡《賢良對策》與此詩"豈假鴟鴞在泮林",塤篪相應,痛陳宦官專政之弊,如出一轍,至可注意)。題目似當作《隋師東》,或有作《隨師東》者。注家有的仍解爲"隋師東";有的則解爲"隨從天平軍節度使令狐楚東征",證以《韓碑》有"儀曹外郎載筆隨"的用法,似亦可通。此詩馮《譜》編於大和二年(八二八),張《箋》編於三年(八二九),據《通鑑》,從張《箋》。

〔二〕東征日調萬黄金:東征,指唐文宗大和元年至三年下令烏重胤等節鎮出兵討伐滄景叛藩李同捷的戰爭。調,指向人民徵斂、誅求。萬黄金,萬斤黄金。

〔三〕幾竭中原買鬬心:幾竭,幾乎搜刮一空。中原,指豫魯平原和江淮一帶的財力物力。買鬬心,朝廷花錢賄買其他節鎮,誘使他們出兵;這些節鎮就乘機向朝廷進行敲詐勒索。《左傳·桓公五年》:"民莫有鬬心。"

〔四〕軍令未聞誅馬謖:《三國志·蜀書·諸葛亮傳》:"魏明帝西鎮長安,命張郃拒亮。亮使馬謖督諸軍在前,與郃戰於街亭,謖違亮節度,舉動失宜,大爲郃所破,亮拔西縣千餘家,還於漢中,戮謖以謝衆。"詩人用馬謖以違令被誅故事反襯朝廷以保義節度使李寰爲橫海節度使,而對寰自晉州引兵赴鎮,沿路縱兵搶掠,至鎮則又擁兵不進,但坐索供饋的違法亂紀行爲,採取了姑息養奸的政策(事見《資治通鑑·唐紀》"大和二年")。

〔五〕捷書唯是報孫歆:句意:諸將藉口平叛,虛報軍功,和晉朝王濬在平吳之役，虛報得吳都督孫歆頭的行逕，一模一樣。集中原注：
"平吳之役，上言得歆；吳平，孫尚在。"《晉書·杜預傳》："旨巢等伏兵
樂鄉城外，歆遣軍出距，王濬大敗而還。旨等發伏兵隨歆軍而入。歆
不覺，直至帳下，虜歆而還。……王濬先列上得孫歆頭。預後生送歆，
洛中以爲大笑。"所諷現實，已見前題解。

〔六〕但須鸑鷟巢阿閣：《國語·周語》："周之興也，鸑鷟鳴於岐
山。"韋昭注："鸑鷟，鳳之別名也。"《初學記·鳥部》引《尚書中候》：
"堯即政七十年，鳳皇止庭；伯禹拜曰：'黃帝軒轅時，鳳皇巢阿閣。'"
《周禮·考工記·匠人》："四阿重屋。"鄭注："若今之四注屋。"孫詒
讓《正義》："四注屋，謂屋四面有霤下注。"又云："屋之極謂之阿，鄭二
禮注以棟釋阿，以屋極咸覆以甍而承以棟，其義通也。"案：鳳皇巢阿
閣，比喻賢人在朝，阿閣即指朝堂。當時劉蕡的《賢良對策》有云：
"（漢元帝）紀綱日紊，國祚日衰，姦宄日彊，黎元日困者，以其不能擇
賢明而任之，失其操柄也……陛下誠能揭國權以歸相，持兵柄以歸將，
則心無不達，行無不孚矣。"所論與此詩所諷，大抵相同。

〔七〕豈假鴟鴞在泮林：此句在語詞上是襲用了《詩·魯頌·泮
水》："翩彼飛鴞，集於泮林。食我桑黮，懷我好音。"泮林，古代的學
宮。原以鴟鴞集於泮林喻淮夷歸化。這裏寄興則完全另有出處。
《楚辭》東方朔《七諫·初放》："近習鴟梟。"王逸注："鴟鴞惡鳥"，"梟
一作鴞。"李詩用此，以諷當時中央由宦官專政，則地方節鎮，任非其
人。《資治通鑑·唐紀》分析當時的情事說："自大曆以來，節度使多
出禁軍。其禁軍大將資高者，皆以倍稱之息，貸錢於富室，以賂中尉
（禁軍首領，大宦官），動踰億萬，然後得之，未嘗由執政（宰相）。至
鎮，則重斂以償所負。"當時的情況既然如此，所以劉蕡的《賢良對策》
嚴正指出："陛下宜先憂者，宮闈將變，社稷將危，天下將傾，海內將
亂……陛下將杜篡弒之漸，則居正位而近正人。遠刀鋸之賤（指受宮
刑的宦官），親骨鯁之直。輔相得以專其任，庶職得以守其官。奈何

以褻近五六人（最受皇帝寵信的大宦官）總天下大政。禍稔蕭牆，姦生帷幄，臣恐曹節、侯覽（東漢弑君的兩個宦官）復生於今日。"又曰："威柄陵夷，藩臣跋扈，或有不達人臣之節，首亂者以安君爲名，不究《春秋》之微；稱兵者以逐惡爲義，則政刑不由乎天子，征伐必自於諸侯。……"我們讀了這些文獻，方知作者謀國之切，憂國之殷。

〔八〕可惜前朝玄菟郡：前朝，指隋。玄菟郡，《漢書·地理志》玄菟郡注："武帝元封四年開，高句驪。"此詩借隋煬帝征高麗諷唐文宗平滄景。玄，清刻本因避康熙帝玄曄諱改用元。

〔九〕積骸成莽陣雲深：《後漢書·酷吏傳》："積骸滿穽。"又《左傳·哀公元年》："逢滑曰：暴骨如莽。"如莽，謂如野艸之賤而且多。陣雲，即殺氣，高適《燕歌行》："殺氣三時作陣雲。"末句力寫戰後滄景地區屍骸遍野，一片凋殘。事見題解。

初食笋呈座中〔一〕

嫩籜香苞初出林〔二〕，於陵論價重如金〔三〕。皇都陸海應無數〔四〕，忍剪凌雲一寸心〔五〕？

〔一〕此詩借"食笋"以自慨身世。前兩句是感幕主的知遇，後兩句是諷朝廷的棄材。文宗大和六年（八三二），詩人赴京應舉，爲賈餗所斥，不第；八年（八三四）三月，崔戎爲兗海觀察使，辟李商隱掌書記，詩當作於是年。

〔二〕嫩籜香苞初出林：籜，笋皮。苞，冬笋，《文選》左思《吳都賦》："苞笋抽節。"劉逵注："苞笋，冬笋也……其味美於春夏時笋也。"

林,竹林。

〔三〕於陵論價重如金:於陵,漢縣名,唐時爲長山縣(治所在今山東鄒平縣東南)。見《元和郡縣志》卷十一"淄州"。馮注:"《竹譜》云:'般腸實中,爲笋殊味。'注曰:'般腸竹生東郡緣海諸山中,有笋最美。'正兖海地也。淄亦與兖隣,何疑焉?"案此句意謂:淄州少竹故以稀見珍。作者是借此抒發自己對幕主和群僚器重的謙遜之情。

〔四〕皇都陸海應無數:皇都,指京城長安。《漢書·地理志》:"(秦地)有鄠(今作户)、杜竹林,南山檀柘,號稱陸海,爲九州膏腴。"此處用陸海稱喻廣闊茂密的竹林。

〔五〕忍剪凌雲一寸心:剪,用《詩·召南·甘棠》"勿剪勿伐"義,斬伐也。凌雲一寸心,謂嫩笋一寸,而有凌雲壯志。這是作者的自白,也是對當時青年心理的典型概括。案以上這兩句表面的意思説帝京竹林似海,以多見輕,和淄州以少見珍者,正好形成鮮明的對照,而字裏行間卻是暗諷朝廷在"野無遺賢"(唐玄宗時,宰相李林甫曾以此爲藉口,在主持科舉時,把許多有真才實學的人摒拒於國門之外)的藉口下,把許多賢能之士閑置起來。詞婉而旨豐,體現了義山詩的鮮明特色。

北青蘿〔一〕

殘陽西入崦〔二〕,茅屋訪孤僧。落葉人何在〔三〕,寒雲路幾層〔四〕。獨敲初夜磬,閒倚一枝藤〔五〕。世界微塵裏〔六〕,吾寧愛與憎〔七〕!

〔一〕北青蘿:青蘿當是王屋山中一峰,岑參《南池夜宿思王屋青蘿舊齋》詩：“早年家王屋，五別青蘿春。”疑與此北青蘿當是一山。詩人於大和九年（八三五）前後，曾至玉陽、王屋學道，順便訪問僧居，乃情理中事。馮、張二氏於青蘿地名失考，故不入編年。

〔二〕殘陽西入崦：崦，崦嵫山。《山海經·西山經》：“崦嵫之山。”郭璞注：“日没所入山也。”屈原《離騷》：“吾令羲和弭節兮，望崦嵫而勿迫。”王逸注：“日所入之山也。”

〔三〕落葉人何在：意境略同王維《過香積寺》“古木無人徑”句。

〔四〕寒雲路幾層：寒雲，與上落葉，寫景，亦紀時令。

〔五〕“獨敲初夜磬”二句：寫僧之孤獨老邁。藤，藤杖。

〔六〕世界微塵裏：《法華經》：“譬如有經卷書寫三千大千世界事，全在微塵中。時有智人，破彼微塵，出此經卷。”又《金剛經》：“若以三千大千世界，碎爲微塵。”如此言論，在佛經中極其常見。大意是：世界雖大，但用宏觀，則不啻一粒微塵，則人間得失榮辱，何足掛懷？

〔七〕吾寧愛與憎：寧，何必。句意謂，在浮世所謂“得失榮辱”之間，何必心存愛憎，自尋苦惱？案作者此詩結尾所流露的思想，可能與甘露之變給士大夫心靈投上的一層是非善惡漫無標準的陰影有些關係。譬如令狐楚對王涯，認爲他是有罪的，就是一例。令狐楚是對李商隱有深厚思想影響的人，他的政治表態，左右李商隱，乃是極其自然的事。從全集看，詩人愛與憎是十分分明的。此詩所論，乃出於一時憤慨，殆可質言。

宿駱氏亭寄懷崔雍崔袞〔一〕

竹塢無塵水檻清〔二〕，相思迢遞隔重城〔三〕。秋陰不散霜飛晚,留得枯荷聽雨聲〔四〕。

〔一〕駱氏亭:馮浩注:"按:《白氏長慶集·過駱山人野居小池》詩
自注:'駱生棄官,居此二十餘年。'是爲長慶二年出守杭州,初由京城東
南次藍溪而過之也。杜牧《駱處士墓誌》:'駱處士峻,揚州士曹參軍;元
和初,母喪去職,於灞陵東阪下得水樹居之。朝之名士,多造其廬,褄退
超脫,三十六年。會昌元年卒。'此與白公所詠,或一或二,必有此題合
者。"我們認爲:馮氏對歷史資料的引用,採取了十分審慎而又敢於判斷
的態度,他是從詩句裏面取得內證的,故予引用,以饗讀者。崔雍、崔
袞,崔戎的兒子,詩人的從表兄弟。當時他倆住在長安城裏,所以此詩
有"相思迢遞隔重城"之語。馮《譜》編此詩於大和九年(八三五)。

〔二〕竹塢無塵水檻清:塢,築圍障以養花木叫塢。如梅塢、辛夷
塢等。水檻,傍水有欄杆的亭樹。

〔三〕相思迢遞隔重城:迢遞,形容遙遠。重城,暗指京城長安。宋
玉《九辯》:"豈不鬱陶而思君兮,君之門以九重。"所以京城可稱重城。
時詩人可能失意出都,雖行迹非遙,而升沉睽隔,故有"相思迢遞"之嘆。

〔四〕"秋陰不散霜飛晚"二句:飛逸興於積陰秋氣之中,所謂"會
心處不在遠"!何焯評云:"下二句暗藏永夜不寐,相思可以意得也。"

故番禺侯以贓罪致不辜,
事覺母者,他日過其門〔一〕

飲鴆非君命〔二〕,茲身亦厚亡〔三〕。江陵從種橘〔四〕,交廣合
投香〔五〕。不見千金子〔六〕,空餘數仞牆〔七〕。殺人須顯

戮[八]，誰舉漢三章[九]？

〔一〕此詩馮《譜》、張《箋》俱編於文宗開成元年（八三六）。馮注：“《舊書·胡証傳》：‘大和（原作“太和”，誤。）二年冬，証卒於嶺南使府。廣州有海之利，貨貝狎至。証善蓄積，務華侈，童奴數百。於京城修行里起第。嶺表奇貨，道途不絕。京邑推爲富家。証素與賈餗善，及李訓事敗，禁軍利其財，稱証子溵匿餗，乃破其家。一日之内，家財並盡。執溵入左軍，士良命斬之以徇。’詩爲此而發也。”這首詩反映了大和九年（八三五）甘露之變，掌握唐朝軍政大權的宦官，藉口搜捕逆黨，在長安城内進行慘絕人寰的洗劫。胡証之子胡溵被抄家殺頭，他本人是無辜的，但是因爲他父親胡証生前做官，貪贓枉法，囤積居奇，成了富豪，也給自己的子孫留下了取禍之道。作者對受害者這點也進行了批判，但重點是放在指控仇士良等當權閹官殺掠無辜的罪行上面。番禺，《元和郡縣志》嶺南道·廣州·南海都督府：“番山在縣東南三里，禺山在縣西南一里。”案其地在今廣州市。《舊唐書·胡証傳》：“（寶曆）二年，檢校兵部尚書、廣州刺史充嶺南節度使。”番禺侯具體指此。馮注：“贓罪，謂多財；不辜，謂死非其罪。蓋其父以贓而富，致其子今陷不辜也。”“事覺母者”，文理不通，馮注曲爲之説，仍感扞格未愜。紀昀評曰：“疑事覺母者，當作‘事毋覺者’。”事毋覺者，意即事無覺者。指如此重大冤案，當時竟被仇士良等誣陷之辭謾過，無人覺察。其言似可信從。

〔二〕飲鴆非君命：《漢書·蕭望之傳》：“（中書令弘恭、石顯）急發執金吾車騎，馳圍其第。……望之欲自殺，其夫人止之，以爲非天子意。望之以問門下生朱雲。雲者好節士，勸望之自栽。……竟飲鴆自殺。”《史記·呂后本紀》，《集解》引應劭曰：“鴆鳥食蝮（毒蛇），以其羽畫酒中，飲之立死。”

〔三〕茲身亦厚亡:《老子》:"甚愛必大費,多藏必厚亡。"意爲多藏必多亡。《後漢書・折像傳》:"其先張江者,封折侯,曾孫國爲鬱林太守……有資財二億。……及國卒,像感多藏厚亡之義,乃散金帛資產……像曰:'……我乃逃禍,非避富也。'"此詩兼用二義,蓋本《左傳・襄公二十四年》"象有齒以焚其身"的古訓,揭示胡証身後,遭到抄家殺子的慘禍,是咎由自取。

〔四〕江陵從種橘:《史記・貨殖列傳》:"安邑千樹棗,燕、秦千樹栗,蜀、漢、江陵千樹橘……此其人皆與千户侯等。然是富給之資也,不窺市井,不行異邑,坐而待收,身有處士之義而取給焉。"《三國志・吴志・孫休傳》注引《襄陽記》曰:"(丹陽太守李衡)每欲治家,妻輒不聽。後密遣客十人於武陵龍陽氾洲上作宅,種甘橘千株。臨死,敕兒曰:'汝母惡我治家,故窮如是。然吾州里有千頭木奴,不責汝衣食,歲上一匹絹,亦可足用耳。'衡亡後二十餘日,兒以白母,母曰:'此當是種甘橘也。汝家失十户客來七八年,必汝父遣爲宅。汝父恒稱太史公言,'江陵千樹橘,當封君家'。吾答曰:'且人患無德義,不患不富,若貴而能貧方好耳。用此何爲?'"案此句"從"的意思是:許可這樣做,勉强通得過,像李衡那樣。語氣有所保留,因爲胡証是當官的。

〔五〕交廣合投香:交廣是偏义複詞,重點是廣,因爲胡証是廣州刺史。《晉書・良吏傳》:吴隱之爲廣州刺史,"後至自番禺。其妻劉氏齎沈香一斤。隱之見之,遂投於湖亭之水。"案此句與上句着力鍛煉一個"從"字一樣,着力鍛煉一個"合"字以見意,其分量比"從"字更重。意思是:當官只能以吴隱之爲榜樣,對自己對家屬嚴加約束,不能貪贓枉法,牟取不義之財。這是對胡証痛下鍼砭。

〔六〕不見千金子:《史記・袁盎列傳》:"千金之子,坐不垂堂。"陸德明《經典釋文》:"金方寸,重一斤,爲一金。"《史記・平準書》:"一黄金一斤。"《集解》:"秦以一鎰(二十兩或云二十四兩)爲一金;漢以一斤爲一金。"此句隱喻其子胡溦被殺。

〔七〕空餘數仞牆：《論語·子張》：“夫子之牆也數仞(七尺或云八尺)。”此句“數仞牆”只是借用字面，實義是用潘岳《西征賦》：“今數仞之餘趾。”言胡証一門，經過甘露之變，子死財空，只落得個“家徒四壁”，是旨在提醒人們，厚斂居奇，一定不會有好下場。

〔八〕殺人須顯戮：《書·泰誓》：“功多有厚賞，不迪有顯戮。”蔡沈《傳》：“謂之顯戮，則必肆諸市朝，以示衆庶(游行示衆)。”

〔九〕誰舉漢三章：《史記·高祖本紀》：“上(劉邦)召諸縣父老豪傑曰：‘吾當王關中，與父老約，法三章耳：殺人者死，傷人及盜抵罪。’”又《後漢書·劉盆子傳》：“呂母怨宰，密聚客，規以報仇。……母曰：‘吾子犯小罪，不當死，而爲宰所殺，殺人當死。……’遂斬之。”案以上兩句是全詩譴責重點，用質問的口氣，果斷的言辭，確定以仇士良大宦官爲頭子的腐朽殘暴的唐朝反動勢力是犯了“殺人者死”的嚴重罪行。這是一首分寸掌握得比較準確的政治諷刺詩。揭露和批判的對象有主次、輕重，區別對待，這在李詩中是較有特色的，不得用一種固定的模式來衡量，而紀昀評此詩“拙鄙之至”，是看朱成碧，妄下雌黃。

夕陽樓〔一〕

花明柳暗繞天愁，上盡重城更上樓〔二〕。欲問孤鴻向何處，不知身世自悠悠〔三〕。

〔一〕此詩“自注”：“在滎陽。是所知今遂寧蕭侍郎牧滎陽日作矣。”滎陽，在今河南省城皋縣西南一帶。蕭侍郎，即蕭澣。《舊唐書·文宗本紀》：“大和七年三月，以給事中蕭澣爲鄭州刺史，入爲刑部侍郎。九年六月,貶遂州司馬。"夕陽樓即他在鄭州做官時所建。商隱曾投靠蕭澣,蕭被貶,他爲之憤慨不平,並作《哭遂州蕭侍郎二十四韻》一首。此詩以孤鴻喻蕭的淪落,同時也兼怨自己身世之悽楚。張《箋》編於開成元年(八三六)。

〔二〕"花明柳暗繞天愁"二句:花明柳暗,寫春天的景色。繞天愁,猶漫天愁,言春愁之重。更上樓,指上夕陽樓,以登高望遠。

〔三〕"欲問孤鴻向何處"二句:孤鴻,作者自喻。結句所謂"既嘆逝者,行自念也"。

及第東歸次灞上卻寄同年〔一〕

芳桂當年各一枝〔二〕,行期未分壓春期〔三〕。江魚朔雁長相憶,秦樹嵩雲自不知〔四〕。下苑經過勞想像〔五〕,東門追餞又差池〔六〕。霸陵柳色無離恨,莫枉長條贈所思〔七〕!

〔一〕據馮浩《年譜》,李商隱於開成二年(八三七)登進士第。《唐摭言》:"曲江大會在關試後,亦謂之關宴。宴後,同年各有所之,亦謂之爲離會。"商隱當在曲江大會後,離別時,作此詩給同科中未及話別之相知朋友。灞上,也叫霸頭,在長安以東,霸水之上。《水經·渭水注》:"霸者,水上地名也。古曰滋水矣。秦穆公霸世,更名滋水爲霸水,以顯霸功。"卻寄,即回寄。從此詩可見商隱雖進士及第,但心境並不像一般人那樣興奮,仍被離愁別恨所纏繞。

〔二〕芳桂一枝:即折桂一枝,指進士及第。《晉書·郤詵傳》:"武帝於東堂會送,問詵曰:'卿自以爲何如?'詵對曰:'臣舉賢良對策,爲天下第一,猶桂林之一枝,昆山之片玉。'"各一枝,謂同科進士。
當年,猶今年。

〔三〕行期未分壓春期:未分,猶未料到。壓春期,在春之末。句
意:未料到離別之日在春之杪。謂比原定期限爲早,來不及話別。

〔四〕"江魚朔雁長相憶"二句:江魚,指南方。朔雁,指北方。秦
樹,指長安。嵩雲,指河南。句意:從前南北遠離而相憶,今日相見又
有秦嵩之別,未來的情況各自不知。

〔五〕下苑經過勞想像:下苑,即唐代長安東之曲江池。《漢書·
元帝紀》:"宜春下苑。"顏師古注:"即今京城東南隅曲江池是。"故址
在今陝西長安縣南。勞想像,謂友人推測自己將行之蹤迹。

〔六〕東門追餞又差池:東門,長安之東門。《漢書·疏廣傳》:
"設祖道供張東都門外。"注引蘇林曰:"長安東郭門也。"差池,不齊。
《詩·邶風·燕燕》:"燕燕于飛,差池其羽。"又《左傳·襄公二十二
年》:"謂我敝邑,邇在晉國,譬諸艸木,吾臭味也,而何敢差池。"引申
爲差錯。這裏是不遇合之意。句意:東門的餞別又未成。下苑、東門
皆商隱東歸所經之路。

〔七〕"霸陵柳色無離恨"二句:霸陵,《三輔黃圖》:"文帝霸陵,在
長安城東七十里……就其水名,因以爲陵號。"灞水之上有橋,稱霸
橋,古人送友至此,折柳贈別。枉,一作"把",非是。馮注:"末言對此
灞橋柳色,彼豈能知人離恨耶? 翻覺折贈之爲俗況矣。"謂霸橋柳色
並不知人之離愁別恨,你不要枉折長條相贈吧!

壽安公主出降〔一〕

嫣水聞貞媛〔二〕,常山索銳師〔三〕。昔憂迷帝力〔四〕,今分送

王姬[五]。事等和强虜[六]，恩殊睦本枝[七]。四郊多壘
在[八]，此禮恐無時[九]。

[一]壽安公主出降：此詩馮《譜》、張《箋》俱編於開成二年(八三
七)。《舊唐書·王廷湊子元逵傳》："王廷湊，本回鶻阿布思之種族，
世隸安東都護府。……依前檢校司徒成德軍節度使。鎮冀自李寶臣
已來，雖惟岳、承宗繼叛，而猶親鄰畏法，期自新之路；而凶毒好亂，無
君不仁，未如廷湊之甚也。……(大和)八年十一月卒……子元逵爲
鎮州右司馬兼都知兵馬使。廷湊卒，三軍推主軍事，請命於朝。乃起
復檢校工部尚書鎮州大都督府長史成德軍節度使，累遷檢校左僕射。
元逵素懷忠順，頓革父風。及領藩垣，頗輸誠款。歲時貢奉，結轍於
塗。文宗嘉之……詔以壽安公主出降，加駙馬都尉。元逵遣段氏姑詣
闕納聘禮。段氏進食二千盤，並御衣戰馬、公主粧奩及私白身女口等，
其從如雲，朝野榮之。"《新唐書·藩鎮傳》所載略同。史官秉筆，有褒
無貶；義山此詩，則對文宗此舉，認爲是犧牲宗親，屈膝藩鎮，喪權辱
國，助長效尤，持論與史乘大異其趣。有助於今天掌握過去歷史的全
貌，應當引起我們的重視。

[二]嬀水聞貞媛：《書·堯典》："釐降二女於嬀汭。"又《史記·
陳杞世家》："舜爲庶人時，堯妻之二女，居於嬀汭，其後因爲氏姓，姓
嬀氏。"案嬀水亦作溈水，在今山西省永濟縣南。此句以"嬀水貞媛"
(堯女)比喻未出嫁時的壽安公主。聞的主語，當是王元逵。貞媛，端
莊美麗的女子。

[三]常山索銳師：常山，《舊唐書·地理志》："成德軍節度使，治
恒州。"《新唐書·地理志》："河北道鎮州常山郡，本恒州恒山郡，避穆
宗名更。"常山郡，即鎮州，爲成德節度使幕府所在地(今河北省正定
縣)。索銳師，與《左傳·襄公八年》："悉索敝賦，以討於蔡"的"索敝

賦”詞語結構正同,注:“索,盡也。”謂罄全國所有之兵以討之。然則此詩“索鋭師”,亦指王元逵爲了威脅朝廷,把鎮州所有精鋭部隊都集合起來。這種描述與史書所記出入甚大,至堪注意。

〔四〕昔憂迷帝力:《漢書·張耳陳餘傳》:“先王亡國,賴皇帝得復國,德流子孫,秋毫皆帝力也。”句意:過去擔憂王廷凑擁兵坐大,根本不相信皇帝統治全國的權力,而朝廷對之,除了憂心忡忡而外,一籌莫展。

〔五〕今分送王姬:分,讀仄声,本分,理所當然,伏伏帖帖。王姬,《詩·召南·何彼穠矣》:“王姬之車。”案:周朝王室爲姬姓,故宗室女稱王姬,義即公主。此以“王姬”代稱壽安公主。又《春秋·莊公元年》:“單伯送王姬。”爲此詩“送王姬”所本。又此句着重鍛煉一個“分”字,就把唐文宗脅迫於强藩的壓力,卑躬屈膝的醜惡嘴臉暴露無遺。

〔六〕事等和强虜:王元逵回鶻族,古代種族觀念很重,故辱稱强虜。句意:以壽安公主下嫁,換得叛藩納款,這和歷史上一些無能皇帝屈服於强大的外族壓力,把自己的老婆或女兒當作犧牲品的辱國行爲等同。

〔七〕恩殊睦本枝:《詩·大雅·文王》:“文王孫子,本支百世。”毛傳:“本,本宗也;支,支子也。”《左傳·莊公六年》引作“本枝百世”。句意:以被殺害了的絳王悟之女,嫁給一個叛藩王廷凑的兒子,恐怕也是違反周文王的直系或旁系親屬應受到一些恩遇的宗法傳統的吧! 這表面上似在做宗法説教,骨子裹是對唐文宗爲了奪位,不惜骨肉相殘,既殺其父,又出其女的暴行的深刻揭露。

〔八〕四郊多壘在:《禮記·曲禮》:“四郊多壘,此卿大夫之辱也。”鄭玄注:“壘,軍壁也。數見侵伐則多壘。”句意:藩鎮叛亂相繼。

〔九〕此禮恐無時:句意:以公主出降換得屈辱和平的惡例一開,

則效尤者接踵而至，恐怕朝廷總有窮於應付的那一天。

哭遂州蕭侍郎二十四韻〔一〕

遙作時多難〔二〕，先令禍有源〔三〕。初驚“逐客議”〔四〕，旋駭黨人冤〔五〕。密侍榮方入，司刑望愈尊〔六〕。皆因優詔用，實有諫書存〔七〕。苦霧三辰没〔八〕，窮陰四塞昏〔九〕。虎威狐更假〔一〇〕，隼擊鳥逾喧〔一一〕。徒欲心存闕〔一二〕，終遭耳屬垣〔一三〕。遺音和蜀魄〔一四〕，易簀對巴猿〔一五〕。有女悲初寡〔一六〕，無男泣過門〔一七〕。朝爭屈原草〔一八〕，廟餒若敖魂〔一九〕。迴閣傷神峻〔二〇〕，長江極望翻〔二一〕。青雲寧寄意〔二二〕，白骨始霑恩〔二三〕。早歲思東閣〔二四〕，爲邦屬故園〔二五〕。登舟慚郭泰〔二六〕，解榻愧陳蕃〔二七〕。分以忘年契〔二八〕，情猶錫類敦〔二九〕。公先真帝子〔三〇〕，我系本王孫〔三一〕。嘯傲張高蓋〔三二〕，從容接短轅〔三三〕。秋吟小山桂〔三四〕，春醉後堂萱〔三五〕。自嘆離通籍〔三六〕，何嘗忘叫閽〔三七〕？不成穿壙入〔三八〕，終擬上書論〔三九〕。多士還魚貫〔四〇〕，云誰正駿奔〔四一〕？暫能誅儵忽〔四二〕，長與問乾坤〔四三〕。蟻漏三泉路〔四四〕，螀啼百艸根〔四五〕。始知同泰講，徼福是虛言〔四六〕。

〔一〕此詩馮《譜》編於文宗開成元年（八三六），張《箋》編於開成二年（八三七），比馮《譜》晚一年。其所持的理由是：“詩有‘自嘆離通籍，何嘗忘叫閽’語，是義山登第（開成元年）後作無疑。‘離通籍’猶言去通籍（言進士及第，著其名册於朝）未久也，乃義山自謂，時蕭已前卒矣。玩下‘穿壙’、‘上書’句可悟，非指其斥外。《文集》《代李元爲崔京兆祭蕭侍郞文》，馮氏定爲崔珙，則此詩之作，亦當同時。蕭與楊皆牛黨，義山未婚王氏，在進士團中，受其知遇最深，故言之倍加沉痛也。”其言信而有徵，當從。《舊唐書·文宗本紀》：“（太和九年六月）壬辰，詔以銀青光禄大夫守中書侍郞同平章事襄武縣開國侯食邑一千户李宗閔（與牛僧孺同爲新進士集團黨魁）貶明州刺史。時楊虞卿坐妖言（造謡）人歸第，人皆以爲冤誣。宗閔於上前極言論列，上怒，面數宗閔之罪，叱出之，故坐貶。秋七月甲申朔，貶京兆尹楊虞卿爲虔州司馬同正。……壬子，再貶李宗閔爲虔州長史。癸丑，以右司郞中兼侍御史知雜事舒元輿爲御史中丞；貶吏部侍郞李漢爲汾州刺史，刑部侍郞蕭澣爲遂州刺史。……（八月）丙申，内官楊承和於驩州安置，韋元素象州安置，王踐言思州安置，仰錮身遞送。言李宗閔爲吏部侍郞時，託駙馬沈義於宫人宋若憲處求宰相，承和、踐言、元素居中導達故也。宗閔黨楊虞卿、李漢、蕭澣皆再貶。……九月癸卯朔，奸臣李訓、鄭注用事，不附己者，即時貶黜，朝廷悚震，人不自安。是日下詔曰：‘……頃者台輔（宰相）乖弼諧之道，而具寮扇朋比（黨同伐異）之風，翕然相從，實斁彝憲（敗壞朝綱國法），致使薰蕕共器，賢不肖並馳……今既再申朝典，一變澆風，掃清朋附之徒，匡飭貞廉之俗；凡百卿士，惟新令猷！……應與宗閔、德裕（新舊黨魁），或新或故，及門生舊吏等，除今日已前放黜之外，一切不問。’”以上這段引文，有助於讀者掌握和理解此詩所反映的歷史事件。因此做了稍爲詳備的引證。蕭澣卒於何年，史文失載。《樊南文集》卷六《代李元爲崔京兆祭蕭侍郞文》有“纔易炎涼，遂分今昔”之語，知其遭貶後不久即卒。《嘉慶一統志》卷四〇六：“四川·潼川府·遂寧縣：周閔帝元年，於郡置遂州。……隋開皇初郡廢。仁壽二年，置總管府。大業初府廢，復改州爲遂寧郡。唐武德元年，復曰遂州。……天寶初，復曰遂寧郡。乾元初，復曰遂州。”案遂州故治在今四川省遂寧縣西南。

〔二〕遥作時多難：遥作，意爲遠起。此句的主語，當指"甘露之變"，詩人叙述時省略。時，時局。多難，指封建統治集團内部士族門閥與庶族寒門之間，朝臣與宦官之間，皇帝與臣僚之間矛盾重重，亂成一片，是釀成"甘露之變"的前因。

〔三〕先令禍有源：令，讀平聲，使也。馮注："言大難將作而諸人之受誣於姦邪者，乃禍之源也。"具體情況見下。

〔四〕初驚逐客議：《史記·李斯列傳》："秦宗室大臣皆言秦王曰：'……請一切逐客！'李斯議亦在逐中。斯乃上書曰：'臣聞吏議逐客，竊以爲過矣。'"案此逐客指楊虞卿遭貶事。《舊唐書·楊虞卿傳》："楊虞卿字師皋。……（大和中）及李宗閔、牛僧孺輔政。……六年，（虞卿）轉給事中；七年宗閔罷相，李德裕知政事，出爲常州刺史。……八年，宗閔復入相。尋召爲工部侍郎。九年四月，拜京兆尹。其年六月，京師訛言鄭注爲上合金丹，須小兒心肝。……民間相告語，扃鎖小兒甚密，街肆恟恟……鄭注頗不自安。御史大夫李固言素嫉虞卿朋黨，乃奏曰：'臣昨窮問其由，此語出於京兆尹從人……'上怒，即令收虞卿下獄。虞卿弟漢公并男知進等八人自繫，撾鼓訴冤，詔虞卿歸私第。翌日，貶虔州司馬，再貶虔州司户，卒於貶所。"

〔五〕旋駭黨人冤：《後漢書·桓帝紀》："（延熹九年），司隸校尉李膺等二百餘人，受誣爲黨人，並坐下獄，書名王府。"注："河内牢修告之，事具《劉淑傳》。"按《後漢書》有《黨錮傳》以詳其事。當楊虞卿被貶之後，因牛李黨魁之一李宗閔論列其冤，於是他和他的同黨李漢、蕭澣等人亦牽連遭貶。

〔六〕"密侍榮方入"二句：謂蕭澣被貶爲遂州刺史前，爲刑部侍郎，在當時官僚集團中，有崇高的威望。按侍郎爲尚書之副，是皇帝近臣，故爲世所榮。案蕭澣爲刑部侍郎，是由鄭州刺史内召。唐人以任京官爲榮，故有上句。《舊唐書·職官志二》：龍朔二年，改"刑部爲司刑"。"望愈尊"與上句"榮方入",辭異義同。

〔七〕"皆因優詔用"二句:謂蕭澣之於大和八年冬(或九年春)隨李宗閔內召,乃由文宗信用鄭注、李訓詆毀李德裕讒言,因二李新舊黨徒長期矛盾,遂定德裕罷相,宗閔內召之謨。初非盡由李、鄭用事,援引同類之故。觀楊虞卿之受誣遭貶,李宗閔明辯其冤,持論與鄭、李枘鑿,可知矣。《舊唐書·李宗閔傳》:"九年六月,京兆尹楊虞卿得罪,宗閔極言救解。文宗怒。……翌日,貶(宗閔)明州刺史,尋再貶處州長史。七月,鄭注發沈㻅、宋若憲事(案指宗閔爲吏部侍郎時,因駙馬都尉沈㻅結托女學士宋若憲及知樞密楊承和、韋元素二人,數稱之於文宗前,故獲徵用一事。)……又貶宗閔潮州司户。時訓、注竊弄威權,凡不附己者,目爲宗閔、德裕之黨,貶逐無虛日,中外震駭。"可見蕭澣的遭貶竄,實應放在當時牛、李新黨見排於鄭、李當權的官僚集團整個政治局勢來認識,而不應當輕信某些野心家誣衊不實之詞。《南史·范雲傳》:"諫書存者,百有餘紙。"此諫書指李宗閔爲楊虞卿等被造謠中傷申訴的事。

〔八〕苦霧三辰没:《左傳·桓公二年》:"三辰旂旗,昭其明也。"服虔注:"三辰,日月星也。謂之辰者,日以照晝,月以照夜,星則運行於天,民得取其時節,故謂之辰也。"苦霧,如現代説烏雲。

〔九〕窮陰四塞昏:窮陰,意即極陰。《禮記·明堂位》:"四塞世告至。"鄭注:"四塞,謂夷服、鎮服、蕃服在四方爲蔽塞者。"《戰國策·秦策》:"秦四塞之國。"高注:"四面有關山之固。"案此處四塞,用指京城長安所在廣大關中地區。以上二句,言政局反常,天昏地暗。

〔一○〕虎威狐更假:《戰國策·楚策》:"(虎)得狐,狐曰:'子無敢食我也。天帝使我長百獸,今子食我,是逆天帝命也。子以我爲不信,吾爲子先行,子隨我後,觀百獸之見我而敢不走乎?'虎以爲然,故遂與之行,獸見之皆走,虎不知獸畏己而走也,以爲畏狐也。"此謂姦邪迫害正士,皆憑藉帝王權勢。

〔一〕隼擊鳥逾喧：《漢書·孫寶傳》：“（立秋日）勑曰：‘今日鷹隼始擊，當順天氣取姦惡，以成嚴霜之誅。’”意本《左傳·文公十八年》：“見無禮於其君者誅之，如鷹鸇之逐鳥雀也。”馮注：“隼擊謂諸臣論列訓、注者，非頂上諫書。”

〔一二〕徒欲心存闕：《莊子·讓王》：“中山公子牟謂瞻子曰：‘身在江海之上，心居乎魏闕之下。’”謂貶斥諸臣，勤存王室。

〔一三〕終遭耳屬垣：耳屬垣，意猶今言隔牆有耳。語本《詩·小雅·小弁》：“無易由言！耳屬於垣。”意思是：不要輕易講話，牆的那邊有人貼耳竊聽。據以上兩句，則蕭澣似曾與李宗閔、楊虞卿、張元夫、李漢等有過同盟協定，爲政敵所持，以致遭貶。

〔一四〕遺音和蜀魄：《易·小過》：“飛鳥遺之音，不宜上宜下。”孔疏：“遺音，哀聲也。”蜀魄，指傳說中蜀王杜宇死，其魂化爲子規一事。《太平御覽·妖異部》四引（揚雄）《蜀王本紀》曰：“望帝積百餘歲，荆有一人名鼈靈，其尸亡去，荆人求之不得。鼈靈尸至蜀復生，蜀王以爲相。時玉山出水，若堯之洪水，望帝不能治水，使鼈靈決玉山，民得陸處。鼈靈治水去後，望帝與其妻通，帝自以薄德，不如鼈靈，委國援鼈靈而去，如堯之禪舜。鼈靈即位，號曰開明。”又《羽族部》十引《蜀王本紀》曰：“望帝去時，子巂（規）鳴，故蜀人悲子巂鳴而思望帝。望帝杜宇也。”《文選》左思《蜀都賦》：“鳥生杜宇之魄。”劉逵注引《蜀紀》曰：杜宇“王蜀，號曰望帝。宇死，俗說云：‘宇化爲子規。’子規，鳥名也。蜀人聞子規鳴，皆曰望帝也”。

〔一五〕易簀對巴猿：《禮記·檀弓》：“曾子寢疾，病……童子曰：‘華而睆，大夫之簀歟？’……曾子曰：‘然，斯季孫之賜也，我未之能易也。元，起易簀！’……舉扶而易之，反席未安而没。”簀，是用竹皮編織的席子。由於上引這一故事，後世用爲人將死去的敬稱。《水經·江水注》：“漁者歌曰：‘巴東三峽巫峽長，猿鳴三聲淚沾裳。’”案以上

兩句,皆借喻蕭澣被貶遂州以後,不久即卒於任所。此即《樊南文集》
六《代李元爲崔京兆祭蕭侍郎文》所寫"嗚呼!令惟逐客,誰復上書?
獄以黨人,但求俱死。銜冤遽往,吞恨孤居。目斷而不見長安,形留而
遠託異國,屈平忠而獲罪,賈誼壽之不長,纔易炎凉,遂分今昔"的那
種意思。巴、蜀皆暗示點明。

〔一六〕有女悲初寡:《史記·司馬相如列傳》:"臨邛卓王孫有女文
君新寡。"詩疑僅用此句,不必牽連司馬相如琴挑故實。義山自注云:
"公止裴氏一女,結褵之明年,又喪良人。"

〔一七〕無男泣過門:《漢書·外戚傳》:"王媪……嫁爲廣望王迺始
婦。産子男無故、武,女翁須。翁須年八九歲時,寄居廣望節侯子劉仲
卿宅……仲卿教翁須歌舞……邯鄲賈長兒求歌舞者,仲卿……與
之……翁須乘長兒車馬過門呼曰:'我果見行,當之柳宿(地名)。'媪
與迺始之柳宿,見翁須,相對涕泣。"句用此事,言其女聞喪而過門,但
嫁不久而寡,故無兒。此事正用"男"字,而或者謂"當作兒",所見過
拘,未可信從。

〔一八〕朝爭屈原草:朝,朝廷。《史記·屈原列傳》:"屈原者,名
平……爲楚懷王左徒……王使屈原造爲憲令,屈平屬草稿未定,上官
大夫見而欲奪之,屈平不與,因讒之。"此句謂李、蕭遭貶,實質是由於
忠臣被誣,就和楚國屈原被上官大夫誣衊陷害一樣。

〔一九〕廟餒若敖魂:《左傳·宣公四年》:"初,楚司馬子良生子越
椒,子文曰:'必殺之,是子也,熊虎之狀而豺狼之聲,弗殺,必滅若敖
氏矣。'……子良不可,子文以爲大慼。及將死,聚其族曰:'椒也知
政,乃速行矣,無及於難!'且泣曰:'鬼猶求食,若敖氏之鬼不其餒
而!'"句意是說:豺狼當道,忠臣後嗣,必受株連,宗廟英靈,祭饗無
着矣。

〔二〇〕迥閣傷神峻:《水經·漾水注》:"又東南逕小劍戍北,西去

大劍三十里,連山絕險,飛閣通衢,故謂之劍閣。"四川省劍閣縣北,大小劍山之間,有棧道名曰劍閣,亦曰劍門關。此蕭澣由京貶遂州必由之路。張載《劍閣銘》曰:"惟蜀之門,作固作鎮。是曰劍閣,壁立千仞。窮地之險,極路之峻。"爲此句所本。

〔二一〕長江極望翻:案遂州地瀕巴蜀境內長江的一個重要支流涪江南岸,或亦泛稱長江上游,如李賀《巫山高》"大江翻瀾神曳煙"句之所渲染,乃用江浪以寫心潮。

〔二二〕青雲寧寄意:《史記·范雎列傳》:"須賈曰:'賈不意君能自致於青雲之上。'"以後"直上青雲"就成爲仕宦得意的同義語。寧,豈。寄意,存心。言蕭生前豈是熱衷於飛黃騰達的利祿熏心之輩?

〔二三〕白骨始霑恩:白骨,謂蕭死後。李訓、鄭注失敗以後,唐文宗始大赦貶謫諸臣,酌量升遷,而澣已死。

〔二四〕早歲思東閣:《漢書·公孫弘傳》:"弘起客館,開東閣以延賢人。"注:"閣,小門也。"指官僚家庭正門以外的旁門。案此句詩人自述早年望得當權者引薦。

〔二五〕爲邦屬故園:作者自注:"余初謁於鄭舍。"馮浩《玉谿生年譜》:"義山詩曰'爲邦屬故園',謂鄭州也。《祭叔父文》曰'壇山舊塋',山在鄭州也。""爲邦",《論語·子路》:"善人爲邦百年,亦可以勝殘去殺矣。"蓋蕭澣曾作牧鄭州,在詩人來説,是他的故鄉。自此以下,自叙與蕭情分,兩兩夾寫。

〔二六〕登舟慚郭泰:《後漢書·郭泰傳》:"泰字林宗……游於洛陽,始見河南尹李膺,膺大奇之,遂相友善,於是名震京師。後歸鄉里,衣冠諸儒送至河上,車數千兩(輛),林宗惟與李膺同舟而濟,衆賓望之,以爲神仙。"李膺以比蕭澣。

〔二七〕解榻愧陳蕃:《後漢書·陳蕃傳》:"蕃字仲舉……爲樂安太守。……郡人周璆,高潔之士,前後郡守招命,莫肯至,惟蕃能致焉。

字而不名,特爲置一榻,去則縣(懸)之。"又《徐穉傳》:"穉,字孺子,
豫章南昌人也……陳蕃爲太守,以禮請署功曹,穉不免(浼之壞字)
之,既謁而退。蕃在郡,不接賓客。惟穉來,特設一榻,去則縣(懸)
之。"解榻意即下榻。陳蕃以比蕭澣。作者以李膺、陳蕃喻蕭,蓋李
膺,《後漢書》入《黨錮傳》,陳蕃死於十常侍大宦官之手,與蕭澣在唐
之遭遇有些近似,故詩人引以爲比。

〔二八〕分以忘年契:《後漢書·禰衡傳》:"衡始弱冠(年二十),而
融年四十,遂與爲交友。"句意謂:論年齡,則蕭長而李幼,彼此可謂忘
年之交。

〔二九〕情猶錫類敦:《詩·大雅·既醉》:"孝子不匱,永錫爾類。"
鄭箋:"長以與女(汝)之族類。"此謂蕭待己如族類也。下聯正謂蕭、
李族類相匹。

〔三〇〕公先真帝子:蕭澣爲蕭梁之後。此句意同《代李元爲崔京
兆祭蕭侍郎文》:"梁室帝王之遺懿(後代)。"

〔三一〕我系本王孫:馮浩《玉谿生年譜》:"案李氏溯源隴西。《史
記·李將軍傳》:'廣,隴西成紀人也。'《舊唐書·高祖本紀》:'高祖
神堯皇帝,涼武昭王七代孫也。'義山詩曰'我系本王孫',又曰'我家
在山西',山西即隴西也……李翶撰《歙州長史隴西李則墓誌》云:'涼
武昭王十三世孫李君,歸葬鄭州某縣原原。'正與義山家世相合。必
即其族,而分派已遠……"案此兩句乃商隱自炫與蕭澣皆出身貴胄。

〔三二〕嘯傲張高蓋:《漢書·循吏黃霸傳》:"霸爲潁川太守……賜
車蓋,特高一丈。"又《于定國傳》:"始定國父于公,其閭門壞,父老方
共治之。于公謂曰:'少高大,門閭令容駟馬高蓋車。'"此句頌蕭。

〔三三〕從容接短轅:"短轅犢車"見《世説新語·輕詆》"王丞相輕
蔡公"條,劉注引《妒記》。此處則斷章取義,以"短轅"表布衣車乘。
從容,言蕭接納布衣,禮敬發乎至誠,毫無矯揉造作之迹。

〔三四〕秋吟小山桂：王逸《楚辭章句》有《招隱士》一篇，首云：“桂樹叢生兮山之幽，偃蹇連蜷兮枝相繚。”序云：“《招隱士》者，淮南小山之所作也。昔淮南王安博雅好古，招懷天下俊偉之士。自八公之徒，咸慕其德而歸其仁，各竭才智，著作篇章，分造辭賦，以類相從，故或稱小山，或稱大山，其義猶《詩》有《小雅》、《大雅》也。”

〔三五〕春醉後堂萱：《詩·衛風·伯兮》：“焉得諼草，言樹之背。”焉得，何處求得。諼草，即萱草，古有萱草使人忘憂之説。毛傳：“背，北堂也。”此句字面用《詩·伯兮》，而骨子裏則用《漢書·張禹傳》所載禹優寵戴崇故事，暗示蕭澣對自己的恩遇。《張禹傳》：“禹成就弟子尤著者，淮陽彭宣，至大司空；沛郡戴崇，至少府九卿。宣爲人恭儉有法度，而崇愷弟（悌）多智……禹心親愛崇，敬宣而疏之。崇每候禹……禹將崇入後堂飲食，婦女相對，優人管絃，鏗鏘極樂，昏夜乃罷。而宣之來也，禹見之於便坐，講論經義，日晏賜食，不過一肉，卮酒相對，宣未嘗得至後堂。”

〔三六〕自嘆離通籍：“自”字用法同於杜甫《蜀相》“映階碧草自春色”的“自”，是“雖”和“縱”的意思。《漢書·景十三王傳》“自凡人猶繫於習俗”的“自”已如此用法，爲杜、李二詩人所本。崔豹《古今注》：“籍者，尺二竹牒，記人之年名字物色，懸之宮門。案省相應，乃得入也。”《三輔黃圖》六：“漢宮中謂之禁中，謂宮中門閣有禁，非侍衛通籍之臣，不得妄入。”馮注：“案唐時由内出外者，謂之離通籍，如香山（見《東南行一百韻》）‘博望移門籍，潯陽佐郡符’之類甚多。此指蕭之外貶，錢夕公誤以爲義山自謂，則其時尚未得第。”

〔三七〕何嘗忘叫閽：屈原《離騷》：“吾令帝閽開關兮，倚閶闔而望予。”以後叫閽就成了進諫的代稱，如揚雄《甘泉賦》“巫咸兮叫帝閽”、《新唐書·徐有功傳》“叫閽弗聽，叩鼓弗聞”等是。兩句極寫蕭澣忠於唐室，不以陟黜易節，如《史記·屈原列傳》寫屈原“雖放流，睠顧楚國，繫心懷王，不忘欲反。冀幸君之一悟，俗之一改”那樣堅貞的操守。

〔三八〕不成穿壙入:《周禮·春官·小宗伯》:"卜葬兆甫竁。"鄭注:"竁,穿壙也。"穿壙,謂挖掘墓穴。《史記·田橫列傳》:"田橫迺與其客二人乘傳詣雒陽……遂自剄……(高祖)以王者禮葬田橫。既葬,二客穿其冢旁孔,皆自剄,下從之。"《漢書音義》:"復土,主穿壙填墓事。"此句意謂:蕭澣銜冤而死,義山自己作爲他的賓客,即使不能像田橫門客那樣穿壙同歸。

〔三九〕終擬上書論:打定主意,自己要上書朝廷,昭雪死者之冤。上書訟冤,《漢書》記載很多。

〔四〇〕多士還魚貫:《易·剝》:"六五,貫魚以宮人寵。"王弼注:"處剝之時,居得尊位,爲剝之主者也。剝之爲害,小人得寵,以消君子者也……貫魚,謂此衆陰也。駢頭相次,似貫魚也。"《剝》卦"六五",主要是象徵小人道長,君子道消。又杜甫《自京赴奉先縣詠懷五百字》有"多士盈朝廷,仁者宜戰慄"。魚貫極言其多。

〔四一〕云誰正駿奔:《詩·周頌·清廟》:"濟濟多士,秉文之德,對越在天,駿奔走在廟。"毛傳:"駿,長也。"鄭箋:"駿,大也。"箋本今文韓詩說。屈原《離騷》:"忽奔走以先後兮,及前王之踵武。"此《周頌》之嗣響,而義山不祧之宗。意思是:居今之世,以萬馬奔騰之勢,注坡歷塊,宣勤王事者,復有幾人?"駿奔"與上句"魚貫"義正相對。一則因循苟且,隨波逐流;一則發揚蹈厲,迅猛無前。

〔四二〕暫能誅儵忽:《楚辭·招魂》:"雄虺九首,往來儵忽,吞人以益其心些。"儵,音叔。或作倐、倏,非。此處儵忽連文用作雄虺之代稱,以斥肇事的權臣、"甘露之變"的首領李訓、鄭注。時訓、注已被殺。

〔四三〕長與問乾坤:問乾坤,遠宗屈原《天問》。馮注:"言雖誅訓、注,而蕭之冤終不白也。"

〔四四〕蟻漏三泉路：《韓非子·喻老》：“千丈之堤，以螻蟻之穴潰。”《史記·秦始皇本紀》：“（始皇）治酈山……穿三泉，下銅（或本作錮，鑄塞也）而致椁（槨）。”此句從反面着筆，歷敘蕭澣死後，墓葬草草，爲螻蟻穴穿。

〔四五〕螿啼百草根：《玉篇》：“螿，寒蟬屬。”疑非此詩所用，因蟬鳴樹上，不在草根也。螿，疑當作“蠶”或“蚕”，《爾雅·釋蟲》：“蟋蟀，蠶。”是其義也。百草，指墓草而言。墓草連雲，蚕吟聒耳，感彼下泉，使人成痏。以上兩句極寫死者身後蕭條，因啟結句。

〔四六〕“始知同泰講”二句：《梁書·武帝紀》：“（武帝）篤信正（佛）法，猶長釋典，製《涅槃》、《大品》、《淨名》、《三慧》諸經義記……於重雲殿及同泰寺講說，名僧碩學，四部聽衆，常萬餘人。”又《左傳·僖公四年》：“君惠徼福於敝邑之社稷。”徼福，徼倖得到福報。《老子》：“豈虛言哉？”《酉陽雜俎》四“禍兆”：“蕭澣初至遂州，造二幡刹，施於寺，設齋慶之。齋畢作樂，忽暴雷震（或作霹靂）刹，各成數十片。至來年，當雷震（或誤作霹）日，澣死。”此悲蕭澣生前雖曾佞佛，而迄未膺福報。

西南行卻寄相送者〔一〕

百里陰雲覆雪泥〔二〕，行人只在雪雲西〔三〕。明朝驚破還鄉夢，定是陳倉碧野雞〔四〕。

〔一〕唐文宗開成二年（八三七）十一月，興元（今陝西省漢中市，唐爲山南西道節度使首府）尹山南西道節度使令狐楚病篤，召商隱赴鎮代草遺表。時商隱在長安,西南行,友人相送至寶雞,從此分手,故贈詩殷殷致意。卻寄,意爲還寄。

〔二〕百里陰雲覆雪泥:句意是時當冬令雪天,上有陰雲覆布,下有泥濘載道,而摯友遠道相送,盛情可感。

〔三〕行人只在雪雲西:下一"只"字,而旅程濡滯,友誼綢繆,俱在言外。具見推敲冶鍛之功。

〔四〕定是陳倉碧野雞:句意是寶雞送別,給自己留下夢寐難忘的深刻印象。《舊唐書·地理志》:"鳳翔府寶雞縣,隋陳倉縣,至德二年改。"案:寶雞縣得名之由來,《史記·封禪書》云:"(秦)文公獲若石云,於陳倉北阪城祠之。其神……來也常以夜,光輝若流星,從東南來集於祠城,則若雄雞,其聲殷云。野雞夜雊。以一牢祠,命曰'陳寶'。"又《漢書·郊祀志》云:"宣帝即位,或言益州有金馬碧雞之神,可醮祭而致,於是遣大夫王襃使持節而求之。"注引如淳曰:"金形似馬,碧形似雞。"在李商隱詩文中,二者往往合而爲一,這樣色彩就更鮮明一些。

自山南北歸經分水嶺〔一〕

水急愁無地〔二〕,山深故有雲〔三〕。那通極目望〔四〕,又作斷腸分〔五〕!鄭驛來雖及〔六〕,燕臺哭不聞〔七〕。猶餘遺意在,許刻鎮南勳〔八〕。

〔一〕開成二年(八三七)十一月,興元尹山南西道節度使令狐楚病篤,召門生故吏(《樊南文集》卷六《奠相國令狐公文》中商隱自稱

"弟子"),李商隱赴興元,囑其代草遺表並撰墓誌(《舊唐書·令狐楚傳》:"(未終)前一日,召從事李商隱曰:'吾氣魄已殫,情思俱盡,然所懷未已,強欲自寫聞天;恐辭語乖舛,子當助我成之!'即秉筆自書曰……書訖,謂其子緒、綯曰:'吾生無益於人,勿請諡號……銘誌但志宗門,秉筆者無擇高位……'"案《玉谿生詩集》中有《撰彭陽公誌文畢有感》一首,合以此詩末二句,則知商隱實曾爲令狐楚寫過"墓誌銘",惜此文已佚),商隱作此詩以紀其事,並悼念其平生知遇之恩。中晚唐時期,令狐楚在封建統治集團中,比較肯於提拔出身庶族地主階級的士子,而且爲官清正,頗受當時新進士階層的擁戴,所以這首詩有一定的政治歷史意義。"山南",各本皆作"南山",是因爲後人狃於"南山"(終南山之簡稱)這一成語,而疏於"山南道"乃唐代地理行政區劃的緣故。獨二徐箋注本心知其意,以此詩與集中另一首《南山趙行軍新詩盛稱游諝之洽因寄一絶》詩的"南山"並當作"山南"者,可稱卓識,今從之。分水嶺,指嶓冢山。《水經·漾水注》:"《漢中記》曰:'嶓冢以東,水皆東流;嶓冢以西,水皆西流。'……故俗以嶓冢爲分水嶺。"

〔二〕水急愁無地:水,指東西分流的東漢水和西漢水而言。句意:漢水上游,水位高下懸殊,奔流激湍,使人憂愁無所底止。無地,即無所底止的意思。語出《楚辭·遠游》:"下崢嶸而無地兮,上寥廓而無天。"顏師古《漢書注》:"崢嶸,深遠皃也。"

〔三〕山深故有雲:故,故意,有故拂人意的意思。案:商隱《奠相國令狐公文》有云:"愚謂京下,公病梁山,絶崖飛梁,山行一千。"可見商隱赴興元,確係臨時奉召,不是年時已在幕府。馮注此詩最爲確當,足闢异說之歧。

〔四〕那通極目望:那,義同今之"哪",意爲"哪堪如此"。通,遂;隨心稱愿。極目,意爲盡力遠望。語本王粲《登樓賦》:"平原遠而極目兮,蔽荊山之高岑。"句意即"哪能夠正當多日想望之心才得順遂的幸福時刻"。

〔五〕又作斷腸分:《辛氏三秦記》:"隴右西關,欲上者七日乃越。上有幾水,四注流下。俗歌曰:'隴頭流水,鳴聲幽噎;遙望秦川,肝腸斷絕。'"商隱此詩,即景抒情,意謂才豁生離,又驚死別。

〔六〕鄭驛來雖及:《漢書·鄭當時傳》:"(鄭當時)每五日洗沐(休假),常置驛馬長安諸郊,請謝(迎送)賓客,夜以繼日。"句意:此次來南鄭,雖然榮幸地趕上令狐相公客館迎賓的慇勤接待。

〔七〕燕臺哭不聞:此用戰國燕昭王招賢納士的掌故,以抒發詩人對令狐感恩知己之情。《述異記》:"燕昭王爲郭隗築臺……土人呼爲賢士臺,亦謂之招賢臺。"案:燕昭王黃金臺故址,在今河北省易縣東南三十里。

〔八〕"猶餘遺意在"二句:《晉書·杜預傳》:"預拜鎮南大將軍、都督荊州諸軍事。孫皓既平,以功進爵當陽縣侯。預刻石爲二碑,紀其勳績:一沉萬山之下,一立峴山之上,曰:'焉知此後不爲陵谷乎?'"案:杜預是古代著名的儒將,令狐楚亦文武全才,故詩人取以爲比。餘,留。遺意,指遺囑,令狐楚臨終前囑其緒、綯二子代倩商隱爲撰墓誌。觀此二句,亦可見令狐楚在政治上比較傾向於起用出身庶族地主的士子的開明態度。

行次西郊作一百韻〔一〕

蛇年建丑月〔二〕,我自梁還秦〔三〕。南下大散嶺〔四〕,北濟渭之濱〔五〕。草木半舒坼〔六〕,不類冰雪晨〔七〕。又若夏苦熱〔八〕,燋卷無芳津〔九〕。高田長檞櫪〔一〇〕,下田長荊榛〔一一〕。

農具棄道旁，飢牛死空墩〔一二〕。依依過村落〔一三〕，十室無一存〔一四〕。存者背面啼〔一五〕，無衣可迎賓。始若畏人問，及問還具陳〔一六〕。

〔一〕此詩據首句，知作於唐文宗開成二年(八三七)十二月，詩人從興元回長安時。途中目睹京西郊區經過天寶末年"安史之亂"直至大和九年"甘露之變"將近百年的歷次變亂，社會走向進一步凋敝與衰敗，因而懷着滿腔悲憤，效法杜甫作《北征》，寫成了這篇《行次西郊作一百韻》詩。全詩改變杜甫《北征》以作者第一人稱展開叙述的做法，通過一位近郊農民第三人稱口訴的方法，多方面反映了大唐帝國由初期盛世轉入開元、天寶以後近百年社會政治的總危機：如皇帝的荒淫昏憒、宦官的專橫跋扈、王權的瀕於解體、藩鎮的割據叛亂，以及財政經濟的困窮支絀、剝削壓迫的日趨殘酷，如此等等。作者站在開明的封建士大夫階層立場，對郊區農民口訴上述這些歷史現象的過程，作了一些分析，提出了一些自己的見解。在我們今天看來，其中有不少是很進步的。如云"又聞理(即治)與亂，繫人不繫天"，這明顯是反對天命的觀點。又如"例以賢牧伯，徵入司陶鈞"，則是繼承了韓非"故明主之吏，宰相必起於州部"(《韓非子‧顯學》)所總結的歷史上成功的經驗。但同時我們也必須指出：作者終究是一個封建士大夫，他有很狹隘的階級偏見，他誣衊反抗的農民爲"盜賊"，對"使典"和"廝養"等出身卑賤的下級官吏極端蔑視。不過總的説來，這些缺點在全詩中畢竟是次要的。此詩和杜甫的《北征》、鄭嵎的《津陽門詩》，都是唐詩中反映社會重大事件的著名長篇，所以當推爲《玉谿生集》中的重要詩作。"次"是旅途止宿的意思。

〔二〕蛇年建丑月：以十二種禽蟲(代表動物)之名配十二支，後世稱爲"十二屬"或"十二肖"，在東漢初已有記錄。《論衡‧物勢篇》：

“……丑,牛也……巳,蛇也……”唐文宗開成二年丁巳,故稱蛇年。又曆法:夏建寅,以農曆正月爲歲首;殷建丑,歲首當農曆的十二月。故“蛇年建丑月”即開成二年冬十二月。“丑”或本作“午”,非是。案長詩首句紀年繫月,近宗杜甫《北征》“皇帝二載秋”,遠紹《春秋·魯隱元年》“春王正月”,意在明示讀者,此篇是以詩寫史,不同於一般偶感即興之作。

〔三〕我自梁還秦:《元和郡縣志》:“興元府·漢中,今爲山南西道節度使理所。《禹貢》:‘華陽黑水惟梁州。’……自漢宋以還,多理南鄭。隋開皇三年,罷郡,所領縣並屬梁州。大業三年,罷州爲漢川郡。武德元年,又改爲襃州。二(此下孫星衍校本原衍“十”字,今删)年,又爲梁州。興元元年,因德宗遷幸,改爲興元府。”秦,指當時關內道而言,春秋戰國時,爲秦國根據地,項籍滅秦,分其地爲三,以後又有三秦之稱。時作者府主山南西道節度使、興元尹令狐楚病篤,於是年冬奉命自京赴漢中爲楚代草遺表。十一月,楚卒;十二月,奉楚喪回長安。令狐楚是賞識、指教並提拔李商隱的達官顯宦,所以他的死,對詩人來說,是一次沉重的打擊。全詩的情調極其悲涼沉鬱,根因未必不由於此。

〔四〕南下大散嶺:《元和郡縣志》:“關內道二·鳳翔府·寶雞縣……散關在縣西南五十二里。《蜀志》:‘諸葛亮出散關,圍陳倉。’”馮浩注:“關以嶺爲名。”“嶺”,一作“關”。案陝西省寶雞市西南大散嶺上有大散關,亦稱散關。

〔五〕北濟渭之濱:《元和郡縣志》:“關內道二·鳳翔府·寶雞縣,本秦陳倉縣……隋大業九年,移於今理(治所),在渭水北。至德二年,改爲寶雞縣。”

〔六〕草木半舒坼:舒坼,發芽放葉。

〔七〕不類冰雪晨:不類,不似、不像。雪,一作霜。

〔八〕又若夏苦熱：若，像。曹植、鮑照都曾作《苦熱行》。

〔九〕燋卷無芳津：《山海經》：“十日所落，草木焦卷。”（案此見《文選》應璩《與廣川長岑文瑜書》李善注引《山海經》佚文。）燋卷、焦卷、焦捲義同，謂草木枝葉焦枯而拳曲。芳津，香氣和光澤。

〔一〇〕高田長槲櫪：《漢書·溝洫志》：“高田五倍，下田十倍。”此“高田”、“下田”皆承上大散嶺爲説，謂山上或山下之田。槲與櫪兩種樹皆殼斗科落葉喬木，木不成材，僅供薪炭之用。“槲”，或作“槲”，誤。“櫪”，或本作“櫟”。

〔一一〕下田長荆榛：荆榛，即荆棘，爲叢生灌木，使道路梗塞。《左傳·襄公十四年》：“蒙荆棘。”疏：“言無道路可從，冒榛藪也。”案：以上兩句，即景以見時艱。

〔一二〕飢牛死空墩：空墩，當是烽火臺遺址，今日北方稱此爲“墩臺”。此與《桃花扇·餘韻》“瘦馬臥空壕”异代同工。

〔一三〕依依過村落：陶淵明《歸園田居》詩：“依依墟里煙。”

〔一四〕十室無一存：後世言“十室九空”，意本此。見《宋史·余靖傳》。

〔一五〕存者背面啼：各本作“存者皆面啼”，給人的印象是存者尚多，意乖上句；而且多人不能“皆”做一種表態。此句乃學《北征》“見耶背面啼”無疑，故從《唐音戊籤》作“背”。

〔一六〕及問還具陳：此句各本雖俱作“門”，但殊疑乃“問”字破體。因揣情度理，上句“存者背面啼，無衣可迎賓”的叙寫，如非已入門，恐難目擊此景。且此句直接上句“始若畏人問”而來，則作“及問還具陳”，乃一氣貫注之筆，夫又何疑？

以上爲第一段，叙述作者自梁還秦到西郊所見農村蕭條凋敝情景，並藉村民的口訴引出對李唐王朝由盛而衰轉變過程的叙寫。

右輔田疇薄〔一七〕,斯民常苦貧〔一八〕。伊昔稱樂土〔一九〕,所賴牧伯仁〔二〇〕。官清若冰玉〔二一〕,吏善如六親〔二二〕。生兒不遠征,生女事四隣〔二三〕。濁酒盈瓦缶〔二四〕,爛穀堆荆囷〔二五〕。健兒庇旁婦〔二六〕,衰翁舐童孫〔二七〕。況自貞觀後,命官多儒臣〔二八〕。例以賢牧伯,徵入司陶鈞〔二九〕。

〔一七〕右輔田疇薄:自此以下皆農户陳詞。然細味其内容,則融合着許多作者自己的政治觀點,不能完全看成爲照録農民的口述。《史記·酷吏列傳》:"王温舒爲右内史,坐法失官,復爲右輔,行中尉事。"案漢時右扶風治長安西,故義山沿稱扶風爲右輔。《禮記·月令》:"可以糞田疇。"《説文·田部》:"疇,耕治之田也。"則田疇爲同義複合詞。

〔一八〕斯民常苦貧:斯民,此地的人民。苦貧,苦於生活貧困。

〔一九〕伊昔稱樂土:伊昔,猶今言"過去"。《詩·魏風·碩鼠》:"適彼樂土。"鄭玄箋:"樂土,有德之國。"故啓下句。

〔二〇〕所賴牧伯仁:《元和郡縣志》:"關内道·鳳翔府:今爲鳳翔節度使理(治)所。"《舊唐書·職官志》:"州縣官員:京兆、河南、太原等府,三府牧各一員。"故牧伯即指州郡、節度使等地方長吏。仁,意指愛民。案以上兩句是作者總結歷史經驗。《漢書·循吏傳序》云:"及至孝宣,繇(由)仄陋(微賤)而登至尊,興於閭閻(鄉里),知民事之艱難……常稱曰:'庶民所以安其田里而亡(無)嘆息愁恨之心者,政平訟理也。與我共此者,其唯良二千石乎!'以爲太守,吏民之本也。"顏師古注:"二千石,謂郡守諸侯相。"亦即此處所謂之牧伯。

〔二一〕官清若冰玉:《三國志·魏書·令狐邵附傳》注引《魏略》:"出爲弘農太守,所在清如冰雪。"又《晉書·賀循傳》:"循冰清玉潔。"

〔二二〕吏善如六親:《周禮·地官·大司徒》鄭注:"六親:父母兄弟妻子也。"《漢書·禮樂志》:"六親和睦。"如淳曰:"賈誼書以爲:父也、子也、從父昆弟、從祖昆弟、曾祖昆弟、族昆弟也。"此外還有別的説法。此當泛指血緣最近的六種親屬。

〔二三〕"生兒不遠征"二句:此反映古代農民受封建宗法觀念和小生産狹隘性的偏見所局限,認爲老死不出故鄉纔是人生最大幸福。

〔二四〕濁酒盈瓦缶:以下兩句寫生活富裕而又具有農民素樸色彩。缶,罐、瓮。

〔二五〕爛穀堆荆困:爛穀,極寫存糧過多,以至霉爛。這種寫法,是從《漢書·賈捐之傳》"至孝武皇帝元狩六年,太倉之粟,紅腐而不可食"悟出,具見人民之豐衣足食。荆困,用荆條編困底,今農家尚多運用。

〔二六〕健兒庇旁婦:健兒指軍士。《唐六典·兵部郎中》條:"天下諸軍有健兒。"注:"舊健兒在軍皆有年限,更來往,頗爲勞弊。開元二十五年敕:……自今已後,諸軍鎮量閑劇利害置兵防健兒,於諸色徵行人内及客户中召募,取丁壯情願充健兒長住邊軍者,每年加常例給賜……"然此"健兒",除現役軍人而外,據白居易《爲人上宰相書》所説"托足於軍籍釋流者不知反"那些話,恐怕還包括爲了逃避租税而賄買軍籍的一些人。庇,庇護,實指霸佔。一作"疪",非。旁婦,意即外婦。《漢書·高五王傳》:"齊悼惠王肥,其母高祖微時外婦也。"顔師古注:"謂與旁通者。"義同俗稱姘婦。案:此乃剝削階級非法蹂躪女性的醜行,而作者把它當作幸福生活來宣揚,是非常荒謬的。

〔二七〕衰翁舐童孫:舐,以舌舐。此以老牛舐犢比喻老翁的撫愛幼孫。《後漢書·班彪傳》:"猶懷老牛舐犢之愛。"

〔二八〕"況自貞觀後"二句:貞觀(六二七——六四九),唐太宗李世民年號。命官多儒臣,意思是任命地方長官多用文臣。此儒臣泛指文官，即靠科舉進身的明經進士一類人，不拘拘於習儒術者。

〔二九〕"例以賢牧伯"二句：意思是，朝廷任命宰相，總理國家政務，主要的一條經驗，就是要從德才兼備的地方官裏選拔。例，有定爲準則的意思。《貞觀政要》卷三："貞觀十一年，侍御史馬周上疏曰：'理天下者，以人爲本。欲令百姓安樂，惟在刺史、縣令……若每州得良刺史，則合境蘇息。天下刺史悉稱聖（帝）意，則陛下可端拱巖廊之上，百姓不慮不安。自古郡守、縣令，皆妙選賢德，欲有遷擢爲將相，必先試以臨人（民），或從二千石入爲丞相及司徒、太尉者。朝廷必不可獨重内臣，外刺史、縣令，遂輕其選。所以百姓未安，殆由於此。'太宗因謂侍臣曰：'刺史朕當自簡擇，縣令召京官五品已上各舉一人。'"徵入，奉詔内調。司，掌管。陶鈞，古稱範製陶坯所用之轉輪，宰相總攬國家政務似之，故借以爲喻。《漢書·鄒陽傳》："聖王制命御俗，獨化於陶鈞之上。"案陶鈞在漢專指帝王，唐代移比宰相，用法微別，而實相通。

以上爲第二大段第一小節，追述開元以前唐朝社會安定繁榮，根因在於朝廷與地方任官得人。

降及開元中〔三〇〕，姦邪撓經綸〔三一〕。晉公忌此事，多録邊將勳。因令猛毅輩，雜牧升平民〔三二〕。中原遂多故〔三三〕，除授非至尊〔三四〕。或出倖臣輩，或由帝戚恩〔三五〕。中原困屠解〔三六〕，奴隸厭肥豚〔三七〕。皇子棄不乳〔三八〕，椒房抱羌渾〔三九〕。重賜竭中國〔四〇〕，强兵臨北邊〔四一〕。控絃二十萬〔四二〕，長臂皆如猿〔四三〕。皇都三千里〔四四〕，來往同彫鳶〔四五〕。五里一換馬，十里一開筵〔四六〕。指顧動白日〔四七〕，煖熱回蒼旻〔四八〕。公卿辱嘲叱，唾棄如糞丸〔四九〕。大朝會萬方〔五〇〕，天子正臨軒〔五一〕。綵旃轉初旭〔五二〕，玉座當祥煙〔五三〕。金障既特設,珠簾亦高褰〔五四〕。捋鬚蹇不顧〔五五〕,坐在御榻前。忤者死跟履〔五六〕,附之升頂顛〔五七〕。華夷矜遞銜,豪俊相并吞〔五八〕。因失生養惠,漸見徵求頻〔五九〕。

〔三〇〕降及開元中:降及,後來到了。開元(七一三——七四一),唐玄宗李隆基第一個年號。

〔三一〕姦邪撓經綸:姦邪指下文晉公而言。撓,干擾。《易·屯》:"君子以經綸。"經綸,治國安邦的大經大法。指上"況自貞觀後"以下四句所說的具體內容而言。

〔三二〕"晉公忌此事"四句:晉公,指李林甫。忌,嫉恨。此事,指上"例以賢牧伯,徵入司陶鈞"的優良傳統而言。多錄,過實地記錄。《國語·周語》:"不主寬惠,亦不主猛毅,主德義而已。"又《大戴禮記·文王官人》:"猛毅而獨斷者,使是治軍事,爲邊境。"猛毅輩,指驕悍凶暴的邊將。雜牧,和文官羼雜在一起來統治。升平民,過慣了和平生活的人民。《舊唐書·李林甫傳》(參用《新唐書》):"開元二十五年,封晉國公。開元中,張嘉貞、王晙、張說、蕭嵩、杜暹皆以節度使入知政事。林甫欲杜其源,以久己權,乃言:夷狄未滅,由文吏爲將憚矢石,不身先;請專用蕃將。因以安思順代己領使,而擢哥舒翰、高仙芝、安祿山等爲大將。林甫利其無入相之資,故祿山得專三道勁兵,處十四年不徙,卒稱兵蕩覆天下,王室遂微。"案:據歷史記載:李林甫出身貴族,不學無術,連很普通的字都讀錯,做宰相是很不稱職的,出於邀寵固位的自私需要,收買起用一些蕃將,藉此來培植自己的勢力。野心家安祿山利用機會得以一身兼任范陽、平盧、河東三鎮節度,成爲國家的一大隱患。

〔三三〕中原遂多故:多故,多事,謂叛亂相繼。

〔三四〕除授非至尊:除授,任命官吏。《漢書·景帝紀》:"初除之官。"注:"凡言除者,除故官就新官也。"至尊,指皇帝。《淮南子·精神》:"視至尊窮寵。"句意謂:任命官吏,不由皇帝。這意味着中央集權開始解體。

〔三五〕"或出倖臣輩"二句:倖臣,佞倖之臣。《史記·佞倖列傳序》:"高祖至暴抗也,然籍孺以佞(諂媚)倖(受寵)。孝惠時有閎孺;此兩人非有材能,徒以婉佞貴倖,與上卧起,公卿皆因關説。"這裏倖臣主要指宦官。帝戚,即外戚,指帝王的母黨或妻黨。也就是以后妃爲首腦的裙帶系統。前者以高力士爲代表,後者以楊貴妃的從兄楊國忠爲代表。楊國忠竟靠裙帶關係,做到右丞相,身兼四十餘使,與蕃將安禄山爭寵,結果釀成安史之亂。

〔三六〕中原困屠解:朱鶴齡注:"視民如牛狗,屠之解之。"案《莊子·養生主》有"庖丁解牛"的寓言;《史記·樊噲列傳》,記樊噲微時,曾"以屠狗爲事"。故知朱注可以信據。

〔三七〕奴隸厭肥豚:此與杜甫《後出塞》"雲帆轉遼海,稉稻來東吴;越羅與楚練,照耀輿臺(即奴隸)軀"各從一個側面揭露安禄山用錦衣美食收買部屬,陰謀進行軍事叛亂的罪惡行徑。厭,膩煩。

〔三八〕皇子棄不乳:《漢書·宣帝紀》:"生數月,遭巫蠱事……繫郡邸獄。……(丙吉)使女徒復作淮陽趙徵卿、渭城胡組乳養。"馮浩注:"句意必貴妃專寵時有害皇子如漢趙后之所爲者,史未詳載也。朱氏(鶴齡)引林甫讒殺太子瑛、鄂王瑤、光王琚,則與'棄不乳'不符,非也。"案馮注似過泥。棄不乳,意同棄不子,朱注可從。

〔三九〕椒房抱羌渾:《安禄山事迹》:"禄山生日後三日,明皇召入内。貴妃以錦繡緅縛禄山,令内人以彩輿舁之,歡呼動地,云'貴妃與禄兒作三日洗兒',帝就觀大悦,因賜洗兒金銀錢物。自是宫中皆呼禄山爲禄兒,不禁出入。"《舊唐書·安禄山傳》:"安禄山,營州柳城雜種胡人也。"朱鶴齡曰:"非羌渾種也,趁韻。"何焯曰:"是借用。若用吐渾,乃是趁韻。"案:二說皆有所見,可以匯合起來,借用表示其爲雜種,且以趁韻。

〔四〇〕重賜竭中國:《舊唐書·安禄山傳》:"爲置第宇,窮極壯麗,以金銀爲筹筐筐籬等。"可以看出唐玄宗對他賞賜之濫。

〔四一〕强兵臨北邊:《舊唐書·安禄山傳》:"禄山陰有逆謀,於范陽北築雄武城,外示禦寇,内貯兵器積穀爲保守之計。戰馬万五千匹,牛羊稱是。兼三道節度使,進奏無不允。"即指其事。

〔四二〕控絃二十萬:《漢書·婁敬傳》:"當是時,冒頓單于兵强,控絃四十萬騎。"注:"控,引也,謂皆引弓也。"引弓,即拉弓。《安禄山事迹》:"禄山引蕃奚步騎二十萬。"

〔四三〕長臂皆如猿:《史記·李將軍列傳》:"李廣爲人,長臂善射。"此處借喻禄山叛卒驍勇善戰。

〔四四〕皇都三千里:皇都,指京城長安。《舊唐書·地理志》:范陽"在京師東北二千五百二十里。"此言三千里是其約數。

〔四五〕來往同彫鳶:同,一作如。彫、雕、鵰古通。鳶,鷂鷹。

〔四六〕"五里一換馬"二句:《安禄山事迹》:"(禄山)晚年益肥,腹垂過膝,乘驛詣闕,每驛中間,築臺換馬,謂之大夫換馬臺。不然,馬輒死。飛蓋蔭野,車騎雲屯。所止之處,皆賜御膳,水陸畢備。"

〔四七〕指顧動白日:指顧,手指而目顧,語本班固《東都賦》:"指顧倏忽。"日,舊時常以爲帝王的象徵。《史記·五帝本紀》:"(帝堯),就之如日。"句意謂:禄山權勢之大,連唐玄宗李隆基也要聽從他指揮。

〔四八〕煖熱回蒼旻:《爾雅·釋天》:"春爲蒼天","秋爲旻天。"故蒼旻喻天氣。句意謂:禄山愛憎所加,足以回黃轉綠。

〔四九〕"公卿辱嘲叱"二句:辱,遭受。嘲叱,諷刺斥責。唾棄,對人極度鄙夷輕蔑的態度。崔豹《古今注》:"蜣蜋能以土包糞轉而成丸。"故糞丸,意即糞土。

〔五〇〕大朝會萬方:大朝,語始王粲《從軍詩》:"晝(一作盡)日處大朝。"呂向注曰:"大朝,天子朝也。"萬方,意即萬邦,《論語·堯曰》:"予小子履,敢用玄牡,敢昭告於皇皇后帝……朕躬有罪,無以萬方;萬方有罪,在朕躬。"萬方,意即萬國,指衆多的諸侯國家。

〔五一〕天子正臨軒:《漢書·史丹傳》:"天子自臨軒檻。"舊謂天子不御正座而御平臺曰"臨軒"。然看下文,實指天子正式臨朝。

〔五二〕彩旆轉初旭:彩旆,上繡龍蛇圖案的旗幟。初旭,早晨的陽光。此句意境,當從杜甫《奉和賈至舍人早朝大明宮》詩"旌旗日暖龍蛇動"句悟出。

〔五三〕玉座當祥煙:王維《奉和賈至舍人早朝大明宮》詩"香煙欲傍袞龍浮",此句本之。古代皇帝臨朝,座前皆設御鑪燃爇香煙,以辟惡氣。亦稱祥煙或瑞煙。當,對。

〔五四〕"金障既特設"二句:《舊唐書(參《新唐書》)·安禄山傳》:"上御勤政樓,於御座東爲設一大金雞障,前置一榻,詔禄山坐之,捲去其簾。太子諫曰:'陛下寵禄山,過甚必驕。'"

〔五五〕捋鬚搴不顧:捋鬚,自摩其鬚。搴,驕矜傲慢的情態。不顧,目空一切,簡直連皇帝也不放在眼裏。

〔五六〕忤者死跟履:忤,一作"誤",非。跟履,各本皆作"艱履",費解;此從《唐音戊籤》。死跟履,謂被踐踏而死。

〔五七〕附之升頂顛:頂顛,喻最高位。

〔五八〕"華侈矜遞衒"二句:案以下兩句兼楊氏外戚言之,並不專主安禄山一家。據《舊唐書·后妃傳》記載:"(楊貴妃)姊妹昆仲(兄弟)五家,甲第洞開,僭擬宮掖,車馬僕御,照耀京邑,遞相誇尚。每構一堂,費逾千萬計。見制度宏壯於己者,即徹而復造。土木之工,不捨晝夜。"又《新唐書·安禄山傳》:"禄山爲范陽大都督兼河北道采訪處置使。又拜河東節度兼制三道。後又得朔方節度阿布思之衆，兵雄天下。又請爲閑廐隴右群牧等使，擇良馬内范陽，又奪張文儼馬牧。"又《舊唐書·楊國忠傳》："遷度支郎中，不期（滿）年，兼領十五餘使……國忠自侍御史以至宰相，凡領四十餘使……"華侈，豪華奢侈。矜遞衒，疑當作"遞矜衒"，意爲互相誇耀；與下文"相併吞"，構成偶對。衒，炫的異體字。豪俊，指豪家大族。

〔五九〕"因失生養惠"二句：案"生養惠"各本皆作"生惠養"，費解，疑當爲"生養惠"，以與下文"徵求頻"構成偶句。生養，唐代口語，李賀《感諷》之四"己生須己養"可證。生養惠，滋生長養的愛民之政。徵求，即誅求。頻，言無竟無休。

以上爲第二大段第二小節。追叙開元末年以來朝廷政治的腐敗、中央集權的解體、藩鎮割據的形成和苛捐雜稅的加重。

奚寇東北來〔六〇〕，揮霍如天翻〔六一〕。是時正忘戰，重兵多在邊〔六二〕。列城繞長河〔六三〕，平明插旗幡〔六四〕。但聞虜騎入，不見漢兵屯〔六五〕。大婦抱兒哭，小婦攀車轓〔六六〕。生小太平年，不識夜閉門〔六七〕。少壯盡點行〔六八〕，疲老守空村〔六九〕。生分作死誓〔七〇〕，揮淚連秋雲〔七一〕。廷臣例麞怯〔七二〕，諸將如贏奔〔七三〕。爲賊掃上陽〔七四〕，捉人送潼關〔七五〕。玉輦望南斗〔七六〕，未知何日旋〔七七〕。誠知開闢久〔七八〕，遘此雲雷屯〔七九〕。逆者問鼎大〔八〇〕，存者要高官〔八一〕。搶攘互間諜〔八二〕，孰辨梟與鸞〔八三〕？千馬無返轡，萬車無還轅〔八四〕。城空雀鼠死〔八五〕，人去豺狼喧〔八六〕。

〔六〇〕奚寇東北來：《舊唐書·北狄傳》："奚國，蓋匈奴之別種也。所居亦鮮卑故地，即東胡之界也。在京師東北四千餘里。”《資治通鑑·唐紀》：“（玄宗天寶十四載）十一月甲子，禄山發所部兵及同羅、奚、契丹、室韋凡十五萬衆，號二十萬，反於范陽。”此稱“奚寇”，是以局部代整體。東，各本原作“西”，從朱鶴齡説改。

〔六一〕揮霍如天翻：揮霍，同吕霍，《文選》揚雄《甘泉賦》“翕赫吕霍”，李善注：“吕霍，疾貌。”《資治通鑑·唐紀》記叙禄山叛唐時：“步騎精鋭，煙塵千里，鼓譟震地。”可與此詩互證。

〔六二〕“是時正忘戰”二句：《舊唐書·安禄山傳》：“天下承平日久，人不知戰；聞其兵起，朝廷震驚。”

〔六三〕列城繞長河：《左傳·僖公十五年》：“晉侯許……略秦伯以河外列城五：東盡虢略，南及華山，内及解梁城，既而不與。”孔疏：“列城五者，自華而東，盡虢之東界，其間有五城也。”案此處稱“列城”，是借用，指安禄山十一月反於范陽以後，至十二月渡河，連陷陳留、榮陽、東京洛陽、陝郡、潼關等地。

〔六四〕平明插旗幡：《舊唐書·安禄山傳》：“（天寶十四載）十一月反於范陽，矯稱奉恩命以兵討逆賊楊國忠。以諸蕃馬步十五萬夜半行，平明食，日六十里。”此寫安禄山行動詭密，爲了掩人耳目，夜行晝宿。插旗幡，是這種詭計的僞裝。

〔六五〕“但聞虜騎入”二句：《安禄山事迹》：“所至郡縣，無兵禦捍，甲杖器械朽壞，兵士皆持白棒。”

〔六六〕小婦攀車輻：《漢書·景帝紀》：“車，朱兩輻。”注：“應劭曰：‘車耳反出，所以爲之藩屏，翳（遮擋）塵泥也。’師古曰：‘輻，車之蔽也。’”車輻，當兼車之兩廂及頂篷言之。而所攀則只能是指車廂（所謂車耳）。

〔六七〕不識夜閉門：識，知道、曉得。此句極言百姓因承平日久，麻痹大意，對於强藩可能發生暴亂，完全喪失警惕。

〔六八〕少壯盡點行：點行，按照丁冊點派兵役。杜甫《兵車行》：
"道旁過者問行人，行人但云點行頻。"

〔六九〕疲老守空村：疲，疲癃，亦作罷癃；疲老，指老弱病殘。空，
一作"孤"，非。

〔七〇〕生分作死誓：此句似就丁壯新婚夫婦立言。即杜甫《新婚
別》"君今往死地，沉痛迫中腸。誓欲隨君去，形勢反蒼黃"之意。

〔七一〕揮淚連秋雲：即揮淚如雨的誇飾語。

〔七二〕廷臣例麇怯：廷臣，指文官。例，無例外。麇怯，陸佃《埤
雅·釋獸》："麇如小鹿而美。……或曰麇性善驚，故從章。《吳越春
秋》：'章者，憧惶也。'"

〔七三〕諸將如羸奔：羸，瘦羊。《舊唐書·安祿山傳》："聞其兵起，
朝廷震驚。禁衛皆市井商販之人。乃開左藏庫出錦帛召募，因以高仙
芝、封常清等相次爲大將以擊之。祿山令嚴肅，得士死力，無不以一當
百，遇之必敗……東京留守李憕、中丞盧奕、採訪使判官蔣清燒絕河陽
橋，祿山怒，率軍大至。封常清自苑西隤牆，使伐樹塞路而奔……常清
既敗，惟與數騎走至陝郡，高仙芝率兵守陝城，皆棄甲西走潼關。懼賊
追躡，相蹂藉而死者塞路……"案以上兩句，寫祿山叛軍追趕唐將，如
狼驅鹿羊。

〔七四〕爲賊掃上陽：《舊唐書·地理志》："河南道·東都：宮城在
都城之西北隅……上陽宮在宮城之西南隅。南臨洛水，西距穀水，東
即宮城，北連禁苑……上陽之西隔穀水，有西上陽宮。虹梁跨穀，行幸
往來，皆高宗龍朔後置。禁苑在都城之西，東抵宮城，西臨九曲，北背
邙阜，南距飛仙。"《舊唐書·玄宗紀》："（天寶）十五載春正月乙卯，
御宣政殿受朝。其日祿山僭號於東京。"又同書《安祿山傳》："十五載
（原作年，誤）正月，賊竊號燕國，立年聖武。"案此上陽借喻祿山僭號
之宮殿，不必實指。

〔七五〕捉人送潼關：《明皇雜録》：“天寶末，群賊陷兩京，大掠文武朝臣及黃門宮嬪樂工騎士，每獲數百人，以兵仗嚴衛送於洛陽。”案此兩句是倒裝，謂“捉人送潼關，爲賊掃上陽”也。

〔七六〕玉輦望南斗：帝王所乘的車曰輦。《通典·禮典》二六：“夏氏末代製輦……秦以輦爲人君之乘，漢因之。”玉輦即玉輅，是古代天子五輅的第一種。朱鶴齡注：“玉輦望南斗，謂幸蜀。”

〔七七〕未知何日旋：言未知返京何日。

〔七八〕誠知開闢久：意謂從六一八年唐高祖李淵開始建國至七五五年安史亂起，已經將近一百五十年的光景，時間已很長久。

〔七九〕遘此雲雷屯：遘，遭遇。《易·屯》：“象曰：‘屯，剛柔始交而難生……雷雨之動滿盈。’象曰：‘雲雷屯。’……”大意是：唐朝遭遇安史之亂，烏雲亂翻，雷雨肆虐，給國家人民帶來空前災難。

〔八〇〕逆者問鼎大：逆者，各本多作“送者”，費解，此從《唐音戊籤》。《左傳·宣公三年》：“(周)定王使王孫滿勞楚子(莊王)，楚子問鼎之大小輕重焉。對曰：‘在德不在鼎……周德雖衰，天命未改；鼎之輕重，未可問也。’”據歷史傳說，九鼎是大禹所鑄，以後夏、商、周三代均奉爲國寶。它是王權的象徵，非諸侯楚子所當過問。所以這句詩的意思是：稱兵作亂的妄想做皇帝。

〔八一〕存者要高官：存者，指留在玄宗身邊不肯附逆的。要高官，以升任其官相要脅。

〔八二〕搶攘互間諜：搶攘，傾軋排擠。間諜，伺察對方的言行。

〔八三〕執辨梟與鸑：梟，夜鷹的一種，古人以爲惡鳥，以喻惡人。鸑，傳說中的鳳屬，古人以喻忠貞之士。

〔八四〕“千馬無返轡”二句：轡，馬韁；無返轡，言無掉轉馬頭者。轅，在車前，代表車輛的走向。案《舊唐書·玄宗紀》寫玄宗幸蜀時，“至咸陽望賢驛置頓，官吏駭散……次扶風郡，軍士各懷去就”。由於李隆基的荒淫誤國,引起藩鎮叛亂,當蒼黃出走時,衆叛親離。

〔八五〕城空雀鼠死:《資治通鑑·唐紀》:"(肅宗至德元載),山南東道節度使魯炅守南陽,賊將武令珣、田承嗣相繼攻之。城中食盡,一鼠值錢數百,餓死者相枕藉。……(二載冬十月),尹子奇久圍睢陽,城中食盡,議棄城東走,張巡、許遠……堅守以待之,茶紙既盡,遂食馬;馬盡,羅雀掘鼠;雀鼠又盡……"此寫當艱難之際,忠義之士,孤軍苦戰。

〔八六〕人去豺狼喧:杜甫《王命》詩:"漢北豺狼滿,巴西道路難。"與此"豺狼",皆喻安史亂黨。喧,極寫其氣焰囂張。

以上是第二大段第三小節。追叙安史叛軍長驅直入,人民流離失所,唐朝君臣棄京逃命,藩鎮乘機奪位邀官,國家社會陷於空前混亂。

南資竭吳越〔八七〕,西費失河源〔八八〕。因令左藏庫,摧毀惟空垣〔八九〕。如人當一身〔九〇〕,有左無右邊。筋體半痿痹〔九一〕,肘腋生臊膻〔九二〕。列聖蒙此恥〔九三〕,含懷不能宣〔九四〕。謀臣拱手立,相戒無敢先〔九五〕。萬國困杼軸〔九六〕,內庫無金錢〔九七〕。健兒立霜雪,腹歉衣裳單〔九八〕。饋餉多過時〔九九〕,高估銅與鉛〔一〇〇〕。山東望河北,爨煙猶相聯〔一〇一〕。朝廷不暇給〔一〇二〕,辛苦無半年〔一〇三〕。行人権行資〔一〇四〕,居者稅屋椽〔一〇五〕。中間遂作梗〔一〇六〕,狼藉用戈鋋〔一〇七〕。臨門送節制〔一〇八〕,以錫通天班〔一〇九〕。破者以族滅,存者尚遷延〔一一〇〕。禮數異君父〔一一一〕,羈縻如羌零〔一一二〕。直求輸赤誠〔一一三〕,所望大體全〔一一四〕。巍巍政事堂〔一一五〕,宰相厭八珍〔一一六〕。敢問下執事〔一一七〕,今誰掌其權〔一一八〕?瘡痏幾十載,不敢抉其根〔一一九〕。國蹙賦更重,人稀役彌繁〔一二〇〕。

〔八七〕南資竭吳越:安史亂後,朝廷的資源(租稅錢穀)所入,主要依靠東南半壁吳越(江、浙)一帶。再加上朘民邀寵的地方官的非法搜括,使這一地區的人民生計已瀕於枯竭的絕境。

〔八八〕西費失河源:西費,仰仗西北屯墾所籌措的軍費。河源,指黃河上游沿岸的廣大地區,由於少數民族的叛變而餉糈歸於落空。案以上兩句所反映的歷史事實是如《舊唐書·憲宗本紀》元和四年十二月史官李吉甫撰《元和國計簿》中所說:"總計天下方鎮凡四十八,管州府二百九十五,縣一千四百五十三,户二百四十四萬二百五十四。其鳳翔、鄜坊、邠寧、振武、涇原、銀夏、靈鹽、河東、易定、魏博、鎮冀、范陽、滄景、淮西、淄青十五道凡七十一州,不申户口。每歲賦入倚辦,止於浙江東西、宣歙、淮南、江西、鄂岳、福建、湖南等八道,合四十九州一百四十四萬户。比量天寶供稅之户,則四分有一。天下兵戎,仰給縣官者八十三萬。然人比量天寶士馬則三分加一,率以兩户資一兵。其他水旱所損,徵科發斂,又在常役之外。"根據《元和國計簿》的統計,安史亂後,黃河上游的鳳翔、靈鹽等七道由於少數民族上層倡導叛亂,以及下游的河東、易定等八道由於藩鎮割據,都"不申户口",不納租稅,舉西北以包華北,國庫開支,完全轉嫁給東南半壁的兩浙、宣歙等八個道,那裏人民的負擔真是太重了。着一"竭"字,而艱難訴盡;少數民族因統御乖方,背我而去,着一"失"字,而廟謨的弱點畢露。

〔八九〕"因令左藏庫"二句:李唐王朝於京城長安設左右藏庫。左藏庫存放全國賦調,右藏庫存放各地所貢金銀珠寶。依文義,上言"南資"、"西費",則此當以作"左藏庫"爲是。各本作"右",此從《全唐詩》正文及朱鶴齡本。空垣,意即空牆。

〔九〇〕如人當一身:"當"如解爲"應當",則"一身"應釋爲"全身”,意爲具備五官百體。然疑此句應作“如當人一身”,“當”字爲比擬詞,與“如”連文,意爲“比作”。則“一身”讀如字。

〔九一〕筋體半痿痺:筋體指生理上血管和神經等系統而言,如果發生障礙,則軀體動轉不靈,發生癱瘓症,亦即此詩所謂“痿痺”。

〔九二〕肘腋生臊羶:《三國志·蜀書·法正傳》:“近則懼孫夫人生變於肘腋之下。”肘腋在胸腔要害兩旁,故以喻左近之人。臊羶,牛羊肉氣味,古代漢族多用爲對西北游牧民族之辱稱。句意與白居易《新樂府·西涼伎》“平日安西萬里疆,今日邊防在鳳翔”同慨。

〔九三〕列聖蒙此恥:列聖指肅、代、德、憲等朝皇帝。

〔九四〕含懷不能宣:蘊藏光復雄心而未能實現。

〔九五〕“謀臣拱手立”二句:謂謀臣瀆職,坐視大片國土淪喪,袖手旁觀,不敢倡議規復舊物。

〔九六〕萬國困杼軸:《詩·小雅·大東》:“小東大東,杼柚其空。”《經典釋文》:“柚,又作軸。”《法言·先知篇》:“田畝荒,杼軸空,之謂歎。”案杼所以持緯,軸所以受經,是織機的兩個主件。杼軸空,表明機上無布帛。布帛絲麻爲唐代賦稅主要內容之一。此極言當時徵斂煩苛。

〔九七〕內庫無金錢:《舊唐書·食貨志上》:(肅宗)乾元元年七月詔曰:“但以干戈未息,帑藏猶虛。”即指其事而言。

〔九八〕“健兒立霜雪”二句:健兒已見前注。言士兵在霜雪交加的冬天,腹飢衣薄,還要站崗放哨。

〔九九〕餽餉多過時:言國家發放軍餉,經常拖延時日。

〔一〇〇〕高估銅與鉛:《舊唐書·食貨志》:“(德宗)貞元九年正月,張滂奏:‘諸州府公私諸色鑄造銅器雜物等。伏以國家錢少,損失多門。興販之徒,潛將銷鑄。錢一千爲銅六斤,造寫器物,則斤直六百餘。有利既厚,銷鑄遂多,江淮之間,錢實減耗。’”這句詩是作者探索國家不能按時關餉的原因,在於當時物貴錢輕,私商銷錢鑄器,牟取厚利。所以導致國庫空虛,餉源枯竭。錢是銅與鉛所合。當其未鑄錢以前,價格較高;迨其出爐成錢以後,價格反被貶抑;故曰“高估(高昂的標價)銅與鉛”(這裏主要指銅,因當時銅器價格昂貴)。

〔一〇一〕“山東望河北”二句:山東,指崤山或太行山以東,黃河兩岸。河北道,在唐包括今河南北部、河北全部以及遼寧部分地區,這是唐代藩鎮割據的主要根據地,在政治軍事上與朝廷處於半獨立狀態。下句就委婉地反映了這一歷史現實。爨煙,即炊煙。

〔一〇二〕朝廷不暇給:班固《西都賦序》“大漢初定,日不暇給”爲此句遣詞所本。大意是朝廷自顧不暇,無力解救民困。此亦封建士大夫“爲尊者諱”的飾辭。

〔一〇三〕辛苦無半年:意謂農民終年勞動,大半被官府掠奪(合法的和非法的),衣食所資,不足半年食用。

〔一〇四〕行人權行資:行人,指商販。權,徵收。行資,商品稅。《舊唐書·德宗本紀》:建中三年(七八二),判度支趙贊“乃於諸道津要置吏稅商貨,每貫稅二十文,竹木茶漆,皆什一稅一,以充常平之本”。

〔一〇五〕居者稅屋椽:稅屋椽,當時稱“間架稅”。《舊唐書·德宗本紀》:“建中四年(七八三)六月庚戌,初稅屋間架……”案商品稅和間架稅,是唐王朝因過度奢靡,國庫空虛,向人民殘酷徵斂的新添項目。

〔一〇六〕中間遂作梗:意思是:由於朝廷的徵斂無度,給地方藩鎮的割據抗命製造口實。《舊唐書·德宗本紀》:“(建中二年二月)乙卯,振武軍亂……初大歷中,李正己有淄、青、齊、海、登、萊、沂、密、德、棣、曹、濮、徐(各本原闕,據同書《李正己傳》補)、兗、鄆十五州之地;李寶臣有恒、定、易、趙、深、冀、滄七州之地;田承嗣有魏、博、相、衛、

洺、貝、澶七州之地;梁崇義有襄、鄧、均、房、復、郢六州之地;各聚兵數
萬,始因叛亂得位,雖朝廷寵待加恩,心猶疑貳,皆連衡盤結以自固。
朝廷增一城,浚一池,便飛語有辭;而諸盜完城繕甲,略無寧日。"這是
代宗時的情況,到德宗時情況更有所發展。

〔一〇七〕狼藉用戈鋋:狼藉,雜亂不整之貌。戈鋋,小矛曰鋋。
《史記·匈奴列傳》:"短兵則刀鋋。"裴駰《集解》:"鋋形似矛,鐵柄。"
句意:藩鎮叛亂,與官軍短兵相接。當時總的形勢,誠如《舊唐書·德
宗紀》史臣所概括:"故從初罷郭令戎權,非次聽楊炎謬計,遂欲混同
華裔,束縛奸豪,南行襄漢之誅,北舉恒陽之伐,出車雲擾,命將星繁
(所謂狼藉),罄國用不足以餽軍,竭民力未聞於破賊。一旦德音掃
地,愁歎連甍,果致五盜(朱滔、田悅、王武俊、李納、李希烈)僭擬於天
王,二朱(滔、泚)灊陵於宗社……"

〔一〇八〕臨門送節制:朱鶴齡注:"節,旌節;制,制書。"《舊唐書·
鄭餘慶傳》:"(肅宗)至德以來,方鎮除授,必遣中使(宦官)領旌節就
第宣賜。"

〔一〇九〕以錫通天班:錫,是封賞的意思。通天班,指京師王公臺
省重任。這兩句的意思是說:德宗李適自從建中三年李希烈、朱滔諸
藩鎮叛亂之後,由黷武主義改爲姑息政策,不但各鎮可以自立留後
(如《新唐書·藩鎮傳》所載),而且可以加賜宰相天官(通天)重職。

〔一一〇〕"破者以族滅"二句:破者,指被朝廷討平的藩鎮。族滅,
滅門九族。如憲宗李純時曾平西川劉闢、鎮海李錡、淮西吳元濟、淄青
李師道等。存者指河北等地區未被消滅的藩鎮,如河北三鎮王廷湊、
朱克融等。尚遷延,割據的局面還在繼續。

〔一一一〕禮數異君父:禮數,封建禮法的等級。《左傳·莊公十八
年》:"王命諸侯,名位不同,禮亦異數。"句意謂:藩鎮與帝王的關係,
不同於古代帝王與諸侯之間的君父與臣子的關係。表明藩鎮專橫跋

扈,對天子有不臣之心。

〔一一二〕羈縻如羌零：羈縻是封建帝王對少數民族的牢籠政策。司馬相如《難蜀父老》：“天子之牧夷狄也,羈縻勿絶而已。”《漢書·趙廣漢傳》：“先零首爲畔(叛)逆。”案先零羌種,故稱羌零。句意謂：元和時削平諸鎮,而河朔迄未收復。朝廷對之只能如西北少數民族地區,實行牢籠政策。

〔一一三〕直求輸赤誠：馮注：“直字作豈字用。”輸赤誠,盡忠王室。

〔一一四〕所望大體全：句意：所以要這樣做,是從顧全大局著眼。“大體”如此用法,是本於《史記·平原君列傳》“平原君翩翩濁世之佳公子也,然未睹大體”之“大體”。作者之所以要這樣寫,是由於已經看穿,朝廷對待飛揚跋扈的藩鎮,採取姑息遷就政策,衹不過是爲了維持個形式上和平統一局面而已。

〔一一五〕巍巍政事堂：巍巍,高大貌。政事堂,宰相的議事廳。《新唐書·百官志》：“初,三省(尚書、中書、門下)長官(尚書令、中書令、侍中)議事於門下省之政事堂。其後裴炎自侍中遷中書令,乃徙政事堂於中書省。”

〔一一六〕宰相厭八珍：厭,因傷食而煩膩。八珍,《周禮·天官·膳夫》：“珍用八物。”鄭注：“珍,謂淳熬、淳母、炮豚、炮牂、擣珍、漬、熬、肝膋也。”後代又有不同的説法。總謂八種最珍貴的食品。二句意謂：宰相坐享高官厚禄,養尊處優。

〔一一七〕敢問下執事：《國語·吳語》：“敢私告於下執事。”古代等級界綫森嚴,人民對達官貴人有所陳請,往往不敢直呈對方,而煩其佐吏代轉。但此也往往用爲恭維對方的客氣套語。

〔一一八〕今誰掌其權：這是對執政者的憤怒譴責。意謂：國步艱難至此,誰當負主要責任？

〔一一九〕“瘡疽幾十載”二句：瘡疽,作者把藩鎮的叛國,比作人體所生的瘡疽。對待瘡疽，衹能忍痛挖掉（抉其根）；暗示對待藩鎮，衹應徹底削平，不能養癰貽患。抉，一作"扶"，非。

〔一二〇〕"國蹙賦更重"二句：國蹙，國土日益縮小。賦更重，朝廷政權所及地區人民的租稅負擔更加沉重了。人稀，由於戰亂頻仍，人口大量減少。役彌繁，役，工役和兵役；彌，反而更加；繁，頻繁。以上兩句是說：國土日益縮小，而賦稅反倒加重，人口逐年減少，而勞役急劇增多。這表明唐朝僅存的半壁江山，社會危機亦在增長。

　　以上是第二大段的第四小節，追叙唐朝自代、德至穆、敬這一階段，財源枯竭，徵斂繁苛，藩鎮叛亂，此仆彼繼，而當權者對之束手無策，以故潛伏危機日益增長。

近年牛醫兒[一二一]，城社更攀緣[一二二]。盲目把大斾[一二三]，
處此京西藩[一二四]。樂禍忘怨敵[一二五]，樹黨多狂狷[一二六]。
生爲人所憚，死非人所憐[一二七]。快刀斷其頭，列若猪牛
懸[一二八]。鳳翔三百里[一二九]，兵馬如黃巾[一三〇]。夜半軍牒
來，屯兵萬五千[一三一]。鄉里駭供億[一三二]，老少相扳
牽[一三三]。兒孫生未孩，棄之無慘顔[一三四]。不復議所適，
但欲死山間[一三五]。

〔一二一〕近年牛醫兒：牛醫兒，《後漢書·黃憲傳》："黃憲，字叔度。汝南慎陽人也。世貧賤，父爲牛醫。……同郡戴良，才高倨傲，而見憲未嘗不正容。及歸，罔然若有失也。其母問曰：'汝復從牛醫兒來邪？'"此處僅從字面上借用以影寫"甘露之變"的首要人物之一鄭注。《舊唐書·鄭注傳》："（鄭注）始以藥術游長安權豪之門，本姓魚，冒姓鄭氏，故時號魚鄭注。用事時，人目之爲水族。元和十三年，李愬……得其藥力，因厚遇之，署爲節度衙推。從愬移鎮徐州，又爲職

事。……注詭辯陰狡，善探人意旨。與恖籌謀，未嘗不中其意。……恖即令謁監軍（王）守澄……及延坐與語，機辯縱橫，盡中其意。遂延於內室，促膝投分，恨相見之晚。……自是出入守澄之門，都無限隔。……及守澄入知樞密，當長慶寶曆之際，國政多專於守澄。注晝伏夜動，交通賂遺。初則讒邪姦巧之徒，附之以圖進取；數年之後，達僚權臣，爭湊其門。……八年九月，注進藥方一卷，令守澄召注對浴堂門，賜錦綵……時李訓已在禁庭，二人相洽，日侍君側。……是時訓注之權，赫於天下。既得行其志，生平恩仇，絲毫必報。因楊虞卿之獄，挾忌李宗閔、李德裕。心所惡者，目爲二人之黨，朝士相繼斥逐，班列爲之一空。……（九年九月）檢校尚書左僕射鳳翔尹鳳翔節度使。蓋與李訓謀事有期，欲中外協勢。十一月，注聞訓事發，自鳳翔率親兵五百餘人赴闕，至扶風，聞訓敗，乃還。監軍使張仲清已得密詔，迎而勞之，召至監軍府議事，注倚兵衛即赴之。仲清已伏兵幕下，注方坐，伏兵發，斬注，傳首京師，部下潰散，注家屬屠滅，靡有孑遺。”自此以下，即其史實。

〔一二二〕城社更攀緣：此以狐鼠之殣陵城社，喻鄭注之夤緣皇親和內豎，竊據朝廷要職。《説苑·善説》：“（孟嘗君）曰：‘狐者人之所攻也，鼠者人之所燻也；臣未嘗見稷狐見攻，社鼠見燻也。何則？所託者然也。’”本作“稷狐社鼠”，見於《説苑》者，寓意更爲顯豁。至《晉書·謝鯤傳》改爲“城狐社鼠”，後世多從之，爲李詩所本。攀，或作“扳”，同；緣，一作“援”，非。案《資治通鑑·唐文宗紀》：“冬十二月庚子，上始得風疾，不能言，於是王守澄薦昭義行軍司馬鄭注善醫，上徵注至京師，飲其藥，頗有驗；遂有寵。”又《舊唐書·鄭注傳》：“八年九月，注進藥方一卷。令守澄召注對浴堂門，賜錦綵。”從此鄭注直接贏得了唐文宗的寵信，成了最高封建統治者的心腹。

〔一二三〕盲目把大斾：《舊唐書·鄭注傳》稱“注兩目不能遠視”，故作者遠本《春秋》“惡惡”（憎惡壞人）之旨，以“盲目”寓貶。把大旆,是在揭發他最後竟竊取了尚書左僕射、鳳翔尹、鳳翔節度使的要職。《新唐書·百官志》:"(節度使)辭日,賜雙旌雙節。"《宋史·輿服志》:"旌節,唐天寶中置節度使,受命日賜之。"旆,即指旌節而言。

〔一二四〕處此京西藩:西藩,成語,始見《晉書·王濬傳》中所載杜預《與王濬書》。此言京西藩,指唐關內道鳳翔府,當時是鳳翔節度使治所,見《元和郡縣志》。

〔一二五〕樂禍忘怨敵:《顏氏家訓·誡兵》:"承平之世,睥睨宮闈,幸災樂禍,首爲逆亂,詿誤善良;如在兵革之時,構扇反覆,縱橫説誘,不識存亡,强相扶戴,此皆陷身滅族之本也。"此指鄭注、李訓初倚宦官王守澄的勢力取得文宗恩寵,繼又利用宦官集團的内部矛盾而密謀把他們各個擊破。結果内樹深仇,外增怨偶,腹背受敵,自貽伊戚。《舊唐書·宦官·王守澄傳》云:"時仇士良有翌上之功,爲守澄所抑,位未通顯,(李)訓奏用士良分守澄之權,乃以士良爲左軍中尉。守澄不悦,兩相矛盾。訓因其惡。大和九年,帝(文宗)令内養李好古齎酖賜守澄,秘而不發……守澄豢養(李)訓、(鄭)注,反罹其禍,人皆快其受佞,而惡訓、注之陰狡。"

〔一二六〕樹黨多狂狷:狂狷是古成語,見《論語·子路》,意指那些勇於進取但流於偏激的人,此處則指那些趨炎附勢之輩。《舊唐書·鄭注傳》:"注起第善和里,通於永巷,長廊複壁。日聚京師輕薄子弟,方鎮將吏,以招權利。……李訓既附注以進,承間入謁,而輕浮躁進者,盈於注門。"所寫情況,可與此詩互證。

〔一二七〕"生爲人所憚"二句:《漢書·五行志》:"成帝時歌謡又曰:'邪徑敗良田,讒口亂善人。桂樹華不實,黄爵(雀)巢其顛。故爲人所羨,今爲人所憐。'桂,赤色,漢家象;華不實,無繼嗣也。王莽自謂黄象,黄爵巢其顛也。"此詩借用《漢成帝時黄爵謡》而稍變其辭,深刻諷刺訓、注輩生前飛揚跋扈,見者畏憚;死後積怨過甚,聞者惬懷。《舊唐書·鄭注傳》所説"初未獲注,京師憂恐;至是人人相慶",即指其事。

〔一二八〕"快刀斷其頭"二句:《舊唐書·鄭注傳》:"監軍使張仲清已得密詔,迎而勞之。召至監軍府議事,注倚兵衛即赴之。仲清已伏兵幕下。注方坐,伏兵發,斬注,傳首京師。部下潰散。注家屬屠滅,靡有孑遺。"又《資治通鑑·唐文宗紀》:"(李)叔和抽刀斬注……以注首入獻,梟(懸)於興安門……"史書敘事,詩歌賦形,相依爲用。"牛",一作"羊",非。

〔一二九〕鳳翔三百里:《元和郡縣志》:"關内道·鳳翔府……東至上都三百一十里。"《舊唐書·地理志》作"三百十五里"。

〔一三〇〕兵馬如黄巾:《後漢書·靈帝紀》:"鉅鹿人張角自稱黄天。其部帥有三十六方,皆著黄巾,同日反叛。"兵馬,指甘露之變以後,宦官仇士良、魚志弘等所指揮的神策軍。黄巾,唐代詩人慣以代稱"盜賊";用以形容神策軍,亦可謂比擬不倫。《資治通鑑·唐文宗紀》記載當時情況:"士良等命左右神策副使劉泰倫、魏仲卿等各帥禁兵五百人露刃出閤門……逢人輒殺……兩省及金吾吏卒千餘人,填門爭出。門尋闔,其不得出者六百餘人皆死。士良等分兵閉宫門,索諸司,捕'賊黨',諸司吏卒及民酤販在中者皆死,死者又千餘人。橫尸流血,狼藉塗地……又遣騎各千餘,出城追亡者……坊市惡少年,因之報私仇殺人,剽掠百貨,互相攻劫,塵埃蔽天。"案此二句,除個別用詞不當外,主要是在揭露仇士良、魚志弘操縱禁衛軍,借口討賊,對京西至鳳翔三百里地區的居民進行慘絕人寰的屠殺和擄掠的強盗行逕,反映了當時社會生活的一個側面,因此還是值得肯定的。

〔一三一〕"夜半軍牒來"二句:軍牒,調兵的文書。《資治通鑑·唐文宗紀》:"丁卯,詔削奪注官爵,令隣道按兵觀變,以左神策大將軍陳君奕爲鳳翔節度使。"詩、史互證,若合符節。

〔一三二〕鄉里駭供億:供億,語本《左傳·隱公十一年》:"寡君惟是一二父兄不能共億。"杜注:"共,給;億,安也。"案"共億"、"供億"
古今字。供,指軍需糧草供應;億,住宿安頓。駭,畏懼。句意:鄉里人
民畏懼於如此眾多的軍需住宿供應。

〔一三三〕老少相扳牽:扶老攜幼,相率逃亡。

〔一三四〕"兒孫生未孩"二句:孩,《說文·子部》:"孩,小兒笑
也。"初生嬰兒,先會哭,後會笑,大約需要兩三個月以後。故"生未
孩",意即未滿兩三個月,極言其幼小。此二句疑從王粲《七哀》詩"路
有飢婦人,抱子棄草間;顧聞號泣聲,揮涕獨不還"四句悟出。慘顏,
悲痛的表情。

〔一三五〕"不復議所適"二句:句意:人民面對着自己隨時有被亂
兵殺害的危險,已經不暇考慮逃到甚麼地方才安全,而祇能逃向山間,
即便是死,也可以落個全屍首。

　　以上是第二大段的第五小節,譴責甘露之變的主要玩火者鄭注黃
緣時會,竊據要津;樹敵焚身,自貽伊戚;閹官反噬,百姓罹殃。誦讀之
餘,感到命意措辭,頗似魏武《薤露行》,蓋百世相感,自然形諸筆墨。

邇來又三歲〔一三六〕,甘澤不及春〔一三七〕。盜賊亭午起〔一三八〕,
問誰多窮民。節使殺亭吏〔一三九〕,捕之恐無因〔一四〇〕。咫尺
不相見,旱久多黃塵〔一四一〕。官健腰佩弓〔一四二〕,自言為官
巡〔一四三〕。常恐值荒迥,此輩還射人〔一四四〕。愧客問本末,
願客無因循〔一四五〕。郿塢抵陳倉,此地忌黃昏〔一四六〕。

〔一三六〕邇來又三歲:從那時(指"甘露之變")到而今(八三
五——八三七)又經歷了三個年頭。

〔一三七〕甘澤不及春:甘澤,及時雨。《後漢書·孟嘗傳》:"甘澤
時降。"案古代都市稱"喜雨",民間稱為"甘澤"。《荊楚歲時記》:"六

月必有三時雨。田家以爲甘澤,邑里相賀,曰賀嘉雨。"可見此用甘澤,是詩人在模寫農民聲口。這句總的涵義是:春雨貴如油,但不見下降。

〔一三八〕盜賊亭午起:亭午,即當午或正午。孫綽《游天台山賦》:"爾乃羲和亭午,游氣高褰。"案顏延之《纂要》:"日在午曰亭。"《正字通》云:"亭午即直午之義。"句意:盜賊平時祇夜出,今則白晝日當午時公開行動了。此深入一層寫法,表明社會進一步走向動亂。

〔一三九〕節使殺亭吏:節使,節度使的簡稱。《後漢書·百官志》:"亭有亭長,以禁盜賊。"本注曰:"亭長,主求捕盜賊。"案亭吏即亭長。《北堂書鈔》七九"設官部·亭長"引《風俗通》曰:'亭吏舊名負弩,今改爲亭長……亭父。'"《漢舊儀》:"亭長皆調五兵,言:弩、戟、弓、劍、鎧也。"句意:節度使看到當時情況,誤認爲亭吏捕"盜"不力,因而把他們無辜殺害。

〔一四〇〕捕之恐無因:句意:明是官逼民反,對他們橫加逮捕,恐怕也沒有任何理由。亭吏坐此被殺,真是冤枉之至。

〔一四一〕"咫尺不相見"二句:《舊唐書·文宗本紀》:"(開成二年七月)乙亥,以久旱徙市,閉坊門。"可見當年旱情之嚴重。

〔一四二〕官健腰佩弓:《新唐書·代宗本紀》:"州兵給衣糧者,謂之官健。"弓,一作刀。

〔一四三〕自言爲官巡:稱"自言",則事實未必如此。

〔一四四〕"常恐值荒迥"二句:迥,距村鎮較遠之地。馮注:"捕盜之官健,值荒迥地,即自爲盜。節使不治官健,而徒殺亭吏哉?"

〔一四五〕"愧客問本末"二句:愧,村民謙詞。客,村民尊稱作者。本末,社會凋敝的原委,也就是造成的原因和後果。下句叮囑作者要盡快趕路,不要有任何躭擱。

〔一四六〕"郿塢抵陳倉"二句:《三國志·魏書·董卓傳》:"卓築郿

塢(城堡),高與長安城埒,積穀爲三十年儲。"裴注引《英雄記》曰：
"郿去長安二百六十里。"因卓陰謀據此稱帝,故號曰"萬歲塢"。故址
在今陝西省眉縣東北(據《嘉慶一統志》"陝西省·鳳翔府二·古
迹")。陳倉,秦時因陳倉山而置縣,故城在今陝西省寶雞市東,唐改
寶雞,治在今寶雞市(《嘉慶一統志》"陝西省·鳳翔府二·古迹")。
案:從地理方位來説,郿塢在陳倉東,作者自梁還秦,路綫依次當云
"陳倉抵郿塢"始合。下句意爲:京西三輔,康莊大道上,黃昏日落,即
已斷絶行人。當時交通治安情況之敗壞,可以想見。

以上是第二大段的第六小節,叙寫從甘露事變以來,由於宦官勢
力的反撲,長安西郊農村所遭受的慘禍和農民開始起來反抗的情況。

從"右輔田疇薄"至此爲第二大段,是這篇作品的最主要部分。
作者通過農民的口訴,揭示唐朝從開元以後,在政治上、軍事上、經濟
上以及社會各個方面的情況,總的趨勢是由開明而走向昏暗,由統一
而走向分裂,由強大而走向衰微,由富足而走向艱困。其所以如此,最
根本的原因是人謀不臧。追本溯源,用人問題是關鍵。

我聽此言罷,冤憤如相焚〔一四七〕。昔聞舉一會,群盜爲之
奔〔一四八〕。又聞理與亂,繫人不繫天〔一四九〕。我願爲此事,
君前剖心肝〔一五〇〕。叩額出鮮血,滂沱污紫宸〔一五一〕。九重
黯已隔,涕泗空沾脣〔一五二〕。使典作尚書〔一五三〕,廝養爲將
軍〔一五四〕。慎勿道此言,此言未忍聞〔一五五〕。

〔一四七〕"我聽此言罷"二句:冤憤,即怨憤。《詩·大雅·雲漢》:
"旱魃爲虐,如惔如焚。"毛傳:"惔,燎之也。"如相焚,言内心萬分焦
灼。自此以下是作者對話,是第三大段。有議論,也有憤慨,表現了作
者的政治見解,也是全詩的結穴。

〔一四八〕 "昔聞舉一會" 二句:《左傳·宣公十六年》: "晉侯(景公)……(三月)戊申,以黻冕命士會將(帥)中軍,且爲太傅,於是晉國之盜,逃奔於秦。" 這是説:春秋時代,晉景公把一位賢能的大夫提拔重用,結果晉國的强盜都逃奔到秦國。可見治理國家,用人問題十分重要。

〔一四九〕 "又聞理與亂" 二句: "理" 即 "治",因避唐高宗李治諱改。繫,關係,決定。這種 "治亂繫人不繫天" 的思想,本之《荀子·天論》: "天行有常……應之以治則吉,應之以亂則凶。强本而節用,則天不能貧;養備而動時,則天不能病;循(原作脩,依王念孫説改)道而不貳,則天不能禍……治亂非天也。" 這種思想,不僅在先秦時代是進步的,即使在唐代,也依然是進步的。

〔一五〇〕 "我願爲此事" 二句:上句,指農民口訴的社會嚴重危機和作者自己治亂繫人的正確見解。下句,渴想在皇帝面前,披肝瀝胆,陳述出來。

〔一五一〕 "叩額出鮮血" 二句: "額",一作 "頭",叩額,意即叩頭。滂沱,涕淚橫流貌。《詩·陳風·澤陂》: "涕泗滂沱。" 紫宸,漢唐宮殿名。班固《終南山賦》: "槃青宮,觸紫宸。" 此漢殿名。《唐會要》卷三〇: "(高宗龍朔三年)四月二十二日,移仗就蓬萊宮新作含元殿。二十五日,始御紫宸殿聽政……(開元十六年五月六日),右補闕施敬本、左拾遺張烜、右拾遺李鋭等連名上疏曰:'竊以紫宸殿者,漢之前殿,周之路寢,陛下所以負黼扆、正黃屋、饗萬國、朝諸侯,人臣致敬之所。'" 此唐殿名。當時爲皇帝常御之內殿。

〔一五二〕 "九重黯已隔" 二句:《楚辭·九辯》: "豈不鬱陶而思君兮,君之門以九重。" 意謂:皇帝高拱深居,下情無由上達,所以個人憂國憂民的懷抱,無從實現。

〔一五三〕 使典作尚書:《漢書·蘇武傳》注: "假吏,猶今之差人充

使典。”《大唐新語·識量》:“牛仙客爲涼州都督,節財省費,軍儲所積
萬計。崔希逸代之,具以聞。詔刑部尚書張利貞覆之,有實。玄宗大
悦,將拜爲尚書。張九齡諫曰:‘不可!……仙客本河湟一吏典耳,拔
昇清流,齒班常伯,此官邪也;又欲封之,良爲不可……’玄宗怒曰:
‘卿以仙客寒士嫌之耶? 若是,如卿豈有門籍?’九齡頓首曰:‘荒陬賤
類,陛下過聽,以文學用臣。仙客起自胥吏,目不知書(識字)……陛
下必用仙客,臣亦恥之。’”《舊唐書·李林甫傳》所記略同。案牛仙客
以一文盲而任節使,又升尚書,是奸臣李林甫結黨營私的一個具體步
驟,張九齡反對,未可遽視爲階級偏見而加以完全否定。與此詩以
“使典作尚書”諷鄭注被文宗破格擢用,在性質上不盡相同,未可一概
而論,説見下。

〔一五四〕廝養爲將軍:《戰國策·齊策》:“士大夫之所匿,廝養士
之所竄。”案:析薪爲廝,炊烹爲養,連文則別,散文則通,皆指執賤役
者。在封建社會,廝養户的地位是奴僕,《魏書·孝文帝紀》:“詔:廝
養之户,不得與士民婚。”是很受歧視的所謂賤民。案以上實影射鄭
注以一江湖術士,攀附閹宦,數年之内,竟然爬上檢校尚書左僕射、鳳
翔尹、鳳翔節度使的軍政高位。這和封建士大夫“相門出相,將門出
將”的閥閲觀念是刺謬的。作者在這一問題的看法上,暴露了封建士
大夫的階級偏見。頗疑新舊兩《唐書》把“甘露之變”的失敗片面歸咎
於注、訓,和“永貞革新”的失敗片面歸咎於二王,是史家閥閲觀念所
促成的,其看法並不一定公平。《資治通鑑》的作者司馬光對過去史
家對“甘露之變”的罹難者持不同態度的問題上已經提出過異議,不
過他的出發點和我們也並不相同,也需要嚴正指出。

〔一五五〕“慎勿道此言”二句:此言指上“使典作尚書,廝養爲將
軍”二句,此二句的真正涵義是揭發晚唐時代的文武大臣行列中,没
有人才,衹有奴才。如此黑暗社會現實是正義人士所不能容忍的,甚
至連聽一下也怕玷污了自己的耳朵。命意脱胎於《詩·鄘風·牆有

茨》：“中冓之言，不可道也；所可道也，言之醜也。”又此二句，“所言”連用兩次，與前面“始若畏人問，及問還具陳”，“問”字連用兩次，措辭全同，故知通行本作“門”，是“問”的壞字。

馮浩評此詩云：“樸拙盤鬱，儗之杜公《北征》，面貌不同，波瀾莫二。自古有叛臣，必由於權奸；而牧令失人，民生日蹙，元氣日削，尤爲致亂之本。”又：“真、文、元、寒、山、先六韻通用，此常例也。邊字三見，民字奔字二見，木菴（錢良擇）、湛園（徐逢源）頗病之。然遠則漢魏，近則杜韓，皆所不避，古詩不忌重韻，顧亭林論之詳矣。”

無題四首選二〔一〕

來是空言去絕蹤〔二〕，月斜樓上五更鐘〔三〕。夢爲遠別啼難喚〔四〕，書被催成墨未濃〔五〕。蠟照半籠金翡翠〔六〕，麝薰微度繡芙蓉〔七〕。劉郎已恨蓬山遠〔八〕，更隔蓬山一萬重〔九〕。

〔一〕四詩確切寫作年代無考，然以作於開成三年（八三八）婚於王氏以前的可能性較大。詳審此詩對對方生活環境的渲染，可能這個女性是一個養尊處優的閨秀。

〔二〕來是空言去絕蹤：此句都是寫夢。首四字，因爲是夢，所以“來是空言”；下三字，是寫夢覺人去，連夢中暫時的安慰也化爲烏有，是深入一層的寫法。

〔三〕月斜樓上五更鐘：寫夢醒後的所見所聞，只剩下一片空寂（鐘鳴夜逾靜）。

〔四〕夢爲遠別啼難喚：寫夢雖幻而情真，故淚痕滿面，而且久喚難醒。"夢爲遠別啼"讀斷,"難喚"屬下。

〔五〕書被催成墨未濃:因爲有訴不盡的離情別緒,急待抒發,故等不及墨濃毫飽,即秉筆疾書。兩句不假雕飾,全用直尋,但覺真氣淋灕,沁人心肺。

〔六〕蠟照半籠金翡翠:《楚辭·招魂》:"翡翠珠被,爛齊光些。"此金翡翠似指翠被。因爲燭照在翠被上,發出閃閃金光,景象如在目前。

〔七〕麝薰微度繡芙蓉:麝薰,古代貴家用麝煤點燃以薰住室。繡芙蓉當指幔帳。鮑照《擬行路難》"七彩芙蓉之羽帳"當爲此詩所本。這樣上面的"度"字就覺下得又穩又活。或用杜詩以爲指褥,可商。二句言孤燈、微香俱在,其人則不來。

〔八〕劉郎已恨蓬山遠:用漢武帝求仙的事。武帝寵信神仙方士之說,東出海訪蓬萊仙山,終未訪到,故"恨蓬山遠"(見《史記·武帝本紀》)。

〔九〕更隔蓬山一萬重:謂蓬山雖遠,而所思念者比蓬山還遠一萬倍。

颯颯東風細雨來〔一〕,芙蓉塘外有輕雷〔二〕。金蟾齧鎖燒香入〔三〕,玉虎牽絲汲井回〔四〕。賈氏窺簾韓掾少〔五〕,宓妃留枕魏王才〔六〕。春心莫共花爭發,一寸相思一寸灰〔七〕。

〔一〕颯颯東風細雨來:颯颯,風聲。《楚辭·九歌》:"風颯颯兮木蕭蕭。"東風,或本作"東南",案:雨聲不能說"颯颯",以東風爲是。

〔二〕芙蓉塘外有輕雷:芙蓉,即荷花,《爾雅·釋草》:"荷,芙蕖。"注:"別名芙蓉。"輕雷,隱隱雷聲。《文選》司馬相如《長門賦》:"雷殷殷而響起兮,聲象君之車音。"是此句所本。這兩句是寫時景。

〔三〕金蟾齧鎖燒香入:金蟾,《海録碎事》:"金蟾,鎖飾也。"齧,猶噬。鎖，香爐的鼻鈕。是一種金蟾形的有鼻鈕的香爐。

〔四〕玉虎牽絲汲井回：玉虎，《海録碎事》：“玉虎，轆轤也。”絲，汲水繩索，庚丹《夜夢還家》詩：“銅瓶素絲綆。”何焯評云：“三句言外之不能入，四句言内之不能出，防閑亦可謂密矣。”

〔五〕賈氏窺簾韓掾少：此用賈充女和韓壽的故事。《世説新語·惑溺》：“韓壽美姿容，賈充辟以爲掾。充每聚會，賈女於青璅中看，見壽，説之，恒懷存想，發於吟詠。後婢往壽家，具述如此，並言女光麗。壽聞之心動，遂請婢潛修音問，及期往宿。壽蹻捷絶人，踰墙而入，家中莫知。自是，充覺女盛自拂拭，説暢有異於常。後會諸吏，聞壽有奇香之氣，是外國所貢，一箸人則歷月不歇。充計武帝唯賜己及陳騫，餘家無此香，疑壽與女通……乃取女左右婢考問，即以狀對。充秘之，以女妻壽。”意思是説賈氏窺簾，乃愛韓壽的少俊。作者以韓壽自喻，以賈氏喻所愛之人。

〔六〕宓妃留枕魏王才：用洛神和曹植的故事。曹植《洛神賦序》：“黄初三年，余朝京師，還濟洛川。古人有言，斯水之神，名曰宓妃。”李善注：“魏東阿王（曹植）漢末求甄逸女，既不遂。太祖（曹操）回，與五官中郎將（曹丕）。植殊不平，晝思夜想，廢寢與食。黄初中入朝，帝示植甄后玉鏤金帶枕。植見之，不覺泣。時已爲郭后讒死。帝意亦尋悟，因令太子留宴飲，仍以枕賚植。植還度轘轅，少許，時將息洛水上，思甄后，忽見女來，自云：‘我本托心君王，其心不遂，此枕是我在家時從嫁，前與五官中郎將，今與君王。’遂用薦枕蓆，懽情交集。‘豈常辭能，具爲郭后以糠塞口，今被髮羞將此形貌重睹君王爾！’言訖，遂不復見所在。遣人獻珠於王，王答以玉佩，悲喜不能自勝，遂作《感甄賦》。後明帝見之，改爲《洛神賦》。”這句的意思是説甄后深情，乃慕曹植的才華。作者以曹植自喻，以宓妃喻所愛之人。

〔七〕“春心莫共花爭發”二句：春心，求愛之心。灰，猶滅，没有希望。《莊子·庚桑楚》：“身若槁木之枝，而心若死灰矣。”這兩句是自

慰之辭,作者追憶當時的情景,窺簾賈氏,留枕宓妃,頃刻間香銷夢斷,
思盡淚乾,不可再得,因此自嘆春心不要與花競發,多一寸相思,多一
寸苦惱,越相思越增加失望的悲哀。

無　題〔一〕

相見時難別亦難〔二〕,東風無力百花殘〔三〕。春蠶到死絲方
盡,蠟炬成灰淚始乾〔四〕。曉鏡但愁雲鬢改,夜吟應覺月光
寒〔五〕。蓬山此去無多路,青鳥殷勤爲探看〔六〕。

〔一〕此詩確切寫作年代不可考,然當與《無題四首》作於同時,
即開成三年(八三八)婚王氏之前。這是一首艷情詩,寫離別之恨,相
思之痛,感情深摯,情懷淒苦。

〔二〕相見時難別亦難:《顏氏家訓》有"別易會難"的話,這裏反
用其意。前"難"字義爲困難,後"難"字義爲難堪。意謂相見固然困
難,離別更令人難堪。

〔三〕東風無力百花殘:寫分別的暮春時節,觸景傷懷。

〔四〕"春蠶到死絲方盡"二句:蠶絲、蠟淚,以喻人的相思。絲是
"思"字的雙關語。古樂府《清商曲辭·子夜歌》:"春蠶易感化,絲子
已復生。"又庾信《對燭賦》:"銅荷承淚蠟,鐵鋏染浮煙。"這兩句意謂
人死後而思念才完,生命燃燒盡了而淚水始乾。

〔五〕"曉鏡但愁雲鬢改"二句:雲鬢,婦女濃密如雲的頭髮。這裏
借指青春年華。這兩句意謂對鏡晨粧應憂年華流逝之快,夜晚吟詩當
感月光如水之涼。此寫所思念的人的情景,有相勸愛惜身體之意。

〔六〕"蓬山此去無多路"二句：蓬山，海中仙山名。《列子·湯問》："渤海之東……其中有五山焉，……五曰蓬萊。"這裏以喻女子的住所。青鳥，傳說中西王母的神鳥。《漢武故事》："七月七日，忽有青鳥飛集殿前，東方朔曰：'此西王母欲來。'有頃，王母至，三青鳥夾侍王母旁。"後人因以青鳥代稱使者。這兩句意謂所思念的人離此不遠，可令青鳥去探聽消息，殷勤致意。

漫成三首選二〔一〕

不妨何范盡詩家〔二〕，未解當年重物華〔三〕。遠把龍山千里雪〔四〕，將來擬並洛陽花〔五〕。

〔一〕漫成：義同"漫與"，有率爾成章的意思。除此《漫成三首》外，《集》中尚有《漫成五章》，皆泛論古今作家與作品，同於杜甫的《論詩絶句》。此詩馮《譜》、張《箋》並編於開成三年（八三八）。馮浩曰："此開成三年初婚王氏而應鴻博時作也。"

〔二〕不妨何范盡詩家：不防，無礙，輕微的貶義詞。何，何遜（？——五一八）。《梁書·文學傳》："（何）遜，字仲言，東海剡（在今山東省郯城縣西）人也……八歲能賦詩，弱冠，州舉秀才，南鄉范雲見其對策，大相稱賞，因結忘年交好，自是一文一咏，雲輒嗟賞，謂所親曰：'頃觀文人，質則過儒，麗則傷俗，其能含清濁，中今古，見之何生矣。'沈約亦愛其文，嘗謂遜曰：'吾每讀卿詩，一日三復，猶不能已。'其爲名流所稱如此！"《顔氏家訓·文章篇》："何遜詩實爲清巧，多形似之言。揚都論者，恨其每病苦辛，饒貧寒氣，不及劉孝綽之雍容也。"其集後有散佚，現有輯本《何記室集》。范，范雲（四五一——五〇三）。《梁書·范雲傳》："雲字彥龍，南鄉舞陰（今河南省沁陽市西北）人。……齊竟陵王子良爲丹陽尹，召爲主簿，深相親任……出爲零陵內史，在任潔己省煩苛，去游費，百姓安之……復出爲始興內史……仍遷假節建武將軍平越中郎將廣州刺史。……梁台建，遷侍中。……天監元年，高祖（武帝蕭衍）受禪……遷散騎常侍吏部尚書。"其詩今存四十首左右。

〔三〕未解當年重物華：句中前四字調位以叶平仄。重物華，正確作出景物的美學評價。杜甫《曲江陪鄭八丈南史飲》詩："自知白髮非春事，且盡芳樽戀物華。"爲此用"物華"所本。

〔四〕遠把龍山千里雪：鮑照《學劉公幹體》詩："胡風吹朔雪，千里度龍山。"

〔五〕將來擬並洛陽花：此指何遜《范廣州宅聯句》范雲所作"洛陽城東西，長作經時別。昔去雪如花，今來花似雪"四句詩而言。此四句在《范雲集》，題作《別詩》。案：詩意謂："龍山千里雪"，境界闊遠而皎潔；"洛陽花"當指桃李，形象凡俗而又繁瑣。范雲把二者合而爲一，可謂比擬不倫。

沈約憐何遜〔一〕，延年毀謝莊〔二〕。清新俱有得〔三〕，名譽底相傷〔四〕？

〔一〕沈約憐何遜：沈約（四四一——五一三）《梁書·沈約傳》："約字休文，吳興武康（今浙江省武康縣）人也。……（幼）孤貧，篤志好學，晝夜不倦。母恐其以勞生疾，常遣減油滅火，而書之所讀，夜輒誦之。遂博通群籍，能屬文。起家奉朝請……時竟陵王亦招士，約與蘭陵蕭琛、琅邪王融、陳郡謝朓、南鄉范雲、樂安任昉等皆游焉，當世號爲得人。……梁台建，爲散騎常侍、吏部尚書，兼右僕射。高祖受禪，爲尚書僕射,封建昌縣侯,邑千户。常侍如故……所著《宋書》百卷……《文集》一百卷(散佚),又撰《四聲譜》。"餘見第一首首句注。此句贊揚老輩作家獎掖新秀。

〔二〕延年毀謝莊:《宋書·顔延之傳》:"延之(三四八——四五六)字延年,琅邪臨沂(今山東省臨沂市)人也。……文章之美,冠絕當時……吳國内史劉柳以爲行參軍……後爲秘書監。……世祖登阼,以爲金紫光禄大夫。"著有《顔光禄集》。《南史·謝莊傳》:"莊(四二一——四六六)字希逸,七歲能屬文,……孝武嘗問顔延之曰:'謝希逸《月賦》何如?'答曰:'美則美矣,但莊始知隔千里兮共明月。'帝召莊以延之答語語之,莊應聲曰:'延之作《秋胡詩》,始知生爲久離别,没爲長不歸。'帝撫掌竟日。"

〔三〕清新俱有得:杜甫《春日憶李白》詩:"清新庾開府,俊逸鮑參軍。"俱,兼謝、顔兩家所作《月賦》、《秋胡詩》而言。

〔四〕名譽底相傷:意謂,何必互相詆毁對方名譽。"名譽"賓語前置,以叶韻。底,疑問助語,義爲何必、何苦。

下三句所反對的是"文人相輕",而不是正當的文學批評,所以通篇都有一定的進步意義。

安定城樓〔一〕

迢遞高城百尺樓〔二〕,緑楊枝外盡汀洲〔三〕。賈生年少虚垂涕〔四〕,王粲春來更遠游〔五〕。永憶江湖歸白髮,欲回天地入扁舟〔六〕。不知腐鼠成滋味,猜意鵷雛竟未休〔七〕!

〔一〕此詩馮《譜》、張《箋》俱編入文宗開成三年（八三八）。義山於開成三年應博學宏詞科不中選，馮浩云："乃不中選回涇原之作。"張氏箋曰："賈生對策，比鴻博不中選。王粲依劉，比己爲茂元幕官。'欲回天地'，'永憶江湖'，言我之所志甚大，豈戀此區區科第，而俗情相猜忌哉！"這是一篇自明本志、憂讒畏譏之作。《舊唐書·地理志》："關内道·涇州：隋安定郡，武德元年討平薛仁杲，改名涇州，天寶元年復爲安定郡，乾元元年復爲涇州。……在京師西北四百九十三里。"是涇原節度使府所在地，故址在今甘肅省涇川縣北。大和九年，王茂元任涇原節度使，義山於開成三年在其幕府中掌書記。

〔二〕迢遞高城百尺樓：謝朓《隨王鼓吹曲》："逶迤帶綠水，迢遞起朱樓。"又《水經·洛水注》："迢遞層峻，流煙半垂。"極寫城樓之高。

〔三〕緑楊枝外盡汀洲：汀，水邊平地。洲，水中洲渚。《史記·封禪書》："湫淵，祠朝那。"《集解》引蘇林："湫淵在安定朝那縣，方四十里，停不流，冬夏不增減，不生草木。"（《説文》作"湫泉"，乃唐人避高祖李淵諱改）即此句"汀洲"具體所指。外，或本作"上"，言樓高出綠楊枝上而盡覽汀洲，雖亦可通，但不如"外"字更敷神色。

〔四〕賈生年少虛垂涕：《史記·賈生列傳》："賈生名誼，雒陽人也。……年少，頗通諸子百家之書。文帝召以爲博士。……超遷，一歲中至太中大夫。"後來被讒，不久又遷爲長沙王太傅，後又爲梁懷王太傅。又《漢書·賈誼傳》："是時匈奴彊，侵邊。天下初定，制度疏闊，諸侯王僭儗，地過古制，淮南濟北王皆爲逆誅。誼數上疏陳政事，多所欲匡建，其大略曰：'臣竊惟事勢，可爲痛哭者一，可爲流涕者二，可爲太息者六。'"但是並没有得到文帝的重視。梁懷王死，他不久也嘔血而亡，僅三十三歲。義山當時二十七歲，要削平藩鎮、抵抗少數民族侵擾的主張不能實現，只能像賈誼之痛哭流涕而已。涕，或本作"淚"。

〔五〕王粲春來更遠游:《三國志·魏書·王粲傳》:“王粲,字仲宣,山陽高平人也。……獻帝西遷,粲徙長安。……年十七司徒辟,詔除黃門侍郎,以西京擾亂,皆不就,乃之荊州依劉表。”(按:王粲遠走荊州,依劉表,一者爲了避亂,二者爲了施展政治抱負,因劉表當時有招攬文士的虛名。《王仲宣集》有《荊州文學記》可證。)即所謂“更遠游”。王粲曾於春日登麥城縣城樓,作《登樓賦》一篇,其中有云:“雖信美而非吾土兮,曾何足以少留!”義山落第遠游,寓居涇原節度使王茂元幕,其處境宛如當年王粲之依劉表,其景物雖好,也不願意在那裏停留。

〔六〕“永憶江湖歸白髮”二句:永憶,長想。江湖,廊廟的對稱,指隱居地。扁舟,小舟。《史記·貨殖列傳》:范蠡輔佐越王勾踐成就了霸業,辭去爵賞,“乘扁舟浮於江湖”。馮浩云:“言扁舟江湖,必須待旋乾轉坤,功成白髮之時。時方年少,正宜爲世用,而預期及此者,見志願之深遠也。解固如斯,要在味其神韻。”按此二句極爲王安石所激賞,認爲“雖老杜無以過”(見《蔡寬夫詩話》)。何焯評云:“此二句亦是荊公一生心事,故酷愛之。”

〔七〕“不知腐鼠成滋味”二句:《莊子·秋水》:“惠子相梁,莊子往見之。或謂惠子曰:‘莊子來,欲代子相。’於是惠子恐,搜於國中三日三夜。莊子往見之,曰:‘南方有鳥,其名爲鵷鶵……發於南海而飛於北海,非梧桐不止,非練實不食,非醴泉不飲。於是鴟得腐鼠,鵷鶵過之,仰而視之曰:嚇!今子欲以子之梁國而嚇我邪?’”鵷鶵,傳說中鳳的一種。滋味,美味。作者以鵷鶵自喻,謂自己有鵷鶵那樣的高情遠志,不屑於個人利祿,而讒佞者輩不瞭解這一點,卻如鴟鴞那樣有腐鼠之嚇,對自己猜忌不休!張《箋》:“案《與陶進士書》云:‘前年乃爲吏部上之中書,歸自驚笑,又復懊恨。周李二學士以大德加我,夫所謂博學宏詞者,豈容易哉?私自恐懼,憂若囚械,後幸有中書長者曰:此人不堪,抹去之。乃大快樂。’……惟中書長者,不詳所指。馮氏謂必令狐輩相厚之人,似之。……則當時黨人中必有以詭薄無行,排笮於中書者。"此説可取。

回中牡丹爲雨所敗二首[一]

下苑他年未可追[二],西州今日忽相期[三]。水亭暮雨寒猶在[四],羅薦春香暖不知[五]。舞蝶殷勤收落蕊[六],佳人惆悵卧遙帷[七]。章臺街裏芳菲伴[八],且問宫腰損幾枝[九]?

〔一〕此詩馮《譜》、張《箋》俱編於文宗開成三年(八三八)。張氏箋曰:"馮氏云:'借牡丹寫照,玩其製題,則知以涇原之故,爲人所斥矣。'余謂此亦鴻博不中選之恨。令狐家牡丹最盛,義山本在子直門館,得勿感於黨人之排笮(擠)耶?得第方資絢力,尚未釋褐,而忽有王氏之婚,所謂'下苑他年未可追,西州今日忽相期'也。次言'浪笑榴花不及春,先期零落更愁人',蓋謂我亦知涇原之行,必觸人怒,而不意其報復若是速也。萬里重陰,都非舊圃;一年生意,已屬流塵。异日回視今朝,更不知若何失意,則真始料所不及矣。通首皆惋恨語,悽然不忍卒讀,必非艷情。"案:詩人以"回中牡丹"自我寫照,反映他在科舉和仕宦道路上,屢遭挫阨,就和雨打的牡丹一樣,雖有國色天香,其耐雨横風狂、不捨朝暮何?如此概括地理解即可,不需逐句尋章,覼縷比附,坐貽七寶樓臺,拆碎不成片段之誚。《史記·秦始皇本紀》:"二十七年,始皇巡隴西、北地,出雞頭山,過回中。"《漢書·文帝紀》:"十四年,匈奴入朝那、蕭關,遂至彭陽,使騎兵入燒回中宫。"又《武帝紀》:"元封四年,行幸雍,通回中道,遂北出蕭關。"注引應劭曰:"回中在安定、高平，有險阻，蕭關在其北。”案：回中地近涇州，此詩即以回中代指涇州。

〔二〕下苑他年未可追：《漢書·元帝紀》：“宜春下苑。”師古曰：“即今京城東南隅曲江池是。”下苑是對禁苑爲上苑而言，因曲江定期對市民開放，比禁苑要低一等。句意：過去中進士，因而有機會游曲江賞牡丹，現在已出就外僻，不知何年何月能重返京師，重温舊賞。

〔三〕西州今日忽相期：馮注：“西州，謂安定。《後漢書》：‘皇甫規安定朝那人。及黨事大起，自以西州豪杰，恥不得豫。’”此句仍主牡丹立言。意謂：没料到“他鄉遇故”，在西州這樣一個僻遠的地方彼此碰在一起。期，會。

〔四〕水亭暮雨寒猶在：牡丹開於春盡夏初，但因西州地僻，兼又暮雨送涼，令人感到春寒猶在，回暖獨遲。唐代重京官而輕外任，對士子的思想産生了嚴重的影響，認爲去邊區就是受冷遇。

〔五〕羅薦春香暖不知：句意：西州物質條件極差，這裏的牡丹比不上京師的“上張幄幕庇”（白居易《秦中吟·買花》），所以寒暖一任自然氣候支配，像皇家貴戚以羅幕保温的渥遇對它是絶緣的。上句寫有寒，此句則寫無暖。意謂牡丹被冷遇之情還在，受寵幸之恩不知。

〔六〕舞蝶殷勤收落蕊：蜂狂蝶舞，寫春意正濃。屈原《離騷》：“擥木根以結茝兮，貫薜荔之落蕊。”寫牡丹雖敗，但國色天香，殘英墜蕊，卻博得粉蝶的同情。

〔七〕佳人惆悵卧遥帷：佳人，馮本作“有人”，用語似較生硬，不若“佳人”之渾成自然。因美人香草，自屈子賦《騷》而後，即已成爲熟典，故此處“佳人”，人人而知其仍是在寫牡丹，不過上句寫了“落蕊”，下句必然要總寫本株，此乃邏輯之必然，不如是就達不到借物喻人的創作目的。本株偃卧，而英蕊化離，試看這一形象是如何的潦倒狼狽？所以有的評注家説正寫“敗”字，這種理解是很確切的。

〔八〕章臺街裏芳菲伴:《漢書·張敞傳》:"爲京兆尹,時罷朝會,過走馬章臺街。"章臺街在漢西京長安,此句以借喻唐朝長安熱鬧街道。《太平廣記》載韓翃與歌妓柳氏作《章臺柳》詞以互相贈答,其中有"章臺柳"和"芳菲節"之句,爲此詩綴句所本。然章臺芳菲,似主柳枝而言,此詩芳菲,似仍當指牡丹而說,謂芳侶花伴。

〔九〕且問宮腰損幾枝:《後漢書·馬廖傳》:"楚王好細腰,宮中多餓死。"爲此詩"宮腰"所出,指牡丹枝,以喻同年進士的留官京師者。此句用反詰語氣,揭示當時京官與外任,政治環境和生活條件厚薄冷暖都大不相同;從而懸揣牡丹在西州的遭遇,必不同於留京的同伴。集中每露此想,舊解似誤。

　　浪笑榴花不及春〔一〕,先期零落更愁人〔二〕。玉盤进淚傷心數〔三〕,錦瑟驚絃破夢頻〔四〕。萬里重陰非舊圃〔五〕,一年生意屬流塵〔六〕。前溪舞罷君回顧〔七〕,并覺今朝粉態新〔八〕。

　　〔一〕浪笑榴花不及春:浪笑,漫笑;且慢嘲笑。石榴五月開花,時已仲夏,故云"不及春"。《舊唐書·孔紹安傳》:"孔紹安大業末爲監察御史,時高祖为隋討賊於河東,詔紹安監高祖(李淵)之軍,深見接遇。及高祖受禪,紹安自洛陽間行來奔。高祖見之甚悦,拜内史舍人,……時夏侯端亦嘗爲御史,監高祖軍,先紹安歸朝,授秘書監。紹安因侍宴,應詔詠《石榴詩》曰:'祇爲時來晚,開花不及春。'"詩語本此而反其意,借詠物以寫人事宦情。
　　〔二〕先期零落更愁人:牡丹早開早謝,又爲雨所敗,故有此語。案發端兩句遣詞用韻,全本杜甫《曲江》:"一片花飛減卻春,風飄萬點正愁人。"而寓意則更加深婉曲折。又集中《韓同年新居餞韓西迎家室戲贈》篇,有"一名我漫居先甲,千騎君翻在上頭"兩句,似正可以看作此詩本事。韓同年即韓瞻，與商隱雖同爲茂元之婿，而姻婭冷暖不同，宦途通塞迥異。處在當時那種環境之中，發出諸如此類的詠嘆，是很自然的。

〔三〕玉盤迸淚傷心數：牡丹花大而白者形似玉盤，稱白牡丹。在唐人眼目中，遠不及姚黃、魏紫、胡紅、趙粉珍貴，白居易曾作《白牡丹》詩以寄慨，其首二句云："白花冷淡無人愛，亦占芳名道牡丹。"與此句機杼相同。迸淚，濺淚。淚指雨點。素華帶露，妍麗之極，沉痛之極。數，迫切。

〔四〕錦瑟驚絃破夢頻：古樂府瑟調曲有《東門行》，鮑照《代東門行》云："傷禽惡絃驚，倦客惡離聲。"爲此詩"錦瑟驚絃"所本。此聯上句寫雨打牡丹之形，下句寫雨打牡丹之聲。商隱之辟涇幕，《安定城樓》詩寫他當時的心情是"賈生年少虛垂涕，王粲春來更遠游"，則與鮑明遠的"傷禽惡絃驚，倦客惡離聲"的感慨大同；明乎此，則可推知作者這裏所説的"驚絃破夢"到底包含哪些思想活動、情懷內容了。

〔五〕萬里重陰非舊圃：重陰，就雨天言。前四字與陶潛《停雲》詩"八表同昏"同旨；後三字仍主牡丹立言。"舊圃"，指下苑曲江。意謂：回中牡丹豈能上比曲江？彼有錦幄維護，風雨不動，安如泰山；此則暴雨無情，花葉離披，枝柯偃伏。所以統治階級所宣揚的"天無私覆，地無私載"云云，不過是一句空話罷了。

〔六〕一年生意屬流塵：此句仍就牡丹寄興。就牡丹説，一年風華正茂的季節無過花時；但暴雨過後，粉墜紅銷，葬身泥土，與流塵同科，又何生意之可言？

〔七〕前溪舞罷君回顧：結語拍合到個人身世，用更深入一層寫法。前溪，地名，在今浙江武康縣以西，南朝歌伎習樂舞於此。于兢《大唐傳》："前溪村，南朝學樂之所，今尚有數百家習音樂，江南聲伎多自此出，所謂'舞出前溪'者也。"此句亦託舞女獻技爲作者自身寫

照，與集中《離思》篇"氣盡前溪舞，心酸子夜歌"爲同一託寓。蓋自大
文學家司馬遷以後，一般從事文史工作的人，就有了"見畜倡優"的自
覺（見《報任安書》），所以成了習見的故實。"君回顧"，是回顧舞女
歌舞之後精疲力竭的樣子和慘紅愁綠的神態。以喻作者希望心氣交
瘁的獻藝獻策，能够得到一點幕主的賞識，而得到的酬報又如何呢？

　　〔八〕併覺今朝粉態新：并，倍；粉態新，仍回到牡丹以作襯墊。牡
丹爲暴雨所摧，形象是那樣狼狽不堪；但是比起自己受排擠打擊後的
衰容倦態鮮艷多了。

細　雨〔一〕

帷飄白玉堂〔二〕，簟卷碧牙牀〔三〕。楚女當時意，蕭蕭髮
彩涼〔四〕。

　　〔一〕此詩與《漫成三首》皆作於開成三年（八三八）初婚於王氏，
亦即所謂"霧夕咏芙蕖，何郎得意初"的時刻。霧即細雨。"楚女當時
意"，不是作者在追懷過去，而是聯想到古代，只因注家對此發生了誤
解，所以馮、張二氏均不予編年。

　　〔二〕帷飄白玉堂：細雨有微風吹拂，像帷幕一樣飄浮在白玉堂
前。漢樂府《相逢行》："白玉爲君堂"，君指貴戚達官。王茂元家資富
贍，第宅豪華，故有"玉堂"、"牙床"等營設。

　　〔三〕簟卷碧牙牀：簟，《説文》釋爲"竹席"，《禮記・喪大記》鄭注
則釋爲"細葦席"。寫細雨像葦蓆一樣卷碧牙牀而來。牙牀，指象牙
床或象床而言。任昉《秋竹詩》："傍簟拂象牀。"

〔四〕“楚女當時意”二句:《春秋公羊傳·僖公二十年》“西宮災”注:“是時僖公爲齊所脅,以齊媵爲嫡,楚女廢在西宮而不見恤,悲愁怨曠之所生也。”然非此所用。此所用者爲《楚辭·九歌·少司命》:“與女沐兮咸池,晞女髮兮陽之阿。”是從“楚女”的髮絲長,想像到神女的梳頭。髮彩,頭髮的光澤。《左傳·昭公二十八年》:“昔有仍氏生女,黰黑,而甚美,光可以鑑。”又,唐吳融《倒次元韻》詩:“如描髮彩勻。”可見“髮彩”一詞,爲唐時所習用。當時意,指古時神女濯髮的樣子。此寫細雨之光澤、清涼如神女所濯之長髮。“楚雨含情皆有託”,作者在化用了《少司命》中兩句意境的同時,即隱括有緊接着的下兩句的意思,即“望美人兮未來,臨風怳兮浩歌”。那末這兩句的意思:像這樣的絕代佳人,只能存在於想望之中,現實社會是很難遇到的。現在好了,眼前的“蕭蕭髮彩”還就不是楚辭上描寫的“晞髮陽阿”的美女嗎? 其人美秀端嚴,幾可與老杜《月夜》“香霧雲鬟濕,清輝玉臂寒。何時倚虛幌,雙照淚痕乾”媲美,皆屬閨情詩的上乘。

無題二首選一〔一〕

昨夜星辰昨夜風,畫樓西畔桂堂東〔二〕。身無彩鳳雙飛翼,心有靈犀一點通〔三〕。隔座送鈎春酒暖〔四〕,分曹射覆蠟燈紅〔五〕。嗟余聽鼓應官去,走馬蘭臺類轉蓬〔六〕。

〔一〕馮浩注引趙臣瑗《山滿樓唐詩七律箋注》曰:“此義山在王茂元家,竊窺其閨人而爲之。或云在令狐相公家者,非也。觀次首絕句,固自寫供招矣,又何疑焉。”馮浩同意趙氏的説法:“此二篇定屬艷情,因窺見後房姬妾而作,得毋其中有吴人耶? 趙箋大意良是,他人苦將上首穿鑿,不知下首明道破矣。"並把這兩首詩編入開成四年(八三九)。案:趙、馮二家説法一致,極可取。内容是寫在一次從夜晚到天明的宴會上,對一個女子的嚮往和愛慕。

〔二〕"昨夜星辰昨夜風"二句:首句點明宴會的時刻,次句點宴會的地方。樓,或本作"堂",非。

〔三〕"身無彩鳳雙飛翼"二句:彩鳳,綵羽的鳳凰。靈犀,據説犀牛神异能以角表靈。《漢書·匈奴傳贊》"通犀翠羽之珍"注云:"通犀,中央色白,通兩頭。"即所謂"靈犀一點通"。此喻心心相印。意謂身分地位雖然不同,但心已相通。

〔四〕隔座送鈎春酒暖:送鈎,即藏鈎,是行酒時的一種游戲。《漢武故事》:"鈎弋夫人少時手拳,帝披其手,得一玉鈎,手得展,故因爲藏鈎之戲,後人效之。"邯鄲淳《藝經》:"義陽臘日飲祭之後,叟嫗兒童爲藏鈎之戲,分爲二曹以校勝負;若人偶即敵對,人奇則一人爲游附,或屬上曹,或屬下曹,名爲飛鳥,以齊二曹人數。一鈎藏在數手中,曹人當射知所在。一藏爲一籌。三籌爲一都。"案:周處《風土記》作藏彄。隔座送鈎,謂送之使藏也。

〔五〕分曹射覆蠟燈红:射覆,也是行酒時的一種游戲。《漢書·東方朔傳》:"上嘗使諸家射覆。"注:"於覆器之下置諸物,令闇射之,故云射覆。"又《酒令叢鈔》:"今酒座所謂射覆,又名射雕覆者,殊不類此。法以上一字爲雕,下一字爲覆,設注意酒字,則言'春'字'漿'字使人射之,蓋言春酒、酒漿也,射者言某字,彼此會意也。"分曹,射覆時每二人爲曹。《楚辭·招魂》:"篦蔽象棋,有六簙些。分曹並進,遒相迫些。"這兩句極寫宴會的歡樂氣氛。

〔六〕"嗟余聽鼓應官去"二句:聽鼓應官,謂聽到鼓聲而上朝。説明宴飲通宵。應,或本作"因",非。蘭臺,指秘書省,掌管秘書圖籍。

《舊唐書·職官志》:"秘書省,龍朔初改爲蘭臺。"義山當時正做秘書
郎,故有此語。意謂自己聽鼓應官,走馬蘭臺,像轉蓬似的飄蕩不定。
蓋深恐後會之難期,兼怨官職之累身。轉,或本作"斷"。

次陝州先寄源從事〔一〕

離思羈愁日欲晡〔二〕,東周西雍此分塗〔三〕。回鑾佛寺高多
少〔四〕,望盡黃河一曲無〔五〕?

〔一〕次陝州先寄源從事:次,在旅途落腳。陝州,《元和郡縣
志》:"河南道·陝虢觀察使·陝州。"陝州故治在今河南省陝縣,當時
爲觀察使府所在地。源從事,其人無考,當是觀察使從事(幕僚)。此
詩馮《譜》、張《箋》俱編於開成四年(八三九),時商隱由秘書省校書
郎(正九品上階)外調補任弘農尉(從九品上階),馮浩曰:"諸校書皆
美職,而秘省爲最,如翰林無定員,諸曹尚書,下至校書郎,皆得與選
矣。至尉簿則俗吏,義山外斥,大非得意。《與陶進士書》曰'尋復啟
與曹主求尉于虢,實以太夫人年高,樂近地有山水者'云云,乃矯語
耳。"馮氏之說,足爲此題確解。

〔二〕離思羈愁日欲晡:思,讀厺聲。離,指與親屬或知交離別。
羈愁,指旅愁。晡,黃昏時候。

〔三〕東周西雍此分塗:《公羊傳·隱公五年》:"自陝而東者,周
公主之;自陝而西者,召公主之。"這句詩的意思是說:周朝初年,雍州
是鎬京(首都)所在地,東周是雒邑(陪都王城)所在地,以陝州爲分界
綫,故曰分塗。這在行政區域上,是有主次之別的。唐代重京官,輕外

任,此詩亦有所反映。

〔四〕回鑾佛寺高多少:《舊唐書·代宗本紀》:"廣德元年十月,吐蕃犯京畿,駕幸陝州,十二月還京。"徐注:"佛寺必還京後建,以報功者也。"鑾,皇帝鑾駕。

〔五〕望盡黃河一曲無:《爾雅·釋水》:"河百里一小曲,千里一直一曲。"案此二句,馮浩箋云:"佛寺高居,比源;黃河一曲,自喻;屈就縣尉,毫不着迹,但覺雄渾。"上句以"回鑾佛寺",暗切陝州;下句以"黃河一曲",寄託自己非百里才的政治苦悶。《三國志·蜀書·龐統傳》:"統以從事守耒陽令……魯肅遺先主(劉備)書曰:'龐士元非百里才也,使處治中、別駕之任,始當展其驥足耳。'"細玩此詩,再讀《楚辭·惜誓》:"黃鵠之一舉兮,知山川之紆曲,再舉兮,睹天地之圜方。"則作者抱長材利器而無所施的政治苦悶,躍然紙上矣。

荊　山 [一]

壓河連華勢屭顔 [二],鳥没雲歸一望間 [三]。楊僕移關三百里 [四],可能全是爲荊山 [五]。

〔一〕荊山:《元和郡縣志》:"河南道·虢州·湖城縣:荊山在縣南,即黃帝鑄鼎之處。"《新唐書·地理志》:"覆釜山,一名荊山。"案此荊山,在今河南省靈寶市南。此詩當作於開成四年(八三九),時商隱由秘書省校書郎外調補弘農縣尉。弘農,屬河南道,不隸三輔,故商隱對此調補,心懷不滿;但爲詩卻力寫荊山之形勝,極盡鋪陳揚厲之能事,儼然在推翻歷史的舊案。故有人謂此爲詩人創格,殆非過譽。

〔二〕壓河連華勢屠顔：荆山對大河而言，是居高臨下，故曰壓河；對華山而言，是异峰突起，故曰連華。屠顔，與巉巖同，皆形容峰巒峻峭的疊韻聯緜字。司馬相如《大人賦》：“放散畔岸，驤以屠顔。”唐宋以後的詩歌屢見使用。

〔三〕鳥没雲歸一望間：小則鳥没，大則雲歸，盡收眼底。

〔四〕楊僕移關三百里：《漢書·武帝紀》：“（元鼎）三年冬，徙函谷關於新安，以故關爲弘農縣。”應劭注：“時樓船將軍楊僕數有大功，恥爲關外民，上書乞徙東關，以家財給其用度。武帝意亦好廣闊，於是徙關於新安，去弘農三百里。”楊僕願以自己的資財求漢武帝移函谷關於新安，使自己成爲關内人。

〔五〕可能全是爲荆山：意思是説，荆山既擅如此形勝，京畿豈能少此雄輔？楊僕上書移關，動機未必不由於此，應劭所述“恥爲關外民”的説法，乃世俗之見，不足以論英杰。

任弘農尉獻州刺史乞假歸京〔一〕

黄昏封印點刑徒〔二〕，愧負荆山入座隅〔三〕。卻羨卞和雙刖足〔四〕，一生無復没階趨〔五〕。

〔一〕任弘農尉獻州刺史乞假歸京：《元和郡縣志》：“河南道·陝虢觀察使·虢州·弘農縣。”弘農爲虢州首縣，故治在今河南省靈寶市。《新唐書·百官志》：“縣尉分判衆曹，收率課調。”注云：“凡縣有……司法佐……典獄門事等。”故典獄門事務亦在縣尉職掌之下。《新唐書·文藝傳》：“（商隱）調弘農尉，以活獄忤觀察使孫簡，將罷去,會姚合代簡,諭使還官。"當時虢州在陝虢觀察使治下,故詩人活獄,可以觸怒鎮使,幾乎丟官。此詩與高適《封丘縣作》同樣體現了作者錚錚鐵骨,成爲唐代詩壇的兩朵奇葩,一家機杼。馮《譜》編於開成四年(八三九),張《箋》同。"歸"一作"還"。

〔二〕黃昏封印點刑徒:句意:爲了提點刑徒(在押囚犯)直忙到黃昏時候才得封印下班。

〔三〕愧負荆山入座隅:因爲拘押無辜良民作刑徒而感到内疚,故"愧";荆山形勝之區,因羈於官守而無暇游眺,故感到有"負"於自己。入座隅,所謂會心處正不在遠。集中有《荆山》一篇,已入選加注。座隅,座旁。

〔四〕卻羨卞和雙刖足:《韓非子·和氏》:"楚人和氏,得玉璞楚山中,奉而獻之厲王。厲王使玉人相之。玉人曰:'石也。'王以和爲誑,而刖其左足。及厲王薨,武王即位,和又奉其璞而獻之武王。武王使玉人相之,又曰:'石也。'王又以和爲誑,而刖其右足。武王薨,文王即位,和乃抱其璞而哭於楚山之下,三日三夜,泣盡而繼之以血……王乃使玉人理其璞,而得寶焉,遂命曰和氏之璧。"刖,斬斷。

〔五〕一生無復没階趨:《論語·鄉黨》:"没階,趨進,翼如也。"《經典釋文》作:"没階趨,翼如也。"三字成辭。則唐以前《論語》經師有兩種讀法,但文義相同。意謂:下級官吏有事拜見長官,公畢退堂,走下臺階以後,需要加速馳走,不得停留,表示卑躬屈節的樣子。以上兩句,語憤而情激,體現了作者對貧苦人民深摯的同情,對官場儀節的極端蔑視。

臨發崇讓宅紫薇〔一〕

一樹穠姿獨看來〔二〕,秋庭暮雨類輕埃〔三〕。不先搖落應爲

有〔四〕，已欲別離休更開〔五〕。桃綬含情依露井〔六〕，柳綿相
憶隔章臺〔七〕。天涯地角同榮謝，豈要移根上苑栽〔八〕？

〔一〕此詩馮《譜》、張《箋》俱編於開成五年（八四〇）作品中。時
雖遷居上京，而行就外辟，故末有"移根上苑"和"天涯地角同榮謝"之
慨。韋氏《述征記》："洛陽崇讓坊有河陽節度使王茂元宅。"《群芳
譜》："紫微（薇）四五月始花，開謝接續，可至八九月。"

〔二〕一樹穠姿獨看來：穠，襛之借字。《詩·召南·何彼襛矣》，
《箋》以"美盛"釋"襛"，此穠姿所以狀紫薇。

〔三〕秋庭暮雨類輕埃：秋庭，切崇讓宅言。以輕埃狀細雨，本諸
謝朓《觀雨詩》："散漫似輕埃。"

〔四〕不先搖落應爲有：《楚辭·九辯》："悲哉秋之爲氣也，蕭瑟
兮草木搖落而變衰。"《楚辭》"搖落"原係葉落的意思；此詩"搖落"則
當是"花謝"的意思，但用其辭而稍變其意。應爲有，馮注："按《英華》
作'應有待'，似非句意；謂應爲有我來看，故不先搖落耳。"案馮說是。

〔五〕已欲別離休更開：以上兩句流露了文人孤芳自賞的情感。
兩句十四字，全用虛詞，已開宋體，具見我國詩歌發展前後的遞嬗
關係。

〔六〕桃綬含情依露井：《後漢書·輿服志》注引丁孚《漢儀》："二
千石綬，羽青地，桃花縹，三彩。"梁元帝《玄覽賦》："或帶桃花之綬。"
桃綬泛用，不拘品秩。漢樂府《雞鳴》篇："桃生露井上，李樹生桃傍；
蟲來嚙桃根，李樹代桃僵。"此詩殆用歇後語以隱寓他自己婚王氏所
受牛黨的打擊。

〔七〕柳綿相憶隔章臺：陳祖孫登《咏柳詩》："飛綿亂上空。"柳
綿，即柳絮。章臺，汉長安街名。《漢書·張敞傳》："敞爲京兆尹，時
罷朝會，過走馬章臺街。""柳綿相憶隔章臺"，蓋引用韓翃與柳氏間的

離合悲歡故事。《太平廣記》卷四八五許堯佐《柳氏傳》載韓翃和柳氏題詩互相贈答，韓詩曰：“章臺柳，章臺柳，昔日青青今在否？縱使長條似舊垂，亦應攀折他人手。”柳氏答之曰：“楊柳枝，芳菲節，所恨年年贈離別。一葉隨風忽報秋，縱使君來豈堪折！”韓瞻與義山同婚於王氏，故以韓翃與柳氏因游宦上京而睽隔事爲喻。此聯上句言與王氏誼切門牆桃李，休戚相關；下句謂由於游宦的萍踪浪迹，也造成姻婭韓瞻的室家乖離。

〔八〕“天涯地角同榮謝”二句：意謂植物即使移根上苑，也不會是有榮無謝，這一點和遠在天涯地角的草木並無任何區別；以興自己此次移家上京，在宦途上亦不抱任何幻想。

過伊僕射舊宅[一]

朱邸方酬力戰功[二]，華筵俄嘆逝波窮[三]。回廊簷斷燕飛去[四]，小閣塵凝人語空[五]。幽淚欲乾殘菊露[六]，餘香猶入敗荷風[七]。何能更涉瀧江去[八]，獨立寒流弔楚宮[九]。

〔一〕過伊僕射舊宅：伊僕射，伊慎。《舊唐書·伊慎傳》：“伊慎，兗州人。善騎射，代宗八年（七七三）以後，爲唐將，討（嶺南）哥舒晃、（江漢）梁崇義、（淮西）李希烈、吳少誠，多建戰功，封南充郡王，節度安、黃等州。安、黃置奉義軍額，爲奉義軍節度使、檢校右僕射。憲宗即位，入，真拜右僕射。元和二年，轉檢校左僕射兼右金吾衛大將軍。以賂第五從直求鎮河中，爲從直所奏，貶右衛將軍。數月，復爲檢校尚書右僕射兼右衛上將軍。元和六年卒。”張《箋》編此詩於開成五年

（八四〇），並箋曰：“此將至江鄉在京所作。伊慎舊宅在（朱雀門）街東光福坊，《長安志》（卷七）可證，非舊治安州也。馮氏編次大誤。”案張説是。

〔二〕朱邸方酬力戰功：《漢書·盧綰傳》注：“諸侯王及諸郡朝宿之館在京師者謂之邸。”謝朓《辭隨王子隆牋》：“朱邸方開，效蓬心於秋實。”古代諸侯有功者賜朱門，稱朱邸。酬，報賞。力戰功，具體事見題解。

〔三〕華筵俄嘆逝波窮：張率《白紵歌》：“列坐華筵紛羽爵。”華筵，意爲豪奢的筵席，如古人慣用“鐘鳴鼎食”代表豪門貴族生活。俄歎，忽而使人感嘆。逝波窮，意如李白《夢游天姥吟留別》所云：“世間行樂亦如此，古來萬事東流水。”在感歎中微寓嘲諷。何焯評此詩“但多亮節而少微情”，是多少體味到一些作品的底蘊的。

〔四〕回廊簹斷燕飛去：“簹”，或本作“簾”，似不如作“簹”，因“簹”斷直接影響燕子作巢，而“簾”斷則否也。“去”或本作“出”，或作“入”，皆非。

〔五〕小閣塵凝人語空：“閣”，或本作“閤”。以上二句，極寫豪家大族人去樓空的衰敗景象。

〔六〕幽淚欲乾殘菊露：“淚”或本作“砌”，非。“露”或本作“雨”非。菊殘露乾皆爲幽淚做襯墊，在意境上達到情景交融的卓越成果，在選詞上也可能是暗用《離騷》“朝飲木蘭之墜露兮，夕餐秋菊之落英”的掌故以切地望。

〔七〕餘香猶入敗荷風：此句承上“小閣塵凝人語空”而來，意謂人散香殘，目前只有敗荷餘氣差堪尋味耳。按鄭亞外調桂管，王程雖限五月到任。但幕僚不同府主，赴辟時間往往稍後，此從《安定城樓》之赴涇原、《偶成轉韻七十二句贈四同舍》之赴徐泗，以及桂管罷幕北歸所寫的《陸發荊南始至商洛》諸詩所描述的具體生活內容裏參悟而得。

〔八〕何能更涉瀧江去：確定此詩的寫作時間主要要靠這兩句。《水經注》卷三十八：“瀧水又南出峽，謂之瀧口。……又南逕曲江縣東。”《嘉慶一統志》卷四百五十七：“廣東羅定州，瀧水，源出西寧縣西南，一名雙林水。經縣東南，又東北流入州西，謂之建水。又東北經東安縣西北七十里，又北經古蓬洞，又北入江，一名晉康水，又名南江。《通志》：‘源出雲卓諸山，東流會平寶水、新榕水。又五里許有石屏，高二丈許，峭削如壁橫亘，水道因之屈曲，瀑流飛下，若咽喉然，名曰瀧喉，最爲峻嶮……’”案：瀧江並不流經桂管府治，此舉之者，蓋亦撮其涯略言之。

〔九〕獨立寒流弔楚宮：“流”，《文苑英華》作“沙”。楚宮，具體當指荊南（江陵），不過此詩則用以借指鄂州（武昌）伊慎舊宅所在地。以上二句是由於作者看到伊慎舊宅由盛而衰的敗落景象，而感到自己爲游宦而浪迹天涯之無謂。後來《陸發荊南始至商洛》詩開頭兩句“昔去真無素，今還豈自知”所表露的那種對薄宦的倦歟，和此詩末尾兩句的思想感情是一脈相承的。

曲 江〔一〕

望斷平時翠輦過〔二〕，空聞子夜鬼悲歌〔三〕。金輿不返傾城色〔四〕，玉殿猶分下苑波〔五〕。死憶華亭聞唳鶴〔六〕，老憂王室泣銅駝〔七〕。天荒地變心雖折，若比傷春意未多〔八〕。

〔一〕此詩所詠，説者紛紜。在舊注中唯有程夢星、馮浩兩家説較爲近實。程氏《李義山詩集箋注》云：“此詩專言文宗，蓋文宗時曲江之興罷，與甘露之事相終始也。曲江之脩，因鄭注厭災一言始之；曲江之罷，因李訓甘露一事終之。故但是曲江，而太（按當作“大”，說詳錢大昕《廿二史考異》）和間時事足以概見矣。”馮氏《玉谿生詩集詳注》云：“此蓋傷文宗崩後楊賢妃賜死而作也。文宗后妃，舊新書竟無傳可考。今據《安王溶》、《楊嗣復傳》：‘安王溶，穆宗第八子也。楊賢妃有寵於文宗，晚稍多疾，陰請以安王爲嗣，密爲自安地。帝謀於宰相李珏，珏非之，乃立陳王成美。妃與宰相楊嗣復宗家（姑侄），及仇士良立武宗，遂擿此事，譖而殺之。’詩首句謂文宗，次句謂賢妃，三四承上，五六則以甘露之變作襯，而謂傷春之痛，較甚於此。蓋文宗受制閹奴，南司塗炭，已不勝天荒地變之恨，孰知宮車晚出，並不保深宮一愛姬哉？……余深味此章與下章，楊賢妃之死也，必棄骨水中，故以王涯輩棄骨渭水爲襯，實可補史之闕文，非臆度也。”按馮氏此解，頗爲作《玉谿生年譜會箋》之張采田所詬病，持論不免標新立異，欲與古人校一日之長。實則義山此詩所寫，乃取現實題材，馮氏所注，遠比《會箋》貼切。微感不足的是：他對末兩句“天荒地變心雖折，若比傷春意未多”，結穴全在“傷春”二字，未予明確指出，不免襲貌遺神耳。曲江，主體實爲池沼，是唐代長安最大的名勝風景區（故址在今陝西西安市郊區曲江池遺址公園）。康駢《劇談錄》：“曲江，開元中疏鑿爲勝境。其南有紫雲樓、芙蓉苑，其西有杏園、慈恩寺，花卉環周，煙水明媚，都人游玩，盛於中和、上巳之節，賜宴臣僚，京兆府大陳筵席，恩賜太常及教坊聲樂。……每歲傾動皇州，以爲盛觀。”到文宗時代，據《舊唐書·鄭注傳》云：“（注）又言秦中有災，宜興工役以禳之。文宗能詩，嘗吟杜甫《（哀）江頭》篇云：‘江頭宮殿鎖千門，細柳新蒲爲誰綠？’始知天寶已前，環曲江四岸，有樓臺行宮廨署，心切慕之。既得注言，即命左右神策軍差人淘曲江、昆明二池。仍許公卿士大夫之家於江頭立亭館，以時追賞。時兩軍造紫雲樓、彩霞亭，內出樓額以賜之。"馮《譜》編此詩於開成五年(八四〇)。

〔二〕望斷平時翠輦過:此句作者通過自己的親身經歷,對比今昔不同的時事感受。"平時"是阮籍"平生少年時"的簡括,只用於作者追述過去的親身經歷。据此二字的使用,肯定詩人絕非追叙天寶遺事,而是自述從前的生活。徵之史傳,詩人以文宗開成二年(八三七)春進士及第,依照唐朝慣例,新進士及第,皇帝必於曲江賜宴,這對封建時代的士子來説,當然是一種很高的榮寵。而曾幾何時,就再也看不到皇帝坐着翠羽裝飾的輦車到這裏來臨幸了。這才是"望斷"二字的真正涵義。

〔三〕空聞子夜鬼悲歌:此句表面上是在使用《晉書‧樂志》對南朝《子夜歌》解題的典故,而内容與《子夜歌》則風馬牛不相及。古以十二辰記時,子夜意即半夜。諦審下文"金輿不返傾城色,玉殿猶分下苑波"句,知馮氏所説暗示楊賢妃賜死一事實爲卓識。如此詩所詠爲遠追玄宗舊游,則杜甫《哀江頭》已明言"血污游魂歸不得",這時人哪裏能够"空聞子夜鬼悲歌"呢?

〔四〕金輿不返傾城色:《舊唐書‧輿服志》:"皇后車則有重翟、厭翟、翟車、安車、四望車、金根車六等。重翟車,青質,金飾諸末……厭翟,赤質,金飾諸末……翟車,黄質,金飾諸末……安車,赤質,金飾……"故此金輿指后妃乘輦。《漢書‧李夫人傳》:"延年侍上起舞,歌曰:‘北方有佳人,絕世而獨立。一顧傾人城,再顧傾人國。寧不知傾城與傾國,佳人難再得!’"此句"不返"二字,是主曲江立言,謂自楊賢妃死後,曲江游客不得再見臨幸也。

〔五〕玉殿猶分下苑波:謂殿在人亡,不禁使重游者俯仰低回。下苑是對禁苑稱上苑而言。唐宫城有東内苑、西内苑,禁止臣民游覽,和曲江有時對臣民開放者不同。

〔六〕死憶華亭聞唳鶴:《世説新語‧尤悔》:"陸平原(機)河橋

敗，爲盧志所讒被誅，臨刑，嘆曰：‘欲聞華亭鶴唳，可復得乎？’”華亭，陸機故宅旁谷名。劉注引王隱《晉書》曰：“成都王穎討長沙王乂，使陸爲都督前鋒諸軍事。”又引《機別傳》曰：“成都王長史盧志與機弟雲趣舍不同。又黃門（宦官）孟玖求爲邯鄲令於穎，穎教付雲。雲時爲左司馬，曰：‘刑餘之人，不可以君民。’玖聞此怨雲。與志讒構日至。及機於七里澗大敗，玖誣機謀反所致。穎乃使牽秀斬機……遂見害，時年四十三。軍士莫不流涕。是日天地霧合，大風折木，平地尺雪。”又引干寶《晉紀》曰：“及機雲見害，三族無遺。”作者於此，引晉代陸機被殺事，以反映甘露之變起於唐代統治階級内部，官僚向宦官奪權的矛盾。當時長安城中，受株連者甚衆，故有風聲鶴唳恐怖氣氛的叙寫。類此情景，絕非天寶年間馬嵬前事所有，而只能是寫文宗大和九年時近事。

〔七〕老憂王室泣銅駝：此句爲甘露事變中犧牲的首要人物李訓等人唱挽歌。《舊唐書·李訓傳》云：“文宗性守正嫉惡，以宦者權寵太過，繼爲禍胎。元和末，弑逆之徒，尚在左右。雖外示優假，心不堪之。思欲芟落本根，以雪仇恥。九重深處，難與將相明言……訓既在翰林，解《易》之際，或語及‘巷伯’（《詩·小雅》裏宦官的職稱）事，則再三憤激，以動上心。……九月，遷禮部侍郎同平章事……訓既秉權衡，即謀誅内豎……天下之人，有冀訓以致太平者。”即此句所反映之史實。《晉書·索靖傳》：“（索靖）知天下將亂，指洛陽宮門銅駝嘆曰：‘會見汝在荆棘中耳。’”又馮注引《華氏洛陽記》曰：“兩銅駝在宮之南街，東西相對，高九尺，漢時所謂銅駝街。”後遂以銅駝荆棘做國祚將移的不祥之兆。案以上兩句，詩人旨在闡明甘露事變起源於幾個謀國憂時的老臣在文宗皇帝授意之下，剗除閹宦，重振朝綱，而人謀不臧，慘遭殺害。

〔八〕“天荒地變心雖折”二句：爲全詩主眼結穴。意思是：儘管甘露事變之後，朝廷發生了翻天覆地的變化，閹宦囂張，王權旁落，蒿目時艱，使人心碎。然尤其令人難過的是，悲劇還遠遠没有結束，更爲深

重的災難還在等待着人們。文宗死後，宦官仇士良擁立武宗李瀍，作
爲他任意操縱的傀儡。宰相楊嗣復被貶到湖南做觀察使。李珏作桂
州刺史、桂管觀察使。楊嗣復是詩人摯友劉蕡的恩師，終武宗之世，一
直被貶作外官。可見唐武宗的上臺，就意味着新黨進一步失勢，而這
是當時有些政治抱負的作家所最爲憤慨的。按照一般的慣例，新皇帝
嗣位，總是要給人們帶來一些希望的，所以《春秋》的記史法，以“元年
春王正月”開始，以後成爲定制。先王崩逝，後王嗣位，例不改元。須
俟次年春正，方易年号。所以此詩之“天荒地變雖心折，若比傷春意
未多”句，若非望絕嬗代，何至情緒如此悲涼？ 在這類詩句裏，實貫串
着作者對晚唐政治形勢的總看法，用當時流行的一句口語説，即“一
年不如一年”（見《舊唐書·楊嗣復傳》）。這裏既透露了社會危機的
潛長，也體現着作者意匠的創新。春，舊本作“陽”，今從胡震亨《唐音
戊籤》。近讀黃侃《李義山詩偶評》，由於他不理解“平時”是確定詩歌
內容最有關係的兩個字，從而否認程、馮二氏箋注的正確理解。由於
他對詩的基本內容發生誤解，所以所作的評語也是錯誤的。如云：
“臨命之悲，亡國之恨，猶未敵傾城夭枉。”這種議論不僅錯誤，而且不
符合詩人對李楊事件的評價，所以未可輕信。

詠　史[一]

歷覽前賢國與家，成由勤儉敗由奢[二]。何須琥珀方爲枕，
豈得真珠始是車[三]。運去不逢青海馬，力窮難拔蜀山
蛇[四]。幾人曾預南薰曲，終古蒼梧哭翠華[五]。

〔一〕詩題爲"詠史"，實爲悼念文宗而作。朱鶴齡云："文宗恭儉性成，衣必三澣，可謂令主矣。迨乎受制家奴，自比周赧、漢獻，故言儉成奢敗，國家常理，帝之儉德，豈有珀枕、珠車之事，今乃與亡國同恥，深可嘆也！義山及第於開成，《南薰》之曲，嘗聞之矣。其能已於蒼梧之哭耶？全是故君之悲，託於詠史耳。"張《箋》曰："朱説精矣。'青海馬'，惜駕馭者無英雄。'蜀山蛇'，恨盤結者增氣焰。史稱：文宗以樂府之音，鄭衛太甚，命王涯詢於舊工，取開元時雅樂，選樂童按之，名曰'雲韶樂'；又詔太常卿馮定采開元雅樂，製《雲韶法曲》、《霓裳羽衣舞曲》。夏日與學士聯句，帝獨賞柳公權'薰風自南來，殿閣生微涼'句，今鐘簴依然，而蒼梧之駕，已不返矣。義山開成二年登第，恩賜詩題《霓裳羽衣曲》，故結語假事寓悲，沉痛異常。"案：張氏之説極爲精審，詩意明爽豁然！此詩馮《譜》、張《箋》俱入開成五年（八四〇）。

〔二〕"歷覽前賢國與家"二句：《韓非子·十過》："秦穆公問之曰：'寡人嘗聞道而未得目見之也。願聞古之明主得國失國何常以？'由余對曰：'臣嘗得聞之矣，常以儉得之，以奢失之。'"是此兩句所本。作者概括這一歷史經驗，作爲全詩的總領。

〔三〕"何須琥珀方爲枕"二句：琥珀，松柏樹脂的化石。《博物志》卷一"藥物"引《神仙傳》："松柏脂淪入地，千年化爲茯苓，茯苓千年化爲琥珀。琥珀一名江珠。"《後漢書·王符傳》注引《廣雅》曰："虎魄，珠也。生地中……初時如桃膠，凝堅乃成，其方人以爲枕。出罽賓及大秦國。"又《西京雜記》卷一："趙飛燕爲皇后，其女弟（即趙昭儀）在昭陽殿……謹上襚三十五條……琥珀枕……"真珠，即珍珠，一本也作"珍珠"。《史記·田敬仲完世家》："（威王）二十四年，與魏王會田於郊。魏王問曰：'王亦有寶乎？'威王曰：'無有。'梁王曰：'若寡人國小也，尚有徑寸之珠照車前後各十二乘者十枚，奈何以萬乘之國而無寶乎？'威王曰：'寡人之所以爲寶與王異。吾臣有檀子者，使守南城，則楚人不敢爲寇東取，泗上十二諸侯皆來朝。吾臣有盼子者，使守高唐，則趙人不敢東漁於河。吾吏有黔夫者，使守徐州，則燕人祭北門，趙人祭西門，徙而從者七千餘家。吾臣有種首者，使備盜賊，則道不拾遺。將以照千里，豈特十二乘哉！’”此句全用其意，謂文宗豈有琥珀珍珠之侈，而是注意去奢從儉，重用賢臣。據《資治通鑑》卷二百四十三記載：“上（指文宗）自爲諸王，深知兩朝（謂穆、敬兩朝）之弊，及即位，勵精求治，去奢從儉。詔宮女非有職掌者，皆出之，出三千餘人。五坊鷹犬，準元和故事，量留校獵外，悉放之。有司供宮禁年支物，並準貞元故事。省教坊、翰林、總監冗食千二百餘員，停諸司新加衣糧。御馬坊場，及近歲別貯錢穀，所占陂田，悉歸之有司。先宣索組繡彫鏤之物，悉罷之。……對宰相群臣，延訪政事，久之方罷。待制官舊雖設之，未嘗召對，至是屢蒙延問。其輟朝放朝，皆用偶日。中外翕然相賀，以爲太平可冀。”即此兩句所詠的文宗史事。

〔四〕“運去不逢青海馬”二句：《隋書·西域傳》：吐谷渾“青海周迴千餘里，中有小山，其俗至冬輒放牝馬於其上，言得龍種。……嘗得波斯草馬放入海，因生驄駒，能日行千里，故時稱青海驄馬。”這裏借喻英俊的人材。《華陽國志·蜀志》：“蜀有五丁力士，能移山，舉萬鈞。……（秦惠王）許嫁五女於蜀，蜀遣五丁迎。還到梓潼，見一大蛇入穴中，一人攬其尾掣之，不禁，至五人相助，大呼抴蛇，山崩，時壓殺五人及秦五女……因命曰五婦冢……或名五丁冢。”這裏以蜀山蛇借喻難以除掉的宦官和藩鎮割據。此兩句意謂文宗雖然勵精圖治，有重賢之意，但國運已去，再也遇不到英俊的人材，也無力剷除頑固勢力。

〔五〕“幾人曾預南薰曲”二句：《禮記·學記》：“昔者舜作五絃之琴，以歌南風。”又《孔子家語·辯樂》：“昔者舜彈五絃之琴，造南風之詩，其詩曰：‘南風之薰兮，可以解吾民之慍兮；南風之時兮，可以阜吾民之財兮。’”然後天下大治。這裏用以喻文宗去鄭衛之音而奏雅樂，有求治之意圖。蒼梧，即九疑山。《礼記·檀弓上》：“舜葬於蒼梧之

野。"翠華,《文選》司馬相如《上林賦》:"建翠華之旗。"注:"以翠羽爲
葆也。華,葆也。"即以羽爲飾的旗。這句借指文宗的儀仗及其所葬
的章陵。此二句意謂參預文宗南薰曲歌唱的有幾人? 自己將永遠爲
之哀傷、痛哭!

聽　鼓〔一〕

城頭疊鼓聲〔二〕,城下暮江清〔三〕。欲問漁陽摻,時無禰
正平〔四〕。

〔一〕聽鼓:馮注:"此游江鄉作,未定前後何時也。禰衡遇害於江
夏,得毋於武昌感歎而作歟?"張《箋》入不編年詩。但馮浩"禰衡遇害
於江夏,得毋於武昌感嘆而作歟"之説似不可易。

〔二〕城頭疊鼓聲:謝朓《鼓吹曲》:"疊鼓送華輈。"李善注:"小擊
鼓謂之疊。"

〔三〕城下暮江清:紀評:"次句著城下暮江清五字,倍覺蕭瑟空
曠,動人遠想,此烘染之法。""清"一作"晴",似不逮"清"字空靈,且
透節候。

〔四〕"欲問漁陽摻"二句:《後漢書·禰衡傳》:"禰衡字正平,平
原般人也。……操欲見之,而衡素相輕疾,自稱狂病,不肯往,而數有
恣言。操懷忿,而以其才名,不欲殺之。聞衡善擊鼓,乃召爲鼓史。因
大會賓客,閲試音節。諸史過者,皆令脱其故衣,更著岑牟單絞之服
(鼓角士所着的盔、服)。次至衡,衡方爲漁陽參撾,蹀躞而前,容態有
異,聲節悲壯,聽者莫不慷慨。"李賢注:"撾及摷,並擊鼓杖也。參撾,

是擊鼓之法,而王僧孺詩云:‘散度廣陵音,參寫漁陽曲。’而於其詩自音云:‘參,音七绀反。’後諸文人多同用之。據此詩意,則參,曲奏之名;則撾字入於下句,全不成文……參字音爲去聲,不知何所憑也。”案:讀參爲去,解爲曲奏,既行用已久,是約定俗成,無需復舊。何評:“正爲身似正平耳。”案《魏氏春秋》載阮籍“嘗登廣武,觀楚漢戰處,乃歎曰:‘時無英才,使豎子成名乎!’”(《三國志・魏書》卷二一裴注引)蓋“人材難得”,古今志士,异世同聲!

贈劉司户蕡〔一〕

江風揚浪動雲根〔二〕,重碇危檣白日昏〔三〕。已斷燕鴻初起勢〔四〕,更驚騷客後歸魂〔五〕。漢廷急詔誰先入〔六〕?楚路高歌自欲翻〔七〕。萬里相逢歡復泣,鳳巢西隔九重門〔八〕。

〔一〕劉蕡:舊新《唐書・劉蕡傳》:“字去華,昌平人。父勉。蕡寶曆二年進士擢第。博学善屬文,尤精《左氏春秋》。與朋友交好談王霸大略,言及世務耿介嫉惡,慨然有澄清之志。……大和二年,策試賢良方正能直言極諫者。蕡切論黄門(宦官)大横,將危宗社(李唐王朝)。考官不敢留蕡在籍中,物論諠然,不平之。令狐楚在興元,牛僧孺鎮襄陽,皆表蕡幕府,授秘書郎。而宦人深嫉蕡,誣以罪,貶柳州司户參軍,卒。”(《舊傳》蕡終府御史,此從《新傳》)張《箋》編此詩於武宗會昌元年(八四一),云:“司户貶柳過潭,義山晤别,所謂‘春雪黄陵’者,正此時也。”

〔二〕江風揚浪動雲根:古人觀察到山石對空氣中所含的水蒸氣

有凝結成雨點的作用，所以對雲有"觸石而出，膚寸而合，不崇朝而徧雨乎天下"（《公羊傳》僖公三十一年）的描寫，以後就逐漸形成山石是雲根的概念。如宋孝武帝《登樂山》詩"屯煙擾風穴，積水溺雲根"就是。揚，一作"吹"，非。

〔三〕重碇危檣白日昏：重，沉重的重。碇，繫木船用的石礅子，功用略同於錨。風大船掀簸過甚，故下重碇以鎮之。危檣，搖擺欲折的桅杆。以上兩句謂江風揚浪而山爲之動，日爲之昏。用以渲染政治氣候。

〔四〕已斷燕鴻初起勢：馮注："昌平，燕地。對策爲進身之始，謂不留在籍。"

〔五〕更驚騷客後歸魂：馮注："時在楚地，故以騷客目之。"上句"初起勢"是説很早就受排擠，此句"後歸魂"是説很晚也未被赦免。即屈原《九歌·哀郢》"忽若去不信兮，至今九年而不復"之意。已斷、更驚，反復陳述劉蕡之遭迫害。

〔六〕漢廷急詔誰先入：《漢書·賈誼傳》："誼既以適（謫）去……三年……後歲餘，文帝思誼。徵之，至，入見。"這句詩是作者急切地盼望朝廷能像漢文帝詔回被貶在長沙的賈誼那樣，詔回劉蕡。

〔七〕楚路高歌自欲翻：楚狂接輿歌"鳳兮"以笑孔子，事載《論語·微子》："楚狂接輿歌而過孔子之門，曰：'鳳兮鳳兮，何德之衰也？往者不可諫也，來者猶可追也。已而已而，今之從政者殆而！'孔子下，欲與之言；趨而避之，不得與之言。"（亦見《莊子·人間世》，而文字略繁，思想内容亦互有短長。李詩此處特別突出二者的"憤世嫉俗"部分，而揚棄其中的明哲保身消極思想。）到了唐代，李白作《廬山謠》本之，而寫下該詩的頭兩句："我本楚狂人，鳳歌笑孔丘。"成爲義山詩作的先驅。但義山此詩擬劉蕡於"楚狂"，實自有其現實的涵義。馮浩注："《玉泉子》云：'劉蕡，楊嗣復門生也。中官仇士良謂嗣復曰：

奈何以國家科第,放此瘋漢耶？嗣復懼而答曰：昔與賁及第時,猶未瘋
耳。'竊疑義山赴潭,司户必因謁座主(楊嗣復)來潭,故得相晤,而於
春雪時黄陵送别也。”案馮説可從。翻,形容曲調回旋至極致。

〔八〕“萬里相逢歡復泣”二句：此兩句是寫在潭州與劉蕡異地相逢,
追憶過去二人在京師供職,朝夕過從,不勝今昔之感。鳳巢,喻帝京爲
賢能所萃。《竹書紀年》卷一：“(軒轅時)有鳳皇集……或止帝之東
園,或巢於阿閣,或鳴於庭。”劉蕡時在荆楚,長安在其西北,故云“西
隔九重門”。屈賦云“君門萬里無可訴冤”也。

淮陽路〔一〕

荒村倚廢營,投宿旅魂驚〔二〕。斷雁高仍急〔三〕,寒溪曉更
清〔四〕。昔年嘗聚盗〔五〕,此日頗分兵〔六〕。猜貳誰先致？
三朝事始平〔七〕。

〔一〕淮陽路：《續漢書·郡國志》：“淮陽國,高帝置。明帝改爲
陳國。”《元和郡縣志》：“河南道·陳州淮陽郡。”馮注：“按道經淮陽
之境,非專指陳州也。”馮《譜》編此詩於會昌三年(八四三)。張《箋》
編此詩於會昌二年(八四二)云：“此赴茂元陳許辟時作。”但這裏存在
一個問題是：張《箋》雖編此詩於會昌二年,然把王茂元爲忠武軍節
度、陳許觀察使一事,繫於會昌元年(八四一)。根據張氏所作的一些
引證,推斷王茂元的出鎮陳、許,是在是年秋冬間,其言信而有徵。但
將此詩編於會昌二年,則與《樊南文集·爲濮陽公陳許謝上表》的史
實相矛盾,使義山非隨王赴任,則代草謝表之事爲不可能。況此詩所

寫之物候，與張氏所考定的王茂元出鎮季節，如是吻合。然則表之與詩，均屬同年之作，夫復何疑？茲故對張《箋》編年，稍事更訂，而繫於會昌元年（八四〇）。

〔二〕"荒村倚廢營"二句：時作者赴王茂元陳許觀察使幕府之辟，看到陳許自淮西亂後，戰痕瘢瘢，瘡痍滿目。案作者與王係甥舅兼舊賓主關係，故此番赴辟，可能比其幕主略爲先行，故旅途多作寥落寡偶之語。

〔三〕斷雁高仍急：《呂氏春秋·季秋紀》："季秋之月，候雁來。"（畢沅校《月令》鄭注，以"鴻雁來賓"爲句，與此異。）斷，謂失群；高，防彈射；急，極言去之唯恐不速。寫景，而詩人厭亂思治的情緒即寓其中。

〔四〕寒溪曉更清：何焯評："三四寫出徹夜無寐，待旦急發。"案何評深入一層，可作二句確解。以上二句寫景，復以紀時。

〔五〕昔年嘗聚盜：謂吳元濟據淮西進行武裝叛變。事詳《韓碑》詩注。

〔六〕此日頗分兵：此句舊注多誤。此日是上句昔年的對文，意謂今日。頗分兵，是說朝廷爲了防止此地繼續發生叛亂，分派重兵駐守。意在點明王茂元此次受任方州意義的重大。也就是《樊南文集補編》一二《祭外舅贈司徒公文》所說"許下舊都，淮陽勁卒；帳督千乘，人殷萬室"的那個意思。此句旨在點明淮西之亂貽患至今的嚴重。

〔七〕"猜貳誰先致"二句：程夢星《李義山詩集箋注》曰："德宗猜忌，人情不安，陸贄嘗屢諫之。"《資治通鑑·唐德宗紀》："（貞元元年），上使問陸贄，河中既平，復有何事，所宜區處？令悉條奏。贄以河中既平，慮必有希旨生事之人，以爲王師所向無敵，請乘勝討淮西者。李希烈必誘諭其所部及新附諸帥曰：'奉天息兵之旨，乃因窘急而言，朝廷稍安，必復誅伐。'如此則四方負罪者，孰不自疑？河朔青

齊,固當響應。兵連禍結,賦役繁興,建中之憂,行將復起。……又曰:
'曩討之而愈叛,今釋之而畢來;曩以百萬之師而力殫,今以咫尺之詔
而化洽。是則聖王之敷理道,服暴人,任德而不任兵明矣;群帥之悖臣
禮,拒天誅,圖活而不圖王又明矣……'詔以……李希烈若降,當待以
不死。……(貞元二年三月)希烈兵勢日蹙,會有疾。夏四月丙寅,大
將陳仙奇使醫陳山甫毒殺之……舉衆來降。甲申,以仙奇爲淮西節度
使。……貞元三年初,陳仙奇舉淮西降,纔數月,詔發其兵於京西防
秋。仙奇遣都知兵馬使蘇浦悉將淮西精兵五千人以行,會仙奇爲吳少
誠所殺,少誠密遣人召門槍兵馬使吳法超等使引兵歸。……丙午,上
急遣中使敕陝虢觀察使李泌發兵防遏……斬法超,殺其士卒三分之
二……上命劉玄佐乘驛歸汴,以詔書緣道誘之,得百三十餘人,至汴
州,盡殺之。其潰兵在道,復爲村民所殺,得至蔡者,纔四十七人。吳
少誠以其少,悉斬之以聞……申蔡留後吳少誠繕兵完城,欲拒朝
命……"朱鶴齡《李義山詩注》:"陳蔡接壤,吳氏據蔡,歷德、順、憲三
朝,始討平之。"此詩結尾兩句,大旨同於陸贄的意見,認爲德宗以後,
藩鎮和朝廷之所以互相猜疑,首先是由於朝廷迷信武力,挑起釁端,致
使藩鎮人人自危,走向公開抗命甚至舉行軍事叛變。朱彝尊評:"因
投宿而感時,此工部家法。"紀昀評:"沉著圓勁,不減少陵。"

哭劉蕡[一]

上帝深宮閉九閽[二],巫咸不下問銜冤[三]。黃陵別後春濤
隔[四],湓浦書來秋雨翻[五]。只有安仁能作誄[六],何曾宋
玉解《招魂》[七]? 平生風義兼師友[八],不敢同君哭

寝門〔九〕。

〔一〕此詩馮《譜》、張《箋》俱編入武宗會昌二年（八四二）。馮《譜》云：“賁當於開成、會昌間卒於江鄉，故詩云‘復作楚冤魂’，又云‘溢浦書來秋雨翻’也。義山於此年至潭州。會昌元年春，與賁黃陵曉别，而賁於二年秋卒矣。”劉賁死於會昌二年，時義山已回長安，重入秘書省爲郎。此詩與其他哭劉司户之作均當寫於長安。寫自己對劉賁人品的尊重和對其銜不明之冤的憤慨。

〔二〕上帝深宫閉九閽：《楚辭·招魂》：“君無上天些，虎豹九關，啄害下人些。”又《離騷》：“吾令帝閽開關兮，倚閶闔而望予。”是此句所本。九閽，天帝的九重宫門。宫，或本作“居”。

〔三〕巫咸不下問銜冤：《離騷》：“巫咸將夕降兮，懷椒糈而要之。”王逸注：“巫咸，古神巫也，當殷中宗之世。”《史記·封禪書》：“至帝太戊，有桑穀生於廷……太戊修德，桑穀死。伊陟贊巫咸，巫咸之興自此始。”《索隱》云：“蓋太史公以巫咸是殷臣，以巫接神事，太戊使禳桑穀之災，所以伊陟贊巫咸。”蓋巫咸是神巫，天帝卻不派他探問人間的冤屈。

〔四〕黃陵别後春濤隔：黃陵，各本作“廣陵”，皆誤。義山與劉賁曉别在江鄉，其《哭劉司户賁》云“去年相送地，春雪滿黃陵”可證。《水經·湘水注》：“湘水又北逕黃陵亭西，右合黃陵水口。其水上承太湖，湖水西流，逕二妃廟南，世謂之黃陵廟也。”《通典·州郡十三》：“岳州湘陰縣：有地名黃陵，即舜二妃所葬之地。”在今湖南湘陰縣境。

〔五〕溢浦書來秋雨翻：溢浦，水名，源出江西瑞昌市西清溢山，東流經九江城下，名溢浦港。這裏即指今九江市。劉賁當死於溢浦一帶。馮浩注《哭劉司户二首》云：“玩詩語雖貶柳州，而實卒於江鄉，似未至貶所也。”書，指訃音。意謂秋天便得到從溢浦傳來的噩耗。

〔六〕只有安仁能作誄：《晉書·潘岳傳》：“潘岳字安仁，滎陽中牟人也。……辭藻絶麗，尤善爲哀誄之文。”誄文，對死者道德行事陳叙的文體。

〔七〕何曾宋玉解《招魂》：《楚辭·招魂序》：“宋玉憐哀屈原忠而斥弃，愁懣山澤，魂魄放佚，厥命將落，故作《招魂》，欲以復其精神，延其年壽。”此二句意謂自己只能像潘岳作誄文以致哀悼，卻不能像宋玉之作《招魂》，因爲宋玉最終也未能把屈原的魂魄招來。紀昀評云：“二句與六句是一事，二句言君不能知其冤，六句言己不能救其死，尚不爲複，要之不犯更妙耳。”

〔八〕平生風義兼師友：風義，應是“分義”之誤，即情分、交義。《白香山集》卷六十三《哭師皋》：“平生分義向人盡，今日哀冤唯我知。”《後漢書·班彪傳》：“河西大將軍竇融以爲從事，深敬待之（指班彪），接以師友之道。”又《後漢書·鄭玄傳》：“徐州牧陶謙接（指待鄭玄）以師友之禮。”此用其意。案：《舊唐書·劉蕡傳》：“令狐楚在興元，牛僧孺鎮襄陽，辟爲從事，待如師友。”《新唐書·劉蕡傳》：“令狐楚、牛僧孺節度山南東西道，皆表蕡幕府，授秘書郎，以師禮禮之。”令狐楚、牛僧孺尚且如此，而“況義山乎”！（馮浩語）

〔九〕不敢同君哭寢門：《禮記·檀弓》：“孔子曰：‘……師，吾哭諸寢；朋友，吾哭諸寢門之外。’”寢門，内室的門。義山與劉蕡情兼師友，所以不敢同於一般人哭諸寢門之外，而必須哭諸寢門。

哭劉司户蕡^{〔一〕}

路有論冤謫^{〔二〕}，言皆在中興^{〔三〕}。空聞遷賈誼，不待相孫弘〔四〕。江闊惟回首〔五〕，天高但撫膺〔六〕。去年相送地，春雪滿黃陵〔七〕。

〔一〕此詩與《哭劉蕡》作於同時。寫自己對劉蕡志在中興，才堪重用，而終遭貶斥，冤死異鄉的悲痛。

〔二〕路有論冤謫：何焯評云："言行道為之嗟傷。"謂道路上有為劉蕡之被貶鳴冤者。

〔三〕言皆在中興：文宗大和二年，劉蕡應賢良方正直言極諫科考試，在對策中切論宦官亂政，指出唐王朝面臨"天下將傾，海內將亂"的嚴重局面，主張"揭國柄以歸於相，持兵柄以歸於將"等等，旨在中興唐朝。

〔四〕"空聞遷賈誼"二句：《史記・屈原賈生列傳》："文帝召以為博士……每詔令議下，諸老先生不能言，賈生盡為之對……孝文帝說之，超遷，一歲中至太中大夫。……絳、灌、東陽侯、馮敬之屬盡害之，乃短賈生……於是天子後亦疏之，不用其議，乃以賈生為長沙王太傅。"這裏以喻劉蕡被貶為柳州司戶參軍。《漢書・公孫弘傳》："武帝初即位，招賢良文學士。是時弘年六十，以賢良徵為博士。使匈奴，還報，不合意，上怒，以為不能，弘乃移病免歸。元光五年，復徵賢良文學，葘川國復推上弘。……弘至太常，上策詔諸儒……太常奏弘第居下，策奏，天子擢弘對為第一。……元朔中代薛澤為丞相……封丞相弘為平津侯。"劉蕡曾應賢良方正科考試，與公孫弘相同。公孫弘以再次徵用為相，假如劉蕡不死，未必不然，故云"不待"。

〔五〕江闊惟回首：劉蕡死於江鄉，不能親臨哭弔，只能回首遙致哀悼。

〔六〕天高但撫膺：意謂天高不可問，冤恨不能申，只有搥胸痛哭了。撫膺，搥胸。即《哭劉司戶二首》"一叫千回首，天高不為聞"，"並將添恨淚,一灑問乾坤”之意。

〔七〕“去年相送地”二句:去年,即會昌元年。黃陵,見《哭劉蕡》詩注。

灞　岸〔一〕

山東今歲點行頻〔二〕,幾處冤魂哭虜塵〔三〕! 灞水橋邊倚華表〔四〕,平時二月有東巡〔五〕。

〔一〕灞岸:《三輔黃圖》六:“霸水出藍田谷,西北入渭。”又:“霸橋在長安東,跨水作橋。”此詩爲會昌二年(八四二)討回紇作。是年八月,回鶻(即回紇)侵擾雲、朔、北川,唐乃徵發許、蔡、汴、滑等六鎮之兵會師太原。六鎮,靠近東都洛陽。唐自安史亂後,皇帝長久不再巡幸東都,故啟回紇貴族向中原擄掠之漸。此詩追原禍始,認爲朝廷缺乏宏規遠略,實爲誘敵之因。

〔二〕山東今歲點行頻:古代函谷關以東皆謂之山東,如賈誼《過秦論》稱“山東豪傑並起”,即泛指六國廣大土地而言。杜甫《兵車行》:“道旁過者問行人,行人但云點行頻。”點行頻,謂朝廷徵兵開赴前綫,過於頻繁。

〔三〕幾處冤魂哭虜塵:此責朝廷平時不謹邊防,致使回紇入侵,無辜丁壯,暴骨異地。

〔四〕灞水橋邊倚華表:灞水,關中八水之一。華表,崔豹《古今注》:“華表……以橫木交柱頭,狀若花也,形似桔槔,大路交衢悉施焉。”倚,詩人自倚。

〔五〕平時二月有東巡：平時，商隱詩屢見，意爲往時，指往昔太平時節。《尚書·舜典》：“歲二月，東巡守（狩）。”案：古代皇帝出巡，除省風觀土而外，往往兼具彈壓叛亂、防止侵略、鞏固統一的遠大目的。所以詩人在這裏有提醒朝廷要居安思危，加强防務的深意在内。

登霍山驛樓〔一〕

廟列前峰迥〔二〕，樓開四望窮〔三〕。嶺鼷嵐色外〔四〕，陂雁夕陽中〔五〕。弱柳千條露〔六〕，衰荷一向風〔七〕。壺關有狂孽〔八〕，速繼老生功〔九〕！

〔一〕《元和郡縣志》：“河東道·晉州平陽郡·霍邑縣：霍山，一名太岳，在縣東三十里。《禹貢》曰：‘壺口、雷首，至於太岳。’鄭玄注曰：‘今河東彘縣霍太山是也。’”案：霍山，在今山西省霍縣東南。會昌三年（八四三）四月，昭義節度使劉從諫死，三軍擁立其侄劉稹爲留後，朝廷遣使命稹護喪歸洛陽，意在調虎離山，稹拒不聽命。七月，朝廷通令中外，撤銷劉從諫、劉稹官爵，以成德軍節度使王元逵充北面招討使，魏博節度使何弘敬充東西招討使，仍令河中、河東、河陽諸鎮從各方面進兵攻討。河陽節度使王茂元以本軍屯萬善。八月，昭義將薛茂卿破天井關南科斗寨，擒河陽大將馬繼等。九月，王茂元病，以南面招討使王宰兼河陽行營諸軍攻討使。此詩所寫情景，正與朝廷當時調兵遣將，圍攻澤、潞的緊張氣氛呼應，故從馮注斷爲是年所作（張采田《玉谿生年譜會箋》編在會昌四年，與詩情不甚諧合）。

〔二〕廟列前峰迥：《水经·汾水注》：“霍太山有岳廟，廟甚靈，鳥雀不棲其林,猛虎常守其庭;又有靈泉,以供祭祀。”

〔三〕樓開四望窮:樓,指驛樓;窮,用法同王之涣《登鸛雀樓》詩“欲窮千里目”的“窮”,意爲極目遠眺。

〔四〕嶺鼷嵐色外:鼷,是一種傳説中的毒鼠和小鼠。《爾雅·釋獸》“鼷鼠”注:“有螫毒者。”《説文》:“鼷,小鼠也。”古人也有的用以嘲弄膽小者,如《魏書·汝陰王天賜傳》載蕭衍嘲宗室慶和云:“膽若鼷鼠。”此詩蓋用嶺鼷比喻盤據澤、潞的叛藩劉稹。嵐,本義爲山間霧氣,此處則用以泛指一般山嵐,因澤、潞離霍山相當遥遠,故云“嵐色外”。

〔五〕陂雁夕陽中:陂,河岸。霍山在汾水東岸,岸上有雁,故稱“陂雁”。此詩鼷、雁,皆用比興託意。嶺鼷以喻叛藩,陂雁以喻卒伍。鮑照《代出自薊北門行》:“雁行緣石徑,魚貫度飛梁。”寫軍隊出征,列陣成行,爲此詩所本。

〔六〕弱柳千條露:此暗用《詩·小雅·采薇》“昔我往矣,楊柳依依”,以點染行軍氣氛,不是單純寫景。

〔七〕衰荷一向風:一向,《唐音戊籤》近本作一面,誤。馮注:“按白香山詩‘風荷一向翻’,可相證也。”何焯《義門讀書記》:“弱柳衰荷,以興劉稹之易取。”

〔八〕壺關有狂孽:《漢書·地理志》“上黨郡”注:“有……壺口關……天井關……壺關,有羊腸坂。”《太平寰宇記》:“河東道·潞州·壺關縣:漢爲縣,屬上黨也。以山形似壺,古於此置關,故名壺關。今潞府所理城(府治)是也。”狂孽,指劉稹,因稹繼其叔從諫背叛朝廷的緣故。孽,餘孽,後代。

〔九〕速繼老生功:此句切霍山地方掌故。《舊唐書·高祖本紀》:“隋大業十三年秋七月丙辰……隋武(虎)牙郎將宋老生屯霍邑,以拒義師。會霖雨積旬,餽運不給,高祖命旋師,太宗切諫乃止。有白衣

老父謁軍門曰：‘余爲霍山神使。’謁唐皇帝曰：‘八月雨止，路出霍
邑東南，吾當濟師。’……八月辛巳，高祖引師趨霍邑，斬宋老生，平
霍邑。”案：這一歷史故事原有宗教迷信色彩，但詩人此處，衹是旨在
呼籲各路平叛官軍，奮勇作戰，以奏膚功。馮注以爲旨在乞靈神力，
是誤解。

和劉評事永樂閑居見寄[一]

白社幽閑君暫居[二]，青雲器業我全疏[三]。看封諫草歸鸞
掖[四]，尚賁衡門待鶴書[五]。蓮聳碧峰關路近[六]，荷翻翠
蓋水堂虛[七]。自探典籍忘名利[八]，欹枕時驚落蠹魚[九]。

　　[一]《舊唐書·職官志》：“大理寺：評事十二人，從八品下，掌出
使推覈（被派遣出外審案）。”劉評事，其人名字不詳。詩集有《大鹵平
後，移家到永樂縣居，書懷十韻，寄劉、韋二前輩，二公嘗於此縣寄居》
詩。其言“大鹵平後”，指楊弁據太原舉行軍事叛變被平定以後，時當
會昌四年（八四四）春初，則此詩的寫作必在其前。永樂縣，在唐屬河
東道、河中府，見《元和郡縣志》卷十二，其地在今山西省芮城縣西永
樂鎮。閑居，成語，《禮記》有《孔子閒居》篇，意謂封建士大夫休官閑
住。見寄，意爲惠蒙寄詩。
　　[二]白社幽閑君暫居：白社，《晉書·董京傳》：“董京字威
輦……初與隴西計吏俱至洛陽，被（披）髮而行，逍遙吟詠，常宿白社
中。……孫楚時爲著作郎，數就社中與語。”白社指簡陋的神社，如貧
家稱白屋之比。董京所居過的白社里，曾見載於《水經·穀水注》：

“北則白社故里。”即《太平寰宇記》三：“河南道·西京·洛陽縣：白社里在故城建春門東，即董威輦舊居之地。”不過以後白社里逐漸用爲隱士住所的代稱，不復局限於原來的地址。幽閑，休官退隱生活的形容語。

〔三〕青雲器業我全疏：青雲，《史記·范雎列傳》：“須賈……曰：‘賈不自意君能自致於青雲之上！’”青雲，喻高位。青雲器業，指作達官顯宦的材能。全疏，完全生疏、外行。案：以上這兩句詩的命意措辭比較委婉曲折。大意是：你有材能當官而權豹隱，我没本事作吏以躋雲程；出處不同，而各有難言之隱。

〔四〕看封諫草歸鸞掖：這句是預祝劉如回朝可能升任左拾遺。《舊唐書·職官志》：“門下省，光宅（武則天年號）改爲鸞臺。左拾遺二員，從八品上。拾遺之職，掌供奉諷諫，扈從乘輿（跟隨皇帝乘坐的車子後面，聽候呼喚）；凡發令與事，有不便於時，不合於道，大則廷議，小則上封。”左拾遺是諫官，隸屬於門下省，也就是鸞臺。又唐代中書、門下兩省在宮禁兩側，如居人體的兩掖（腋），故曰掖省。所以鸞掖即指門下省。這句詩是説：預見到您不久就可以升任諫官拾遺回到長安門下省去就職。歸指京都，不是指門下省，因爲過去劉任評事，屬大理寺，並不屬門下省。看封，一作“已看”，非。

〔五〕尚賁衡門待鶴書：此句仍是寫劉。尚，尚且，暫時；賁，《易·賁卦》有“六五，賁於丘園，束帛戔戔，吝終吉”的説法。此詩“賁衡門”，就是復述《易經》“賁於丘園”的遺意，暗喻劉爲有文才的賢吏而退隱田間。衡門，本義橫木爲門，形容隱士住居條件極爲簡陋。本《詩·陳風·衡門》：“衡門之下，可以棲遲。”賁，一作憤，誤。鶴書，《文選》孔稚珪《北山移文》：“鶴書赴隴。”李善注：“蕭子良《古今篆隸文體》曰：‘鶴頭書與偃波書，俱詔板所用，在漢謂之尺一簡，彷彿鵠頭，故有其稱。’”鶴書，指朝廷徵聘賢者當官的詔板。待鶴書，等待朝廷聘賢詔書一到，就可以走馬上任。

〔六〕蓮聳碧峰關路近:蓮峰,《初学記·地部·華山》引《華山記》曰:“山頂有池,生千葉蓮華,服之羽化,因名。”《太平御覽·地部》四:“山有三峰,注曰:‘謂蓮花、毛女、松檜也。’”案:永樂地近潼關,西峙蓮花峰,到此則晉京之路已不在遠。

〔七〕荷翻翠蓋水堂虛:《楚辭·九歌·湘夫人》:“築室兮水中,葺之兮荷蓋。”又《湘君》:“水周兮堂下。”此本其意,言荷翻翠葉,水堂虛靜,隱者之居,即事成趣,殊不亞於“笙歌院落,燈火樓臺”也。翠蓋,一作“翠扇”。

〔八〕自探典籍忘名利:探,翻檢;典籍,古代文獻,經史子集等。

〔九〕敧枕時驚落蠧魚:敧枕,敧,傾斜,此處似用爲移動意。枕,觀下文疑用《文選》班固《答賓戲》“徒樂枕經籍(藉)書,紆體衡門,上無所蒂,下無所根”意,把書套當作枕頭來枕(讀去聲)。蠧魚,《爾雅·釋蟲》:“蟫,白魚。”注:“衣書中蟲。”是一種銀白色扁平而狹長的吃書蟲。末兩句稱頌劉評事勤奮好學,不慕榮利的高尚情趣。

行次昭應縣道上送户部李郎中
充昭義攻討〔一〕

將軍大旆掃狂童〔二〕,詔選名賢贊武功〔三〕。暫逐虎牙臨故絳〔四〕,遠含雞舌過新豐〔五〕。魚游沸鼎知無日〔六〕,鳥覆危巢豈待風〔七〕?早勒勳庸燕石上〔八〕,仁光綸綍漢庭中〔九〕。

〔一〕次,旅途止宿處。《舊唐書·地理志》:“天寶二年,分新豐、萬年,置會昌縣。七載,省新豐縣,改會昌爲昭應。”案:昭應,即今陝西省西安市臨潼區。户部，《唐音戊籤》作"吏部"，非是。李郎中，當指李丕。《新唐書·藩鎮傳》："李丕者善長短術（指縱橫家的爲人籌謀劃策）。……（劉）從諫署大將。積阻命，軍中疾其才，丕懼……遂自歸（唐）……擢忻州刺史……遷汾、晉二州刺史。"李德裕《會昌一品集》有《授丕晉州刺史充冀氏行營攻討副使制》；又有《代丕與郭誼書》云："今蒙改授晉州，充石尚書副使。"蓋謂石雄代李彥佐爲晉絳行營節度使而丕副之。會昌三年四月，昭義軍節度使劉從諫死，諸軍立其侄積爲留後，公開抗拒朝命。唐武宗用李德裕奏，發八鎮兵以討劉積。其以晉州刺史李丕爲西面招討副使，時在會昌四年（八四四）三月。至丕爲户部郎中，據《新唐書·藩鎮傳》關於李德裕奏言"度支、户部，物積代州，今丕塞其路，賊破矣"的記載推斷，當在其歸唐後不久，任忻州、汾州、晉州刺史等外官時期兼領。又："昭義"本相、衛六軍稱號，自相、衛爲魏博鎮田承嗣奪取以後，只能够移領潞、澤、邢、洺、磁五州。軍府設潞州，故址在今山西省壺關縣治。

〔二〕將軍大旆掃狂童：將軍，指石雄爲西面招討使主將。會昌四年二月，以石雄爲河中節度使仍領晉絳行營諸軍征討等使；三月，詔西面招討石雄速圖進取，以李丕爲之副。旆，大旗，見《左傳》僖公二十八年杜注。此處"大旆"，意爲將旗。狂童，成語，《詩·鄭風·褰裳》："狂童之狂也且！"此處藉指劉積。《資治通鑑·唐紀》："（武宗會昌三年九月）何弘敬奏：'……得劉積牓帖，皆謂官軍爲賊云。'"又："會昌四年，（李）德裕對曰：'劉積，駑孺子耳！阻兵拒命。'"

〔三〕詔選名賢贊武功：《會昌一品集·授丕汾州刺史制》云："昔在爾祖，志康（平復）國屯（艱困），翼龍而飛，既濡其雨露；刑馬而誓，已表於山河。"這是説：李丕的祖先，曾有功於國。贊武功，是説李丕以參謀人材的身份充任石雄的副使，討伐劉積。

〔四〕暫逐虎牙臨故絳：逐，追隨。虎牙，《漢書·宣帝紀》："（本始二年）雲中太守田順爲虎牙將軍。"此處以虎牙將軍代稱晉絳行營諸軍節度西面招討使石雄。臨，莅臨。故絳，原稱絳，晉之所都，後徙新田，故改稱“故絳”。《左傳·成公六年》：“晉人謀去故絳……遷於新田。”案：其故址在今山西省翼城縣東南十五里。此處用“故絳”，以切石雄爲晉絳行營諸軍節度使官銜用字。

〔五〕遠含雞舌過新豐：雞舌，香名，古代尚書郎上朝奏事時含之。應劭《漢官儀》：“（尚書郎）奏事明光殿。省皆胡粉塗畫古賢人烈女，郎握蘭含香，趨走丹墀，奏事。黄門郎與對揖。”案：唐代官制，户部屬尚書省，故户部郎中得用尚書郎故事。新豐，《西京雜記》卷二：“太上皇（劉邦父）徙長安，居深宮，悽愴不樂。高祖（劉邦）……乃作新豐，移諸故人實之，太上皇乃悦。”案：漢高祖劉邦，原籍爲沛縣豐邑（今江蘇豐縣），在今蘇北；而新豐故址則在今陝西省新豐鎮，故加新字以示區別。新豐在昭應東，時李丕奉命開赴澤、潞前綫，必須經過新豐，故詩有“過新豐”之語。“故絳”、“新豐”，皆用原辭，構成巧對。

〔六〕魚游沸鼎知無日：《文選》丘遲《與陳伯之書》：“將軍魚游於沸鼎之中。”知，可以肯定。無日，無遠日，言不久。

〔七〕鳥覆危巢豈待風：《詩·豳風·鴟鴞》是我國第一首“禽言詩”。這首詩託爲鴟鴞鳥語云：“予室翹翹（危殆），風雨所漂搖。”又《周禮·秋官》：“硩蔟氏掌覆夭（惡）鳥（鄭注：“夭鳥，惡鳴之鳥，若鴞鵩。”）之巢。”豈待風，這是作者反用《詩經》典故，以預祝石、李此行，定能直搗澤、潞叛藩巢穴。

〔八〕早勒勳庸燕石上：勒，刊刻。勳庸，成語。《周禮·夏官》：“王功曰勳，民功曰庸。”意思是：爲王立功叫勳，爲民立功叫庸。而石、李此次出征，不但有功於國，亦且有益於民。《後漢書·竇憲傳》：“與北單于戰於稽落山，大破之。……遂登燕然山……刻石勒功，紀漢威德，令班固作銘。”這句是鼓勵他們出征澤、潞，爭取早日獲得歷史性勝利。

〔九〕佇光綸綍漢庭中：佇，期待。光，榮耀。綸，細絲繩。綍，同綍，較粗的繩索。古代綸、綍連用，代指皇帝詔令。《禮記·緇衣》："王言如絲，其出如綸；王言如綸，其出如綍。"此處則用以藉稱皇帝封賞功臣的詔令。漢庭，借指唐朝。

寄令狐郎中〔一〕

嵩雲秦樹久離居〔二〕，雙鯉迢迢一紙書〔三〕。休問梁園舊賓客〔四〕，茂陵秋雨病相如〔五〕。

〔一〕令狐郎中，指令狐綯。案：《新唐書·令狐綯傳》有"綯擢右司郎中"之語，而不著在何年；《舊唐書》於綯爲郎中事失載；而於綯子滈傳中記綯於會昌二年任户部員外郎；馮浩據此推論綯爲郎中，必在（會昌）三、四年。考王茂元之死，是在會昌三年九月；故詩人以梁園舊客之誼，轉向令狐陳情。此詩末句："茂陵秋雨病相如"，不但節序契合，亦且情懷相應，馮氏推論，大致可信。

〔二〕嵩雲秦樹久離居：此句從杜甫《春日憶李白》"渭北春天樹，江東日暮雲"化出，當時杜居渭北，李去江東；此詩則以嵩雲、秦樹，暗示詩人賦閑居洛陽，令狐供職居長安。馮注："謂舊在河南、京師之迹。"皆指詩人自己行迹，恐非是。詩人在洛陽，是寄居在崇讓里王茂元宅。

〔三〕雙鯉迢迢一紙書：《文選·樂府古辭·飲馬長城窟行》："客從遠方來，遺我雙鯉魚。呼兒烹鯉魚，中有尺素書。"古代有水中魚、空中雁都可以代人傳遞書信的傳説；故書函外表刻畫爲鯉魚形象，並不是真正的鯉魚。迢迢，形容遥遠。此句謂自己寫信給令狐。

〔四〕休問梁園舊賓客：休問，意思是：不用遠勞問候。《史記·司馬相如列傳》：“相如……事孝景帝，爲武騎常侍，非其好也。……是時梁孝王來朝，從游説之士：齊人鄒陽、淮陰枚乘、吳莊忌夫子之徒。相如見而説之；因病免，客游梁。梁孝王令與諸生同舍。”《水經·睢水注》曰：“或言兔園在平臺側。……梁王與鄒、枚、司馬相如之徒，極游於其上。”案：梁園故址在今河南省開封市東南，亦稱兔園。唐文宗大和三年三月，令狐綯父楚任檢校兵部尚書東都留守東畿汝都防禦使，十一月，楚進位檢校右僕射天平軍節度鄆、曹、濮觀察等使。馮浩《玉谿生年譜》以爲“商隱從楚，在天平幕”。此後，令狐楚轉任太原尹、北都留守、河東節度使的一段時間，也仍然繼續延聘詩人爲幕僚。唐代的節度使掌管一個地方的軍政大權，職位大約相當於漢代的諸侯。詩人早年曾以文才見知於楚，他們之間的關係大略相當於司馬相如和梁孝王的關係，故引以爲比。

〔五〕茂陵秋雨病相如：《史記·司馬相如列傳》：“相如稱病閒居，不慕官爵……拜爲孝文園令。……既病免，家居茂陵。”茂陵，漢武帝陵，在今陝西省興平縣東北。案：此詩末兩句是借用歷史故事，委婉致意令狐綯，希望他念及寄書人是自己先人的幕僚和弟子舊情，加以提拔引薦，俾能獲得機會，施展自己的政治抱負。

正月十五夜聞京有燈恨不得觀〔一〕

月色燈光滿帝都〔二〕，香車寶輦隘通衢〔三〕。身閑不睹中興盛〔四〕，羞逐鄉人賽紫姑〔五〕。

〔一〕唐代正月十五日京都長安有燈市，上自皇室，下至市民，皆可縱觀。《舊唐書·中宗本紀》：“景龍四年上元（道書以正月十五日爲上元）夜，帝與皇后微行觀燈。”又《睿宗本紀》：“（先天二年春正月）上元日夜，上皇御安福門觀燈，出內人連袂踏歌，縱百僚觀之，一夜方罷。”張鷟《朝野僉載》卷三詳載其盛況如下：“睿宗先天二年正月十五六夜，於京師安福門外作燈輪高二十丈，衣以錦綺，飾以金玉，燃五萬盞燈，簇之如花樹。宮女千數，衣羅綺，曳錦繡，耀珠翠，施香粉。一花冠、一巾帔、皆萬錢。裝束一妓女皆至三百貫。妙簡長安、萬年少女婦千餘人，衣服、花釵、媚子亦稱是。於燈輪下踏歌三日夜。歡樂之極，未始有之。”至於上元觀燈，始於何時，或謂當早追到漢代。宋洪邁《容齋三筆》對此表示懷疑。其卷一“上元張燈”條云：“上元張燈，《太平御覽》所載《史記·樂書》曰：‘漢家祀太一，以昏時祠到明。今人正月望日夜游觀燈，是其遺事。’而今《史記》無此文。唐韋述《兩京新記》曰：‘正月十五日夜，勅金吾弛禁（解嚴）前後各一日以看燈。’”可見元宵燈節，在唐代京都長安是很時興的盛會。此詩馮《譜》編於大中十二年（八五八）。“身閑”是指江東罷歸。“中興盛”，是頌大中“小貞觀”。“鄉人”是指鄭州同鄉。張《箋》則編於會昌五年（八四五），而以馮《譜》編於大中十二年爲非。其言曰：“《通鑑·憲宗紀》胡三省注：‘唐制，兩京及諸州縣街巷率置邏卒，曉暝傳呼，以禁夜行；唯元夕張燈弛禁，前後各一日。’是兩京張燈，久成故事，此特謂其最盛者耳。武宗朝回紇既破，澤、潞又平，而義山方丁憂蟄處，不克躬預慶典，故曰‘身閑不睹中興盛’也。馮氏屬之病還鄭州時，則宣宗未政，不得言中興。且義山屢經失意，興致亦別，細玩自悟。‘鄉人’只泛指鄉居之人，不必泥作故鄉解也。今編永樂閑居時，較得其實。”茲從張《箋》。

〔二〕月色燈光滿帝都：舊曆正月十五月圓，故特指出，顯示這是一個大放光明的夜晚。

〔三〕香車寶輦隘通衢：隘，出自漢樂府《相逢行》：“道隘不容車。”意思是：因爲觀燈的游人太多，使寬廣的街道顯得狹隘了。

〔四〕身閑不睹中興盛：用張采田《玉谿生年譜會箋》説，已見題解。

〔五〕羞逐鄉人賽紫姑：《史記·封禪書》：“冬賽禱祠。”《索隱》：“賽，今報神福也。”鄭珍《説文新附考》：“自漢以前，例作塞字。祀神字從貝，於義爲遠。”祭賽後來演變成各地廟會。“賽紫姑”也是其中的一種。《異苑》：“紫姑是人妾，爲大婦所嫉，每以穢事相次役，正月十五日，感激而死，故世人作夕形，夜於厠間或猪欄邊迎之。祝曰：‘子胥不在，曹姑亦歸去，小姑可出！’子胥，婿名也；曹姑，大婦也。戲捉者覺重，便是神來。奠設菜果，亦覺貌輝輝有色，即跳躍不住。占衆事，卜行年蠶桑。又善射鈎，好則大儛，惡便仰眠。”由此可見，紫姑本是一個被迫害致死的下層婦女，爲廣大勞動群衆所同情。但死後被巫覡等所利用，把她偶像化、神秘化，成爲愚弄人民的工具，所以爲詩人所鄙薄。馮注引田蘭芳評曰：“不爲誤燈期，悲身閑也。”

落　花〔一〕

高閣客竟去〔二〕，小園花亂飛〔三〕。參差連曲陌〔四〕，迢遞送斜暉〔五〕。腸斷未忍掃〔六〕，眼穿仍欲歸〔七〕。芳心向春盡〔八〕，所得是沾衣〔九〕。

〔一〕此詩馮《譜》編於會昌五年（八四五），張《箋》基本上同意馮《譜》，而在語氣上留有餘地。時作者因母喪而閑居永樂（今山西芮城市），以栽植花木自娛，集中有《永樂縣所居一草一木無非自栽，今春悉已芳茂，因書即事一章》詩。

〔二〕高閣客竟去：高閣，疑指靈仙閣，《太平廣記》引傳奇，謂靈仙閣在永樂縣。集中有《靈仙閣晚眺寄鄆州韋評事》詩，可見是義山居永樂時常去臨眺之處。客，疑指集中《和劉評事永樂閑居見寄》詩中的劉評事。此人於義山未居永樂前已在那裏，迨義山去永樂時，又首先離去回長安。《永樂閑居》詩有“青雲器業我全疏”之語，可作此首句旁注。

〔三〕小園花亂飛：杜甫《曲江》詩：“一片花飛減卻春，風飄萬點正愁人。”皆寫三春行盡景色。

〔四〕參差連曲陌：參差，高下錯落。曲陌，意即曲徑。

〔五〕迢遞送斜暉：迢遞，遙遠。送斜暉，意承首句“高閣客竟去”，劉評事歸去長安，故望落日而凝眸。

〔六〕腸斷未忍掃：痴情竟欲留春駐。

〔七〕眼穿仍欲歸：杜甫《喜達行在所》：“眼穿當落日。”故知此句是承上“迢遞送斜暉”而來。“落日”、“斜暉”，異名同實。“仍欲歸”，承上“客竟去”而來。惜別之情，即在言外。

〔八〕芳心向春盡：芳心，壯懷。屈原《離騷》：“日月忽其不淹兮，春與秋其代序；惟草木之零落兮，恐美人之遲暮。”爲此詩所本。

〔九〕所得是沾衣：《蓼莪》（母喪）之悲，《巷伯》之譖，匯集成了個人坎坷的身世，安能不作阮籍窮途之哭！

秋日晚思〔一〕

桐槿日零落，雨餘方寂寥〔二〕。枕寒莊蝶去〔三〕，窗冷胤螢銷〔四〕。取適琴將酒〔五〕,忘名牧與樵〔六〕。平生有游舊,一一在煙霄〔七〕。

〔一〕此詩馮《譜》編於會昌五年(八四五),張《箋》編於會昌四年(八四四)。時作者移居於蒲州之永樂,考校此詩有"取適琴將酒"之言,此舉似不應出現於母服未除,初至永樂時;故應以馮《譜》爲長。

〔二〕"桐槿日零落"二句:何焯評云:"不唯花(槿)盡,兼且葉(桐)凋;況又雨零。形容寂寥酷刻。"

〔三〕枕寒莊蝶去:《莊子·齊物論》:"昔者莊周夢爲胡蝶,栩栩(忻暢貌)然胡蝶也。自喻適志與(歟)!不知周也。俄然覺,則蘧蘧然(驚動貌)周也。不知周之夢爲胡蝶與,胡蝶之夢爲周與?周與胡蝶則必有分矣。"此爲用"莊蝶"所本。作者用"莊蝶",往往作爲"夢"的代名詞,也就是作者的幻想。蝴蝶身輕而喜高飛,作者認爲它的習性和個人的身世頗有相像之處。故集中名篇《錦瑟》及《偶成轉韻七十二句贈四同舍》,都曾經提到它。而《蜨》一篇,則整首雙關,通過給蝶寫真而替自己畫肖像。枕寒夢覺,幻想破滅,這就是此句的內在涵義。

〔四〕窗冷胤螢銷:《晉書·車胤傳》:"車胤字武子……博學多通。家貧不常得油,夏月則練囊盛數十螢火以照書。"案此雖傳爲士林佳話,然客觀上無此可能,已爲通人指出。這句詩的實際涵義,不外是説:意冷心灰,夜讀中輟。案此聯何焯評有兩則,皆庚午年作,而前後不同。其年春評云:"次聯即多情真命薄之意。"秋九月評云:"蝶去螢銷,止賸寒冷,只是頂上雨餘,即此已足興感,不必又苦穿鑿。"又改變了以前的看法。然而他認爲這兩句只寫感受,並無寄託,則不盡然。觀此題以"晚思"名篇,則可領略其個中三昧。

〔五〕取適琴將酒:"將",連詞,義同"和"、"與"。琴酒自娛,取代經史苦讀。

〔六〕忘名牧與樵：樵牧食力，“忘情”利索名韁（觀結尾，則“忘情”云云者，也是相對的，故加引號）。

〔七〕“平生有游舊”二句：此與杜甫《秋興》“同學少年多不賤，五陵衣馬自輕肥”是同一感慨。則作者此時並非真正忘情於仕進也。

瑶　池〔一〕

瑶池阿母綺窗開〔二〕，黃竹歌聲動地哀〔三〕。八駿日行三萬里，穆王何事不重來〔四〕？

〔一〕瑶池：《穆天子傳》卷三：“天子賓於西王母……天子觴西王母於瑶池之上。西王母爲天子謠曰：‘白雲在天，山陵自出。道里悠遠，山川間之。將子無死，尚能復來。’天子答之曰：‘予歸東土，和治諸夏。萬民平均，吾顧見汝。比及三年，將復而野。’”此詩藉這一故事諷刺求仙。何焯評：“疑諷武宗也。”馮《譜》、張《箋》俱編入武宗會昌六年（八四六）。

〔二〕瑶池阿母綺窗開：阿母，西王母又稱“玄都阿母”，見《武帝内傳》。綺窗，《文選》左思《蜀都賦》：“開高軒以臨山，列綺窗而瞰江。”又王維《扶南曲歌詞》：“朝日照綺窗，佳人坐臨鏡。”雕畫美麗的窗户。

〔三〕黃竹歌聲動地哀：《穆天子傳》卷五：“天子南游黃□室之丘……筮獵苹澤……日中大寒，北風雨雪，有凍人，天子作詩三章以哀民。”

〔四〕"八駿日行三萬里"二句:《穆天子傳》卷一:"天子之駿,赤驥、盜驪、白義、踰輪、山子、渠黃、華騮、緑耳。"郭璞注:"八駿皆因其毛色以爲名號。"《列子》卷三:"穆王迺觀日之所入,一日行萬里。"意謂西王母預言穆王能再來,但穆王畢竟死去,未能重到瑤池,爲什麽?穆王有日行三萬里的駿馬,不是由於馳驅不便吧? 言外之意,是神仙家説法不可信。

賈　生[一]

宣室求賢訪逐臣[二],賈生才調更無倫[三]。可憐夜半虚前席,不問蒼生問鬼神[四]。

〔一〕賈生:此詩馮《譜》、張《箋》俱編於宣宗大中二年(八四八),但無確據。從詩篇所揭示的主要生活問題看,似以作於武宗朝的可能性較大。《舊唐書・武宗本紀》:"(會昌)五年春正月己酉朔,敕造望仙臺於南郊壇。時道士趙歸真特承恩禮,諫官上疏,論之延英。帝謂宰臣曰:'諫官論趙歸真,此意要卿等知。朕宫中無事,屏去聲技,但要此人道話耳。'李德裕對曰:'臣不敢言前代得失,只緣歸真於敬宗朝出入宮掖,以此人情不願陛下復親近之。'"可見武宗迷信道士趙歸真服葯成仙的邪説,在當時是引起宰臣和諫官抗議的一件大事。前此商隱因母喪在永樂閑居數載,服滿還朝,正值此事發生後不久,故以漢代逐臣賈誼自喻,作此詩,表示在輿論上給李德裕以聲援,這就是很自然的了。兹故改編於會昌五年(八四五)商隱由永樂服滿回京任秘書省正字時。此詩頗膾炙人口,因末句"不問蒼生問鬼神",不僅揭露了

封建皇帝對蒼生疾苦漠不關心,對宗教迷信趨之若鶩,充分暴露了他
們既冷酷而又愚昧的階級本性;尤其進者,封建時代,政治家每苦國君
不肯用賢,更不知在應當用賢之外,还有一個如何用賢的問題。如果
後一個問題解決得不好,則用賢云者,仍然只是一句空話。這首詩命
意的深刻性就在這裏。賈生,即賈誼(前二〇〇——前一六八),洛陽
人。西漢有名的政論家和辭賦家,重要著作有《治安策》等(在《新書》
中)。此詩亦藉賈生以自喻,集中屢見。

〔二〕宣室求賢訪逐臣:《三輔黃圖》卷三:“宣室,未央前殿正室
也。”此處藉指漢朝廷。逐臣,指賈誼,誼在漢文帝朝初爲太中大夫,
爲重臣所反對,貶爲長沙王太傅。後又被召回,故曰“訪逐臣”。

〔三〕賈生才調更無倫:才調,義同“才具”、“才氣”。更無倫,再
沒有人能同他相比。

〔四〕“可憐夜半虛前席”二句:可憐,義同“可惜”,不滿之詞。虛
前席,空有把坐席前移以敬賢者的表示。蒼生,指民間疾苦。鬼神,祈
禱鬼神以求福。《史記·賈生列傳》:“賈生徵見。孝文帝方受釐,坐
宣室。上因感鬼神事,而問鬼神之本。賈生因具道所以然之狀。至夜
半,文帝前席。既罷,曰:‘吾久不見賈生,自以爲過之,今不及也。’”
案:二句意謂:以此用賢,是棄連城而賞斌玞也。

北齊二首[一]

一笑相傾國便亡[二],何勞荆棘始堪傷[三]! 小憐玉體橫陳
夜[四],已報周師入晉陽[五]。

〔一〕北齊二首：作者通過兩件典型事例，總結歷史上北齊後主高緯因"內作色荒，外作禽荒"而亡國的經驗教訓，給當時最高封建統治者敲起了警鐘。雖然體裁是詠史，但立足點肯定是在當代。同樣的題材，在集中還有很多，有唐一代這一類的作品也爲數不少。這類作品大都是有針對性的，但不一定局限於具體的某人某事。因爲文藝作品對於社會生活必須經過概括提煉，這樣在效果上就更集中，更具普遍意義，從而更富於感染力。這是我們在處理問題時和舊箋注家分歧之所在。二詩張《箋》不編年，程、徐二家箋注以爲刺武宗，似可兩存。

〔二〕一笑相傾國便亡：此句非專詠北齊。《史記·周本紀》："幽王以褒姒爲后……褒姒不好笑，幽王欲其笑萬方，故不笑。幽王爲烽燧，大鼓，有寇至則舉烽火。諸侯悉至，至而無寇，褒姒乃大笑。幽王説(悦)之，爲數舉烽火。其後不信，諸侯益不至。……申侯怒，與繒、西夷犬戎攻幽王。幽王舉烽火徵兵，兵莫至。遂殺幽王驪山下。"又《漢書·外戚傳》："延年侍上起舞，歌曰：'北方有佳人，絶世而独立。一顧傾人城，再顧傾人國，寧不知傾城與傾國，佳人難再得。'"首句立論，根據在此。

〔三〕何勞荆棘始堪傷：何勞：何必勞神費力，言不需如此。荆棘：《吳越春秋·夫差内傳五》："(伍)子胥據地垂涕曰：'城郭丘墟，殿生荆棘。'"這是他推想吳亡後，京城和宮禁的一片荒涼慘景。又《晉書·索靖傳》："惠帝即位，賜爵關内侯。靖有先識遠量，知天下將亂，指洛陽宮門銅駝嘆曰：'會見汝在荆棘中耳。'"所以荆棘叢生就成了國破家亡的象徵用語。句意：愚者悔禍多遲，智者見微知著，殷鑑不遠，在夏后之世。

〔四〕小憐玉體橫陳夜：《北史·齊後主馮淑妃傳》："淑妃，名小憐(《太平御覽·果部》引《三國典略》："馮淑妃，名小蓮。"與此不同)，大穆后從婢也。穆后愛衰，以五月五日進之，號曰續命。慧黠能彈琵琶，工歌舞。後主惑之……願得生死一處。""玉體橫陳"，寫高緯

和馮小憐的閨房生活,極度猥褻醜惡。風人所謂"中冓之言,不可道
也;所可道也,言之醜也"(《詩·鄘風·牆有茨》)。

〔五〕已報周師入晉陽:《北史·齊後主紀》:"(武平七年)十二月
戊申,周武帝來救晉州,庚戌戰於城南,齊軍大敗,帝棄軍先還,癸丑入
晉陽。……留安德王延宗、廣寧王孝珩等守晉陽。……德昌元年庚申
帝入鄴。辛酉延宗與周師戰於晉陽,大敗,爲周師所虜。"馮注:"北齊
以晉陽爲根本地,晉陽破則齊亡矣。詩言淑妃進御之夕,齊之亡徵已
定,不待事至始知也。"

巧笑知堪敵萬機〔一〕,傾城最在著戎衣〔二〕。晉陽已陷休回
顧,更請君王獵一圍〔三〕。

〔一〕巧笑知堪敵萬機:《詩·衛風·碩人》:"巧笑倩兮。"此詩
"巧笑",用如《文選》宋玉《登徒子好色賦》"嫣然一笑,惑陽城,迷下
蔡"的"嫣然一笑"。萬機,本作"萬幾"。《書·皋陶謨》:"兢兢業業,
一日二日萬幾。"萬幾,指天子所當料理的千頭萬緒的政務。後多用
作"萬機"。《漢書·百官公卿表》:"相國、丞相,掌丞天子,助理萬
機。"句意:齊後主只顧面對馮妃的笑臉,而把千頭萬緒待理的政務忘
得一乾二淨,即以巧笑代替了萬機。

〔二〕傾城最在著戎衣:傾城已見上注。案:唐朝宮廷妃嬪戎裝從
獵,詩歌中多有描寫,如王建《宮詞》、白居易《雜興》皆然。這可能與
"唐室大有胡氣"攸關,事例絕不會限於武宗、王才人一件。這倒不一
定是什麽壞事,今天人們看起來更不會大驚小怪,關鍵的問題是在後
兩句。

〔三〕"晉陽已陷休回顧"二句:《北史·齊後主馮淑妃傳》:"周師
之取平陽,帝獵於三堆。晉州亟告急,帝將還,淑妃請更殺一圍,帝從

其言。……及帝至晉州,城已欲没矣。"馮注:"隋、唐《地志》:晉陽在太原,與晉州平陽郡相距數百里。淑妃請更殺一圍,乃平陽事,非晉陽也。似小誤。或言晉陽尋即陷矣,無可回顧,其猶能更請一圍乎?猶上首已入晉陽之意,用筆皆幽折警動。"案:馮注所見極是。

荆門西下[一]

一夕南風一葉危[二],荆門回望夏雲時[三]。人生豈得輕離別[四]?天意何曾忌嶮巇[五]。骨肉書題安絶徼[六],蕙蘭蹊徑失佳期[七]。洞庭湖闊蛟龍惡[八],卻羨楊朱泣路岐[九]。

〔一〕此詩當作於宣宗大中元年(八四七)四月左右随鄭亞赴桂管觀察使幕府辟途經荆州(江陵府)西下時。此荆門即荆州之異稱,非湖北省宜都市西北與虎牙山相對之荆門山。西下,是順江自西而東下的意思;所以結尾又談到洞庭湖。此詩馮譜繫於大中二年,非。時鄭亞因李德裕案牽連由给事中外調爲桂州刺史桂管都防禦經略使。從整個政治形勢看,是由朝官被貶黜出任外職,而李商隱的被辟爲幕僚,自不能不與府主同具"載胥及溺"之感。

〔二〕一夕南風一葉危:長江過荆州流向是自北而南。故南風對江上游子來説,是一種逆風。一葉,喻船之小。疑用《詩·衛風·河廣》:"誰謂河廣?一葦杭之。"孔疏:"言一葦者,謂一束也……非一根葦也。"然宋蘇軾作《赤壁賦》已"葦"、"一葉"互見兩用,皆喻扁舟,當自李詩啓之。風吹浪打,故感乘坐之小舟岌岌可危也。

〔三〕荆門回望夏雲時：馮注："諸本門皆作雲。朱曰：'疑作門。'按今據《佩文韻府》所引改。"句意：荆門已遠，回首不見，只能仰望夏雲以馳思。亦如屈子寫《哀郢》"背夏浦而西思兮，哀故都之日遠"時所抒發的去國離鄉之悲一樣，因而引起下句。鄭亞外調，以二月啓行，五月到任；過荆州，向洞庭，時當四月左右，故用夏雲見意。

〔四〕人生豈得輕離別：此蓋遠追屈子《九歌·少司命》"悲莫悲兮生別離"，而稍變其詞。

〔五〕天意何曾忌嶮巇：此猶《詩·小雅·節南山》"天方薦（重）瘥（病），喪亂弘（大）多……昊天不傭（均平），降此鞠訩；昊天不惠，降此大戾（乖謬）……"和《大雅·桑柔》"天降喪亂"，《蕩》"天降慆德"，《召旻》"天降罪罟"，都是假借詛咒皇天上帝來詛咒西周末造的暴君。不過措辭比古代婉曲一些而已。意思是説：當道的權臣之所以敢於肆無忌憚地排除異己，是由於昏憒無知的皇帝縱容他們。

〔六〕骨肉書題安絕徼：骨肉當指商隱弟羲叟。書題當指臨別題贈。此追記兄弟分手長安時情事。"安"字有祝福他一路平安的意思，也有奉勸他以安時處順的態度對待遠官絕徼的境遇的衷曲。桂管在唐時屬嶺南道，此對生長於中原地帶的人士看來，乃極其邊遠之區。

〔七〕蕙蘭蹊徑失佳期：屈原《離騷》："余既滋蘭之九畹兮，又樹蕙之百畝……步余馬於蘭皋兮，馳椒丘且焉止息。"又《九歌·湘夫人》："登白蘋兮騁望，與佳期兮夕張……聞佳人兮召予，將騰駕兮偕逝……"這句詩是通過《騷》賦掌故的運用，抒寫自己隨從鄭亞外調躬踐屈子蘭蕙之鄉，而不能與妻子偕往，從而不能不發出"失佳期"的浩嘆。

〔八〕洞庭湖闊蛟龍惡：杜甫在乾元二年聞李白貶夜郎，作《夢李白》云："江南瘴癘地，逐客無消息……水深波浪闊，無使蛟龍得。"此詩隱括其語，表明自己是北人，不諳水性，面對這浩瀚無際的洞庭，不覺望洋興嘆。

〔九〕卻羨楊朱泣路岐：僞《列子·楊朱篇》：“楊朱見岐路而泣
之,爲其可以南可以北。”馮注引錢曰：“路岐在平陸,無風波之險。”案
結尾用襯墊法。意謂祇有真正經歷過風波之險的人,才能領略平陸的
車殆馬煩,根本算不上甚麼畏途了。

朱彝尊評此詩云：“情深意遠,玉谿所獨！”

岳陽樓[一]

欲爲平生一散愁,洞庭湖上岳陽樓。可憐萬里堪乘興[二],
枉是蛟龍解覆舟[三]。

〔一〕岳陽樓：《太平寰宇記》：“江南西道·岳州·巴陵縣·岳陽
樓,唐開元四年,唐張説自中書令爲岳州刺史,常與才士登此樓,有詩
百餘篇,列於樓壁。”（此據《古逸叢書》補本,《輿地紀勝》亦引之。）
《輿地紀勝》：“荆湖北路岳州：《岳陽風土記》曰：‘岳陽樓城西門樓
也。下瞰洞庭,景物寬廣。’”此詩當係唐宣宗大中元年（八四七）二
月,给事中鄭亞外調爲桂州刺史、桂管防禦觀察使,聘詩人掌書記,隨
鄭赴任,路經岳州時所作。鄭的外調,是以武、宣兩代官僚集團内部劇
烈的黨爭爲背景,而義山時所傾向的李、鄭一系處於失勢地位,所以詩
中流露憤憤不平之氣。

〔二〕可憐萬里堪乘興：馮浩注：“本嘆長路風波,卻用反託晦之。”
用馮浩語作引綫,可對此詩的前三句有深入一步的理解。

〔三〕枉是蛟龍解覆舟：枉是,意爲也是枉然,此對政敵而言。此

句蓋本《續齊諧記》:"屈原五月五日投汨羅水,楚人哀之。至此日,以竹筒子貯米投水以祭之。漢建武中,長沙區曲(當爲歐回之誤),忽見一士人,自云三閭大夫,謂曲曰:'聞君當見祭,甚善,常年爲蛟龍所竊,今若有惠,當以楝葉塞其上,以彩絲纏之,此二物蛟龍所憚。'"從此以後,蛟龍就成爲危害騷人的象徵,如杜甫《夢李白》云:"水深波浪闊,無使蛟龍得。"此詩反用其意,嘲諷隱藏在朝廷很深的當權者。

桂　林〔一〕

城窄山將壓〔二〕,江寬地共浮〔三〕。東南通絶域〔四〕,西北有高樓〔五〕。神護青楓岸〔六〕,龍移白石湫〔七〕。殊鄉竟何禱?簫鼓不曾休〔八〕。

〔一〕桂林:此詩馮《譜》、張《箋》俱編於宣宗大中元年(八四七),時商隱從桂管觀察防禦使鄭亞辟爲支使兼掌管書記。《舊唐書·地理志》:桂管下都督府,"臨桂,州所治。……江源多桂,不生雜木,故秦時立爲桂林郡也。"作者游宦,此爲最遠,故山川雖美,終未壓倒天涯飄泊之感。

〔二〕城窄山將壓:城窄,謂桂林城區狹小。山將壓,柳宗元《桂州裴中丞作訾家洲亭記》:"桂州多靈山,發地峭竪,林立四野。"城小山陡,看去好似隨時有崩頹傾倒的危險。

〔三〕江寬地共浮:《通典·州郡十四》:"桂州有灕水,一名桂江。又有荔水,亦曰荔江。"地共浮,極言江面之寬,看去陸地就似洲渚浮在水面上一樣。"浮"字如此用法,是學杜甫《登岳陽樓》"吳楚東南

坼,乾坤日夜浮”的“浮”字用法。境界闊大,與上句氣勢雄峻,構成偶
對,師承前哲而又自鑄新詞。

〔四〕東南通絕域:句意:桂管是通向祖國東南邊界的要道。《後
漢書·班超傳》:“願從谷吉,效命絕域。”白居易《嚴謨可桂管觀察使
制》:“東控海嶺,右扼蠻荒。”這不僅是寫桂管地位邊遠,也是在寫它
的形勢險要。東,一作西,非。

〔五〕西北有高樓:此全用《文選·古詩十九首》成句。李善注:
“此篇明高才之人,仕宦未達,知人者稀也。西北乾(天)位,君之居
也。”李善《文選注》在唐享有很高聲譽,故爲作者所采用。舊注以桂
州北樓實之者,非是。此句亦非單純寫景,而是旨在瞻戀京師。此種
思想感情,在唐代大詩人中屢見不鮮。且此兩句發言英挺,措意深厚,
上承兩漢,下開宋風,外腓内光,有足多者。

〔六〕神護青楓岸:稽含《南方草木狀》:“五嶺之間多楓木,歲久
則生瘤癭,一夕遇暴雷驟雨,其樹贅暗長三五尺,謂之楓人。越巫取之
作術,有通神之驗。”這當然是作者就當時的桂管社會習俗,作了客觀
的描述,他自己並不相信這一套,結語自見。

〔七〕龍移白石湫:《嘉慶一統志》四六一:“廣西·桂林府·山
川·白石湫:在靈川縣南三十里。唐李商隱《桂林》詩‘龍移白石湫’
即此。亦曰白石潭、白石漈。”曹學佺《名勝志》:“白石潭水甚深,相傳
靈川縣南二里,有蛟精塘,昔藏妖蜃,傷隄害物。南齊永明四年,始安
內史裴昭明夢神女七人,雲冠玉珮,各執小旂圭印,自言爲荆楚以南司
禍福之神,此方被妖蜃所害,今當禁之於白石湫。既覺,詢其故,得之。
先時湫水險急,舟觸必敗,乃爲建祠秩祀,水遂平。義山詩云‘龍移白
石湫’,即此。”

〔八〕“殊鄉竟何禱”二句:宋李彥弼《八桂堂記》記載:桂林尚巫
祝,信鬼神,尸祝多用簫鼓。案以上四句,寫桂管地區文化落後,迷信

鬼神,這種陋俗應當破除。

晚　晴〔一〕

深居俯夾城〔二〕,春去夏猶清〔三〕。天意憐幽草,人間重晚晴〔四〕。并添高閣迥,微注小窗明〔五〕。越鳥巢乾後,歸飛體更輕〔六〕。

〔一〕此詩當作於宣宗大中元年(八四七)五月隨鄭亞初到桂管府治時。商隱此行,遠離當時政治鬪爭的中心長安,而到邊遠的桂管地區,心情可能有一個暫時的輕鬆舒展階段,故對雨霽天晴的晚景,感到欣慰。筆觸全用淺染精描,意境通體空靈明快。

〔二〕深居俯夾城:幽深的官邸處於甕城俯臨之下。馮浩注:"夾城,猶云重闉。"按重闉,即甕城,也就是《詩·鄭風·出其東門》的"闉闍",是護衛城門的半環形套城。

〔三〕春去夏猶清:清,意即涼爽。寫桂林氣候十分具體。

〔四〕"天意憐幽草"二句:上句本韋應物《滁州西澗》:"獨憐幽草澗邊生。"謂時雨纔過,天涯芳草,得遂生生之理。下句承上句而來,謂晚晴雲霽,景物清妍,適於幽人雅士,凭高眺遠。

〔五〕"并添高閣迥"二句:并添指上下四方,所見者遠(迥)。高閣,指甕城上的望樓,也叫"譙樓",即《詩·鄭風·出其東門》中"闉闍"的"闍"。微注,晚間陽光漸弱,故云。注,照射。兩句寫景,純用精雕細刻法。

〔六〕"越鳥巢乾後"二句:《文選·古詩》"越鳥巢南枝"爲此詩用

"越鳥"所本。桂管爲古兩粤地。"越"、"粤"古時通用。結尾總寫雨過天晴,人禽俱樂。詠自然,亦寓人事。

訪　秋〔一〕

酒薄吹還醒〔二〕,樓危望已窮〔三〕。江皋當落日〔四〕,帆席見歸風〔五〕。煙帶龍潭白〔六〕,霞分鳥道紅〔七〕。殷勤報秋意,只是有丹楓〔八〕。

　　〔一〕此詩馮《譜》編於大中元年(八四七)。注云:"徐氏以爲在桂林作,是也。蓋龍潭桂州亦有之,而鳥道泛比高險。結言嶺南常暖,捨丹楓不見秋意也。"張《箋》編宗馮《譜》。

　　〔二〕酒薄吹還醒:首句措辭非常隱曲,本意是對身世極度不滿,抱李白《將進酒》"但願長醉不用醒"之想,想藉濁酒澆愁;又誰知地偏酒薄,不成沉醉,風吹又醒乎?

　　〔三〕樓危望已窮:次句匠心同上。本意是想登高望遠,有王之渙《登鸛鵲樓》"欲窮千里目,更上一層樓"的打算,但實際的生活,卻使他從幻想中清醒過來——即便登樓到最上層,而鄉關渺渺,依然是望而不見啊!何評:"對起,次聯流水蹉對,便不死板。集中詩律,多半如是。"

　　〔四〕江皋當落日:《漢書·揚雄傳》:"違靈氛而不從兮,反湛(沉)身於江皋。"注:"江皋,江水邊之游地也。"案:江皋,意即江濱。杜甫《喜達行在所》:"眼穿當落日,心死着寒灰。"爲此"當落日"三字所從出,言下有"心存魏闕,望而不見"之慨。

〔五〕帆席見歸風：杜甫《北風》詩：“隱几看帆席，雲山涌坐隅。”帆席亦稱席帆，王維《送從弟蕃游淮南》詩：“席帆聊問罪，丹服盡成擒。”蓋古船帆掛席爲之，故揚帆亦稱掛席。這句詩的實際涵義是：登樓遠眺，見歸舟因得順風而悠然地向天涯駛去。詩人大概是在化用謝朓《出宣城之新林浦向板橋》詩中名句“天際識歸舟”的作意，以狀眼前之景。

〔六〕煙帶龍潭白：龍潭上籠罩一層白煙，映帶有致。白字屬煙，而拆居句末，以見警策。下句紅霞同此。

〔七〕霞分鳥道紅：此句取境，當由王勃《秋日登洪府滕王閣餞別序》中名句“落霞與孤鶩齊飛”悟出，而稍加變化。

〔八〕“殷勤報秋意”二句：何評：“所以望歸之切者，以地暖無秋色也。只有丹楓，又傷心物色，此豈暫醉所能忘哉？”

城　上〔一〕

有客虛投筆〔二〕，無憀獨上城〔三〕。沙禽失侶遠〔四〕，江樹著陰輕〔五〕。邊遽稽天討〔六〕，軍須竭地徵〔七〕。賈生游刃極，作賦又論兵〔八〕。

〔一〕此詩馮《譜》、張《箋》均編於宣宗大中元年（八四七）在桂林鄭亞幕府時，是，今從之。城，指桂林，當時是桂州刺史、桂管防禦觀察使治所和幕府所在地。題名《城上》，疑取柳宗元《登柳州城樓寄漳、汀、封、連四州刺史》詩首句“城上高樓接大荒”頭兩個字爲之，藉以抒發個人天涯薄宦、壯志難酬的憤懣。

〔二〕有客虚投筆：當時詩人在鄭亞軍府充幕賓，故自稱"有客"。虚，徒然，枉自。投筆，意爲投筆從戎。《後漢書・班超傳》："家貧，常爲官傭書(鈔寫文件)以供養，久勞苦。嘗輟業投筆歎曰：'大丈夫無它志略，猶當效傅介子、張騫立功異域，以取封侯，安能久事筆研(硯)間乎？'"這句詩的意思是：當幕僚祗能奉命起草一些公文函件，根本談不到爲國立功。

〔三〕無憀獨上城：無憀，即無聊。

〔四〕沙禽失侶遠：沙禽，疑指沙鷗。此句即景，亦暗用杜甫《旅夜書懷》"飄飄何所似，天地一沙鷗"遺意，極寫個人投閑置散，英雄無用武之地的苦悶。

〔五〕江樹著陰輕：江樹，成語，謝朓《之宣城郡出新林浦向板橋》："天際識歸舟，雲中辨江樹。"此江當指流經桂林之灘江。江樹當與上句沙禽合看，亦即景寄興之詞。《左傳・哀公十一年》："鳥則擇木，木豈能擇鳥？"故後世有"良禽擇木而棲"之説。東漢時，馮異被人稱爲大樹將軍，詩人以大樹喻方鎮，《玉谿生詩集》屢見。著陰輕，隱喻未見重用。觀此亦可見詩人與鄭亞、幕僚和府主間的微妙關係。

〔六〕邊遽稽天討：邊遽，當指西南邊境少數民族如西原蠻上層的叛亂而言。如《樊南文集・爲滎陽公桂州謝上表》所説"控西原而遏寇"，《爲滎陽公奏請不叙録將士狀》所説"海上有分屯之卒，邕南有未返之師"，皆指大西南邊境個別少數民族上層所挑起的軍事叛變而言。若會昌末年，大中初年，党項和吐蕃、回鶻互相勾結在大西北所進行的侵擾，則與桂管所領相距過遠，鞭長莫及，用釋此詩，實有未當。

〔七〕軍須竭地徵：軍須，即軍需。竭地徵，當局把農田生産搜刮淨盡，以充軍需。這就是《爲滎陽公奏請不叙録將士狀》内所説"困裹糧於戎士"的意思，替老百姓提出抗議。

〔八〕"賈生游刃極"二句：賈生，即賈誼，已見前注。游刃，成語，出《莊子·養生主》：“彼節（骨節）者有間，而刀刃者無厚；以無厚入有間，恢恢乎其於游刃必有餘地矣。”游刃、游刃同義。游刃有餘，自詡技藝純熟，能草檄千里，運籌帷幄。賈誼曾作《弔屈原賦》、《鵩鳥賦》等，又上書陳述挫敗匈奴的策略，並見《漢書》本傳。此兩句乃詩人以賈誼自比，具備文才武略，希望當權者委以重任。

江上憶嚴五廣休〔一〕

征南幕下帶長刀〔二〕，夢筆深藏五色毫〔三〕。逢著澄江不敢詠〔四〕，鎮西留與謝功曹〔五〕。

〔一〕此詩馮《譜》編於大中七年（八五三），張《箋》則編於大中元年（八四七）桂州詩中。其言曰：“此在桂州作。江上，桂江也。首云‘征南幕下’，以比鄭亞，《同崔八詣藥山》詩已云‘共受征南不次恩’矣。《偶成轉韻》詩有‘謝游橋上澄江館’句，桂林有謝朓遺迹，故結以況之，馮編入之東川，誤矣。”案張説是，當從。嚴五據詩當有文才，其餘待考。

〔二〕征南幕下帶長刀：征南，指杜預，晉時拜鎮南大將軍，因平吳有功，卒贈征南大將軍，生平事迹，詳《晉書·杜預傳》。此處以征南稱鄭亞，時亞被任爲桂州刺史、桂管防禦觀察使，奏商隱掌書記。長刀是一種武器，刀身甚長，也叫薄刀或眉尖刀。《宋書·武帝紀》：“手奮長刀，所殺傷甚衆。”句意謂：從軍尚武，無所用文。

〔三〕夢筆深藏五色毫：《南史·江淹傳》：“又嘗宿於冶亭，夢一丈夫自稱郭璞，謂淹曰：‘吾有筆在卿處多年，可以見還。’淹乃探懷中得五色筆一以授之。爾後爲詩絕無美句，時人謂之才盡。”此處則衹是借用，表明作者因爲軍務羈身，詩思銳減。

〔四〕逢著澄江不敢詠：謝朓《晚登三山還望京邑》詩有“餘霞散成綺，澄江靜如練”，是著名的警句。此澄江則借喻灕江。灕江水極清澈。《嘉慶一統志》“廣西桂林府山川”灕江條引《舊志》：“灕水自陽海山北流至興安縣，爲灕江。經縣北爲靈渠，西南入靈川縣，合大融水，一名中江，亦曰靈江。又南經千秋峽，風水相搏，濤色如銀，亦曰銀江。”可以想見作者譽爲“澄江”的涯略。

〔五〕鎮西留與謝功曹：意即留與鎮西謝功曹。鎮西謝功曹是頌揚嚴五是個很有文才的幕僚。《南齊書·謝朓傳》：“謝朓字玄暉，陳郡陽夏人也……朓少好學，有美名，文章清麗。解褐豫章王太尉行參軍……隨王鎮西功曹。”同書《隨郡王子隆傳》：“隨郡王子隆字雲興，世祖（齊武帝蕭賾）第八子也。有文才……八年（永明），代魚復侯子響爲使持節、都督荆雍梁寧南北秦六州、鎮西將軍、荆州刺史。”末句似微露作者盼望嚴廣休能來桂管作同僚，大展鴻才，好好把桂林山水模寫一番的意思。

韓　碑[一]

元和天子神武姿[二]，彼何人哉軒與羲[三]。誓將上雪列聖恥[四]，坐法宫中朝四夷[五]。淮西有賊五十載[六]，封狼生貙貙生羆[七]。不據山河據平地[八]，長戈利矛日可麾[九]。帝得聖相相曰度[一〇]，賊斫不死神扶持[一一]。腰懸相印作都統[一二]，陰風慘澹天王旗[一三]。愬武古通作牙爪[一四]，儀

曹外郎載筆隨〔一五〕。行軍司馬智且勇〔一六〕，十四萬衆猶虎
貔〔一七〕。入蔡縛賊獻太廟〔一八〕，功無與讓恩不訾〔一九〕。帝
曰汝度功第一〔二〇〕，汝從事愈宜爲辭〔二一〕。愈拜稽首蹈且
舞〔二二〕，金石刻畫臣能爲〔二三〕。古今世稱大手筆〔二四〕，此事
不繫於職司〔二五〕。當仁自古有不讓〔二六〕，言訖屢頷天子
頤〔二七〕。公退齋戒坐小閣，濡染大筆何淋灕〔二八〕。點竄
《堯典》《舜典》字〔二九〕，塗改《清廟》《生民》詩〔三〇〕。文成
破體書在紙〔三一〕，清晨再拜鋪丹墀〔三二〕。表曰臣愈昧死
上〔三三〕，詠神聖功書之碑〔三四〕。碑高三丈字如斗〔三五〕，負以
靈鼇蟠以螭〔三六〕。句奇語重喻者少〔三七〕，讒之天子言其
私〔三八〕。長繩百尺拽碑倒，粗砂大石相磨治〔三九〕。公之斯
文若元氣，先時已入人肝脾〔四〇〕。湯盤孔鼎有述作，今無
其器存其辭〔四一〕。嗚呼聖皇及聖相，相與烜赫流淳
熙〔四二〕。公之斯文不示後，曷與三五相攀追〔四三〕？願書萬
本誦萬過，口角流沫右手胝〔四四〕。傳之七十有二代〔四五〕，
以爲封禪玉檢明堂基〔四六〕。

〔一〕韓碑：指韓愈所作《平淮西碑》，元和十年，裴度爲相，決策
發兵討淮西叛藩吳元濟，十二年（八一七），李愬入蔡州，擒吳元濟，淮
西平。淮西據中原腹地，德宗建中初，節度使李希烈已開始稱兵作亂，
並僭號建興王，公然與朝廷對抗，爲部將陳仙奇藥死。仙奇效忠朝廷，
但未幾即爲吳少誠所害，此後傳至吳少陽、吳元濟，四十年間，淮西始
終處於割據狀態，直至元和十年，吳元濟又進行公開的武裝叛亂，這不
僅進一步使唐朝有由統一走向分裂的危險，而且再次威脅李唐王朝的
存在，從而迫使憲宗李純不得不改變德宗晚年對藩鎮的姑息政策。從

全局著眼,李唐王朝,在中國封建社會的歷史上,無論從經濟、政治、軍事、文化哪一方面來考查,都是較爲興盛和開明的,儘管中唐以後,朝廷施政有很多可議的地方,但是它在人民的心目中,威望是較高的,任何藩鎮都不能和它相比。所以憲宗採納宰相裴度的決策,出兵淮西,削平叛亂,這在政治上,起了一定的"撥亂反正"的作用,在歷史上是應當充分肯定的。韓愈《平淮西碑》頌揚了這兩位聖君賢相削平叛亂,維護國家統一的歷史功績,同時也表彰了李愬"夜半入蔡,取吳元濟以獻"的智勇精神。記事分主次,論功分甲乙,"記事者必提其要,纂言者必鈎其玄"(《進學解》),韓愈的《平淮西碑》,價值在這裏。李愬是名將李晟之子,他在削平淮西叛亂中,卓立戰功,是當時諸將裏最傑出的一個。但他矜功自伐,又自恃是唐安公主的駙馬,因而重蹈廉頗與藺相如爭功的覆轍,上訴皇帝,詔令磨平《韓碑》,命段文昌重新撰寫。今《韓碑》、《段碑》並傳於世,後人對此已作出公允的評價。懷古所以傷今。《韓碑》舊案,商隱壯年後已成過去,是否此詩與代鄭亞所作的《太尉衛公會昌一品集序》作於同時,值得深思!李德裕因對懲罰回鶻上層分子入侵,削平澤潞藩鎮叛亂,決算決策,卓立膚功,亦遭讒去位,功過評騭,略與元和時代的裴度等齊。作者對其貶死炎海,深表不平,在集中是有所反映的。如果這一推論不錯,則當根據《太尉衛公會昌一品集序》裏所提供的一些綫索(如"法宫"等類似的成詞的應用,在此詩中重現疊出),説明其爲同時所作。此詩寫作,估定在大中元年(八四七),或無大誤。

　　〔二〕元和天子神武姿:元和,唐憲宗李純的年號(八○六——八二○)。《舊唐書・憲宗本紀》"憲宗聖神章武",故此詩簡括爲"神武",是用他的謚號。姿,氣概。

　　〔三〕彼何人哉軒與羲:軒與羲,軒轅和伏羲,是中國有史以來多民族的大公主,是祖國四五千年以前統一的標誌。這一句是頌揚李純恢復統一的大業。

〔四〕誓將上雪列聖恥:列聖,指玄、肅、代、德四朝。恥,主要是指因藩鎮叛變而造成的京都失守、國土分裂的政治與軍事危機。

〔五〕坐法宮中朝四夷:《漢書·鼂錯傳》:“五帝神聖……處法宮之中,明堂之上。”注引如淳曰:“法宮,路寢正殿也。”內脅諸夏,外朝四夷,是古代帝王的最高理想。

〔六〕淮西有賊五十載:淮西,指蔡州節度使所管蔡、申、光三州二十個縣,見《元和郡縣志·河南道》。今河南東南部信陽、汝南、潢川一帶皆其舊地。“有賊五十載”,係根據韓愈《平淮西碑序》:“蔡帥之不廷授(由朝廷任命),於今五十年。”實際上淮西脫離朝廷而搞獨立的時間,應當根據《新唐書·藩鎮傳》的記錄爲“四十年”,自李希烈逐李忠臣時算起。

〔七〕封狼生貙貙生羆:封狼,義爲大狼,如封狐爲大狐,封豕爲大豕。《後漢書·張衡傳》:“射嶓冢之封狼。”貙,《爾雅·釋獸》:“貙獌似狸。”注:“今山民呼貙虎之大者爲貙犴。”大概是屬於豹子一類的猛獸。又《爾雅·釋獸》:“羆如熊,黃白文。”注:“似熊而長頭高腳,猛憨多力。”案:從狼到貙到羆,體型越來越大,性格越來越猛,形象地刻畫了藩鎮勢力的惡性膨脹。

〔八〕不據山河據平地:這句詩反映叛賊的勢力正在迅速增長,給朝廷的威脅越來越嚴重。

〔九〕長戈利矛日可麾:長戈利矛,言叛藩擁有極其精良的武器。日可麾,用魯陽揮戈故事。《淮南子·覽冥》:“魯陽公與韓搆難,戰酣日暮,援戈而撝(揮)之,日爲之反三舍(三十度。周天三百六十度)。”意指藩鎮叛亂,威脅朝廷不得不遷都,如玄宗因安史之亂而逃往西蜀,德宗因朱泚之亂而逃往奉天。《舊唐書·吳元濟傳》:“淮右自少誠阻兵已來,三十餘年,王師加討,未嘗及其城下,……城池重固,有陂浸阻回。……地既少馬,而廣畜騾,乘之教戰,謂之騾子軍,尤稱勇

悍。……蔡人堅爲賊用。……乃至搜閱天下豪銳,三年而後屈者
……。"此其具體情況。

〔一○〕帝得聖相相曰度:原注:"《晏子春秋》:'仲尼聖相。'"《舊
唐書·裴度傳》:"裴度字中立,河東聞喜(在今山西聞喜縣西南八里)
人……大則以訏謨排禍難,小則以讜正匡過失;内不慮身計,外不恤人
言……誠社稷之良臣,股肱之賢相。元和中興之力,公胡讓焉。"

〔一一〕賊斫不死神扶持:《新唐書·裴度傳》:"(成德鎮)王承宗、
(淄青鎮)李師道謀緩蔡兵,乃伏盜京師,刺用事大臣,已害宰相元衡,
又擊(刺傷)度,刃三進,斷靮,刺背裂中單。又傷首,度冒氈,得不
死。……獨騶王義持賊大呼,賊斷義手,度墜溝,賊意已死,因亡
去。……帝怒曰:'度得全,天也……'疾愈……即拜中書侍郎同中書
門下平章事(唐宰相別稱。度遇刺時,官御史中丞)。"神扶持,詞出
《文選》孫綽《游天臺山賦》:"實神明之所扶持。"

〔一二〕腰懸相印作都統:《舊唐書·裴度傳》:"帶丞相之印綬,所
以尊其名;賜諸侯之斧鉞,所以重其命……可門下侍郎、同中書門下平
章事,蔡州刺史,充彰義軍節度,申、光、蔡觀察等使,仍充淮西宣慰招
討處置使。詔出,度以韓弘爲淮西行營都統,不欲更爲招討,請祇稱宣
慰處置使。又以此行既兼招撫,請改'翦其類'爲'革其志',又以弘已
爲都統,請改'更張琴瑟'爲'近輟樞衡',請改'煩我臺席'爲'授以成
算',皆從之……十二年八月三日,度赴淮西,詔以神策軍三百騎衛
從,上御通化門慰勉之……度名雖宣慰,其實行元帥事。"可見裴度當
時雖爲諸軍統帥,但並未實任都統,此都統乃元帥之代稱。

〔一三〕陰風慘澹天王旗:寫裴度奉旨伐罪,儀衛森嚴,足奪叛藩
之魄。

〔一四〕愬武古通作牙爪:愬,李愬,名將李晟之子。元和十一年,
充隨、唐、鄧節度使。在平淮西叛亂的諸將中,他的戰功首屈一指。事

迹詳《舊唐書》本傳。武，韓公武，《舊唐書·韓弘傳》：“憲宗授弘淮西諸軍行營都統……弘實不離理所，惟令其子公武率師三千，隸李光顏軍。”韓弘是個半割據的藩鎮，所以對平淮西持消極態度。古，李道古，李皋子。《舊唐書·李皋傳》：元和十一年，以皋子道古爲鄂、岳、沔、蘄、安、黃團練使。通，李文通。《新唐書·憲宗本紀》：元和九年，以李文通爲壽州團練使。牙爪，即爪牙，喻武臣。語本《詩·小雅·祈父》：“祈父予王之爪牙。”案此即《平淮西碑》所載“（李）光顏、（烏）重胤、公武合攻其北，道古攻其東南，文通戰其東，愬入其西”，對淮西採取分進合擊的戰術一事。

〔一五〕儀曹外郎載筆隨：《舊唐書·憲宗本紀》：“以司勳員外郎李正封、都官員外郎馮宿、禮部員外郎李宗閔皆兼侍御史，爲判官、書記，從度出征。”《新唐書·百官志》：“武德三年，改儀曹郎曰禮部郎中。”馮注：“句只指宗閔爲書記。”

〔一六〕行軍司馬智且勇：《後漢書·百官志》：“將軍有長史、司馬各一人；行軍有軍司馬一人。”馮注：“後之行軍司馬始此。”《舊唐書·憲宗本紀》：“以太子右庶子韓愈兼御史中丞，充彰義軍行軍司馬。”《新唐書·韓愈傳》：“愈請乘遽先入汴説韓弘，使叶力。”何焯評：“蔡兵聚洄曲，韓請於晉公，自提兵五千，間道入取元濟，晉公不從。俄而李愬破文成入蔡三軍，爲公歎服，故曰智且勇也。”可參考《韓愈行狀》及韓愈《論淮西事宜狀》。

〔一七〕十四萬衆猶虎貔：十四萬衆，平淮西官軍總數。虎貔，《書·牧誓》：“如虎如貔。”言戰士勇猛如虎豹。

〔一八〕入蔡縛賊獻太廟：《舊唐書·裴度傳》：“（元和十二年）十月十一日，唐鄧節度使李愬，襲破懸瓠城，擒吳元濟。”同書《吳元濟傳》：“元濟至京，憲宗御興安門受俘……乃獻廟社，徇於兩市，斬之於獨柳。”

〔一九〕功無與讓恩不訾：庾信《商調曲》："功無與讓，銘太常之旌。"功無與讓，言功大，無可推辭。王粲《詠史》詩："結髮事明君，受恩良不訾。"恩不訾，所受君恩，不可計量。《舊唐書·裴度傳》："時諸道兵皆有中使（宦官）監陣，進退不由主將……度至行營，並奏去之……軍法嚴肅，號令畫一，以是出戰皆捷。……十一月二十八日，度自蔡州入朝……詔加度金紫光禄大夫、弘文館大學士，賜勳上柱國，封晉國公。"田蘭芳評曰："省筆已括。"

〔二〇〕帝曰汝度功第一：《史記·蕭相國世家》："高帝曰：'夫獵，追殺獸兔者狗也，而發蹤指示獸處者人也。今諸君徒能得走獸耳，功狗也。至如蕭何，發蹤指示，功人也……蕭何第一。'"此句暗用《史記》故實，申明韓愈《平淮西碑》以裴度功勳第一是有"成事"作依據的。

〔二一〕汝從事愈宜為辭：從事，官名，《漢書·毋將隆傳》："大司馬車騎將軍王音內領尚書，外典兵馬，踵故選置從事中郎，與參謀議，奏請隆為從事中郎。"按此處係用從事代稱韓愈當時所充任的行軍司馬。《舊唐書·韓愈傳》："淮蔡平……以功授刑部侍郎，仍詔愈撰《平淮西碑》。"何焯評云："二語勾清平淮西功，引起作碑，是全篇關鍵。提明帝曰，以見碑之無私也。"

〔二二〕愈拜稽首蹈且舞：拜稽首，跪下叩頭。蹈且舞，手舞足蹈。此句描寫韓愈當聽到憲宗命令他撰寫《平淮西碑》碑文之後，感到非常榮幸，連忙叩頭謝恩，並且手舞足蹈。

〔二三〕金石刻畫臣能為：《史記·秦始皇本紀》："（二世）皇帝曰：'金石刻盡始皇帝所為也。今襲號而金石刻辭不稱始皇帝，其於久遠也，如後嗣為之者，不稱成功盛德。'"句意謂：賢君聖相立下了豐功偉績，臣下當勒之金石，垂之久遠。此係《韓碑》警句，著名篆刻家常勒之於石。

〔二四〕古今世稱大手筆：古今世，古代現代。此據何焯引宋本，各本“今”作“者”,非。大手筆,成語,《晉書·王珣傳》:“珣夢人以大筆如椽與之,既覺,語人云:‘此當有大手筆事。’俄而帝崩,哀册諡議,皆珣所草。”後世用以泛指情文並茂的鴻文鉅製。這是第一種涵義。另外,後世由此義引申,又用以代稱偉大作家。如《新唐書·蘇頲傳》:“(頲)自景龍後,與張說以文章顯,稱望略等,故時號‘燕許大手筆’。”則指傑出的文章作家而言。此處似義切雙關。

〔二五〕此事不繫於職司:職司,語本《詩·唐風·蟋蟀》:“職司其憂。”意爲當官的職責。具體到此詩,則指翰林學士以草擬文章爲專業者。按此係引申韓愈《進平淮西碑表》所説“茲事至大,不可輕以屬人”之意。

〔二六〕當仁自古有不讓:《論語·衛靈公》:“當仁不讓於師。”此處用法與原意微別,略近今日所説“義不容辭”。因事關國家,至爲重大,韓愈躬任其難,具見其忠勇爲國,不卹個人勞勤。

〔二七〕言訖屢頷天子頤:《文選》郭璞《游仙詩》:“洪崖頷其頤。”李善注:“《廣雅》曰:‘頷,動也。’”頷頤,意謂微動兩頰,表示首肯。

〔二八〕“公退齋戒坐小閣”二句:齋戒,爲了聚精會神。小閣,居此爲了心不旁騖。下句,意同筆酣墨飽,揮灑自如。

〔二九〕點竄《堯典》《舜典》字:干寶《晉紀》:“劉琨作《勸進表》,無所點竄。”點謂塗掉,竄謂增添,合起來意爲修改加工。《堯典》、《舜典》,是《尚書》裏的頭兩篇。梅本《舜典》則係析今文《尚書·堯典》“慎徽五典”以下爲之。

〔三〇〕塗改《清廟》《生民》詩:塗改義同點竄,皆謂韓愈撰寫《平淮西碑》力追《詩》、《書》經典著作而不墨守成規,敢於大膽增減改定。《清廟》,《詩經·周頌》裏第一篇;《生民》,《詩經·大雅》裏的一篇。按《平淮西碑》有叙有銘。過去有人謂叙似《書》,銘似《詩》,故此詩亦以“帝典”、“雅、頌”爲喻。但冠以“點竄”、“塗改”四字,這就表明韓愈不把經典看成神聖不可侵犯。這可能是受劉知幾作《史通》的《疑古》、《惑經》等著作的啟發，爲封建衛道士所不喜歡，因此值得特別指出。

〔三一〕文成破體書在紙：《書斷》：“王獻之變右軍行書，號曰破體書。”戴叔倫《懷素上人草書歌》：“始從破體逞風姿。”則破體指打稿所用的行草字體。道源注爲“破當時爲文之體”者誤。

〔三二〕清晨再拜鋪丹墀：《文選》張衡《西京賦》：“青瑣丹墀”注：“丹漆地，故稱丹墀。”又班固《西都賦》“玄墀釦砌”注：“玄墀，以漆飾墀；墀，階也。”案：墀，指宮殿臺階。

〔三三〕表曰臣愈昧死上：韓愈集有《上平淮西碑表》。昧死，意即冒死，古代大臣上表，常用的謙辭。

〔三四〕詠神聖功書之碑：詠，頌揚。《孟子·盡心》：“聖而不可知之謂神。”故此詩神在聖前，用以褒稱李純、裴度之爲“神君聖相”。之，義爲之於。

〔三五〕碑高三丈字如斗：斗，一作手。

〔三六〕負以靈鼇蟠以螭：鼇，傳説中的海中大龜。《後漢書·張衡傳》：“伏靈龜以負坻兮。”指殿堂四角的石雕。此言負以靈鼇，則指碑跌之石雕。又何晏《景福殿賦》：“如螭之蟠。”《説文》：“螭，若龍而黃。”《唐六典》：“碑碣之制，五品以上立碑。”注：“螭首龜跌。”案碑頭用蟠龍作雕飾，故稱“蟠以螭”。案劉禹錫《嘉話錄》有“蔡州紫極宮韓碑石，本吳少誠‘德政碑’磨刻”的記載，則碑石係前立。此句云云，乃詩家的渲染和藝術加工，讀者未可竟信爲史實。

〔三七〕句奇語重喻者少：意謂韓愈《平淮西碑》追擬帝典雅頌，文字古奧，難於索解，給人以“深文周内”的可乘之機。

〔三八〕讒之天子言其私：《舊唐書·韓愈傳》：“其辭多叙裴度事，時先入蔡州擒吳元濟，李愬功第一，愬不平之。愬妻（唐安公主女）出入禁中,因訴碑辭不實,詔令磨愈文。憲宗命翰林學士段文昌重撰文勒石。"董逌《廣川書跋》云:"碑言夜半破蔡取元濟以獻,豈嘗泯滅愬功? 愈以裴度決勝廟算,請身任之,帝黜群議,決用不疑,其所取遠矣。"案:這一段歷史公案,後人抱有兩種不同的態度,一種是以《舊唐書》、《廣川書跋》爲代表,説已見上。另一種是以羅隱、錢大昕爲代表,羅隱説見《唐文粹》卷一百《説石烈士》:"石孝忠者……事李愬爲愬前驅……韓侍郎撰《平蔡碑》,孝忠一旦熟視其文,大恚怒,因作力推去其碑,僅傾腠者再三。吏執詣獄……用柳尾拉一吏殺之。天子聞之,怒,且使送闕下……孝忠頓首明愬功……請就刑,憲宗赦之。"錢大昕《潛研堂文集》卷十三云:"韓退之《平淮西碑》文,工則工矣,繩以史法,殊未盡善……且淮西之役,裴相雖以身任之,然其所責功者,僅光顔一路,其勝負正未可知也。唐、鄧、隨之帥,始用高霞寓,再用袁滋,三易而得李愬,不逾年遂成入蔡之功,視光顔等,合攻三年,纔克一二縣者優劣懸殊矣。退之叙其功,但與諸將伍,得毋以雪夜之襲,不由裴相所遣,有意抑之邪?"我們根據多聞闕疑的精神,把上引兩種不同看法,採録入注,藉以正確全面理解韓文,理解李詩。抑有進者,題解曾經提出此詩是否有感於衛公李德裕因受謗而遭貶黜事件的設想,則此處"讒之天子"云云,雖未必有當於李愬,卻未必無涉於讒毀德裕那些人。對此,我們仍然寧肯持審慎態度。

〔三九〕"長繩百尺拽碑倒"二句:據羅隱《説石烈士》、王讜《唐語林》,似並無倒碑事,僅把韓文磨去而已。此亦詩家誇張手法。

〔四〇〕"公之斯文若元气"二句:言韓文得立言之體,纂言之要,所以深入人心,銘諸肺腑。繁欽《與魏文帝牋》:"凄入肝脾,哀感頑豔。"

〔四一〕"湯盤孔鼎有述作"二句:湯盤指《禮記·大學》篇:"湯之盤銘曰:'苟日新,日日新,又日新。'"作爲"日新其德"銘言的依據。孔鼎指《正考父鼎》,因正考父是孔子的先祖,故亦稱孔鼎。《左傳·昭公七年》:"宋正考父佐戴、武、宣,三命兹(滋)益共(恭);故其鼎銘云：'一命而僂，再命而傴，三命而俯，循牆而走，亦莫余敢侮。饘於是，鬻於是，以餬予口。'"與湯盤同，銘文都刻下各時代的生活規範，而又湯盤在先，孔鼎在後，故分別稱爲"述"與"作"。辭，朱彝尊評："辭字複韻，宜作詞。"

〔四二〕"嗚呼聖皇及聖相"二句：聖皇，指憲宗；聖相，指裴度。案憲宗李純，嗜游獵，耽女色，信用程異、皇甫鏄招權納賄，雖在削平淮蔡叛藩戰役中下了決心，把軍權賦予了賢相裴度、良將李愬，從而贏得了軍事上的勝利，維護了國家相對的統一，稱之爲令主，還勉强可以，謚之爲聖皇，則未免言過其實。烜赫，聲威盛大貌。李白《俠客行》："千秋二壯士，烜赫大梁城。"淳熙，和平康樂。意謂國家重現統一，萬民可以分沾和平康樂的幸福。

〔四三〕"公之斯文不示後"二句："公之斯文"詩中兩見，極盡一唱三歎之遺意。曷，何能？三五，《文選》班固《東都賦》："事勤乎三五。"李善注："《史記》：'楚子西曰：孔丘述三五之法，明周召之業。'《春秋元命苞》曰：'伏羲、女媧、神農爲三皇。'《史記·五帝本紀》曰：'黃帝、顓頊、帝嚳、帝堯、帝舜也。'"（案今本《史記》皆作三王，其作三五者，皆非指三皇五帝。）相攀追，義猶今言看齊。

〔四四〕"願書萬本誦萬過"二句：口角流沫，承上誦萬過言；右手胝，承上書萬本言。右手胝，當用白居易《與元九書》"手肘成胝"意。胝，厚皮，俗稱老繭。由多次磨壓而形成的皮膚角質化。

〔四五〕傳之七十有二代：《史記·封禪書》："管仲曰：'古者封泰山禪梁父者七十二家……皆受命然後得封禪。'"爲此詩所本。何焯評云："宋本作'三代'字佳，並唐數之也。'二'字是後人妄竄，本班固《典引》：'作者七十有四人。'"馮注："宋本余未見，見前明刊本作'三'字。《太平御覽》引《河圖真紀鉤》云：'七十三君。'《隋書》許善心《神雀頌》：'七十三君，信蔎如也。'則作三亦有據……作三作二，不足泥也。"

〔四六〕以爲封禪玉檢明堂基：封禪是古代帝王受命祭祀泰山所舉
行的最隆重的典禮，儀式是在泰山及其附近一些小山下舉行。《史
記·封禪書》："天子至梁父，禮祠地主（禪）……封泰山下東方，如郊
祠太一之禮。封廣丈二尺，高九尺，其下則有玉牒書，書秘。"《後漢
書·祭祀志》："牒，厚五寸，長尺三寸，廣五寸。有玉檢……檢用金縷
五周，以水銀和金以爲泥。"又《史記·封禪書》云："泰山東北趾，古時
有明堂處。"（趙岐《孟子注》："泰山下明堂，周天子東巡狩，朝諸侯之
處。"説本《史記》。）《禮記·明堂位》："周公朝諸侯於明堂之位。"蓋
古代天子行封禪，朝諸侯，這兩種重大典禮，同時舉行。韓愈《平淮西
碑銘》曰："淮蔡既平，四夷畢來；遂開明堂，坐以治之。"爲此詩末句所
本。案結尾二句，隱然是以韓愈之作《平淮西碑》，關係中興大業，可
以上配漢司馬相如撰《封禪文》，如李賀《詠懷》所稱"唯留一簡書，金
泥泰山頂"者。對此，宋代蘇軾《臨江驛》詩表同意，其詞云："淮西功
業冠吾唐，吏部文章日月光。千載斷碑人膾炙，不知世有段文昌。"但
亦有人作詩表異議，王安石《董伯懿示裴晉公平淮右題名碑詩用其韻
和酬》云："退之道此尤俊偉，當鏤玉牒東燔柴。欲編詩書播後嗣，筆
墨雖巧終類俳。""類俳"者，譏其華而不實，有似"優孟衣冠"。我們的
看法是：李純、裴度平定淮西，維護了國家統一，歷史上應當肯定。但
應恰如其分，不當揄揚過實。而李詩視此闕如。蘇軾爲詩，別有託寓；
安石之辭，未可厚非。

桂林路中作〔一〕

地暖無秋色〔二〕，江晴有暮暉〔三〕。空餘蟬嘒嘒，猶向客依

依〔四〕。村小犬相護，沙平僧獨歸〔五〕。欲成西北望，又見鷓鴣飛〔六〕。

〔一〕此詩馮《譜》、張《箋》俱編在大中元年（八四七），時商隱應桂州刺史桂管防禦觀察使鄭亞辟爲幕府支使兼掌書記，但對此詩的理解馮、張二氏微有分歧。馮氏注云：“此近游，非至江陵。”而張《箋》則曰：“義山冬使南郡，而此詩有‘地暖無秋色’句，故馮氏疑爲近游。然考《樊南甲集序》作於十月舟中，其起程或不妨在九月，有此等詩未可知也。”案作者此詩所流露的思想感情比較委婉曲折，張氏所論，有分析，有說服力，今從之。別詳注下。“路”，一作“道”。

〔二〕地暖無秋色：桂林屬亞熱帶，故氣候較暖。言“無秋色”，正見其已屆深秋，若初秋、中秋，則在黃河流域，秋色亦尚不明顯，何況桂林？

〔三〕江晴有暮暉：嶺南道多雨，故晚晴日照值得大書特書。以上兩句，極寫桂管風光迥異中原，爲下文生勢。

〔四〕“空餘蟬嘒嘒”二句：《詩·小雅·小弁》：“鳴蜩嘒嘒。”蜩，即蟬；嘒嘒，蟬聲。又《詩·小雅·采薇》：“昔我往矣，楊柳依依。”依依，不捨之情。此聯意謂：在這裏所能聽到的故鄉的聲音，祇不過是嘒嘒蟬鳴，使遠客感到格外親切。

〔五〕“村小犬相護”二句：通過兩個簡單但是富有詩意的畫面概括了桂林一帶地曠人稀的廣闊圖景，是寫景文字的上乘。

〔六〕“欲成西北望”二句：長安在桂林西北，古人亦往往以西北爲乾象，象徵帝都之所在地。故前着“欲成”二字，以寄“長安不見使人愁”之想。《禽經》：“子規也啼必北向，鷓鴣也飛必南翥。”結句意謂：奉使江陵，路綫和回京是一致的。然而畢竟不同於回京，一待使命完成，又須南返，有似鷓鴣之南翥。內心的憤怨，是情見乎辭的。案此詩

純用白描，而潛氣内轉，在《玉谿集》中別樹一幟，然亦有值得借鑑之
處。故仍詳加剖析，以餉讀者。

江村題壁〔一〕

沙岸竹森森〔二〕，維艄聽越禽〔三〕。數家同老壽，一徑自陰
深〔四〕。喜客嘗留橘〔五〕，應官説采金〔六〕。傾壺真得地，愛
日靜霜砧〔七〕。

〔一〕此詩馮《譜》、張《箋》俱編於大中元年（八四七）。《箋》云：
"此則使南郡時途次之作矣。"

〔二〕沙岸竹森森：沙岸，在江陵府東南大江左側，即古沙頭市所
在地。陸游《入蜀記》已有"日入泊沙市"之言，但沙市之名，必不始於
宋代。竹森森，謂竹林森森。案此疑用模寫住居環境，刻畫居停主人
性格。《世説新語·任誕》："王子猷（徽之）嘗暫寄人空宅住，便令種
竹。或問：'暫住何煩爾？'王嘯詠良久，直指竹曰：'何可一日無此
君？'"主人蓋越籍，故用徽之故事。

〔三〕維艄聽越禽：艄，一作梢，同，船舵尾。維艄，即繫舟。竊疑
"越禽"二字，與通篇殊少關涉，當是"越吟"聲誤。王粲《登樓賦》"莊
舄顯而越吟"，正用荆州掌故。主人蓋越籍僑鄂者，故吟詠多越音。
下句"數家同老壽"，正承此而言。作"越禽"，則支蔓矣。

〔四〕一徑自陰深："陰"，一作"幽"，似較勝。紀評："三四如畫。"

〔五〕喜客嘗留橘：江陵産橘，《史記·貨殖列傳》有"江陵千樹
橘"的記載。

〔六〕應官説采金：謂唐時鄂岳貢銀。《元和郡縣志》："江南道·鄂州：開元貢銀、碌、紵布。元和貢銀。"案銀，可泛稱金；江陵府，近鄂岳，但地志並無産銀記録，何以官方强令百姓開採交納？唯一可能的藉口是主人是客户。《隋書·地理志》記荆州地區土俗説："四方湊會，故益多衣冠之緒，稍尚禮義經籍焉。"《太平寰宇記·江南東道·荆州》亦有"唐至德之後，流傭聚食者衆，五方雜居"的記載，然則此詩所寫主人身分之爲寓居，爲貪婪的地方官藉口敲詐的對象，夫復何疑？然則傳本作"越禽"之必爲"越吟"，殆可定讞矣。

〔七〕"傾壺真得地"二句：此感激家計清貧而熱情款客的主人之語。意謂：霜砧雖冷，然上有和煦的日照，使遠客備感温暾，殊勝於貴戚豪門的瓊筵也。古人有冬日可愛的説法，故宋璟《梅花賦》有"愛日烘晴"之語。

高　松〔一〕

高松出衆木〔二〕，伴我向天涯〔三〕。客散初晴後〔四〕，僧來不語時〔五〕。有風傳雅韻〔六〕，無雪試幽姿〔七〕。上藥終相待〔八〕，他年訪伏龜〔九〕。

〔一〕這首詩當作於宣宗大中二年（八四八）正月，商隱奉鄭亞命權攝昭平郡守時。故第三句有"客散"之語，若前此但爲桂管幕僚時，似未宜如此鋪排渲染。此外第二句"天涯"，第五句"有風"，亦均當從這一角度索解。高松，作者自喻長材徒抱，委棄天涯，如葛洪之令勾漏，煉丹服藥，實緣於不得已。

〔二〕高松出衆木：陶潛《飲酒》詩："青松在東園,衆草没奇(通作
"其")姿。凝霜殄異類,卓然見高枝。"又杜甫《將赴成都草堂,途中有
作,先寄嚴鄭公》詩有"新松恨不高千尺",皆爲此詩"高松"所本。陶、
杜二氏,固詩人平素之所目屬心儀者。出,是"出類拔萃"的意思。

〔三〕伴我向天涯：按昭州在桂管府治東南。自京城長安言之,此
行更爲走向邊遠地區,故作此模寫。"天涯",語出《文選·古詩》："相
去萬餘里,各在天一涯。"

〔四〕客散初晴後：客散,謂退衙時僚屬散班。句意爲：當官坐衙
無味,雨霽旅游意濃；故對客散天晴,極感興趣。

〔五〕僧來不語時：杜甫《暮登四安寺鐘樓寄裴十迪》詩："僧來不
語自鳴鐘。"此詩前四字祇是字面上襲用杜句,但語意卻全然不同。
杜詩"不語"是説僧,此詩"不語"是説作者自己。謂當其坐禪入定時,
有僧來訪,神交道契,有如此者。

〔六〕有風傳雅韻：《樂府詩集》卷六十《琴曲歌辭·風入松歌》題
解引《琴集》曰："《風入松》,晉嵇康所作也。"但這句詩實際上是藉松
擬人。風是詩風,韻是神韻。

〔七〕無雪試幽姿：用《論語·子罕》"歲寒然後知松柏之後彫也"
意,總謂天涯地僻,不足以大展經綸。

〔八〕上葯終相待：《博物志》："《神農經》曰：'上葯養命……中葯
養性……下葯治病。'"養命,謂能使人長壽。

〔九〕他年訪伏龜：伏龜,指茯苓,是中醫常用的滋補劑。《本草綱
目》卷三十七"木部四茯苓",《集解》引陶弘景曰："今出鬱州……大
者如三四升器,外皮黑細皺,内堅白,形如鳥獸龜鼈者良。"按鬱州治
所在今廣西壯族自治區玉林,位昭州西南。東北有勾漏山,爲晉代葛
洪采白沙煉葯處。古代文人,往往用采葯修真,作爲自己宦途失意,息
影忘機的託詞,未必真正見諸行動。

即　日〔一〕

一歲林花即日休〔二〕,江間亭下悵淹留〔三〕。重吟細把真無奈〔四〕,已落猶開未放愁〔五〕。山色正來銜小苑〔六〕,春陰只欲傍高樓〔七〕。金鞍忽散銀壺滴〔八〕,更醉誰家白玉鈎〔九〕。

　　〔一〕此詩張《箋》編於大中二年(八四八)云:"首言'一歲林花即日休',義山在桂,首尾僅及一年,此將去時作。自歎府貶職罷,失路無依也。大有流連不忍遽別之意。'江間'指桂江,馮編甚誤。"案:張説是。

　　〔二〕一歲林花即日休:即日,僅僅在當天。極言府貶職罷,事出倉促,非所逆料,亦以暗示桂管之行,僅僅一年,不滿"三載""五考"之限,故節作標題。

　　〔三〕江間亭下悵淹留:句意:桂林灘江,是國內著名的風景區,旁有亭臺館榭以資游賞,而且有林花點綴其間。所以臨別以前,感到悵惘,感到留連不捨。

　　〔四〕重吟細把真無奈:此句化用杜甫《九日藍田崔氏莊》"明年此會知誰健,醉把茱萸仔細看",而自鑄新詞。

　　〔五〕已落猶開未放愁:花落使人惱喪,花開又使人縈懷;總之是進退維谷,弄得人啼笑皆非。

　　〔六〕山色正來銜小苑:桂林附近有許多陡峭玲瓏的小山,是國內很有特色的游覽勝地。山色,指春天更加鬱鬱葱葱的山色。銜,猶今言環抱。小苑,桂府小巧玲瓏的花園。句意:正當風景宜人的季節,而被迫離去。

〔七〕春陰只欲傍高樓：集中有《北樓》詩，作於桂幕期間，或即此詩所詠的高樓。句意：登樓遠眺，陰雲密布，大有風雨欲來之勢。此句寫景亦所以抒情。

〔八〕金鞍忽散銀壺滴：金鞍，用黄金裝飾的馬鞍。《後漢書·輿服志》：“降及戰國，奢僭益熾……競修奇麗之服，飾以輿馬；文罽玉纓，象鑣金鞍，以相夸上。”銀壺，夜漏的水斗，通用銅，貴人用銀。此處也可能是出於詩人誇飾。滴，或本作“漏”。句意：夜闌人去，未卜前路如何？

〔九〕更醉誰家白玉鈎：鈎指藏鈎，是古代飲酒時一種侑酒的游戲。辛氏《三秦記》説：“昭帝母鈎弋夫人手拳而有國色，先帝寵之，世人藏鈎法此也。”《列仙傳》云：“趙倢仔病卧六年，右手拳，奉詔到，帝披其手，得玉鈎，手得展。”爲此詩用“玉鈎”所本。句意：更到誰家買醉，作藏鈎之戲，以澆胸中塊磊呢？

异俗二首選一〔一〕

鬼癘朝朝避〔二〕，春寒夜夜添〔三〕。未驚雷破柱〔四〕，不報水齊簷〔五〕。虎箭侵膚毒〔六〕，魚鈎刺骨銛〔七〕。鳥言成諜訴〔八〕，多是恨彤襜〔九〕。

〔一〕异俗：自注：“時從事嶺南。”徐樹穀曰：“此詩載《平樂縣志》，原注下又有‘偶客昭州’四字。”此詩馮《譜》、張《箋》俱編於大中二年(八四八)。作者此時隨桂管觀察使游宦嶺南，曾在一段很短的時間代理昭州郡守,以一種奇异的眼光注視着西南少數民族的生活習俗,而對州民控訴地方長吏的貪暴,則寄以深厚的同情。

〔二〕鬼瘧朝朝避:《文選》張衡《東京賦》:"毆除群厲。"李善注引《漢舊儀》曰:"昔顓頊氏之有三子,已而爲疫鬼,一居江水爲瘧鬼……"《幽明録》:"河南楊起,字聖卿,少病瘧,逃於社中,得《素書》一卷,譴劾百鬼。"疑鬼瘧,即今所稱的惡性瘧疾,有的也呼爲"瘴癘",南方邊區各省多患之。

〔三〕春寒夜夜添:廣西地處南方而多雨,故《廣西通志》有"三春連暝而多寒"的記載,而民間亦有"四季無寒暑,一雨便成冬"的諺語。

〔四〕未驚雷破柱:曹嘉之《晉紀》:"諸葛誕以氣邁稱。嘗倚柱讀書,霹靂震其柱,誕讀書自若。"《世説新語・雅量》:"夏侯太初嘗倚柱作書,時大雨霹靂,破所倚柱,衣服焦然,神色無變,書亦如故。"劉孝標注:"臧榮緒又以爲諸葛誕也。"案:北方少雨,故聞迅雷而驚者多,不驚者少;南方多雨,故驟雨疾雷,安之若素。然此在一出生於北方的詩人看來,豈非北人之所難,恰是南人之所易,從而值得大書特書的麼?

〔五〕不報水齊簷:水齊簷,言大水淹房,祇剩屋頂。"不報"的原因可能是生活上習以爲常,抑或是地方上官府不管。二者相較,後者居多。"簷",或作"榍",即"步廊"。但水齊廊事非罕見,即使不報,也無需大書特書,疑其非是。

〔六〕虎箭侵膚毒:《桂海虞衡志》:"蠻箭以毒藥濡箭鋒,中者立死,藥以蛇毒草爲之。"句意謂:西南少數民族射虎用的箭鏃,是用毒藥浸過的,祇要虎豹之類的猛獸皮膚微度創傷,它們就會立即喪失抵抗力甚至死掉。

〔七〕魚鈎刺骨銛:刺骨銛,言魚鈎尖端鋒利無比,不但可以刺進皮肉,甚至可以深入骸骨。以上二句寫少數民族以漁獵爲生,發明了許多效能很高的射釣工具。同時，由於此種生活習尚，逐漸形成民族性格的堅强不屈，敢於和惡勢力作不調和的鬭爭，因啓結句。

〔八〕鳥言成諜訴：鳥言，自《孟子·滕文公》篇稱楚人爲“南蠻鴃舌之人”，給後世造成歧視南方少數民族的不良後果。如《後漢書·度尚傳》：“椎髻鳥語之人，置於縣下。”“諜訴”，舊本多作“諜詐”，兹從朱鶴齡注本。《文選》孔稚圭《北山移文》：“牒訴倥偬裝其懷。”牒與諜通。《桂海虞衡志》：“牒訴券約，多用土俗書。”“諜訴”，意爲訴狀。

〔九〕多是恨彤襜：《周禮·春官·巾車》：“巾車有容蓋。”鄭司農注：“容爲襜車，山東謂之裳幃。”彤襜即傳車赤帷。《後漢書·賈琮傳》：“……乃以琮爲冀州刺史。舊典，傳車驂駕，垂赤帷裳……（琮）曰：‘刺史當遠視廣聽，糾察美惡，何有反垂帷裳以自掩塞乎？’乃命御者褰之。”傳車，是刺史出門乘坐的車子。赤帷，紅色帷簾，這裏是用作刺史的代詞。馮注：“此似州民有訟其刺史者。”按馮注是。此寫西南少數民族對地方官的貪暴，不是逆來順受，而是大膽提出控訴，這是此詩的精義所在。

思　歸〔一〕

固有樓堪倚〔二〕，能無酒可傾〔三〕？嶺雲春沮洳〔四〕，江月夜晴明〔五〕。魚亂書何託〔六〕，猿哀夢易驚〔七〕。舊居連上苑〔八〕，時節正遷鶯〔九〕。

〔一〕此詩馮《譜》編於大中二年（八四八）。注云：“嶺雲江月，必在桂府時也。"案:桂管唐屬嶺南道,有五嶺,故馮氏言之如此。張《箋》無異詞,而補充云:"三句點景,是是年春作。"

〔二〕固有樓堪倚:此句乍看似無需甚解,然把"倚樓"作爲一件雅人雅事加以强調,是否受了同時詩人趙嘏作了"殘星幾點雁横塞,長笛一聲人倚樓"兩個警句而被杜牧賞譽爲"趙倚樓"的影响,則是一件耐人尋味的事。因爲杜牧是李商隱的知交契友。首句領下三、四。

〔三〕能無酒可傾:次句領下五、六,旨在借酒澆愁。傾,傾壺以斟酒。

〔四〕嶺雲春沮洳:桂管在自然地理方面,屬五嶺山系,裴氏《廣州記》:"大庾、始安、臨賀、桂陽、揭陽(都龐),是爲五嶺。"沮洳,始見《詩·魏風·汾沮洳》,義爲卑濕。此處當用以寫嶺南春至青雲布濩,膴膴原田,沁脾潮潤。

〔五〕江月夜晴明:杜甫《江月》詩:"江月光於水,高樓思殺人。"又《月》詩:"四更山吐月,殘夜水明樓。"此詩兩用之,以顯明首句。以上兩句的真正涵義,是"雖信美而非吾土",在全詩是從反面做襯墊。

〔六〕魚亂書何託:此句化用杜甫《天末懷李白》"鴻雁幾時到,江湖秋水多"以見意。漢樂府《飲馬長城窟行》:"客從遠方來,遺我雙鯉魚。呼兒烹鯉魚,中有尺素書。"以後成爲典實。

〔七〕猿哀夢易驚:杜甫《登高》"風急天高猿嘯哀"爲此用"猿哀"二字所本。夢,指鄉夢;夢驚則離思如故,非獨猿哀,人亦哀矣。

〔八〕舊居連上苑:舊居指義山移家關中後。《史記·秦始皇本紀》:"乃營作朝宮渭南上林苑中。"又班固《西都賦》:"西郊則有上囿禁苑。"案此乃作者自寫"身在江海之上,心居乎魏闕之下"(《莊子·讓王篇》引中山公子牟語)的思想活動。

〔九〕時節正遷鶯:遷鶯語本《詩·小雅·伐木》:"伐木丁丁,鳥鳴嚶嚶;出自幽谷,遷於喬木。"但不直作"鶯遷"。自《禽經》始有"鶯嗚嚶嚶"之語,而唐人省試纔出現《鶯出谷》這樣的題目。後世遂以鶯遷爲升官或遷地的祝頌辭。連繫到此詩,則二者兼而有之。紀評:"起得超忽,收得恰好!"案:此詩遣辭命意,太半瓣香杜陵,故著之。

夢　澤[一]

夢澤悲風動白茅[二],楚王葬盡滿城嬌[三]。未知歌舞能多少,虚減宮厨爲細腰[四]。

　　[一]這首詩是藉古諷今,通過"楚王好細腰,宮中多餓死"這一慘痛的歷史事實,揭露歷代荒淫無道的封建君主追歡享樂的罪惡行動,總是建築在千百萬生靈慘遭塗炭的基礎之上。人民甚當猛醒,勿爲追求空中樓閣的恩寵虚榮而喪掉自己寶貴的生命。寫作時間,當在大中二年(八四八)秋,商隱罷官由桂北歸,路經雲夢時作。雲與夢古時異地別稱,雲澤在江北,夢澤在江南,《左傳・昭公三年》:"鄭伯如楚……王以田江南之夢。"此詩以楚靈王史事爲背景。魯昭公三年,於楚爲靈王即位之次年。故此"夢澤",烙有時代印記,不得認爲是"雲夢澤"的省稱。
　　[二]楚澤悲風動白茅:此句寫時令亦以比興領起下文。《楚辭・九辯》:"悲哉秋之爲氣也,蕭瑟兮草木搖落而變衰。"可見這裏寫的悲風,實際就是秋風。楚地生茅,歷史文獻早有記載,故足以顯示地方特色。然細繹下文,恐怕還有深一層的内在涵義。因爲風人傳統,固有以白茅興言女性美者。如《詩・召南・野有死麇》"白茅純束,有女如玉"即是。明乎此,則下接"楚王葬盡滿城嬌",就成爲相承一脈,絲毫

不使人感到突兀了。

〔三〕楚王葬盡滿城嬌：楚王，指楚靈王，是春秋末著名的荒淫無道的君主。《韓非子·二柄》：“楚靈王好細腰，而國中多餓人。”《後漢書·馬廖傳》：“傳曰：……楚王好細腰，宮中多餓死。”葬盡滿城嬌，意謂滿城美人的生命都被他斷送。

〔四〕“未知歌舞能多少”二句：意在喚醒下層人民，對待奴隸主或封建主的嗜欲偏好，萬勿盲目信從，俾免自己的寶貴生命被其葬送。

潭　州〔一〕

潭州官舍暮樓空，今古無端入望中〔二〕。湘淚淺深滋竹色〔三〕，楚歌重疊怨蘭叢〔四〕。陶公戰艦空灘雨〔五〕，賈傅承塵破廟風〔六〕。目斷故園人不至，松醪一醉與誰同〔七〕！

〔一〕潭州：《水經·湘水注》：“湘水又北逕昭山西，山下有旋泉，深不可測，故言昭潭無底也，亦謂之曰湘州潭。”《舊唐書·地理志》：“江南西道：秦置長沙郡，漢爲長沙國，治臨湘縣……晉懷帝置湘州……隋平陳爲潭州，以昭潭爲名。”即今湖南長沙市，唐代爲湖南觀察使治所。此詩徐逢源、馮浩以爲作於楊嗣復出爲湖南觀察使時，第二聯是悼文宗之死，傷嗣復之被貶。程夢星、何焯、張采田則以爲當作於大中初年，是悼武宗之死和“會昌將相名臣之流落”（何焯評語）。按：馮說別無佐證，而且逐句附會穿鑿，不可取。何、張之説，結合詩人對宣宗時政治的疾恨和對武宗時有功之臣的同情，則是正確的。張《箋》編於大中二年（八四八）箋曰：“此桂管歸途，暫寓湖南，遲望李回之作。"李回當時任湖南觀察使。此詩是以弔潭州的官舍,來慨嘆自己的身世。兼寓對會昌君相的懷念和對大中統治集團的怨恨。

〔二〕"潭州官舍暮樓空"二句:今古,謂傷今弔古。所弔者,潭州官舍;所傷者,自己流滯於此。無端,猶無由、不自禁。

〔三〕湘淚淺深滋竹色:《博物志》:"堯之二女,舜之二妃,曰湘夫人,舜崩,二妃啼,以涕揮竹,竹盡斑。"又《竹譜詳錄》卷六:"淚竹生全湘九疑山中……《述异記》云:'舜南巡,葬於蒼梧,堯二女娥皇、女英淚下沾竹,文悉爲之斑。'亦名湘妃竹。"此暗寓對武宗的悼念。

〔四〕楚歌重疊怨蘭叢:楚歌:指屈原的辭賦。《史記·屈原列傳》:"楚人既咎子蘭以勸懷王入秦而不反也。屈平既嫉之……令尹子蘭聞之大怒。"怨蘭叢,以澧蘭託怨。屈原放逐江湘,反復稱述澧蘭,《離騷》云:"蘭芷變而不芳兮,荃蕙化而爲茅。何昔日之芳草兮,今直爲此蕭艾也。"此暗寓對宣宗統治集團的憤懣。

〔五〕陶公戰艦空灘雨:此指晉名將陶侃。《晉書·陶侃傳》:"陶侃字士行,本鄱陽人也……弘以侃爲江夏太守……又加侃爲督護,使與諸軍並力距恢。侃乃以運船爲戰艦……所向必破。……後討杜弢,進克長沙,封長沙郡公。"空灘雨,謂陶公的戰艦已不可見,剩下的只有雨灑空灘而已。暗示當時有功的將相被排斥。

〔六〕賈傳承塵破廟風:賈傅,即賈誼。《史記·賈生列傳》:"賈生爲長沙王太傅三年,有鵩飛入賈生舍,止於坐隅。楚人命鵩曰'服'。賈生既以適居長沙,長沙卑溼,自以爲壽不得長,傷悼之,乃爲賦以自廣。"《西京雜記》卷六:"賈誼在長沙,鵩鳥集其承塵。"承塵即天花板,所以承接塵土也。長沙賈誼宅,後來修築爲賈誼廟。《水經·湘水注》:"湘州郡廨西有陶侃廟,云舊是賈誼宅。地中有一井,是誼所鑿,極小而深,上斂下大,其狀似壺,傍有一腳石牀,纔容一人坐,形制甚古,流俗相承云誼宿所坐牀。又有大柑樹,亦云誼所植也。”其廟在長沙南六十里。破廟風，謂賈誼宅已不可見，餘下的只有被風吹雨打的祠廟。暗示當時才士不被重用。以上四句皆寫長沙之古迹，即弔古，下兩句是傷今。

〔七〕“目斷故園人不至”二句：目斷，猶望斷。松醪，用松膏釀的酒。義山《復至裴明府所居》詩：“賒取松醪一斗酒，與君相伴灑煩襟。”意思是故鄉望斷卻回不去，與誰同飲遣懷呢？

楚　吟[一]

山上離宮宫上樓[二]，樓前宫畔暮江流[三]。楚天長短黃昏雨[四]，宋玉無愁亦自愁[五]。

〔一〕此詩張《箋》編於大中二年（八四八）。箋云：“此亦荆楚感時之作。”案宋玉在《高唐賦》中自述其創作動機云：“長吏隳官（降職），賢士失志；愁思無已，嘆息垂淚；登高遠望，使人心瘁。”迨及李唐，杜老凭弔古迹，目擊當日楚宫，已蕩然無存，諷誦遺篇，不禁感慨係之，寫下《詠懷古迹》一首，其詞曰：“摇落深知宋玉悲，風流儒雅亦吾師。悵望千秋一灑淚，蕭條异代不同時。江山故宅空文藻，雲雨荒臺豈夢思？最是楚宫俱泯滅，舟人指點到今疑。”由此可見，杜老爲詩，著眼點雖在古代，而立足點則在當時。以此爲路引，尋繹義山是詩，可以思過半矣。而馮注顧謂“不敢指其事以實之”何哉？

〔二〕山上離宮宫上樓：《文選》宋玉《高唐賦》：“妾在巫山之陽，高丘（山）之阻。”又《序》云：“昔者楚襄王與宋玉游於雲夢之臺，望高唐之觀（館）。”是此詩“山上離宫宫上樓”句之所本。又《文選》司馬相如《上林賦》:"離宮別館,彌山跨谷。"離宮,古代帝王的行宮。此句寫景,由下而上,層層累進,使人讀了,自然會産生像梁鴻《五噫》詩"……顧瞻帝京兮,噫! 宮闕崔巍兮,噫! 民之劬勞兮,噫! 遼遼未央兮,噫!"那樣的聯想,那樣的憤慨。

〔三〕樓前宮畔暮江流:此句寫景,與上句方向相反,又自上而下。上句著眼點似在於朝廷施設,下句銷凝處似懷於國步陵夷。其意若謂:暮江東去,行見滄海橫流;殷鑒不遠,祇在宮畔樓前。

〔四〕楚天長短黃昏雨:此句從字面上理解:楚天,楚地天氣;長短,意同今言"反正"、"橫豎"、"照例"、"總是";黃昏雨,即暮雨,語義雙關,本於《高唐賦》:"妾在巫山之陽,高丘之阻。且爲朝雲,暮爲行雨,朝朝暮暮,陽臺之下。"詩言"黃昏雨",比物此志也。然則此句寫作,決非旨在反映自然氣象,而是別有興寓。興寓維何? 阮籍《詠懷》詩"三楚多秀士,朝雲進荒淫"是。此乃藉楚喻唐。作家視野,亦非局限於大江南北,而是著眼於萬民具瞻的京華,斷可知矣。據上引杜甫《詠懷古迹》"最是楚宮俱泯滅,舟人指點到今疑"之語,知義山作此詩,寫景亦全出虛構,如司馬長卿之賦《子虛》。

〔五〕宋玉無愁亦自愁:宋玉,詩人自喻。"無愁亦自愁",言愁非爲己。語重心長,爲全篇結穴。

夜雨寄北[一]

君問歸期未有期,巴山夜雨漲秋池[二]。何當共剪西窗燭[三],卻話巴山夜雨時!

〔一〕夜雨寄北：《萬首唐人絕句》題作“夜雨寄内”。馮浩注：“語淺情深，是寄内也。然集中寄内詩皆不明標題，當仍作‘寄北’。”案馮説是。馮《譜》、張《箋》俱編此詩於大中二年（八四八）游巴蜀之時。張氏箋曰：“此亦留滯巴、閬時作，時初交秋，而義山亦將歸矣。”

〔二〕巴山夜雨漲秋池：巴山，即大巴山，在今陝西南鄭縣南，支脉延伸至四川南江、通江等縣。這裏泛指四川的山。此句意謂歸期渺茫，眼前衹有添人惆悵的綿綿秋雨而已。

〔三〕何當共剪西窗燭：何當，猶怎能够，杜甫《彭衙行》：“何當有翅翎，飛去墮爾前。”剪燭，指剪燭夜話。意謂怎麽能够和你共同剪燭夜話巴山夜雨時的心情呢？

亂　石〔一〕

虎踞龍蹲縱復橫〔二〕，星光漸減雨痕生〔三〕。不須并礙東西路，哭殺厨頭阮步兵〔四〕。

〔一〕此詩馮《譜》編於大中二年（八四八）桂管詩中。張《箋》同，但對馮解作了一些補充訂正：“‘虎踞龍蹲縱復橫’喻牛李二黨彼此傾軋。‘星光’句謂一黨漸衰，一黨又代起也。結言黨人於我何仇？奈何跬步纔蹈，荆棘已生，使人抱途窮之哭乎？故曰‘不須’也。不得專指李黨，馮説未洽。”案：張《箋》比之馮氏，向前跨進了一大步，但概括作品，仍有未盡，分疏於後。

〔二〕虎踞龍蹲縱復橫：“虎踞龍蹲”，雖然字面上基本同於“虎踞龍盤”，但命意卻天壤懸殊：“虎踞龍盤”是寫形勝，而“虎踞龍蹲”則是

寫險阻,內容同於《楚辭·招魂》所説的"虎豹九關",《大招》所説的
"虎豹蜿只",指的是社會上"磨牙吮血"的"猛虎長蛇"一類。

〔三〕星光漸減雨痕生:此句舊解未得要領。意思是説:由於天陰
雨降,這些猙獰可怖的亂石,表面是看不見了,但是它們並未真正消
失,衹是由明岑變成暗礁,陽災變成隱患,依然圍困着你,讓你寸步難
行。這是作者由於在坎坷的宦途上逐漸體察到在希望背後隱藏着更
大的失望,在生機面前潛伏着嚴重的危機這一冷酷的社會現實,所以
才能形象地刻畫了險夷、濃淡情調色彩迥不相侔的上下句。這在抒情
詩的表現手法上,可以説是畦町新闢,在其他唐人集子中,是很少看到
的。雨,一作"水",非。

〔四〕"不須并礙東西路"二句:《詩·小雅·節南山》:"我瞻四
方,蹙蹙靡所騁。"此周大夫家父生逢季葉(幽王時),憤世刺時之作。
蓋志士仁人,古今同慨。阮步兵,指阮籍。《晉書·阮籍傳》:"籍聞步
兵厨營人善釀,有貯酒三百斛,乃求爲步兵校尉。"又曰:"時率意獨
駕,不由徑路,車迹所窮,輒慟哭而反。"此詩作者殆以阮籍自喻。

陸發荊南始至商洛〔一〕

昔去真無素〔二〕,今還豈自知〔三〕。青辭木奴橘〔四〕,紫見地
仙芝〔五〕。四海秋風闊〔六〕,千巖暮景遲〔七〕。向來憂際
會〔八〕,猶有五湖期〔九〕。

〔一〕唐宣宗大中二年(八四八)二月,桂管經略觀察使鄭亞貶循
州刺史,商隱罷幕,於是年三四月間離桂北歸,秋初到商洛,作此詩。

他這一段追隨鄭亞的游宦生活，從此結束，平生抱負，再次歸於幻滅。撫今追昔，感慨萬端。此時雖猶未能忘懷於風雲際會，但因屢遭挫折，不能不在内心深處，進一步滋長退隱江湖之想。陸發，意思是，從某地渡江登陸出發。荆南，即荆州，治江陵（今湖北江陵縣），唐至德後於此設荆南節度府。商洛，《新唐書·地理志》：“關内道·商州·上洛郡·商洛縣：望東有武關。”按其地在今陝西商州。

〔二〕昔去真無素：素，舊交情誼。王褒《四子講德論》：“非有積素累舊之歡。”馮注：“按有素無素，交游間習語也。此謂與鄭亞非舊交，忽承其薦辟，今忽然罷歸，皆非意料也。”按朱鶴齡《箋注李義山詩集》本“無素”作“無奈”，注云：“一作素，非。”馮氏據仿宋本駁之，極是。按此“無素”除表明與鄭本無舊交而外，據《漢書·江充傳》“以教救亡素者”顏注：“言素不教救左右。”當亦兼有“無素養”、“無操守”的涵義，也同時表明自悔此次出仕，未經縝密考慮，而有些近於躁進。

〔三〕今還豈自知：意思是：這次罷幕休官，也遠非預料所及。以上這兩句是作者在“黄粱夢覺”之後，深感這次嶺南之行，在出處大節上，有些進退失據。

〔四〕青辭木奴橘：《水經·沅水注》：“龍陽縣之氾洲，洲長二十里，吳丹楊太守李衡植柑於其上。臨死，敕其子曰：‘吾州里有木奴千頭，不責衣食，歲絹千匹。’……吳末，衡柑成，歲絹千匹。”又《史記·貨殖列傳》有“江陵千樹橘”之語，李詩蓋兩用之，以切江陵地望。

〔五〕紫見地仙芝：地仙謂四皓，此切商洛地望。《漢書·王貢兩龔鮑傳序》：“漢興有園公、綺里季、夏黄公、角（通作“甪”，古同字）里先生。此四人者，當秦之世，避而入商洛（通作“雒”）深山，以待天下之定也。”皇甫謐《高士傳》載四皓《紫芝歌》曰：“莫莫高山，深谷逶迤。曄曄紫芝，可以療飢。唐虞世遠，吾將安歸？駟馬高蓋，其憂甚大；富貴之畏人兮，不如貧賤之肆志。”案以上二句，作者使用了青橘、紫芝兩個成詞，而把“青”“紫”二字拆開前置，則“青紫”二字具有了代表官服的另一層涵義（見《漢書》夏侯勝、劉向等傳）。因而這兩句就不僅暗示歸隱，而且也表明辭官。

〔六〕四海秋風闊：作者此次出仕，南至桂管，萬里迢迢，故以五湖四海起興。秋風一下，天地肅清，著一“闊”字，而無遠弗屆的氣勢，表現得非常飽滿。觀此，可見作者對遣詞用字錘煉之功。

〔七〕千巖暮景遲：千巖用《世説新語·言語》：“顧長康（愷之）從會稽還，人問山川之美，顧云：‘千巖競秀，萬壑爭流，草木蒙蘢其上，若雲興霞蔚。’”以描寫商洛諸山的層巒疊嶂。下三字“暮景遲”的實旨是“景遲暮”。遲暮，是古成語，屈原《離騷》：“惟草木之零落兮，恐美人之遲暮。”因此，全句的意思是：錦繡江山，迫近遲暮。和《樂游原》詩“夕陽無限好，只是近黃昏”，是同一機杼。同時應當指出，作者爲了就律叶韻，略變“景遲暮”的語序爲“暮景遲”，不僅聲諧宮商，而且詞義加深。所以然者，《楚辭》王逸注云：“遲，晚也。”則暮景遲不僅祇是向暮，而且已入晚期，這裏有個時序潛流，不停暑刻的深意在内，給讀者的印象，是逝波而非死水。此乃篇中之警策。

〔八〕向來憂際會：向來，從來。謂回首前塵，不祇一度。憂，義同憂國憂民，是關懷的意思；又指患得患失，是從個人考慮。此處蓋兼有此二種涵義。際會，政治形勢發生變化，個人遇合受到影響。何遜《爲孔導辭建安王箋》：“昔逢際會，忝申名質。”這句詩的意思是説：總結過去的歷次經驗，每當時事發生變化，總要給自己帶來一點希望，但是客觀現實表明，伴隨着希望而來的，必定是更大的失望。因此對自己的前途，也就不再抱什麽幻想。

〔九〕猶有五湖期：《周禮·地官》：“職方氏：東南曰揚州，其浸五湖。”又《吳越春秋》卷十：“范蠡乃乘扁舟，出三江，入五湖，人莫知其所適。”期，設想。句意謂：既感仕路艱難，何如另作歸隱江湖的退一步打算？

楚　澤[一]

夕陽歸路後[二]，霜野物聲乾[三]。集鳥翻漁艇[四]，殘虹拂馬鞍[五]。劉楨元抱病[六]，虞寄數辭官[七]。白袷經年卷[八]，西來又早寒[九]。

　　[一]按此詩所寫的具體路向和景物，都和題目《楚澤》不相契合，疑是由於像朱鶴齡在《箋注李義山詩集》凡例中所説："義山詩《藝文志》止三卷，想後人掇拾於散佚之餘，故詩與題或不相應。"當我們讀到這首詩的題目和本文，和朱氏就有相同的感想。詳審此詩思想内容，當作於《陸發荆南始至商洛》以後，《河清與趙氏昆季讌集得擬杜工部》以前。馮浩注後一首詩云："頗疑大中三（疑當是"二"字之誤）年從商洛歸至東都而旋就水程，由江漢以詣巴蜀，故以杜工部入蜀寄意。雖所揣大鑿，然與後之《杜工部蜀中離席》似相應。"我們經過仔細研究，認爲馮氏所論，並非大鑿，而是讀書有間，可以信從。楚澤，語出《文選》司馬相如《子虛賦》："臣聞楚有七澤，嘗見其一，未睹其餘也。臣之所見，蓋特其小小者耳，名曰雲夢。"爲此題命名所本。
　　[二]夕陽歸路後：從商洛去洛陽，路向是從西往東而偏北，秋末冬初的夕陽正在背後，故云。又與末句"西來又早寒"之語首尾相應。以見上引馮氏之説爲确切不可移。
　　[三]霜野物聲乾：寫北方秋末冬初景物。物聲，主要指風吹枯葉聲。
　　[四]集鳥翻漁艇：此寫自然景物中的水禽嬉船特性，如沙鷗野鴨

皆然。"翻"與下句"拂"字爲詩眼,此字寫活水禽飛舞的喜樂自如。《世説新語·言語》:"會心處不必在遠,翳然林水,便自有濠濮間想也。覺鳥獸禽魚,自來親人。"文、筆互證,可見古人於此確有會心。

〔五〕殘虹拂馬鞍:殘虹行空如彩練,故下面出一"拂"字,使人感到既空靈而又穩貼。馬鞍,詩人坐騎。按以上二句,不僅形象鮮明,氣韻生動,而且寓情於景。

〔六〕劉楨元抱病:劉楨,字公幹,東漢末詩人,"建安七子"之一。《文選》載其所作《贈五官中郎將(曹丕)》詩云:"余嬰沉痼疾,竄身清漳濱。"按劉楨曾任曹操丞相府掾屬,李商隱亦屢任幕職,故引以自喻。

〔七〕虞寄數辭官:《南史·虞寄傳》:"寄字次安,……起家梁宣城王國左常侍,大同中……乃閉門稱疾,唯以書籍自娛。……(入陳,)文帝謂到仲舉曰:'衡陽王既出閣,須得一人旦夕游處,兼掌書記。'……乃手敕用寄。寄入謝……後除東中郎建安王諮議,加戎昭將軍,寄乃辭以疾……王於是令長停公事,其有疑議,就以決之。"由此看來,虞寄也是一個以能文而屢次出任幕職的人物,所以商隱引以自況。據此,則詩人此次罷幕,是稱疾引退的。在此以前,他也曾參加過令狐楚、崔戎、王茂元等人的幕府,故此"數辭官"實亦作者自述。

〔八〕白袷經年卷:《急就篇注》:"衣裳施裏曰袷。"《文選》潘岳《秋興賦》:"御袷衣。"按"袷衣"即夾衣。句意謂:桂州氣候炎熱,故夾衣捲起不著。

〔九〕西來又早寒:"又",一本作"及"。

河清與趙氏昆季讌集得擬杜工部[一]

勝槩殊江右[二],佳名逼渭川[三]。虹收青嶂雨[四],鳥没夕陽天[五]。客髩行如此[六]，滄波坐眇然[七]。此中真得地，漂蕩釣魚船[八]。

〔一〕此詩馮浩注認爲當作於大中三年(八四九)。其言曰："讌席當是餞別，故只點行役，而言外含之。劉夢得《送趙司直轉官參山南令狐僕射幕》云：'趙氏兄弟皆僕射門客。'當即此趙氏昆季，本集中趙祝、趙晳之輩也。'得擬杜工部'，當爲席上分擬者耳。頗疑大中三(疑當作"二")年從商洛歸至東都而旋就水程，由江漢以詣巴蜀，故以杜工部入蜀寄意。雖所揣大鑿，然與(原無)後之《杜工部蜀中離席》似相應。"其後張采田氏《會箋》本對此持保留態度，入"不編年"篇目中，曰："不詳何年。馮氏引劉夢得《送趙司直轉官參山南令狐僕射幕》云：'趙氏兄弟皆僕射門客'謂即此趙氏昆季，亦未敢定。"姑兩存之。河清，唐縣名。《通典·州郡》七："河南府河清縣南臨黃河。《左傳》云'晉陰'即此。"《新唐書·地理志》："會昌三年隸孟州，尋還屬河南府。"昆季，即昆弟。《論語·先進》："人不間於其父母昆弟之言。"意即兄弟。讌集，意同宴會。杜工部，即杜甫。因嚴武曾薦舉他作檢校工部員外郎。

〔二〕勝槩殊江右：勝槩，就河清縣的形勢而言。意謂河清地濱大河，與沿江諸縣南北对峙，各擅其勝。

〔三〕佳名逼渭川：馮注："取清江清渭，以點河清。"

〔四〕虹收青嶂雨：寫雨霽雲收，青嶂前出現一道七色彩虹。所以這個"收"字有"收束"、"完結"的意思。這是詩人憑着直觀的印象而鎔鑄出來的具有豐富内涵和强烈感染力的詞語。

〔五〕鳥没夕陽天：與上句形式上是對偶，内容上是承接。因爲從自然現象看，上句正是下句的序幕，下句乃是上句的結局。雨霽天晴，彩虹也不見了，這時祇有歸禽數點，朝着沐浴在奪目的夕照中的青山飛逝;而後,從遼闊的視野中逐漸消失。以上這兩句詩,僅僅用了十個字就形象地概括了富有詩情畫意的天光雲影,而且在個中領會了年光如逝水的生活體認。故下五六承以個人感慨。

〔六〕客髩行如此,髩,同鬢。行,即將。人老則鬢髮白,如自然界的白雲蒼狗,瞬息潛流。"客髩",《唐音戊籤》:"一作歲月。"意思是光陰一刻不停地在消逝。

〔七〕滄波坐眇然:《唐音戊籤》作"江湖坐渺然"。文字雖有不同,思想內容則無大差異。總謂江湖浪迹,無拘無束,殊勝於風塵僕僕,俯仰因人也。然作者此時尚未決心歸隱,則此句背後,實蘊藏着杜老"江湖滿地一漁翁"的甚深幽憤在。如此説來,以上四句,觸景生情,實與屈原《離騷》"日月忽其不淹兮,春與秋其代序,惟草木之零落兮,恐美人之遲暮"所抒發的是同一情愫。

〔八〕"此中真得地"二句:這是"永憶江湖歸白髮"的另一種説法,是詩人很早就替自己做了這樣安排的。但問題是目前還沒到白髮之年,而僅僅是"客髩行如此",所以就不能不使我們感到這些話是正言若反。

李衛公〔一〕

絳紗弟子音塵絕〔二〕,鸞鏡佳人舊會稀〔三〕。今日致身歌舞地〔四〕,木棉花暖鷓鴣飛〔五〕。

〔一〕李衛公:《舊唐書·李德裕傳》:"會昌四年,以平劉稹功,進封衛國公。大中初罷相。歷貶潮州司馬、崖州司户參軍。卒。"此詩馮《譜》、張《箋》俱編於大中二年（八四八），作者對李德裕的被貶，回避政治原因，衹寫生活變化，而寄以微弱的同情，這是有意識地渲染五色繽紛的場景，來掩蓋他萬念俱灰的深哀。

〔二〕絳紗弟子音塵絕：《後漢書·馬融傳》：“融居宇器服，多存侈飾。常坐高堂，施絳紗帳，前授生徒，後列女樂。”《舊唐書·李德裕傳》：“東都於伊闕南，置平泉別墅，清流翠篠，樹石幽奇。初未仕時，講學其中。”“絳紗弟子”指此。句意謂：德裕被貶以後，門生故吏，和他感情冷淡起來，以致連音信也不通了。

〔三〕鸞鏡佳人舊會稀：段安節《樂府雜録》云：“《望江南》，始自朱崖李太尉（德裕）鎮浙日，爲亡妓謝秋娘所撰，本名《謝秋娘》。”謂李德裕曾蓄妾。而《新唐書·李德裕傳》則謂“德裕不喜飲酒，後房無聲色娛”，與此詩所詠情事不符。傳聞異詞，有如此者。“諸侯之門，仁義存焉。”歐、宋之有無曲筆？寧可存疑，未敢輕信。

〔四〕今日致身歌舞地：致，讀如《孟子·公孫丑》“孟子致爲臣而歸”之“致”，意爲引退。歌舞地，如俗云“花天酒地”。

〔五〕木棉花暖鷓鴣飛：《吳録》：“交阯有木棉樹，高大，實如酒杯，中有綿，如絲之綿，可作布。名曰緤，一名毛布。”《羅浮山記》：“木棉，正月開花，大如芙蓉，花落結子，有綿甚白。”鷓鴣，鳥名，屬鳥類鶉雞類。《禽經》：“子規也啼必北嚮，鷓鴣也飛必南翥。”又《本草綱目·禽部》：“鷓鴣，性畏霜露，夜棲以木葉蔽身，多對啼，今俗謂其鳴曰：‘行不得也哥哥！’”由此可見，作者此處寄興鷓鴣，一是南翥，二是“行不得也”，都是以物喻人，隱喻衛公之遠竄遐荒，慰之實以悲之。木棉花紅，屬暖色；與上“音塵絕”、“舊會稀”的冷境對立。宋之問《度大庾嶺》詩“魂隨南翥鳥”，可以作此詩“鷓鴣飛”的先聲。

鈞　天〔一〕

上帝鈞天會衆靈〔二〕，昔人因夢到青冥〔三〕。伶倫吹裂孤生
竹〔四〕，卻爲知音不得聽〔五〕。

〔一〕鈞天：《史記·趙世家》：“趙簡子疾，五日不知人……医扁
鵲視之……曰：‘……在昔秦繆公嘗如此，七日而寤，寤之日，告公孫
支與子輿曰：“我之帝所甚樂……”……今主君之疾與之同。……’居
二日半，簡子寤，語大夫曰：‘我之帝所甚樂，與百神游於鈞天，廣樂九
奏萬舞，不類三代之樂，其聲動人心。’”《吕氏春秋·有始》：“中央曰
鈞天。”高誘注：“鈞，平也，爲四方主，故曰鈞天。”案題名“鈞天”，所以
暗喻朝廷。此詩馮《譜》、張《箋》俱編於大中二年（八四八）。箋曰：
“‘上帝鈞天’，喻令狐（綯）之得君，下言‘昔人因夢’，尚得預聞廣樂。
我本舊日門客，反遭排笮，不能與伶倫同列，豈非數奇也哉？‘吹裂孤
竹’，即史所稱商隱歸窮自解者也。”

〔二〕上帝鈞天會衆靈：故實已詳題解。句意：宣宗嗣立，朝廷正
當用人之際。

〔三〕昔人因夢到青冥：《楚辭·九章·悲回風》：“據青冥而攄虹
兮，遂儵忽而捫天。”青冥，天色，因以代天，亦即題解所引《史記·趙
世家》之所謂“帝所”，朝廷。

〔四〕伶倫吹裂孤生竹：《吕氏春秋·古樂》：“黄帝令伶倫作爲
律。伶倫自大夏之西，乃之阮隃之陰，取竹於嶰谿之谷，以生空竅厚鈞
者，斷兩節間，其長三寸九分而吹之，以爲黄鐘之宫。吹曰（或作日，

非。)舍(或本作含)少,次制十二筒(或作筩,同;或作簫,非),以之阮
隃之下。聽鳳皇之鳴,以別十二律。"又《周禮・春官・大司樂》"孤竹
之管"注云:"竹特生者。"由此可見,伶倫是傳說中的律吕(音律)的創
始人,是最高明的音樂家;孤竹,是最名貴的管樂器。以最高明的音樂
家而吹奏最名貴的管樂器,而又以最飽滿的熱情來獻技,作者此時迫
切地尋覓知音,是情見乎辭的。

〔五〕却爲知音不得聽:此感"知音不見賞"而發屈子《九章・抽
思》"兹歷情以陳辭兮,蓀詳(佯)聾而不聞"之嘆。馮、張二家注的理
解是正確的。

江　上〔一〕

萬里風來地〔二〕,清江北望樓〔三〕。雲通梁苑路〔四〕,月帶楚
城秋〔五〕。刺字從漫滅〔六〕,歸途尚阻修〔七〕。前程更煙水,
吾道豈淹留〔八〕?

〔一〕馮浩注:"江程寓懷之作。三四左右顧望;下言無所遇合,更
向客途,而意在急歸也。"則當作於大中二年(八四八)秋,由桂管北歸
渡江途中。

〔二〕萬里風來地:此句似寓"願乘長風,破萬里浪"意,抒發個人
"男兒志在四方"的壯懷。《宋書・宗愨傳》:"宗愨字元幹,南陽人也。
叔父炳……愨年少時,炳問其志,愨曰:'願乘長風,破萬里浪。'"蓋萬
里風意即長風,詩人此時面對清江,與古人發生同類的聯想。

〔三〕清江北望樓:此樓疑指黄鶴樓。句意暗用崔灝《黄鶴樓》詩

“日暮鄉關何處是,煙波江上使人愁”的掌故,以寄作者遠客思鄉之
念。黄鶴樓在湖北武昌,唐代屬鄂州江夏縣。

〔四〕雲通梁苑路:馮浩注:“梁苑,汴宋之境。”按漢時梁孝王在梁
營建兔園,以招攬四方文學之士,稱爲梁苑,故址在今河南商丘縣東。
按此詩下云“歸途尚阻修”是正意,而此言“雲通”則爲曲辭,言當時除
空想雲路始可通航而外,而平地則隨時可起風波,給宦游者造成重大
困難。這種表現手法,似從李白《蜀道難》“西當太白有鳥道,可以橫
絶峨嵋巔”悟出。

〔五〕月帶楚城秋:古人望月思鄉,時見諷詠,如李白《靜夜思》:
“舉頭望明月,低頭思故鄉。”杜甫《月夜憶舍弟》:“露從今夜白,月是
故鄉明。”對比此詩,則作者寄迹旅途的幽情,躍然紙上矣。帶,有映
照、聯繫諸種含義。楚城,當指鄂州而言。秋,秋意。

〔六〕刺字從漫滅:刺,名片,古代謁見達官貴人,往往把書寫有自
己姓名的帖子遞給門吏,請求通報接見,叫做“投刺”。《後漢書·禰
衡傳》:“(衡)避難荆州,建安初,來游許下,始達穎川,乃陰懷一刺。
既而無所之適,至於刺字漫滅。”這句詩的意思是説,既然今後不想再
干謁權門,則袖中名片上的字迹,也就一任其自然磨滅了。從,有聽其
自然的意思。這是如實地記録了作者雖已倦游但決心不足的精神
狀態。

〔七〕歸途尚阻修:《詩·秦風·蒹葭》:“道阻且長。”屈原《離
騷》:“路漫漫其脩遠兮,吾將上下而求索。”王逸注:“脩,長也。”此
“阻修”蓋詩人冶《詩》、《騷》爲一爐。阻,取梗塞義;修,取遥遠義。

〔八〕“前程更煙水”二句:“前程更煙水”,與崔灝詩“煙波江上使
人愁”同旨。吾道,語出《楚辭·九歌·湘君》:“遭吾道兮洞庭。”又
《離騷》:“時繽紛其變易兮,又何可以淹留。”王逸注:“言時世溷濁,善
惡變易,不可以久留,宜速去也。”詩的深意在此。按此詩形似白描,

而實化用了許多古代優秀成語,所以收到言在耳目之內,情寄八荒之
表的卓越藝術成果。詩中結尾三句在同一位置,連用"途"、"程"、
"道"三個字異義同的字,這在律詩中不能不算一種缺點。

風[一]

回拂來鴻急[二],斜催別燕高[三]。已寒休慘淡[四],更遠尚
呼號[五]。楚色分西塞[六],夷音接下牢[七]。歸舟天外
有[八],一爲戒波濤[九]。

〔一〕此詩張《箋》編於大中二年(八四八)。同時根據詩中有"天
外歸舟"、"楚色西塞"及"夷音下牢"語,斷義山是年有巴、閬之行。岑
仲勉、陳寅恪兩先生認爲證據不够充分,態度雖似較審慎,但我們認
爲:"下牢"和"西塞"皆用以點染江路險阻,肯定必是旅程紀實。作品
內證,多足以補史闕文。而有些史學家卻衹習於以史證文,而不知以
文補史或正史之尤爲重要。

〔二〕回拂來鴻急:"來鴻"寓家書。王僧孺《詠擣衣》詩:"尺素在
魚腸,寸心憑雁足。"蓋此傳統由來已久。而作者《春雨》詩亦云:"玉
璫緘札何由達? 萬里雲羅一雁飛。"興寄與此相同。拂的涵義是被風
逆吹,回的涵義是倒退;是自然風,亦政治風。

〔三〕斜催別燕高:"別燕",正用古樂府"東飛伯勞西飛燕"和反
用沈佺期《古意》"盧家少婦鬱金堂,海燕雙棲玳瑁梁"的故實以寄興。
催是風催,斜是燕斜。"斜"字出杜甫《水檻遣心》"微風燕子斜",但
杜寫微風,此寫暴風,情景緩急,迥然不同,悉於"催"字見之。

〔四〕已寒休慘淡：謂天氣已寒，豈容暴風更助其慘淡？是自然風，亦政治風。

〔五〕更遠尚呼號：《莊子·齊物論》：“夫大塊噫氣，其名爲風，是唯無作，作則萬竅怒呺。”爲此詩“呼號”詞語所本。讒口囂囂，不幾乎如《詩·邶風·終風》“終風且暴，顧我則笑，謔浪笑傲，中心是悼”（毛傳：“笑，侮之也”）乎？此自然風，亦政治風。以上兩句意在闡明古人所謂“樹欲靜而風不止”，他自己所謂“天意何嘗忌險巇”。

〔六〕楚色分西塞：楚色，楚地的景物。分，分界。西塞，《水經·江水注》二：“江水又東歷荆門虎牙之間。荆門在南，上合下開，闇徹山南，有門像虎牙在北。石壁色紅，間有白文類牙形，並以物像受名，此二山，楚之西塞也。”案其地在今湖北省宜昌市東南三十里大江北岸，與南岸荆門山相對。西塞在《水經注》中的原意爲西方邊界，後遂成爲虎牙與荆門二山的總名。

〔七〕夷音接下牢：夷，指當時居住在川黔等地的少數民族。《新唐書·地理志》：“夷陵郡·夷陵縣西北二十八里有下牢鎮。”《元和郡縣志》（補）：“峽州·夷陵下：周武帝以扼三峽之口，改爲峽州（見《太平御覽》百六十七引《十道志》）。”案陳爲重鎮，隋大業初，改曰夷陵郡。武德二年，平蕭銑，置峽州，本治下牢鎮。貞觀九年，徙治步闡壘。天寶元年，復爲夷陵郡；乾元元年，復爲峽州。《嘉慶一統志》：“湖北省·宜昌府·古迹：夷陵故城，有四……一在東湖縣西北下牢戍，隋以前故城也。《唐書·地理志》：‘峽州本治下牢戍，貞觀九年徙治步闡壘。’《州志》：‘下牢溪上有舊城，或曰劉封城，即舊州治。’”音，蓋兼語音和語言二者而言。句意謂：下牢戍是漢語、夷語雜用的交接地。

〔八〕歸舟天外有：《文選》謝朓《之宣城出新林浦向板橋》詩：“天際識歸舟。”此用其意而稍變其詞。天外有，意思是天涯海角之外，放臣逐客，所在多有，何祇作者一人？

〔九〕一爲戒波濤：一有共同的意思。戒，戒備，提高警惕；波濤，是自然現象，也是政治風險。這和杜甫《夢李白》詩"水深波浪闊，無使蛟龍得"是同樣對失職賢士的深切同情與關懷。此詩以紀昀評最得深旨。其言曰："純是寓意，字字沉著，卻字字唱嘆，無沾滯之痕。"

梓潼望長卿山至巴西復懷譙秀〔一〕

梓潼不見馬相如，更欲南行問酒鑪〔二〕。行到巴西覓譙秀〔三〕，巴西惟是有寒蕪〔四〕。

〔一〕《新唐書·地理志》："劍州梓潼縣有神山。"《太平寰宇記》："劍南東道·劍州·梓潼縣：長卿山在縣南五里，舊名神山。按《圖經》云：'唐玄宗幸蜀，遙見山上有窟，近臣奏漢司馬相如讀書之窟，敕改爲長卿山。'"《後漢書·郡國志》："巴西充國縣，分閬中置。"《通典·州郡》："巴川郡閬州，隋煬帝初置巴西郡。唐先天中（七一二）改爲閬州或閬中郡。"又："南充郡果州，隋并其地入巴西郡（今閬中縣），唐武德四年分置果州，或爲南充郡，領縣六：南充、西充……"《三國志·蜀書·譙周傳》："譙周字允南，巴西西充國人也……周長子熙，熙子秀。"裴注："《晉陽秋》曰：'秀性清靜，不交於世……州郡辟命。及李雄盜蜀，安車徵秀；又雄叔父驤，驤子壽辟命，皆不應……永和三年，安西將軍桓溫平蜀，表薦秀曰："……身寄虎吻，危同朝露，而能抗節玉立，誓不降辱。杜門絕迹，不面偽庭……"'及蕭敬叛亂，避難宕渠川中……後十餘年，卒於家。"案此詩馮《譜》編於大中三年，張氏《會箋》編於大中二年義山"巴蜀之游"詩作當中。兹從張說。此章當是是年詩人初履巴蜀,叙寫觀感之作。

〔二〕"梓潼不見馬相如"二句:《史記·司馬相如列傳》:"相如與俱之臨邛……買一酒舍酤酒,而令文君當壚。相如身自著犢鼻褌,與保庸雜作,滌器於市中。"《太平寰宇記》:"益州華陽縣:相如宅在州西四里。(李膺)《蜀記》:'相如宅在市橋西,即文君當壚滌器處。'"按司馬相如是西漢最偉大的辭賦家和有遠見的政論家。他和卓文君的愛情故事在封建時代具有一定的反抗性和進步意義,所以爲人民所傳誦,並成爲後世詩歌、小説和戲劇創作的母題。

〔三〕行到巴西覓譙秀:義山對隱士心懷崇敬,"訪隱"一類的作品,集中多有。

〔四〕巴西惟是有寒蕪:此謂伊人已逝,唯有宅邊蓬蒿蕪没,尚可想望隱者之清操。集中有《蟬》一首,其中有句云"故園蕪已平",彼此對照,則此言長卿、譙秀,雖視爲詩人之自我寫照可耳。

舊將軍〔一〕

雲臺高議正紛紛〔二〕,誰定當時蕩寇勳〔三〕? 日暮灞陵原上獵,李將軍是舊將軍〔四〕。

〔一〕舊將軍,成語,用漢飛將軍李廣故事。《史記·李將軍列傳》:"李將軍廣者,隴西成紀(今甘肅秦安北)人也。其先曰李信,秦時爲將……廣家世世受射。孝文帝十四年,匈奴大入蕭關,而廣以良家子從軍擊胡,用善騎射,殺首虜多,爲漢中郎……家居數歲。廣家與故潁陽侯孫屏野居藍田南山中射獵。嘗夜從一騎出,從人田間飲。還至霸陵亭,霸陵尉醉,呵止廣。廣騎曰:'故(舊)李將軍。'尉曰:'今將軍尚不得夜行,何乃故也!'止廣宿亭下。"馮浩注:"午橋(程夢星)謂慨李衛公(德裕),極是。余更切證之。新書紀文(《新唐書・文宗紀》),大中二年七月,續圖功臣於凌煙閣,事詳《忠義・李憻傳》。後時必紛紛論功,而李衛國之攘回紇,定澤潞,竟無一人訟之,且將置之於死地,詩所爲深慨也。舊書傳贊(《舊唐書・李德裕傳贊》)云:'嗚呼煙閣,誰上丹青!'憤嘆之懷,不謀而相合矣。義門(何焯)謂爲石雄發,亦通;然衛國之廟算,乃功人也。"馮氏的論證,是正確的。案此詩末句説"李將軍是舊將軍",是自己爲此詩作題解,所謂"畫龍點睛"、"卒章顯志"。馮《譜》編此詩於大中二年(八四八)。

〔二〕雲臺高議正紛紛:《後漢書》卷二十二《二十八將傳論》:"中興二十八將,永平中,顯宗(明帝)追感前世功臣,乃圖畫(鄧禹等)二十八將於南宮雲臺,其外又有王常、李通、竇融、卓茂,合三十二人。"《文選》江淹《詣建平王上書》:"高議雲臺之上。"此指大中二年續圖功臣於凌煙閣事。《舊唐書・太宗紀》:"貞觀十七年春正月戊申,詔圖畫司徒趙國公(長孫)無忌等勳臣二十四人於凌煙閣。"故大中二年之事,云續圖。至於誰當入選,誰不當入選,當時朝臣對此意見分歧很大,議論紛紛。

〔三〕誰定當時蕩寇勳:言無人爲李德裕的攘回紇、定澤潞的卓越功勳仗義執言。《舊唐書・李德裕傳》:"會昌二年,俄而回紇烏介(可汗)突入朔州之界⋯⋯虜大縱掠,卒無拒者⋯⋯德裕草制處分代北諸軍,固關防,以出奇形勢授劉沔,沔令大將石雄急擊可汗於殺胡山,敗之。迎(大和)公主還宮。"又會昌三年四月,昭義節度使劉從諫卒,其侄劉積自稱留後,抗拒朝命,大臣多主姑息,獨李德裕主張用兵。五月初二,德裕上《論昭義三軍請劉積勾當軍務狀》;六月十九日,上《請賜澤潞四面節度使狀》,並見《會昌一品集》。則削平澤潞叛鎮,德裕實主之。這兩件事,對於維護國家統一,鞏固北部邊防,都是起了積極作用的。因爲早在大中元年七月,李德裕已經展轉被排擠,貶黜到極遠的南方,做一名無權無勢的潮州司馬了,所以此時也就無人再提及他的功勳了。

〔四〕"日暮灞陵原上獵"二句:舊,一本作故。案二句意在把李德裕當時有功不得賞,反而連遭貶竄的不幸遭遇,比作漢代飛將軍李廣之無辜受責,構成宦海同悲的歷史冤案,從而給以深厚的同情。肯定李德裕有功於國,這代表當時較少黨派偏見的人士的觀點,有值得參考的價值。

因　書〔一〕

絕徼南通棧〔二〕,孤城北枕江〔三〕。猿聲連月檻〔四〕,鳥影落天窗〔五〕。海石分棋子〔六〕,郵筒當酒缸〔七〕。生歸話辛苦,別夜對凝釭〔八〕。

〔一〕此詩馮《譜》、張《箋》均編於宣宗大中二年(八四八)自嶺南北歸途中,留滯巴蜀詩內。具體情節是寄內。因書,是因寄書而附詩的意思,結尾二句點明。

〔二〕絕徼南通棧:絕徼,邊塞地區。《漢書・鄧通傳》注:"東北謂之塞,西南謂之徼。"《戰國策・秦策》:"棧道千里,通於蜀漢。"這句詩的意思是告訴妻子,他現在是飄泊到大西南的邊塞地區巴蜀,如果從京城長安來此,需要南經棧道。

〔三〕孤城北枕江:馮浩注:"按:地勢雖難確指,大略嘉陵江畔,接近巴山,唐爲巴州利州地。江水經此而南趨閬中。"案梓州北枕涪江,渝州北枕大江，皆在巴蜀，足爲馮注補充。

〔四〕猿聲連月檻：巴蜀多猿，《水經·江水注》："每至晴初霜旦，林寒澗肅，常有高猿長嘯，屬引淒异，空谷傳響，哀轉久絕，故漁者歌曰：'巴東三峽巫峽長，猿鳴三聲淚霑裳。'"連，是挨近的意思。檻，是廊前欄杆。

〔五〕鳥影落天窗：鳥影，或本作鳥語，非。案以上兩句，祇有住在依巖的房屋中，纔可能聞到見到。這是作者對异地風光頗費匠心的刻畫。王延壽《魯靈光殿賦》"爾乃懸棟結阿，天窗綺疏"的描寫，足資參證。

〔六〕海石分棋子：此海石疑指大理石。洱水疑唐以前即有海稱。大理石色鮮質密，適於做碁子。分，是就黑白而言。海與下句郫對，皆當解作具體地名。朱鶴齡注："海，一作錦。"

〔七〕郫筒當酒缸：《成都古今記》："郫人刳竹之大者，傾春釀於筒，苞以藕絲，蔽以蕉葉，信宿馨達於林外，然後斷之以獻，俗號郫筒酒。"案郫，今縣名，在四川省成都市西北。案以上兩句亦集中渲染巴蜀地區習俗，下句微露貶意。筒，古讀平，不讀仄。酒缸，義同酒甕或酒罐。案以上六句措辭甚工，但語法少變化，近犯"平頭"，是其缺憾。

〔八〕"生歸話辛苦"二句：此反用杜甫《羌村》"夜闌更秉燭，相對如夢寐"，預期後會之樂，追憶初別之苦，是更深入一層寫法。凝釭，古代燃油照明的碗燈。《文選》江淹《別賦》："冬釭凝兮夜何長！"

蜀　桐[一]

玉壘高桐拂玉繩[二]，上含非霧下含冰[三]。枉教紫鳳無棲處〔四〕, 斲作秋琴彈壞陵〔五〕。

　　〔一〕張《箋》:"此爲李回再貶賀州刺史而致慨也。回由西川左遷,'玉壘高桐',狀使相之尊貴;次句即炎涼俄頃之感……"張氏編此詩於宣宗大中二年(八四八),他的推斷和説解基本上是正確的。《舊唐書・李回傳》:"李回字昭度……長慶初,進士擢(及)第,又登賢良方正制科……登朝爲左補闕、起居郎,尤爲宰相李德裕所知。回强幹有吏才,遇事通敏,官曹無不理……武宗會昌三年,劉稹據潞州,邀求旄鉞,朝議不允,加兵問罪……乃命回奉使河朔,魏博何弘敬、鎮冀王元逵……俯僂從命……賊平,以本官同平章事,纍加中書侍郎,轉門下,歷户吏二尚書。武宗崩……出爲成都尹劍南西川節度。大中元年冬,坐與李德裕親善,改潭州刺史湖南觀察使,再貶撫州刺史。"案:撫州刺史當作撫州長史。《新唐書・李回傳》:"遂貶賀州(治所在今廣西壯族自治區賀縣)刺史,徙撫州(治所在今江西省臨川)縣長史,卒。"當文宗開成三年(八三八),詩人應博學宏詞科考試時,考官爲李回與周墀,在初審時準備録取他,後被一位"中書長者"複審勘落,所以他和李回早年已有師生情誼。至宣宗大中元年(八四七)八月,李回以宰相從長安外調任成都尹西川節度使;同年冬,又改潭州(治所在今湖南省長沙市)刺史湖南觀察使;不久再次被貶爲賀州刺史、撫州長史。李回的一生,最高做過宰相,最低做過州刺史、長史,其仕宦生涯的轉折點,是成都尹西川節度使的外調。當他再次調任湖南觀察使的時期,李商隱曾去潭州投奔過他。他是詩人曾寄希望以實現自己政治抱負所干求的顯要人物之一。詩以《蜀桐》名篇,除寓有傳統"梧桐棲鳳"的涵義而外,可能還有就地取材的現實意義在内。李德裕《畫桐花鳳扇賦序》:"成都夾岷江磯岸,多植紫桐;每至暮春,有靈禽五色……來集桐花,以飲朝露(即爲桐花鳳)。"故此詩第三句,不僅是在用古典,亦以表現實。

〔二〕玉壘高桐拂玉繩:《文選》左思《蜀都賦》:"夫蜀都者,蓋兆基於上世,開國於中古。廓靈關以爲門,包玉壘而爲宇。"注:"玉壘,山名也。湔水出焉。在成都西北岷山界,在後,故曰宇也。"高桐,一作高梧。拂,拂拭、披拂,意謂上接。玉繩,《春秋元命苞》:"玉衡(北斗七星的第五星,亦指北斗的杓三星)北兩星爲玉繩。"拂玉繩,極言其高可接天。

〔三〕上含非霧下含冰:非霧,暗指"卿雲"。《史記·天官書》:"卿雲見,喜(《初學記·天部》作"嘉",義似較勝)氣也,若霧非霧。"古代認爲卿雲出現,是賢俊當朝的象徵。如《尚書大傳·虞夏傳》就有"卿雲聚,俊乂(賢能之士)集"的説法。下含冰,疑爲化用枚乘《七發》"龍門之桐,高百尺而無枝……上有千仞之峰,下臨百丈之谿……冬則烈風漂霰飛雪之所激也,夏則雷霆霹靂之所感也"的辭義,來渲染李回有股肱之材、冰雪之操。

〔四〕枉教紫鳳無棲處:杜甫《北征》詩:"天吳及紫鳳,顛倒在裋褐。"又《詩·大雅·卷阿》:"鳳皇鳴矣,于彼高岡;梧桐生矣,于彼朝陽。"鄭箋:"鳳皇之性,非梧不棲,非竹實不食。"古代常以鳳皇喻俊傑。如《三國志·蜀志·諸葛亮傳》裴注引《襄陽記》曰:"劉備訪世事於司馬德操,德操曰:'儒生俗士,豈識時務? 識時務者,在乎俊傑;此間自有伏龍鳳雛。'備問爲誰,曰:'諸葛孔明(亮),龐士元(統)也。'"此處"紫鳳",詩人自喻。

〔五〕斲作秋琴彈壞陵:彈,彈奏,讀去聲。《琴操》:"第十二曰《壞陵操》,伯牙所作。"馮浩注:"按《英華》及諸舊本皆作'壞'。考《御覽》、《玉海》引《琴操》本皆作'壞',而他書或作'懷',訛也。《廣陵散》,詳《晉書·嵇康傳》,意取'壞陵',必非'廣陵'。"案:末二句句法倒裝,揭示朝廷罷黜李回,不僅是對他個人大材小用(四句),同時對他選録備用的英才也是一個沉重打擊,使他們在政治上失掉了立足之地(三句)。

九　日〔一〕

曾共山翁把酒時〔二〕,霜天白菊繞階墀〔三〕。十年泉下無消
息〔四〕,九日樽前有所思〔五〕。不學漢臣栽苜蓿〔六〕,空教楚
客詠江蘺〔七〕。郎君官貴施行馬〔八〕,東閣無因得再窺〔九〕。

〔一〕九日:指農曆九月九日,舊稱重陽節或重九節。曹丕《與鍾
繇書》云:"歲往月來,忽復九月九日。九爲陽數,而日月並應,故曰重
陽。"觀此,則農曆九月九日成爲節令,由來已久。把酒賞菊,爲歷來
的習俗。此詩馮浩《玉谿生年譜》和張采田《玉谿生年譜會箋》並編在
宣宗大中二年(八四八)。考是年令狐綯已任翰林學士承旨,是翰林
學士六人當中品級最高的一個,獨承皇帝密命,所以有内相之稱,與中
書舍人同,都是機要重職。而綯於翌年二月,又拜中書舍人……可以
稱得上"郎君官貴"了。作者於是年十月始被武寧軍節度使盧弘止奏
爲判官,在前此一年的時間裏,他都在長安,祇作過京兆府的掾屬,沒
有得到稱心的職位。"彈冠俟知己",而令狐綯怒其背恩,雖陳情屢
啟,而迄不見答。蓋當綯爲相前已然,不必待其拜相以後也。《舊唐
書》本傳:"綯作相,商隱屢啟陳情,綯不之省。"但稽考史籍,令狐綯拜
相,在大中四年十一月,時商隱在徐幕,不在長安,情事稍有未合,故
《新唐書》本傳改爲"綯當國,商隱歸窮自解,綯憾不置",在敘事措辭
上比較審慎,是可以信從的。但《舊書》疏失,後人亦頗有增飾之者,
如孫光憲《北夢瑣言》云:"令狐楚没,子綯繼有韋平之拜。以疏隴西,

未嘗展分。重陽日，義山詣宅，於廳事上留題云云……相國（綯）睹之，惕悵而已，乃扃閉此廳，終身不處也。"王定保《唐摭言》亦有類似傳奇性的記載。獨胡仔《苕溪漁隱叢話》不信此類傳説，首先提出疑問云："綯父名楚，商隱又受知於楚，詩中有楚客之語，題於廳事，更不避其家諱何耶？"清程夢星《李義山詩注》更進一步辨析説："東閣難窺，又何從題壁耶？ 有所思，非承上思把酒之時，正透下思郎君官貴之日。東閣屬楚，非屬綯也。曰'官貴'，猶在綯未相之先；若韋平繼拜，又不止於'官貴'矣。詩當在綯爲學士或舍人時作，義山自嶺表入朝時也。"徐樹穀、徐炯《李義山文集箋注》曰："楚没於開成丁巳，至大中二年戊辰，已十二年，尚可舉成數言，時綯官學士，亦已貴矣。若綯當國，則不得云十年，且豈僅施行馬哉？"馮浩注："義山於子直（令狐綯）既怨之，猶不能無望。敢於其宅發狂犯諱哉？ 諸家之辨已明。余更定爲此時途次所作。第六句兼志客程也。蓋大中二年，綯已充内相（翰林學士承旨），故異鄉把盞，遠有所思，恐其官已漸貴，我還京師，尚未得窺舊時之東閣，況敢望其援手哉？ 預爲疑揣，不作實事解，彌見其佳。觀一作'許再'可悟矣。及三年入京，内實睽離，外猶聯絡，屢曾留宿，備見詩篇，何至不得窺東閣哉？ 本傳所云'綯謝不與通'，亦誤也。後人妄撰一宗公案，皆不足信，故詳引而駁之。"案馮氏所論，張采田《會箋》認爲"此解亦可從，如此則此詩是入京道中作矣"。我們經過反覆考慮，所得的結論是：令狐綯於李商隱有舊恩（商隱之進士及第，綯向考官高鍇説項實有力焉）；祇是因爲他後來婚於王茂元，才被令狐氏視爲"詭薄無行"；對方的情況，既非如詩所説的"不學漢臣栽苜蓿"，恐怕自己的操守，也未必同符於屈子之"扈江蘺"吧！ 正是因爲這樣，作者摛辭的兀傲，畢竟掩蓋不住内心的鄙倍。結尾兩句，是暴露得最爲明顯不過的了。所以我們認爲，這首詩祇能寫於自嶺南回京，寄援引希望於令狐而遭到冷遇以後，時間大約不出於大中二年秋至三年秋一年之間。詩是抒憤之作，決非題壁之詞，殆可質言。

〔二〕曾共山翁把酒時：曾，曾經。共，和某人在一起。山翁，晉山簡，時人稱他爲山公或山翁，曾鎮守襄陽，這裏借指開成二年（八三七）秋興元尹山南西道節度使令狐楚。“山翁”或作“山公”。“山公”是敬稱，“山翁”較隨俗，作“山翁”似更能體現令狐楚性格的平易近人。

〔三〕霜天白菊繞階墀：劉禹錫《和令狐相公玩白菊》詩：“家家菊盡黃，梁國獨如霜。”又有《和令狐相公九日對黃白二菊花見懷》詩，首言“素蕚迎寒秀”，可見令狐楚是十分賞愛白菊花的。商隱於開成二年秋末奉楚命赴興元，故得窺令狐癖好，與劉夢得詩可以互證。

〔四〕十年泉下無消息：令狐楚卒於開成二年十一月，時當商隱赴興元幕後不久。泉下，謂人死埋葬於九泉之下。九泉，成語，阮瑀《七哀詩》：“冥冥九泉室，漫漫長夜臺。”從開成二年，計至大中三年（八四九）凡有十二年間隔，此言十年，是約舉成數。無消息，意謂死生永訣。隨着令狐楚的去世，其接納賢士的開明作風，無人承繼。

〔五〕九日樽前有所思：意思是，今年重九舉盞卻不禁令人發生人亡政息，時移事異之感！因領起下文。

〔六〕不學漢臣栽苜蓿：此句指責令狐綯不肯進賢和爲朝廷廣開才路。《漢書·西域傳》：“大宛左右以蒲陶（葡萄）爲酒……俗耆（嗜）酒，馬耆目宿（苜蓿）……漢使（張騫）采蒲陶、目宿種歸。天子以天馬多，外國使來衆，益種蒲陶目宿，離宮館旁極望焉。”紀昀評此句云：“苜蓿乃外國之草，張騫移種而歸，種之上苑。義山本彭陽弟子，綯以其親於茂元，遂爲敵國，故曰‘不學漢臣栽苜蓿’。”我們認爲，紀評甚得詩旨。如此則玉谿生實與秦李斯《上書始皇》所謂“夫物不産於秦，可寶者多；士不産於秦，願忠者衆”，千古同慨。蓋嫌令狐綯門户之見過深，不能“安反側於萬物”也。馮浩注：“以樹物，比樹人。”語雖簡，但可做必要的補充。

〔七〕空教楚客詠江蘺：教，使。楚客，指屈原，他在楚國連遭放逐，所以稱爲楚客，這裏作者藉以自喻。屈原在《離騷》裏，不止一次提到江蘺。此詩疑用"扈江離（蘺）與辟芷兮，紉秋蘭以爲佩"句意，屈原有内美脩能而不被楚懷王、頃襄王所倚重，使他發出"國無人莫吾知兮"的浩歎。這和作者自己在晚唐屢次向當權的令狐氏陳情而遭到冷遇，在形迹上有些近似。"空教"，一作"還同"。

〔八〕郎君官貴施行馬：郎君，商隱與令狐氏父子兩代都交好，故稱綯爲"郎君"。"郎君"，古成語。《後漢書·哀牢傳》："太守張翕，政化清平，得夷人和。卒，天子以翕有遺愛，乃拜其子湍爲太守。夷人懽喜，奉迎道路，曰：'郎君儀貌，類我府君。'"又《文選》應璩《與滿公琰書》："外嘉郎君謙下之德。"五臣張銑注："滿炳父寵爲太尉，璩嘗事之，故呼曰郎君。"《唐摭言》："李義山師令狐文公，呼小趙公爲郎君。"官，一作"漸"；貴，一作"重"。《周禮·天官·掌舍》："設梐枑再重。"鄭玄注："謂行馬。"《漢官儀》："光禄大夫秩比千石，門施行馬。"施是設置的意思。行馬，封建官署門前所設的攔人木柵。案唐制，翰林學士因可以參議機要，故禁止私接賓客，此蓋朝廷定制，固不必局限於某種象設也。

〔九〕東閣無因得再窺：《漢書·公孫弘傳》："開東閣以迎賢人。"顏師古注："閣者，小門也。東嚮開之，避當庭門而引賓客，以別於掾史官屬也。"王先謙補注引姚鼐曰："此閣是小門，不以賢者爲吏屬，别開門延之。若後漢汝南太守韓崇召蔡順爲東閣祭酒，其後魏晉至梁陳稱東閣祭酒者甚多，此則正是參佐耳。"因公孫弘是漢相，爾後"東閣延賓"就成爲宰相禮賢下士的典範。此詩用之，因令狐綯之父楚，亦曾做相，而詩人則以韶年英髦，蒙其録用也。但此處"東閣"，祇是用以泛稱令狐氏爲相門，非謂令狐綯時已拜相也。因，一本作"人"。得再，或作"再得"、"更重"、"許再"。

人　欲〔一〕

人欲天從竟不疑〔二〕，莫言圓蓋便無私〔三〕。秦中已久烏頭
白〔四〕，卻是君王未備知〔五〕。

〔一〕此詩張《箋》引何焯弟子徐燉《義山集》批本所作的解釋：
"詩似爲贊皇（李德裕）崖州時作。贊皇之貶，當時有深快之者。如飛
卿（溫庭筠）《題衛公詩二首》痛詆之，至所謂‘人欲天從’也。説似可
從。"但張氏總覽全書之後，認爲徐燉"間出新意，非僻即繆（謬）……
終不如闕疑爲愈耳。"而寧肯持審慎保留態度，入"不編年"諸作中，則
未免因噎廢食。我們經過反覆思考，認爲義山此詩，就是針對溫庭筠
《題李衛公詩二首》，把李德裕看成竊國大盜，而認爲他的崖州之貶是
天從人願、罪有應得的觀點而發的。唐宣宗初年，一反武宗會昌時的
行政設施，李德裕黨徒隨着黨魁在政治上的失勢，也備受打擊排擠，如
鄭亞由桂管防禦觀察使貶爲循州刺史，商隱因此不得不辭幕北歸，這
樣，在自己的創作中，不可能不留下一些鴻雪爪痕。故編於大中二年
（八四八）或稍後，當無大誤。"人欲"，以詩的首二字標目，此《詩三
百》的傳統。
　　〔二〕人欲天從竟不疑：《書·泰誓》："民之所欲，天必從之。"唐
人例避太宗李世民諱，故改"民"用"人"。然"人欲"亦有所本。《文
選》王粲《雜詩》："回身入空房，托夢通精誠。人欲天不違，何懼不合
并？"同此用"人欲"，而"天從"作"天不違"爲異。則"人欲天從"之
語，蓋《尚書》、《文選》兩用之。全句的意思是：所謂"人欲天從"，是

把希望當成了現實，並非是可信的，但有人竟篤信不疑，未免太天真了。紀評：“不疑當作可疑。”

〔三〕莫言圓蓋便無私：圓蓋指天。宋玉《大言賦》：“圓天爲蓋。”宣揚皇天無私，如《禮記·孔子閒居》：“子夏（卜商）曰：‘敢問何謂三無私？’孔子曰：‘天無私覆，地無私載，日月無私照。奉斯三者，以勞天下，此之謂三無私。’”又《書·洪範》：“無偏無黨，王道蕩蕩；無黨無偏，王道平平；無反無側，王道正直。”這些都是奴隸社會、封建社會美化天子、皇帝，維護奴隸主、封建主統治的説教，被詩人一筆戳穿。

〔四〕秦中已久烏頭白：《論衡·感虛篇》：“傳書言：燕太子丹朝於秦，不得去，從秦王求歸，秦王執留之，與之誓曰：‘使日再中，天雨粟，令烏白頭，馬生角，厨門木象生肉足，乃得歸。’當此之時，天地祐之，日爲再中，天雨粟，烏白頭，馬生角，厨門木象生肉足，秦王以爲聖，乃歸之。”（亦見《變動篇》、《是應篇》、應劭《風俗通義·正失篇》、張華《博物志》、《燕丹子》等。應劭以爲“此乃閭閻小論所飭成者”。《燕丹子》始見著録於《隋書·經籍志》，爲後人所綴輯，非先秦古書。）案：鳥類中自有白頭烏一種，不必等待人們的祈禱。《三國典略》：“侯景篡位，令飭朱雀門。其日有白頭烏萬計，集於門樓。童謠曰：‘白頭烏，拂朱雀，還與吳。’”杜甫《哀王孫》亦云：“長安城頭頭白烏，夜飛延秋門上呼。”可見這是一種自然現象，非由某些個別人臆造。詩人在這裏是説了從古如斯的老實話。“已久”，或本作“久已”。

〔五〕卻是君王未備知：這是説，君王端拱深宮，視聽不廣，故容易被讒佞之臣所蒙蔽，幹出誣良爲盜的蠢事來。這是對予智自雄，人莫予毒的狂妄皇帝敲起的警鐘，也是一種揭露與諷刺。

假　日〔一〕

素琴絃斷酒瓶空〔二〕，倚坐欹眠日已中〔三〕。誰向劉靈天幕内〔四〕？更當陶令北窗風〔五〕。

〔一〕假日：此詩確實寫作年代無考，然據詩用陶令典故，可能是作於大中三年（八四九）任盩厔縣尉時。假日，謂休假之日。

〔二〕素琴絃斷酒缾空：素琴之名，始見《喪服四制》，疑非此詩所宜用。據下“絃斷”之文，當用《晉書·陶潛傳》“性不解音，而蓄素琴一張，絃徽不具”之意，其云“絃徽不具”，即包括“絃斷”的涵義在内。

〔三〕倚坐欹眠日已中：倚坐，倚墻或倚床而坐。欹眠，側身而睡。

〔四〕誰向劉靈天幕内：劉靈或作劉伶。《文苑英華辨證》二《人名》：“凡用事有人名與他本异，不可輕改者，如皇甫湜《醉賦》：‘劉靈作《酒德頌》。’按《文選·酒德頌》五臣注：‘臧榮緒《晉書》：‘劉靈字伯倫。’顔延之《五君詠》：‘劉靈善閉關。’《文中子》：‘劉靈，古之閉關人也。’《語林》：‘天生劉靈，以酒爲名。’並作‘靈’。而唐太宗《晉書》本傳作‘伶’，故他書通用‘伶’字。”劉靈《酒德頌》：“幕天席地，縱意所如。”按此句即顔延之《五君詠》“劉靈善閉關”意，謂謝絕賓客，不與世交。

〔五〕更當陶令北窗風：陶潛曾爲彭澤縣令，故稱陶令。陶潛《與子儼等疏》云：“嘗言五六月中，北窗下臥，遇涼風暫至，自謂是羲皇上人。”何焯評：“下二句卻只是家無四壁，變得如此綺麗。”虛境實寫，冷境熱寫，確是此詩藝術上的一大特色。

謁　山〔一〕

從來繫日乏長繩〔二〕，水去雲回恨不勝〔三〕。欲就麻姑買滄海〔四〕,一杯春露冷如冰〔五〕。

　　〔一〕馮浩注:"當與《玉山》七律同味。謁山者,謁令狐也。次句身世之流轉無常,三句陳情,四句相遇冷澹也。"案馮説是。則此詩當作於大中二年秋末自嶺南回長安以後一年左右時間之内。《玉山》詩云:"玉山高與閬風齊,玉水清流不貯泥。何處更求回日馭,此中兼有上天梯。"這四句最明顯地揭示了作者对令狐氏的看法,從中可以領略題目命名的衷曲。
　　〔二〕從來繫日乏長繩:傅玄《九曲歌》:"歲暮景邁群光絶,安得長繩繫白日。"因感時光易逝,聯想到自己與令狐氏交親之衰歇。
　　〔三〕水去雲回恨不勝:在江河日下的國勢和白雲蒼狗的政局變幻下,完全失去自主的詩人是抱恨無窮的。
　　〔四〕欲就麻姑買滄海:《神仙傳》:"麻姑謂王方平曰:'接侍以來,已見東海三爲桑田,向到蓬萊水,又淺于往者會時略半也,豈將復還爲陵陸乎?'"此與作者《漢宫詞》"侍臣最有相如渴,不賜金莖露一杯"雖所施對象君臣不同,而機杼則一,從而可知此處"買滄海"的深意所在。
　　〔五〕一杯春露冷如冰:令狐綯之疏李商隱,蓋非單純爲其背恩,而且也是格於例禁。所以詩人至多也只能责怪對方的交情冷落,末句的比興,是十分形象而又恰切的。

訪人不遇留別館〔一〕

卿卿不惜鎖窗春〔二〕,去作長楸走馬身〔三〕。閒倚繡簾吹柳絮,日高深院斷無人〔四〕。

〔一〕此詩《才調集》六作《訪人不遇留題別館》。馮《譜》編於大中五年(八五一),注云:"此必至令狐家未得見而留待也。卿卿唯可施於令狐,他人不得有此情款。解者謂友人貯嬌之處,非矣。下二句以怨女自比,極寫久候無聊,蓋左右使令之人,亦冷落之耳。"張《箋》:"寓感與《九日》詩同。"張氏編此詩於大中三年(八四九)。

〔二〕卿卿不惜鎖窗春:《世説新語·惑溺》:"王安豐(戎)婦常卿安豐,安豐曰:'婦人卿壻,於禮爲不敬,後勿復爾!'婦曰:'親卿愛卿,是以卿卿,我不卿卿,誰當卿卿?'遂恒聽之。"卿卿,是古代妻子對丈夫表示親昵的稱謂詞。但亦有時使用於友朋儕輩間。《晉書·庾敳傳》:"王衍不與敳交,敳卿之不置。衍曰:'君不得爲耳!'敳曰:'卿自君我,我自卿卿。我自用我家法,卿自用卿家法。'衍甚奇之。"馮注:"此兼用之,微以豔體托意。"鎖窗,語本《後漢書·梁冀傳》:"窗牖皆有綺疏青瑣。"注:"牖,小窗也。青瑣,謂刻爲瑣文,而以青飾之也。"故杜牧《村舍燕》詩云:"漢宮一百四十五,多下珠簾閉瑣窗。"鎖窗、瑣窗同義,指帝室豪門宮館雕鏤爲連鎖圖案櫺格的窗子。案此"鎖窗春"所描繪的女主人公的情態,比之古詩《青青河畔草》篇的"皎皎當窗牖"的"盈盈樓上女"爲端莊,方之曹植《美女篇》的"青樓臨大路……誰不希令顏"的美女爲濃摯。義山之於令狐氏,關係介乎師生賓主與文字酬酢之間,故詩歌體物寫志如此。

〔三〕去作長楸走馬身:曹植《名都篇》:"京洛出少年……走馬長楸間。"此詩詞語表面襲用陳思王樂府,而骨子裏則暗用古詩"蕩子行不歸"的興喻,嗔責"卿卿"不念舊好,坐使當窗怨女,對景傷春。

〔四〕"閒倚繡簾吹柳絮"二句:《世説新語·言語》:"謝太傅(安)寒雪日内集,與兒女講論文義,俄而雪驟,公欣然曰:'白雪紛紛何所

似?'兄子胡兒(謝朗小字)曰:'撒鹽空中差可擬。'兄女(謝道韞)曰:
'未若柳絮因風起。'公大笑樂。"此處作者自比道韞,雖賦雪才高,而
無人稱賞;迹同柳絮,風不飛綿,則命運祇有沾泥一路而已。張《箋》
以爲"情深意苦"者,誠哉斯言。

杜司勳[一]

高樓風雨感斯文[二],短翼差池不及群[三]。刻意傷春復傷
別[四],人間惟有杜司勳[五]。

　　[一]杜司勳:《舊唐書·杜牧傳》:"牧字牧之,既以進士擢第,又
制舉登乙第。……遷左補闕、史館修撰,轉膳部、比部員外郎,並兼史
職,出牧黄、池、睦三郡,復遷司勳員外郎、史館修撰,轉吏部員外
郎……授湖州刺史,入拜考功郎中,知制誥,歲中遷中書舍人。"他和
李義山齊名,時稱李杜。他的詩多傷時感世之作,義山與之產生共鳴。
馮《譜》、張《箋》俱編此詩入宣宗大中三年(八四九),時義山在京兆
府代理法曹參軍。
　　[二]高樓風雨感斯文:高樓風雨,用《詩·鄭風·風雨》:"風雨
如晦"之意,象徵時局的昏暗。王羲之《蘭亭集序》:"後之覽者,亦將
有感於斯文。"此"斯文",指杜牧有名的《惜春詩》和《贈別詩》。是詩
人於風雨如晦時在高樓上讀到杜牧的詩而感慨贊嘆。
　　[三]短翼差池不及群:《詩·邶風·燕燕》:"燕燕于飛,差池其
羽。"鳥翼短,且參差不齊,故趕不上同群。這裏是自比,謂對杜牧的
創作望塵莫及。

〔四〕刻意傷春復傷別：杜牧《惜春詩》：“春半年已除，其餘强爲有。即此醉殘花，便同嘗臘酒。悵望送春杯，殷勤掃花箒。誰爲駐東流，年年長在手。”又《贈別詩》其一：“娉娉裊裊十三餘，荳蔻梢頭二月初。春風十里揚州路，捲上珠簾總不如。”其二：“多情卻似總無情，惟覺樽前笑不成。蠟燭有心還惜別，替人垂淚到天明。”刻意，即鏤心刻意，意謂杜牧專心致志寫《惜春》、《贈別》等詩。

〔五〕人間惟有杜司勳：謂杜牧詩歌爲人間第一。何焯評云：“‘高樓風雨’，‘短翼差池’，義山本自傷春傷別，乃彌有感於司勳也。”推重杜牧，實質上也是自作聲價。

贈司勳杜十三員外^{〔一〕}

杜牧司勳字牧之，清秋一首杜秋詩^{〔二〕}。前身應是梁江總，名總還曾字總持^{〔三〕}。心鐵已從干鏌利^{〔四〕}，鬢絲休嘆雪霜垂^{〔五〕}。漢江遠弔西江水，羊祜韋丹盡有碑^{〔六〕}。

〔一〕贈司勳杜十三員外：十三乃杜牧的行第。張《箋》：“牧之過金陵作《杜秋娘詩》在内召前，此特斷章取義耳。杜詩專闡窮通變化之理，所謂‘女子固不定，士林亦難期’者，篇中三致意焉。義山一生遇合顛倒，故獨有取於此詩；若作杜陵詩，真閒言語矣。玩自注，則詩當作於二三月間，與上篇傷春字合。馮説非也。贈杜詩而詩即做杜體，奇絶。”內容與《杜司勳》相同，是贊揚杜牧詩文成就之高。

〔二〕清秋一首杜秋詩：杜秋，或本作“杜陵”，誤。杜秋詩，即《杜秋娘詩》。杜秋娘是唐金陵女子，工詩詞，善歌《金縷衣曲》。年十五爲鎮海節度使李錡妾,錡謀叛被殺,秋娘遂籍入官,爲憲宗所寵。穆宗即位,命爲皇子漳王保姆。皇子廢,賜歸金陵,窮老以終。杜牧過金陵時,有感於其窮困衰老,因作此詩。

〔三〕"前身應是梁江總"二句:《南史·江總傳》:"總字總持。……篤學有文辭,仕梁爲尚書殿中郎……遷太子中舍人……陳天嘉四年,以中書侍郎徵還,累遷左户尚書轉太子詹事。總性寬和温裕,尤工五七言詩,溺於浮靡。……入隋,拜上開府。開皇十四年,卒於江都。"江總名總,字總持,與杜牧名牧,字牧之相同,所以説他是江總再世,此以江總的文才比杜牧。

〔四〕心鐵已從干鏌利:《吳越春秋》卷四:"闔閭請干將鑄作名劍二枚……三月不成……干將妻莫耶曰:'夫神物之化,須人而成。'……干將妻乃斷髮剪爪投於爐中,使童女童男三百人鼓橐裝炭,金鐵乃濡,遂以成劍。陽曰干將,陰曰莫耶。陽作龜文,陰作漫理。"心鐵,謂心如鐵石之堅,以喻杜牧專心致志於文學,使自己的詩歌成爲鋭利的武器。

〔五〕鬢絲休嘆雪霜垂:杜牧《郡齋獨酌》詩云:"前年鬢生雪,今年鬢帶霜。""鬢絲",杜牧詩中屢用。《舊唐書·杜牧傳》:"牧之善屬文,嘗自負經緯方略,居下位,心常不樂。"此勸杜牧不要作遲暮之嘆。

〔六〕"漢江遠弔西江水"二句:《晉書·羊祜傳》:"羊祜,字叔子,泰山南城人也。……爲都督荆州諸軍事……綏懷遠近,甚得江漢之心。……尋卒……襄陽百姓於峴山祜平生游憩之所,建碑立廟,歲時饗祭焉。望其碑者,莫不流涕,杜預因名爲'墮淚碑'。"韋丹碑,原注:"時杜奉詔撰《韋碑》。"《資治通鑑·唐紀》:"大中三年正月,上與宰相論元和循吏孰爲第一。周墀曰:'臣嘗守土江西,聞觀察使韋丹功德被於八州,没四十年,老稚歌思,如丹尚存。'乙亥,詔史館修撰杜牧,撰丹遺愛碑以紀之。"羊祜碑和韋丹碑的碑文都寫得很好,非常動人,一在漢江,一在西江,遥遥相弔,互相交輝。馮浩注:"牧之奇才偉抱,回翔郡守,抑鬱不平,此二章(兼指《杜司勳》)深惜之而慰之也。"

送鄭大台文南覲[一]

黎辟灘聲五月寒[二],南風無處附平安[三]。君懷一匹胡威絹,爭拭酬恩淚得乾[四]?

　　[一]送鄭大台文南覲:鄭大台文,其人是鄭畋。大,是他的兄弟排行,台文是他的字。他的事迹,新、舊《唐書》都有傳。南覲的意思是南行省親。大中二年(八四八)春二月,鄭畋的父親鄭亞由桂州刺史、桂管防禦觀察使貶爲循州(今廣東惠陽縣東北)刺史。詩人於是年三四月離桂北歸,在途中曾有短期逗留,於冬初返回長安。送鄭南覲,時間當在其後,最大的可能是在大中二年冬末(馮《譜》主之),三年春初(張氏《會箋》主之)。據此詩題,則《舊唐書・鄭畋傳》"父亞出桂州,畋隨侍左右"之説,殆不可信。

　　[二]黎辟灘聲五月寒:黎辟,即黎壁。宋之問《下桂江縣黎壁》詩:"放溜覿前淑,連山紛上干。江回雲壁轉,天小霧峰攢。吼沫跳急浪,合流環峻灘。欹離出漩劃,繚繞避渦盤。舟子怯桂水,最言斯路難。"《太平寰宇記》卷一六三:"嶺南道・昭州:平樂江中有懸藤灘,黎壁湍。"馮注:"平樂江與桂江接,台文自桂州、昭州而南至循省覲也。"昭州在今廣西壯族自治區平樂縣,是鄭畋從桂林出發去循州省親必由之路。詩人在大中二年(八四八)正月曾一度代理過昭州刺史,所以對那裏的水路交通有所瞭解。寒,不是單指寒暖的寒,主要是指令人膽寒的寒。

〔三〕南風無處附平安：《史記·樂書》：“舜作五絃之琴，以歌南風。”裴駰集解：“其辭曰：‘南風之薰兮，可以解吾民之慍（愁惱）兮。’”從此民間有“南風解慍”的傳説。這句詩的意思是説：目前儘管南風還是在颳，可是鄭氏父子的環境太險惡了，也沒有地方可以附寄平安的信息。

〔四〕“君懷一匹胡威絹”二句：《世説新語·德行》：“胡威之清，何以過此。”注引《晉陽秋》：“胡威，字伯虎，淮南人。父質，以忠清顯。質爲荆州，威自京師往省之。及告歸，質賜威絹一匹。威跪曰：‘大人清高，於何得此？’質曰：‘是吾俸禄之餘，故以爲汝糧耳。’”作者引用這段歷史故事，旨在表明鄭畋此次遠游省親，不僅僅體現了他純摯的骨肉之情，而且體現了他清白的作吏之操。情生於操，操見乎情。先民有言：“文質彬彬，然後君子。”不其然乎，不其然乎？

驕兒詩〔一〕

袞師我驕兒〔二〕，美秀乃無匹〔三〕。文葆未周晬〔四〕，固已知六七〔五〕。四歲知姓名，眼不視梨栗〔六〕。交朋頗窺觀〔七〕，謂是丹穴物〔八〕。前朝尚器貌〔九〕，流品方第一〔一○〕：不然神仙姿〔一一〕，不爾燕鶴骨〔一二〕。安得此相謂，欲慰衰朽質〔一三〕。青春妍和月〔一四〕，朋戲渾甥姪〔一五〕。繞堂復穿林，沸若金鼎溢〔一六〕。門有長者來〔一七〕，造次請先出〔一八〕。客前問所須〔一九〕，含意不吐實〔二○〕。歸來學客面〔二一〕，閻敗秉爺笏〔二二〕。或謔張飛胡〔二三〕，或笑鄧艾吃〔二四〕。豪鷹毛崲㓥〔二五〕,猛馬氣佶傈〔二六〕。截得青篔簹〔二七〕,騎走恣唐突〔二八〕。忽復學參軍,按聲喚蒼鶻〔二九〕。又復紗燈旁,稽首禮夜佛〔三○〕。仰鞭罥蛛網〔三一〕,俯首飲花蜜〔三二〕。欲爭蛺蝶輕〔三三〕,未謝柳絮疾〔三四〕。階前逢阿姊,六甲頗輸失〔三五〕。凝走弄香奩〔三六〕,拔脫金屈戌〔三七〕。抱持多反倒〔三八〕,威怒不可律〔三九〕。曲躬牽窗網〔四○〕,略唾拭琴漆〔四一〕。有時看臨書,挺立不動膝〔四二〕。古錦請裁衣〔四三〕,玉軸亦欲乞〔四四〕。請爺書春勝,春勝宜春日〔四五〕。芭蕉斜卷箋〔四六〕,辛夷低過筆〔四七〕。爺昔好讀書,懇苦自著述〔四八〕。顦顇欲四十〔四九〕,無肉畏蚤虱〔五○〕。兒慎勿學爺,讀書求甲乙〔五一〕。穰苴司馬法〔五二〕,張良黃石術〔五三〕。便爲帝王師,不假更纖悉〔五四〕。況今西與北,羌戎正狂悖〔五五〕。誅赦兩未成,將養如瘤疾〔五六〕。兒當速成大,探雛入虎窟〔五七〕。當爲萬戶侯〔五八〕,勿守一經袠〔五九〕。

〔一〕此詩使用了比較素樸、形象而又生動的語言,給他的一個天真爛漫、生氣虎虎的幼子袞師描繪了一組連環畫像。這是一篇上繼左思《嬌女》、杜甫《北征》的另一篇刻畫兒童形象的名作。作品的結構,前面是人物寫生,後面是時事述評。中心思想是作者對當時流行的重武輕文的社會風尚提出了自己的看法:由反感改變爲默認。這可能和他在政治上此時已傾向李(德裕)王(茂元)一派有關。如果我們掌握了這一重要綫索,則前面一大段人物肖像刻畫,也是圍繞"此子習武優於學文"這一基本認識而展開的。在理解上可以更深入一層。此詩馮《譜》、張《箋》俱編於大中三年(八四九)。杜甫《茅屋爲秋風所破歌》"驕兒惡臥踏裏裂",爲此詩題所本。

〔二〕袞師我驕兒：袞師當是義山兒乳名，集中別有《楊本勝説於長安見小男阿袞》可證。彼詩作於義山悼亡之後。

〔三〕美秀乃無匹：乃，加重語氣的語助詞。匹，同比。

〔四〕文葆未周晬：《史記·趙世家》："公孫杵臼、程嬰謀，取他人嬰兒負之，衣以文葆。"葆，即褓褯、小兒包被。文葆，是繡花的小兒包被。《廣韻》："晬，周年子也。"《東京夢華録》記載："世俗生子百日置會，謂之'百晬'。至來歲生日謂之'周晬'。羅列盤琖，盛果木飲食及官誥筆硯秤算經卷針綫等物，觀望所拈者以爲徵兆，謂之'試晬'。"

〔五〕固已知六七：固，早就，牢固地。

〔六〕眼不視梨栗：案陶潛《責子詩》云："雍端年十三，不識六與七；通子垂九齡，但覓梨與栗。"可能是李詩用事的依據，而命意則剛好相反。陶氏家貧，故雍端廢學，通子覓食，其情可悲，未應深責；袞師家裕，冲齡啓蒙，故似早慧；玉食堆盤，何取梨栗？"視"或本作"識"，非。

〔七〕交朋頗窺觀：交朋，友朋。窺觀，注視，青眼相看。

〔八〕謂是丹穴物：《爾雅·釋地》："距（距）齊州以南，戴日爲丹穴。"疏："過山東五百里爲丹穴。"《山海經·南山經》："丹穴之山，其上多金玉，丹水出焉，而南流注於渤海。有鳥焉，其狀如雞，五彩而文，名曰鳳凰。"所以丹穴物，即指鳳凰。《孟子·公孫丑》："麒麟之於走獸，鳳凰之於飛鳥……出於其類，拔乎其萃……"這也就是説：袞師將來，必然成爲一個出類拔萃的人物。

〔九〕前朝尚器貌：《通典·選舉》三："文選其擇人……取其體貌豐偉……武選取其軀幹雄偉，應對詳明，有驍勇才藝及可爲統帥者。"錢易《南部新書》乙："吏部常式，舉選人家狀，須云：'中形，黄白色，少有髭。'或武選人家狀，云：'長形，紫黑，多有髭。'"舉此可見一斑。"器"，一作"氣"。

〔一〇〕流品方第一：《南史·王僧綽傳》：“究識流品。”《晉書·衛
玠傳》：“時中興名士，唯王承及玠爲當時第一。”方，比。

〔一一〕不然神仙姿：如《後漢書·郭太傳》：“後歸鄉里，衣冠諸儒
送至河上，車數千兩（輛），林宗（郭太）唯與李膺同舟而濟，衆賓望之，
以爲神仙焉。”此與下句“不爾”，字異義同，合用是一組排比性的連接
詞，義爲“非此即彼”，二者必居其一。

〔一二〕不爾燕鶴骨：朱鶴齡注：“燕頷鶴步，皆貴人風骨。《後漢
書》班超燕頷虎頸，飛而食肉，此萬里侯相也。”馮注：“按以鶴比人，如
嵇紹野鶴，《南史》劉歆如雲中白鶴之類屢見。”此謂骨相如鶴。以上
四句，是交朋見衮師後賞譽之辭。作者這樣寫，是和他反復炫耀的
“我系本王孫”的思想息息相關的。

〔一三〕“安得此相謂”二句：安得，言得之意外。作者時年僅三十
七歲，已有衰朽之感，是宦途坎坷的曲折反映。田蘭芳評此二句云：
“不自信，正是自矜。”可謂“洞見垣方”，一語破的。

〔一四〕青春妍和月：妍，春光明媚。和，風和日暖。

〔一五〕朋戲渾甥姪：朋戲，成群結隊地游戲。甥，《詩·齊風·猗
嗟》：“展我甥兮。”鄭玄箋：“姊妹之子曰甥。”姪，兄弟之子。《爾雅·
釋親》：“女子謂晜（昆，兄）弟之子爲姪。”渾，謂中（宗）表相雜（亦可
能兼男女言）。

〔一六〕沸若金鼎溢：金鼎，煮飯或菜用的金屬鍋。溢，沸水外流，
形容群兒游戲的熱鬧歡騰。

〔一七〕門有長者來：長者當作何解？長輩還是長官？細探下文衮
師的模擬動作，則作者原意當是使用《史記·陳丞相世家》：“家乃負
郭窮巷，然門多有長者車轍。”指達官貴人。

〔一八〕造次請先出：造次，齒音雙聲字，猶今言倉猝，匆忙的意思。
《論語·里仁》：“造次必於是。”鄭注：“造次，倉卒也。”二句寫驕兒性

喜新鮮事物,聽説客來,迫不及待地自告奮勇跑出去。兒童的此種特性,通稱"人來瘋"。

〔一九〕客前問所須:此句全是寫客。前,趕前幾步,接近來迎的塾師。問所須,謂客人大約携有糖果玩具之類的禮品,登門時準備贈與小朋友,聽其自由選擇。

〔二〇〕含意不吐實:這表明小小的心靈,已經自發地用理智控制自己的感情,知道愛體面了。

〔二一〕歸來學客面:學客面,模擬客人的面部表情。

〔二二〕闒敗秉爺笏:闒敗,疑爲叠韻聯緜字,是當時的口語,形容裏庋外邪,拿起爹爹的笏版,没有一點樣子。解家多釋爲破門而入,與詩情無關,恐非。

〔二三〕或謔張飛胡:馮注:"按《南史》劉胡本以面坳黑似胡,故名坳胡。及長,單名胡焉。張飛胡,義同俗稱黑張飛也,舊注誤。"謔,嘲笑。

〔二四〕或笑鄧艾吃:《世説新語·言語》:"鄧艾口吃,語稱艾艾。"以上幾句,表面上是寫一個調皮孩子的惡作劇,實際上這裏也寄托作者對裝模作樣的官僚們抱有極端輕蔑的態度。

〔二五〕豪鷹毛崱屴:崱屴,本《文選》王延壽《魯靈光殿賦》:"崱屴嶒嶸。"李善注:"皆峻嶮之貌。"此則用爲聳立義。

〔二六〕猛馬氣佶傑:《詩·小雅·六月》:"四牡既佶。"鄭箋:"壯健之貌。"案:佶傑同佶,亦訓壯健。以上兩句,形容驕兒神態,儼若蒼鷹野馬,凌厲無前。

〔二七〕截得青篔簹:截,斬斷。青篔簹,緑竹竿。《文選》左思《吴都賦》:"其竹則篔簹箖箊。"劉逵注:"《异物志》曰:'篔簹生水邊,長數丈,圍一尺五六寸;一節相去六七尺,或相去一丈,廬陵界有之。'"此則泛指較粗壯的竹竿。

〔二八〕騎走恣唐突：此二句寫驕兒作竹馬戲。《後漢書·郭伋傳》：“行部到西河美稷，有童兒數百，各騎竹馬，於道次迎拜。”恣，任意。唐突，衝犯。《後漢書·段熲傳》：“轉相招結，唐突諸郡。”此處恣唐突，義爲亂衝亂撞。

〔二九〕“忽復學參軍”二句：弄參軍，是唐代的一種戲弄。段安節《樂府雜録》：“唐開元中，優人黃旛綽、張野狐善弄參軍。”弄參軍，參軍是主角，蒼鶻是配角。據《五代史·吳世家》“徐氏之專政也，隆演幼懦，不能自恃，而知訓尤凌侮之。嘗飲酒樓上，命優人高貴卿侍酒，知訓爲參軍，隆演鶉衣髽髻爲蒼鶻”的記載，蓋參軍與蒼鶻，一主一奴，一官一僕，故前者可對後者呼喚。按聲，學着優人作戲時的聲腔。

〔三〇〕“又復紗燈旁”二句：寫嬌兒好奇心盛，模仿性強，看啥學啥，現在他又模擬僧人叩頭拜佛。稽首，拜，頭至地。

〔三一〕仰鞭冑蛛網：冑，牽挂。《文選》木華《海賦》：“或掛冑於岑巖之峰。”李善注引《聲類》曰：“係也。”按：係，即牽掛。

〔三二〕俯首飲花蜜：所謂“醉翁之意不在酒”。

〔三三〕欲爭蛺蝶輕：唐時以蛺蝶爲蝶類的總名。爭，義猶今言賽過。

〔三四〕未謝柳絮疾：謝，遜，讓。二句極寫驕兒的身體靈便活躍。

〔三五〕六甲頗輸失：六甲，古代小兒習字，要學寫干支。這種習慣來源很早，殷墟甲骨，常見遺刻。六甲代表整個六十甲子。《禮記·內則》：“九年教之數日。”鄭注：“朔望與六甲也。”以後成爲幼學的必修課。《南齊書·顧歡傳》：“顧歡年六七歲，畫（原作晝，誤）甲子，有簡三篇。歡析計，遂知六甲。”案此句過簡，過程當是：姊弟遇到一起，比誦“六甲”，弟弟輸得很慘，於是惱羞成怒，無理取鬧。

〔三六〕凝走弄香奩：此凝字，讀如白居易《想東游五十韻》詩“舞繁紅袖凝，歌切翠眉愁”的“凝”。白氏自注：“凝，去聲。”即讀硬。又白氏《三月三日被禊洛濱》詩“舞急紅腰凝”和《酬李十二侍郎》詩“落絮無風凝不飛”，這些“凝”字都應讀去聲，做“硬”字解。“硬”字不見於《説文》，唐朝才開始有此字，杜甫《李潮八分小篆歌》“書貴瘦硬方通神”；唐以前“硬”字的形體尚未固定，因此，白樂天、李義山都還用“凝”字。那麼，這裏的“凝走”，意即“硬走”或“愣走”。弄，擺弄；香奩，即粧奩，古代婦女盛梳粧用品的盒子。

〔三七〕拔脱金屈戌：拔脱即拔掉。金，包金或銅皆可稱金。屈戌，門窗、用具連接開關的器件，今稱折鐵，北方自元至今仍稱“屈戌”。

〔三八〕抱持多反倒：反倒，一作“反側”。句意：姊姊抱開衮師，他爲了表示反抗，要麼，把身子往後一撑，腦殼朝下；要麼，左右轉動身軀，故意耍賴。

〔三九〕威怒不可律：使起性子弄得姊姊無可奈何。

〔四〇〕曲躬牽窗網：彎着腰拉起窗帘（或簾）。

〔四一〕峈唾拭琴漆：《廣韻》：“峈，音客，唾聲也。”拭，擦去。馮注：“二聯皆頂索輪物來，自覺乏趣，乃牽網拭琴。”

〔四二〕“有時看臨書”二句：臨書即臨帖。李商隱亦擅長書法。《宣和書譜》：“御府所藏李商隱書二：正書《月賦》，行書《四六本藥草》。”元王惲《玉堂嘉話》卷二：“李陽冰篆二十六字後有韋處厚、李商隱題。商隱字體絶類《黃庭經》。”挺立不動膝，謂其注意力集中，一動不動。唐人習慣席地而坐，遇有注意事項，則下肢下半部與腰垂直，故稱挺立。因非站立，故移動用膝而不用腳。

〔四三〕古錦請裁衣：此古錦指古代書畫手卷裝潢所用的古錦。錦可裁衣，亦可裱畫，以下兩句，寫衮師當時處於半懂事半不懂事的啓蒙時期。

〔四四〕玉軸亦欲乞：玉軸，此亦裝潢書畫所用的玉軸。乞的意圖，是弄下來以便玩耍。

〔四五〕"請爺書春勝"二句:温庭筠《春日寄岳州從事李員外》詩:"翦勝裁春字,開屏見曉江。"春勝有用筆寫在紙上的,李詩可證,也有剪紙爲字做成的,温詩可證。大抵都是用一些吉祥語,祝禱新春順利。亦稱"春幡",有的戴在頭上,有的掛在花下。春勝宜春日,意爲:春勝寫的是"宜入新春,諸事隨心"一類的吉利詞。

〔四六〕芭蕉斜卷箋:謂卷箋橫斜抽出,猶如芭蕉之葉。唐路德延《芭蕉》詩:"葉同斜界紙,心似倒抽書。"

〔四七〕辛夷低過筆:辛夷即玉蘭,花苞似筆,亦稱木筆。《舊唐書·柳公權傳》:"宣宗召昇殿,御前書三紙,軍容使西門季玄捧硯,樞密使崔巨源過筆。"案:過筆猶傳筆。此二句寫衮師請爺寫春勝,抽紙像芭蕉葉,傳筆像拿辛夷花,極其粗莽。

〔四八〕懇苦自著述:懇苦,義即勤苦。

〔四九〕顑頷欲四十:顑頷,《鹽鐵論·取下》:"妻子好合,子孫保之,不知老母之顑頷。"顑頷,面色枯槁無血色,今通用憔悴。欲四十,快到四十歲。時作者年三十七,故云。

〔五〇〕無肉畏蚤虱:《南史·文學傳》:"卞彬仕既不遂,乃著《蚤虱》……等賦,皆大有指斥。其《蚤虱》賦序曰:'蚤虱猥流,淫癢渭濩,無時恕肉……復不懃於討捕,孫孫子子,三十五歲焉。'"馮注:"按隱用此事。畏蚤虱,畏人蚩謫也。義山時年約三十八。"

〔五一〕讀書求甲乙:《漢書·儒林傳》:"歲課(博士)弟子甲科四十人爲郎中,乙科二十人爲太子舍人。丙科四十人補文學掌故。"《新唐書·選舉志》:"經策全通爲甲第,策通四帖。過四以上爲乙第。"唐代科舉,是士子走上仕宦途徑的階梯。初仕官階的高低,以科舉所中的甲乙等第爲準。

〔五二〕穰苴司馬法:《史記·司馬穰苴列傳》:"齊威王使大夫追論古者司馬兵法,而附穰苴於其中,因號曰《司馬穰苴兵法》。"《司馬穰苴兵法》一卷，内容當如《史記·司馬穰苴列傳》所述，並非穰苴自著書，且多言仁義禮樂，班固《漢書·藝文志》不以入兵家，而入禮類。作者此詩，亦僅借用其字面。

〔五三〕張良黄石術：張良，漢初開國元勛之一，封留侯。《史記·留侯世家》："老父出一編書曰：'讀此則爲王者師矣。後見濟北穀城山下黄石，即我矣。'……視其書，乃《太公兵法》也。"案：李詩所指，當即見於《莊子·徐無鬼》之"釋文"引司馬彪崔譔所稱的《太公六韜》，此書《隋書·經籍志·兵家類》已著録。但《四庫全書總目提要》謂屬後人依托。

〔五四〕不假更纖悉："假"或作"暇"，非。假，依案，憑藉。纖悉：繁瑣寡要的知識。

〔五五〕"況今西與北"二句：羌戎，指當時我國大西北一帶党項羌及回紇、吐蕃上層所倡導的地方民族叛亂。如《資治通鑑·唐宣宗紀》："大中元年五月，吐蕃論恐熱乘武宗之喪誘党項及回鶻餘衆寇河西……秋八月，突厥掠漕米及行商……二年十二月，吐蕃論恐熱遣其將莽羅急藏將兵二萬，略地西鄙。"

〔五六〕"誅赦兩未成"二句：誅，用兵討伐。赦，暫時息兵，暫時和好。《漢書·賈誼傳》："天下之勢，方病大瘇……失今不治，必爲痼疾。"將養如痼疾，意如通稱"養癰貽患"。案：李氏上述論點，是根據當時官方的文告資料，有濃厚的種族歧視色彩，認爲當時西北地區的種族矛盾，總是由邊區挑起，這是對客觀事實的顛倒。在我國浩如煙海的史籍中，反面的材料可以舉出許多。《資治通鑑·唐宣宗紀》："大中五年春正月，上頗知党項（後稱西夏）之反，由邊帥利其羊馬，數欺奪之，或妄誅殺，党項不勝憤怨，故反。"這種看法，比較切合實際，勝過新、舊《唐書》所引片段，也勝過本詩所發議論。

〔五七〕"兒當速成大"二句：虎窟，見《後漢書·劉陶傳》："陛下不

悟,而競令虎豹窟於麇場。"詩意則用同書《班超傳》:"不入虎穴,不得
虎子。""探雛",指"得虎子"。"窟"或作"穴"。

〔五八〕當爲萬户侯:《史記·李將軍列傳》:"萬户侯何足道哉!"
漢制:列侯大者食邑萬户。

〔五九〕勿守一經衮:《漢書·韋賢傳》:"鄒魯諺曰:'遺子黄金滿
籝,不如一經。'"《説文》:"衮,書衣也。"今通用帙,義爲書套。案:末
四句是作者希望袞師鑒于阿爺的"儒冠誤身",結合他自己的一些具
體條件,鼓勵他棄文習武,取得大官。這種思想的形成,不但關係着個
人家庭的遭遇,而且也決定於唐代最高統治者好大喜功、窮兵黷武,因
而形成一種社會風尚。觀初唐四杰之一楊炯《從軍行》云:"寧爲百夫
長,勝作一書生。"亦可見人心趨嚮之一斑。

漫成五章〔一〕

沈宋裁辭矜變律〔二〕,王楊落筆得良朋〔三〕。當時自謂宗師
妙〔四〕,今日惟觀屬對能〔五〕。

〔一〕漫成五章:漫成,義近偶題,雜感,表面上有一點"率爾成
章"的意味,實際上是在表明作品的直抒胸臆,無暇雕文。集中同樣
的標題還有兩處。張《箋》編此詩於大中三年(八四九),可從。五章
的内容是:作者對初盛唐詩壇的演變與地位、社會上層所關懷的仕宦
出路的選擇、重要政治活動家的業績,都提出了自己的看法。同時在
創作精神和方法上,是明顯地繼承了杜甫《戲爲六絶句》和《諸將五
首》的衣鉢,在他的作品中是比較重要的五篇。

〔二〕沈宋裁辭矜變律：這是作者立足於律詩已經發展到爛熟階段的晚唐，回顧初唐律詩方在創體時期的成就，認爲那是很有限的。儘管當時一些作家以宗師自命，但是我們應當對他們作出恰如其分的評價。沈，沈佺期（約六五六——七一三），字雲卿，相州內黃（河南省內黃縣）人。宋，宋之問（約六五六——七一二），一名少連，字延清，汾州（今山西汾陽縣）人。他與沈佺期齊名。《新唐書·宋之問傳》："建安後訖江左，詩律屢變。至沈約、庾信，以音韻相婉附，屬對精密。及宋之問、沈佺期又加靡麗，回忌聲病；約句準篇，如錦繡成文，學者宗之，號爲沈宋。"又同書《文藝傳》贊曰："陳隋風流，浮靡相矜，至宋之問、沈佺期等，研揣聲音，浮切不差，而號律詩。"裁辭，選擇提煉作詩的辭藻。矜，誇耀。變律，在前人的創作基礎上，再加改變，確立律詩體裁。

〔三〕王楊落筆得良朋：王，王勃（六五〇—六七六），字子安，絳州龍門（今山西河津）人。楊，楊炯（六五〇—六九三？），華陰（今屬陝西）人。與王勃齊名，皆爲初唐時著名的詩人和駢體文作家。《新唐書·王勃傳》："王勃與楊炯、盧照鄰、駱賓王皆以文章齊名，天下稱王楊盧駱四杰。"得良朋，言當時作者不只王、楊，還有盧、駱。

〔四〕當時自謂宗師妙：《莊子》有《大宗師》篇。又《漢書·藝文志》："儒家者流，宗師仲尼。"宗師，義猶今言大師，或泰斗。

〔五〕今日惟觀屬對能：屬對，各本作"對屬"，非。元稹《唐故工部員外郎杜君墓誌銘並序》："詞氣豪邁而風調清深，屬對律切而脫棄凡近。"又《舊唐書·元稹傳》："常欲得思深語近，韻律調新，屬對無差，而風情宛然，而病未能也。"皆作"屬對"，不作"對屬"。"屬對"意即"排偶"。案作者此詩對沈、宋、王、楊的評價似嫌過苛，可能和他早年攻習古文，自從結識令狐楚以後，改學駢體章奏，因而捲入當時的黨爭旋渦不能自拔，感到後悔有關。其所作《樊南甲集序》云："樊南生十六能著《才論》、《聖論》，以古文出諸公間。後聯爲鄆相國（令狐

楚）、華太守（崔戎）所憐，居門下時，敕定奏記，始通今體，後又兩爲秘
省房中官，恣展古集，往往咽噱（沉浸諷詠）於任（昉）、范（雲）、徐
（陵）、庾（信）之間。有請作文，或時得好對切事，聲勢物景，哀上浮
壯，能感動人。十年京師寒且餓，人或目曰：‘韓（愈）文杜（甫）詩，彭
陽（令狐楚）章檄，樊南窮凍。’人或知之。仲弟聖僕（原注：義叟），特
善古文，居會昌中進士，爲第一二，嘗表（疑衍）以今體規我，而未焉
（疑衍）能休。大中元年，被奏入嶺，當表記，所爲亦多。冬如南郡，舟
中忽復括其所藏，火燹墨污，半有墜落。因削筆衡山，洗硯湘江，以類
相等，色得四百三十三件，作二十卷，唤曰《樊南四六》。四六之名，六
博格五，四數六甲之取也，未足矜。”由此可見，作者從事駢體章奏的
寫作，除去蒙受令狐楚、崔戎等人的影響之外，似乎他自己也有一點類
似揚雄“悔其少作”那樣的思想。

李杜操持事略齊[一]，三才萬象共端倪[二]。集仙殿與金鑾
殿[三]，可是蒼蠅惑曙雞[四]。

　　[一]李杜操持事略齊：李杜，李白與杜甫，盛唐時期兩位偉大詩
人。操持，操觚。《文選》陸機《文賦》：“或操觚以率爾。”李善注：
“觚，木之方者，古人用之以書，猶今之簡也。”杜甫《戲爲六絕句》：“縱
使盧王操翰墨，劣於漢魏近風騷。”則操指執簡握管而言。持，當指持
論而言。《文選》曹丕《典論·論文》：“孔融體氣高妙，有過人者，然不
能持論，理不勝詞，以至乎雜以嘲戲。”又《新唐書·杜甫傳》有
“甫……好論天下大事，高而不切”的評語，可見操持當兼秉筆論事而
言。事，指創作業績。齊，等同。
　　[二]三才萬象共端倪：三才，天、地、人。萬象，自然和社會的萬
事萬物。端倪，《莊子·大宗師》：“反復總始，不知端倪。”端倪，蓋至

唐時,猶作口語,作者《和孫樸韋蟾孔雀詠》詩:“愛堪通夢寐,畫得不端倪。”意思是畫得不到惟妙惟肖的地步。匯合起來,也就是《新唐書·杜甫傳贊》所説“渾涵汪茫,千彙萬狀,兼古今而有之”的意思。

〔三〕集仙殿與金鑾殿:宋敏求《長安志》六:“東宮右春坊,坊内……麗正殿。”注云:“開元改爲集仙殿;十三年,又改集賢殿。”《新唐書·杜甫傳》:“天寶十三載乙未,玄宗朝獻太清宮,饗廟及郊,甫奏賦三篇,帝奇之,使待制集賢院,命宰相試文章。”又《長安志》六:“東内大明宮,環周殿在蓬萊西,金鑾殿在環周西北。”《新唐書·李白傳》:“白至長安……召見金鑾殿,論當世事,奏頌一篇。帝賜食,親爲調羹。有詔供奉翰林,數宴飲。”

〔四〕可是蒼蠅惑曙雞:《詩·齊風·雞鳴》:“雞既鳴矣,朝既盈矣。匪雞則鳴,蒼蠅之聲。”馮注:“案白爲妃所沮,而甫爲右拾遺,以上疏救房琯出外,亂離流落,非有人讒之也。詩言集仙金鑾,李杜不得久居,而以詩鳴;彼紛紛不如李杜者,反得以文學侍從,吟詠其間,則似蒼蠅之惑曙雞矣。義取鳴聲,非關讒口。”案:《樊南乙集序》叙牛僧孺死,“天下設祭者百數。他日尹言:‘吾太尉之薨,有杜司勛(牧)之誌,與子(商隱)之奠文二事,爲不朽。’”則作者實以與杜牧齊名自負,爲一代文宗,則此詩所稱李杜,是否以古喻今,耐人尋味。

生兒古有孫征虜〔一〕,嫁女今無王右軍〔二〕。借問琴書終一世〔三〕,何如旗蓋仰三分〔四〕?

〔一〕生兒古有孫征虜:《三國志·吴志·孫權傳》裴注引《吴歷》曰:“曹公出濡須,作油船,夜渡洲上,權以水軍圍取,得三千餘人。……公見舟船、器仗,軍伍整肅,喟然嘆曰:‘生子當如孫仲謀(權字),劉景升(表)兒子,若豚犬耳。’”案:曹操曾表孫權爲討虜將軍,此詩改稱"孫征虜"，是爲了詩律平仄諧律。

　　〔二〕嫁女今無王右軍：此句朱鶴齡、馮浩注俱引《晉書·王羲之傳》所載郗鑒擇壻而得王羲之事，史事的選擇是正確的。微爲缺憾的是，不知作者用典最早的出處是《世説新語·雅量》篇："郗太傅（鑒）在京口，遣門生與王丞相（導）書，求女壻，丞相語郗：'信君往東廂任意選之。'門生歸白郗曰：'王家諸郎，亦皆可嘉；聞來覓壻，咸自矜持，唯有一郎在東牀上，坦腹臥，如不聞。'郗公云：'正此好。'乃是逸少（王羲之小字），因嫁女與焉。"這個故事，顯示兩層意思，王羲之胸懷坦蕩，忘懷得失；郗鑒有識，能辨雅俗。所以這句詩的意思是説：現在嫁女擇壻，想找到王羲之那樣的雅士，是很難的了。即使真有，如果碰不到郗鑒那樣有識之士，也仍然會失之交臂。因爲文人雅士，已不爲當時社會所重了。因開下二句。已故劉盼遂先生對此有新解，謂所用乃《世説新語·方正》篇所載王羲之盛歎諸葛恢嫁女"威儀端詳，容服光整"的貴族小姐儀表裝束，認爲他自己也很難做到這點。信如所説，則詩旨平庸，反遜舊注。不過爲了集思廣益，多聞闕疑，我們也把此説法附在這裏，供研究參考。

　　〔三〕借問琴書終一世：此句承上句"嫁女今無王右軍"而來。《晉書·王羲之傳》："羲之雅好服食養性，不樂在京師。初渡浙江，便有終焉之志……遂稱病去郡，於父母墓前自誓……朝廷以其誓苦，亦不復徵之……"案：史稱王羲之長於書法，其草隸爲古今之冠。不聞其雅善鼓琴，或史文不備，或"琴書"爲偏義複詞，疑莫能明。

　　〔四〕何如旗蓋仰三分：此句承上"生兒古有孫征虜"而來。旗蓋，黃旗紫蓋。《三國志·吳志·孫權傳》注引《吳書》曰："陳化曰：'舊説紫蓋黃旗，運在東南。'""三分"，指魏、蜀、吳三分天下，而吳居其一。仰，爭取。以上兩句，合起來的意思是：學文不如習武。這也就是他在《驕兒詩》裏所表露的"兒慎勿學爺，讀書求甲乙。穰苴司馬法，張良黃石術。便爲帝王師，不假更纖悉"那種思想。這種看法，也可

能是由於受到杜甫《草堂》詩所説"天下尚未寧,健兒勝腐儒"論點的
啓發;但更重要的是受社會風尚的熏陶。

代北偏師銜使節〔一〕,關東裨將建行臺〔二〕。不妨常日饒輕
薄,且喜臨戎用草萊〔三〕。

〔一〕代北偏師銜使節:此首反映晚唐内憂外患,擾攘頻仍,戰爭
連年,武人不限流品,很快就可以飛黄騰達的現象。代北,《新唐書·
地理志》:"代州鴈門郡有大同軍、天安軍,又有代北軍。"《資治通鑑》
卷二四八,胡注:"代北諸軍,謂陘嶺以北諸軍也。"案唐代州,城瀕漊
沱河北岸,夏屋、雁門、句注諸山環其北,雁門關嵌峙於其間。外控大
同,内護太原,爲晉北重鎮。偏師,全軍的一個支屬。《左傳·宣公十
二年》:"嬀子以偏師陷。"此"代北偏師"指在抗擊回鶻貴族所挑起的
干擾侵略中率偏師而建立功勳的石雄。《舊唐書·石雄傳》:"會昌
初,回鶻寇天德,詔命劉沔爲招撫回鶻使。三年,回鶻大掠雲朔北邊,
牙於五原。沔以太原之師屯於雲州……雄受教,自選勁騎,得沙陀李
國昌三部落兼契苾拓拔雜虜三千騎,月暗夜發馬邑……直犯烏介牙
帳……斬首萬級,生擒五千,羊馬車帳,皆委之而去,遂迎公主還太
原。"銜使節,石雄破回鶻,以功陞任豐州都防禦使。

〔二〕關東裨將建行臺:關東,指古函谷關以東,此則具體指河東。
裨將,義爲偏將。《舊唐書·石雄傳》:"大和中,河西党項擾亂,選求
武士,乃召還(自壁州),隸振武劉沔軍爲裨將。"又《新唐書·石雄
傳》:"武寧李彦佐討劉稹,逗留;以雄爲晉絳行營諸軍副使……雄受
命,即勒兵越烏嶺,破賊五壁,斬獲千計,賊大震。……武宗喜曰:'今
將帥義而勇,罕雄比者。'就拜行營節度使,代彦佐,徙河中。"《新唐
書·百官志》:"武德初,邊要之地置總管以統軍,加號使持節,蓋漢刺

史之任,有行臺,有大行臺。"行臺,臺省在外者曰行臺,始於魏晉,專
爲征討而設,不常置。句意:石雄以一裨將,以平叛藩劉稹而陞任晉絳
行營節度使,也就是這裏所説的"關東建行臺"。

〔三〕"不妨常日饒輕薄"二句:《新唐書·石雄傳》:"石雄系寒,
不知其先所來,少爲牙校,敢毅善戰,氣蓋軍中……初徐軍惡(王)智
興苛酷,謀逐之而立雄。智興懼變,因立功,奏徐州刺史,詔以爲壁州
刺史。智興由是殺雄素所善百餘人,誣雄陰結士搖亂,請以軍法論。
文宗素知其能,不殺;流白州,徙爲陳州長史。党項擾河西,召雄隸振
武劉沔軍,破羌有勞……會昌初,回鶻入寇連年,掠雲朔牙五原塞下。
詔雄爲天德防禦副使兼朔州刺史,佐劉沔屯雲州。"《舊唐書·石雄
傳》:"文宗以智興故,未甚提擢,而李紳、李德裕以崔群舊將,素嘉
之。"常日,意即平日。饒輕薄,有許多的輕佻行爲。臨戎,臨到國家
用兵之際。草萊,指長於田野之人。《漢書·蔡義傳》:"臣山東草萊
之人。"以上這兩句詩的意思是:因爲内憂外患,紛至沓來,國家作戰
需人,以致在社會上形成一種重武輕文的社會風尚,不僅出身微賤者
有了機會當官,甚至連市井無賴(郭子儀所説的"市肆屠沽"),也可以
濫竽充數。因此二句所指,似非僅限於頌揚李德裕的擢拔寒素,其對
當時軍籍過濫,儒冠誤身的不合理社會現實,亦有所譴責。

郭令素心非黷武〔一〕,韓公本意在和戎〔二〕。兩都耆舊皆垂
淚〔三〕,臨老中原見朔風〔四〕。

〔一〕郭令素心非黷武:五章借總結郭子儀、張仁愿對待回紇和吐
蕃採取和與戰靈活運用的策略取得成功的經驗,來肯定李德裕在掌政
期間對待藩鎮割據和民族矛盾所採取的正確措施。這是當時牛李兩
黨在政治上爭論最激烈的課題。反對窮兵黷武,但不放棄加强戰備;

强調民族團結，但想方設法鞏固邊防，這是李德裕所做的，也是李商隱所想的。《舊唐書·郭子儀傳》："郭子儀(六九七—七八一)，華州鄭縣(陝西華縣)人……以武舉高等補左衛長史……乾元元年七月，破賊河上，擒僞將安守忠以獻，遂朝京師……進位中書令……(代宗)永泰元年八月……回紇、吐蕃自涇邠鳳翔數道寇京畿……人情危迫，是時急召子儀，自河中至，屯於涇陽，而虜騎已合，子儀一軍萬餘人，而雜虜圍之數重……子儀率甲騎二千出没於左右前後。虜見而問曰：'此誰也？'報曰：'郭令公也。'回紇曰：'令公存乎？僕固懷恩(叛將)言天可汗已棄四海，令公亦謝世，中國無主，故從其來！'……又使諭之曰：'公等頃年，遠涉萬里；翦除凶逆，恢復二京。是時子儀與公等，周旋艱難，何日忘之？今忽棄舊好，助一叛臣，何其愚也？且懷恩背主棄親，於公等何有？'回紇曰：'謂令公已矣！不然，何以至此？'……子儀與數十騎徐出，免冑而勞之曰：'安乎？久同忠義，何至於是？'回紇皆捨兵下馬，齊拜曰：'果吾父也。'子儀召其首領，各飲之酒，與之羅錦，歡言如初。子儀説回紇曰：'吐蕃本吾舅甥之國，無負而至，是無親也。若倒戈乘之，如拾地芥耳……'子儀遣朔方兵馬使白元光與回紇會軍，吐蕃知其謀，是夜奔退，回紇與元光追之，子儀大軍繼其後，大破吐蕃十餘萬於靈武臺西原……"郭令，即郭令公的省稱。素心，本心。非黷武，不是好戰，而是爲了維護國家統一，鞏固邊防，而採取的軍事行動。

〔二〕韓公本意在和戎：韓公，韓國公張仁愿。《舊唐書·張仁愿傳》，張仁愿(？——七一四)，華州下邽(今陝西渭南市東北)人，武則天時，"擢仁愿爲肅政臺中丞檢校幽州都督。會突厥默啜入寇，攻陷趙定，擁衆回至幽州，仁愿勒兵出城邀擊之，流矢中手，賊亦引退……"(中宗)神龍三年，"突厥入寇，朔方軍總管沙吒忠義爲賊所敗，詔仁愿攝御史大夫，代忠義統衆。仁愿至軍，而賊衆已退，乃躡其後，夜掩大破之。先朔方軍北與突厥以河爲界，河北岸有拂雲神祠。突厥將入寇,必先詣祠祭酹求福,因牧馬料兵而後渡河。時突厥默啜盡衆西擊突騎施娑葛,仁愿請乘虛奪取漠南之地,於河北築三受降城,首尾相應,以絶其南寇之路……役者盡力,六旬而三城俱就。以拂雲祠爲中城,與東西兩城相去各四百餘里,皆據津濟,遥相應接,北拓地三百餘里。於牛頭朝那山北,置烽候一千八百所,自是突厥不得度山放牧,朔方無復寇掠,減鎮兵數萬人。……景龍二年,拜左衛大將軍同中書門下三品,累封韓國公。春還朝,秋復督軍備邊……"杜甫《諸將》第二首:"韓公本意築三城,擬絶天驕拔漢旌。"與史文著眼點都在於防止了突厥的入侵。義山詩則把著眼點放在"和戎"上,其實這正是一個策略的兩個方面。築城就是爲了隔斷兩方面的接觸。相輔相成,各明一義。和戎,詞本《左傳・襄公四年》:"無終子嘉父,使孟樂如晉,因魏莊子(絳)納虎豹之皮,以請和諸戎。"注:"欲戎與晉和。"案:魏絳言於晉侯,和戎有五利。他是我國古代主張華夏族要與邊疆少數民族和睦相處的政論家,爲後世主張民族團結的政論家所祖述。以上兩句是藉張仁愿、郭子儀二人的事迹,盛贊李德裕在會昌年間周密部署收復被回紇、吐蕃侵佔的河湟廣大地區的各種重要決策。馮注:"詠河湟收復之事而悼衛公(李德裕)也。《通鑑》:'會昌四年,以回紇微弱,吐蕃內亂,議復河湟四鎮十八州,令天德、振武、河東訓卒勵兵以俟其時。'《會昌一品集》所謂令代北諸軍樅樅排比也。時劉濛爲巡邊使,其賜詔曰:'緣邊諸鎮各宜選練師徒,多蓄軍食,使器甲犀利,烽火精明,密爲制置,勿顯事機。'是衛公已大有收復之謀。其异議者必曰'佳兵黷武',故借郭、張以白之。觀會昌初,天德軍使田牟請擊嗢没斯及赤心內附之衆,德裕獨謂當遣使鎮撫,賜以糧食,懷柔得宜,彼必感恩,此亦足見非黷武而在和戎之大指(恉)矣。及大中三年,收復河湟,未始非叨會昌之餘威,而衛公則已疊貶將死也。"案:馮氏所注,深得詩旨。

〔三〕兩都耆舊皆垂淚:這句是承上"郭令素心非黷武"而言,言安史之亂，郭子儀立下了收復西都長安、東都洛陽的豐功偉績。《舊唐書·郭子儀傳》：“廣平王入京師，老幼百萬，夾道歡呼涕泣而言曰：‘不圖今日復見官軍。’……子儀奉廣平王入東都，陳兵於天津橋南，士庶歡呼於路。”此則借郭子儀事以稱頌李德裕對收復河湟的籌措擘畫之功。

〔四〕臨老中原見朔風：句意：由於河湟收復，過去被劫留在西北的中原父老，又有機會瞻仰東西兩都了。《舊唐書·吐蕃傳》：“大中三年七月，河隴耆老率長幼千餘人赴闕，上御延喜樓觀之，莫不歡呼抃舞。”即指其事。“朔風”，當用曹植《朔風詩》：“仰彼朔風，用懷魏都。”反映遺民對宗國首都的深厚眷戀之情。他解非是。

漢南書事〔一〕

西師萬衆幾人回〔二〕？哀痛天書近已裁〔三〕。文吏何曾重刀筆〔四〕，將軍猶自舞輪臺〔五〕。幾時拓土成王道〔六〕，從古窮兵是禍胎〔七〕。陛下好生千萬壽〔八〕，玉樓長御白雲杯〔九〕。

〔一〕漢南書事：《爾雅·釋地》：“漢南曰荆州。”注：“自漢南至衡山之陽。”馮注：“按唐時稱山南東道治所襄州曰漢南，荆襄地勢同也。《舊書紀》、《通鑑》：會昌五、六年，党項攻陷邠寧、鹽州、界城堡，發諸道兵討之。至大中四、五年，連年無功，戍饋不已。上頗知邊帥欺奪其羊馬，或妄誅殺，党項不勝憤怨，故反，乃以李福爲夏綏節度使，面加戒勵。上頗厭用兵，議遣大臣鎮撫，以宰相白敏中充招討行營都統制置等使。定遠城使史元破党項九千餘帳，敏中奏平夏党項平，又奏山南党項亦請降。詔並赦,使之安業。詩蓋自桂歸,途經荆江時作,非書漢南之事。"張《箋》:"馮氏徵考甚詳,是年党項尚未就撫,故詩著拓土窮兵之戒,而望其勿生事四夷也。"馮《譜》、張《箋》並編此詩於大中二年(八四八),然第二句"哀痛天書近已裁",明指大中三年(八四九)八月鳳翔節度使奏復秦州,宣宗所下制詞。則此詩之作,不能早於大中三年八月。

〔二〕西師萬衆幾人回:西師,成語,出《左傳·僖公三十二年》。此處則借用,指唐朝西討党項之師,意爲西征之師。"幾人",各本皆作"幾時",與下第五句字複。馮注:"味詩意,當作'幾人'。"案馮説是。此句取李白《關山月》"漢下白登道,胡窺青海灣。由來征戰地,不見有人還"意。

〔三〕哀痛天書近已裁:《漢書·西域傳》:"上(武帝)乃下詔,深陳既往之悔曰:'輪臺西於車師千餘里……迺者貳師敗,軍士死略離散,悲痛常在朕心。今請遠田輪臺,欲起亭隧,是擾勞天下,非所以優民也。'贊曰:孝武……末年遂棄輪臺之地,而下哀痛之詔,豈非仁聖之所悔哉!"《舊唐書·宣宗紀》:"大中三年八月制曰:'朕猥荷丕圖,思弘景遠,憂勤庶政,四載於兹……進士試能,靡不竭其長策;朝廷下議,皆亦聽其直詞。盡以不生邊事爲永圖,且守舊地爲明理……今者……左袒輸款,邊壘連降;刷恥建功,所謀必尅……副玄元不爭之文,絶漢武遠征之悔……"天書,指皇帝所下制詞。這篇制詞,是以漢武帝所下《罪己詔》爲借鑑,並綜合進士策論,朝臣奏議的意見而草擬的。

〔四〕文吏何曾重刀筆:《史記·馮唐列傳》:"上功莫(幕)府,一言不相應,文吏以法繩之。其賞不行而吏奉法必用……賞太輕,罰太重。"又《李將軍列傳》:"大將軍使長史急責廣之幕府對簿……廣曰:'廣年六十餘矣。終不能復對刀筆之吏。'遂引刀自剄。"案此句"文吏"與"刀筆"一而二,二而一,即"刀筆吏"的拆用別稱。意謂宣宗雖下安邊之詔,然而文官權勢並未從此而有所增重。

〔五〕將軍猶自舞輪臺:《漢書·李廣利傳》:"烏孫輪臺,易苦漢使。……貳師(李廣利)後復行兵,多所至,小國莫不迎,出食給軍。至輪臺,輪臺不下,攻數日,屠之。"注:"輪臺,亦國名。"《舊唐書·地理志》:"隴右道·北庭都護府·輪臺縣,有輪臺州都督府。"句意謂邊將照舊在少數民族地區炫耀武力。著一"舞"字,而驕兵悍將躍馬橫刀的凶相暴露無遺。

〔六〕幾時拓土成王道:紀評:"幾時二字複。"馮注:"味詩意,幾時二字誤。"案馮注以首句"幾時"二字,當作"幾人",則此處"幾時"二字,只與上文複一字,似不改亦可,且審上下文義,實亦無可更易,故以不改爲是。拓土,語出左思《吳都賦》:"拓土畫疆。"意即開邊。杜甫《兵車行》:"邊庭流血成海水,武皇開邊意未已。"此師其意,以責邊將之黷武邀功。王道,具體到這篇作品,可能指的是《書·舜典》所說的"柔遠能邇",《僞孔傳》解釋說:"安遠始能安近。"實現所謂"王道"。

〔七〕從古窮兵是禍胎:《三國志·魏志·王朗傳》注引《魏書》曰:"車駕既還,詔三公曰:'窮兵黷武,古有成戒。'"枚乘《上吳王書》:"福生有基,禍生有胎。"

〔八〕陛下好生千萬壽:僞古文《尚書·大禹謨》:"好生之德,洽于民心。"千萬,是千秋萬歲的簡化。《論語·雍也》:"仁者壽。"按照儒家的學說,好生是仁的具體表現,故當得壽報。

〔九〕玉樓長御白雲杯:玉樓,傳說在崑崙。《十洲記》:"崑崙山……有積金爲天墉城,面方千里。城上安……玉樓十二所。"《穆天子傳》:"乙丑,天子(穆王)觴西王母於瑤池之上,西王母爲天子謠曰:'白雲在天,山陵自出。'"白雲杯故實出此。案此亦封建文人習用的頌聖套語。

偶成轉韻七十二句贈四同舍[一]

沛國東風吹大澤[二]，蒲青柳碧春一色[三]。我來不見隆準人[四]，瀝酒空餘廟中客[五]。征東同舍鴛與鸑[六]，酒酣勸我懸征鞍[七]。藍山寶肆不可入[八]，玉中仍是青琅玕[九]。武威將軍使中俠[一〇]，少年箭道驚楊葉[一一]。戰功高後數文章[一二]，憐我秋齋夢蝴蝶[一三]。詰旦九門傳奏章[一四]，高車大馬來煌煌[一五]。路逢鄒枚不暇揖，臘月大雪過大梁[一六]。憶昔公爲會昌宰[一七]，我時入謁虛懷待[一八]。衆中賞我賦高唐，回看屈宋由年輩[一九]。公事武皇爲鐵冠[二〇]，歷廳請我相所難[二一]。我時顛領在書閣[二二]，臥枕芸香春夜闌[二三]。明年赴辟下昭桂[二四]，東郊慟哭辭兄弟[二五]。韓公堆上跋馬時[二六]，回望秦川樹如薺[二七]。依稀南指陽臺雲[二八]，鯉魚食鈎猿失群[二九]。湘妃廟下已春盡[三〇]，虞帝城前初日曛[三一]。謝游橋上澄江館[三二]，下望山城如一彈[三三]。鵙鴣聲苦曉驚眠[三四]，朱槿花嬌晚相伴[三五]。頃之失職辭南風[三六]，破帆壞槳荆江中[三七]。斬蛟破璧不無意[三八]，平生自許非怱怱[三九]。歸來寂寞靈臺下[四〇]，著破藍衫出無馬[四一]。天官補吏府中趨[四二]，玉骨瘦來無一把。手封狴牢屯制囚[四三]，直廳印鎖黃昏愁[四四]。平明赤帖使修表[四五]，上賀嫖姚收賊州[四六]。舊

山萬仞青霞外〔四七〕，望見扶桑出東海〔四八〕。愛君憂國去未
能，白道青松了然在〔四九〕。此時聞有燕昭臺，挺身東望心
眼開〔五〇〕。且吟王粲從軍樂〔五一〕，不賦淵明《歸去來》〔五二〕。
彭門十萬皆雄勇〔五三〕，首戴公恩若山重〔五四〕。廷評日下握
靈蛇〔五五〕，書記眠時吞彩鳳〔五六〕。之子夫君鄭與裴〔五七〕，何
甥謝舅當世才〔五八〕。青袍白簡風流極〔五九〕，碧沼紅蓮傾倒
開〔六〇〕。我生粗疏不足數〔六一〕，《梁父》哀吟鴝鵒舞〔六二〕，橫
行闊視倚公憐〔六三〕，狂來筆力如牛弩〔六四〕。借酒祝公千萬
年，吾徒禮分常周旋〔六五〕。收旗卧鼓相天子〔六六〕，相門出
相光青史〔六七〕。

　　〔一〕宣宗大中三年(八四九)十月，檢校户部尚書盧弘止(《舊唐
書》卷一六三作盧弘正，此從《新唐書》卷一七六)出爲徐州刺史、武寧
軍節度使。李商隱聞訊，於四年趕赴徐州，望盧徵辟，先作此詩，投贈
幕僚，咸其汲引先容之雅。盧弘止在武宗會昌李德裕爲相時，曾受重
用。在姻戚中他是李商隱的前輩，對李的文才素所賞識。而其本人也
有一定的才幹，他這次出任武寧軍節度，就是肩負朝廷決心整頓徐泗
方鎮驕橫難制的政治局面的重大使命。在李商隱看來，他是一個比較
賢明理想的上司。所以這首詩除了抒發他個人感恩知己的情愫而外，
對盧的歷史功績也作了如實的報導，從而反映了晚唐政局的一個側
面。轉韻：換韻。此詩四句一換韻，末四句疊用兩句換韻，兩平換兩
仄。四同舍，指武寧軍徐、泗、濠、宿同僚。
　　〔二〕沛國東風吹大澤：《史記·高祖本紀》：“高祖，沛豐邑中陽
里人。”《後漢書·郡國志》：“沛國”劉昭注：“秦泗川郡，高帝改。”按
高祖劉邦所改者祇是把泗川郡改爲沛郡，而改稱“沛國”，則是東漢以

後的事。《嘉慶一統志》：“江蘇徐州府，屬河南道，元和二年，置武寧軍節度使。”注：“元和十年，置徐泗節度。”治所在今江蘇省徐州市。句意謂徐州是漢高祖起義的發祥地，而我在大中四年春風浩蕩的季節應辟來到這裏。上引《史記·高祖本紀》關於漢高祖劉邦出世和他斬蛇舉事的故事，其遺迹皆在“大澤”或“澤中”，以見徐州地靈人傑，自古就是龍蛇起陸的風雲重地。

〔三〕蒲青柳碧春一色：入目的青蒲碧柳到處點染着大地春回。

〔四〕我來不見隆準人：隆準人，指劉邦。《史記·高祖本紀》：“高祖爲人，隆準而龍顏。”《集解》引服虔曰：“準，音拙。”又引應劭曰：“隆，高也。”又引文穎曰：“準，鼻也。”意思是：劉邦的鼻梁骨很高，有出衆的儀表。

〔五〕瀝酒空餘廟中客：按《史記·高祖本紀》叙述劉邦微時，有“好酒及色”的描寫，則此瀝酒當係廟客供四時祭掃者所獻。以上兩句，實際是給下文稱頌盧弘止的禮賢下士作地步。因漢高祖是歷史上素以知人善任著稱的政治家。

〔六〕征東同舍鴛與鸞：征東將軍是借用漢魏以來武官的舊稱，暗喻出鎮徐州的盧弘止。同舍，指盧幕同僚。鴛、鸞，鴛侶鸞朋，稱美同僚的才華炳蔚。

〔七〕酒酣勸我懸征鞍：觀此則知李當時尚未正式受辟，祇是幕僚友好中有勸其待聘者。懸征鞍，勸其掛起征鞍，不要再騎馬到各處奔走。馮注：“假同舍勸詞，見永將依託。”可謂洞察衷曲。

〔八〕藍山寶肆不可入：《漢書·地理志》：“藍田縣，山出美玉。”《太平寰宇記》卷二十七：“關西道·雍州·昭應縣：驪山，在縣東南二里，即藍田山也。……其陽多寶玉，其陰多黃金。”藍山寶肆，蓋兼精金美玉言之，借喻徐泗幕府的人才濟濟。

〔九〕玉中仍是青琅玕：《尚書·禹貢》：“球琳琅玕。”《廣韻》：“琅玕,美石次玉。"句意爲:藍山多精金美玉,而我自己則連一般的玉石也比不上。"仍",疑當作"乃",用表相形見絀,自慚弗如。

〔一〇〕武威將軍使中俠:武威將軍,借喻盧爲武寧節度使。俠,謂濟困扶危,勇於助人。

〔一一〕少年箭道驚楊葉:謂盧從少年起,就顯出是文武全才。此句可從"能文能武"兩方面來解釋。《戰國策·楚策》載:"養由基善射。去柳葉者百步而射之,百發百中。"又《新唐書·藝文志》著録馬幼昌《穿楊集》注曰:"判目。"是"穿楊",唐人每以比文戰(科舉選文競賽)。又《唐摭言》載盧以少年能文,曾一度中解元,可見他文名早著。

〔一二〕戰功高後數文章:《舊唐書·盧弘正傳》:"三遷兵部郎中給事中。會昌末,王師討劉稹……即命爲邢、洺、磁團練觀察留後,未行而稹誅。乃令弘正銜命宣諭河北三鎮。使還,拜工部侍郎。""戰功"當指此而言。數文章,謂遴選能文之士以行文治。此句承上句立言,謂盧能武,故有戰功;崇文,故重才士。

〔一三〕憐我秋齋夢蝴蝶:《莊子·齊物論》:"昔者莊周夢爲胡蝶,栩栩然胡蝶也;自喻適志與(歟)! 不知周也。俄然覺,則蘧蘧然周也。不知周之夢爲胡蝶與(歟)? 胡蝶之夢爲周與(歟)? ……此之爲物化。"這就是通常所説的"莊周化蝶"故事。此處則是作者借用,比喻自己雖身命輕微而夢想飛騰,但不願質言,故托之故典。

〔一四〕詰旦九門傳奏章:詰旦,平明,早晨。九門,清刊本多作"九門",馮注改爲"天門"甚是,當從。傳奏章,指盧推薦李商隱爲幕僚一事,謂當時把這一奏章遞上。

〔一五〕高車大馬來煌煌:此是以徐州爲基點來叙述盧弘止走馬上任的。所以説"來"。煌煌,形容車馬的鮮麗,如漢樂府所稱的"道上自生光"。

〔一六〕"路逢鄒枚不暇揖"二句：借用漢代梁孝王劉武禮賢下士，招徠鄒陽、枚乘等文學侍從的故事，比喻詩人自己行將受到弘止正式徵聘而入徐幕。這次詩人的受聘徐幕，是以判官名義而兼帶京官侍御史銜，故幕主保薦必待詔令批准，當時則尚在待命的過程中。故此二句宛轉假古事以托現實。大梁，梁孝王國都所在地，故址在今河南省開封市一帶。此二句的主旨是借梁孝王以喻盧弘止，借鄒、枚以自喻。

〔一七〕憶昔公爲會昌宰：會昌，昭應縣舊名，在今陝西臨潼縣。唐京縣，縣令秩正五品上階，故仍雅爲作者所稱重。此大和八年（八三四）事。

〔一八〕我時入謁虛懷待：謁，晉見。虛懷，虛心，謙虛的情懷。

〔一九〕"衆中賞我賦高唐"二句：謂盧弘止曾於稠人廣座中稱贊李商隱作詩意存諷諫，可以上比屈原、宋玉。此即《有感》一首所説的"非關宋玉有微辭，卻是襄王夢覺遲。一自高唐賦成後，楚天雲雨盡堪疑"的那種意思。"高唐"在這裏只是泛指意有諷諫的一般詩作，下句亦只能理解爲盧對李的賞譽，而非作者自炫，詩味方覺深厚。由，古用通"猶"，義爲"如同"。年輩，漢代同屆舉孝廉的舉子互稱"同年"，唐代同榜進士亦然。故年輩義猶"儕輩"，喻才力匹敵。

〔二〇〕公事武皇爲鐵冠：武皇，指唐武宗李瀍。鐵冠，古代法官所戴。蔡邕《獨斷》："法冠，高五寸，以纚裹鐵柱卷，秦制法服之，今御史廷尉、監平服之。"《舊唐書·輿服志》："法冠，一名獬豸冠，以鐵爲柱，其上施珠兩枚，爲獬豸之形。左右御史臺流內九品以上服之。"又《舊唐書·盧弘止傳》叙其爲官履歷，有"入爲監察御史、侍御史"之文，故舊注多以"爲侍御史"事當之，獨馮浩注知其非是，認爲從品級看，侍御史只是六品官，低於郎中、給事中。按照正常順序，弘止官階不會越來越低，而應當是與給事中同品的御史中丞。我們認爲：馮氏看到了舊注的漏洞，提出了自己的看法，把問題的解決向前推進了一步，是值得肯定的。但從全詩來看，此句下接"歷廳請我相所難"，全詩結尾："收旗卧鼓相天子，相門出相光青史。"如果按照馮氏的注解，則仍感到有些合不攏。我們的意見則是：盧弘止到了會昌四年（八四四），官職可能已經不是御史中丞，而是御史大夫，是唐代御史臺的最高級長官。據《漢書·百官公卿表》："御史大夫位上卿……掌副丞相。"到了唐朝，御史大夫仍然稱爲"亞相"，如岑參《輪臺歌奉送封大夫出師西征》，就稱御史大夫封常清爲亞相。明乎此，則下文"歷廳請我相所難"句，用"相"字才有着落。《舊唐書·職官志》："御史臺：大夫、中丞押大事，則冠法冠，衣朱衣纁裳，白紗中單以彈之。小事常服而已。"

〔二一〕歷廳請我相所難：歷廳，言超越機關界限。請我，邀請我。寫盧虛懷若谷，禮賢下士。相所難，此稱頌盧雖身爲副相，然求賢若渴，有漢相公孫弘遺風。《漢書·公孫弘傳》："開東閣以延賢人。"

〔二二〕我時顦顇在書閣：書閣，指秘書省藏書處。武宗會昌五年（八四五）十月，商隱母喪服滿，官秘書省正字，秩正九品下階，比校書郎品級（正九品上階）還低，見《舊唐書·職官志》。但詩人的顦顇，主要不是由於地位沉淪在百僚底層，而是因爲整天埋首書堆，政治抱負無法施展。

〔二三〕卧枕芸香春夜闌：芸是一種香草，古人用以驅除書中蠹蟲。此處"芸香"實指放了芸香的卷帙（綫裝書套的前身）。案下句"明年赴辟下昭桂"，是指宣宗大中元年（八四七）桂管經略使鄭亞奏辟商隱爲幕僚事，則此上四句所叙盧"歷廳請我相所難"等情況當是武宗會昌六年（八四六）間事。

〔二四〕明年赴辟下昭桂：明年，次年，指宣宗大中元年。赴辟，應徵上任。唐代節度使、觀察使、經略使等地方長官可以向朝廷推薦幕僚，請求任命，叫做"奏辟"。昭，昭州，治所在今廣西壯族自治區平樂縣。桂，桂州，爲唐朝桂管經略使署所在地。故址在今廣西壯族自治區桂林市。

〔二五〕東郊慟哭辭兄弟：東郊，爲唐朝京城長安城東郊，爲從長安赴桂管之所必經。兄弟，商隱弟羲叟。

〔二六〕韓公堆上跋馬時：案《白氏長慶集》卷十五有《韓公堆寄元九》詩，次於《藍橋驛見元九詩》後，《發商州》詩前。宋敏求《長安志》卷十六：“藍田，韓公堆驛在縣南三十五里。”注：“作桓公驛者非。”跋馬，《資治通鑑注》：“勒馬使回轉也。”

〔二七〕回望秦川樹如薺：辛氏《三秦記》：“長安正南秦嶺嶺根，水流爲秦川，一名樊川。”馮注：“按此爲移家關中稱樊南生之證，蓋赴辟時，仍從永樂移來也。”梁戴暠《度關山》：“今上關山望，長安樹如薺。”薺，薺菜。句意謂：路經韓公堆，回望樊川家園，樹高如薺，因感行程漸遠，不勝有依依戀土之情。

〔二八〕依稀南指陽臺雲：依稀，若隱若現。陽臺，用宋玉《高唐賦序》中神女自述“妾在巫山之陽，高丘之阻，旦爲朝雲，暮爲行雨，朝朝暮暮，陽臺之下”的掌故，以喻自秦至桂路上所經的荆楚雲夢地區。這句是寫自己南往荆楚，因藉陽臺雲雨，抒發室家之思。

〔二九〕鯉魚食鈎猿失群：鯉魚食鈎，用漢樂府《烏生》篇“鯉魚乃在洛水深淵中，釣鈎尚得鯉魚口”的故實，暗喻自己逐食四方，遂見拘牽於當道的名韁利鎖。猿失群，疑用《世説新語·黜免》：“桓公入蜀，至三峽中，部伍中有得猨（同猿）子者，其母緣岸哀號，行百餘里不去，遂跳上船，至便即絶（死）。破視其腹中，腸皆寸寸斷……”又《搜神記》亦有類似記載，作者援用，以寄其與室家睽隔之思。集中別有《失猿》一首，寓興相同，可以參看。

〔三〇〕湘妃廟下已春盡：湘妃廟，在湖南省湘陰縣北。《括地志》：“二妃冢在湘陰縣北一百六十里青草山。”已春，影宋本作“江春”，汲古閣本作“春江”，此從明嘉靖本及朱、馮二注本。又馮注：“舊書紀是年閏三月。"

〔三一〕虞帝城前初日暾：《輿地紀勝》卷一百三"廣南西路·靜江府·古迹·虞帝祠"注："《南軒奏狀》云：去城五里，而近山有大曆磨崖刻，載刺史李昌夔修祠事。《李義山集》有《爲桂州刺史滎陽公賽祠文》云：帝狩南荒，神留下土。"初日暾，謂以夏四月初日熾熱時抵達桂州。

〔三二〕謝游橋上澄江館：馮注："舊注皆誤。《南史》謝靈運宥徙廣州，而靈運好游山水，疑其曾至桂州，有遺迹也。"案馮注似可從。《文選》李善注卷一三載謝靈運《入華子崗是麻源第三谷》一首，首兩句"南州實炎德，桂樹凌寒山"，已被王象之《輿地紀勝》採入"廣南西路·靜江府·詩"一欄，作爲文獻之一。又謝詩題目裏的"麻源谷"，疑即《輿地紀勝》"靜江府·景物下"的"蘭麻山"。是以見馮注並非全出臆測。澄江，當即指灕江，因灕江水最澄澈，故以稱之。

〔三三〕下望山城如一彈：《水經注》卷三八："灕水又南合彈丸溪，水出于彈丸山。山有涌泉，奔流衝激，山堪及溪中，有石若丸，自然珠圓，狀彈丸矣。"《太平寰宇記》卷一六二："嶺南道·桂州·臨桂縣：彈丸山，在縣東二里，隔灕水。"此處不僅是詩人在點明地望，而且是在暗用庾信《哀江南賦》"地惟黑子，城猶彈丸"的典故，以描寫邊城桂林形勢的狹隘險要。

〔三四〕鷓鴣聲苦曉驚眠：鷓鴣，鳥名，古人往往因其鳴聲近似"行不得也哥哥"，用以寄托背井離鄉之念。

〔三五〕朱槿花嬌晚相伴：朱槿，紅木槿花。槿花朝開暮落，榮華短暫，故古人往往用以作爲富貴不常的象徵。白居易《放言》詩"槿花一日自爲榮"即其例。此與上句各反映詩人游宦遠州的思想感情一個側面。

〔三六〕頃之失職辭南風：頃之，不久。失職，指大中二年(八四八)

二月鄭亞貶循州刺史,作者罷幕職。辭南風,謂乘南風之便,買舟北歸。

〔三七〕破帆壞槳荊江中:長江自今湖北省枝江至湖南省城陵磯一段古稱荊江。因遇暴風而破帆壞槳,極寫歸路艱險備嘗。

〔三八〕斬蛟破璧不無意:《呂氏春秋‧知分》:"荊有次非者,得寶劍于干遂,還反涉江,至于中流,有兩蛟夾繞其船……次非攘臂袪衣拔寶劍曰:'此江中之腐肉朽骨也,棄劍以全己,余奚愛焉?'于是赴江刺蛟,殺之而復上船,舟中之人皆得活,荊王聞之,仕之執圭。"又《博物志》卷八叙澹臺子羽濟河斬蛟毁璧事。作者合而爲一,表明平生爲人除害的遠大抱負。

〔三九〕平生自許非忽忽:言自己在出處進退之際是十分矜持和鄭重的,絕不肯幹那些蠅營狗苟的下流勾當。這是屈原《九章‧惜誦》所説的"欲橫奔而失路兮,蓋志堅而不忍"的那種意思。忽忽,慌慌張張,小人奔走營求,進退失據的醜態。

〔四〇〕歸來寂寞靈臺下:《後漢書‧第五倫傳》注引《三輔決錄》注云:"頡(倫小子)爲三郡太守、諫議大夫,洛陽無主人,鄉里無田宅,客止靈臺中,或十日不炊。"案《三輔黃圖》卷五:"漢靈臺在長安西北八里。漢始曰清臺,本爲候者觀陰陽天文之變,更名曰靈臺。郭延生《述征記》曰:'長安宮南有靈臺,高十五仞,上有渾儀,張衡所製,又有相風銅烏,遇風乃動。……又有銅表,高八尺,長一丈三尺,廣尺二寸,題云太初四年造。'"以此推之,或商隱當時曾困處天文臺左近一個時期。

〔四一〕著破藍衫出無馬:藍衫,即青衫,爲唐代八九品官服色。作者回京後爲盩厔(今陝西周至縣)縣尉,秩正九品下階。

〔四二〕天官補吏府中趨:唐武后光宅元年改吏部爲天官,中宗神龍元年復舊。故此天官補吏,意指商隱回京後,吏部選任他做盩厔縣尉一事。漢樂府《陌上桑》："盈盈公府步,冉冉府中趨。"此處用以借指他自己嗣又爲京兆尹奏署爲掾曹,奔走於府中。

〔四三〕手封狴牢屯制囚:狴牢,即監獄。因古代獄門上皆設獅子頭(狴犴)以爲表徵。屯制囚,集聚許多被拘留的囚犯。據此,則商隱當時在京兆府所署是法曹參軍。《新唐書·百官志》:"法曹掌鞫獄、麗法、督盜賊。"

〔四四〕直廳印鎖黄昏愁:直廳,在府廳住宿值班。印鎖,把府尹的印信封鎖起來,禁人盜用。這對統治者來説,是機要差使;但對一個有正義感的詩人來説,卻是令人頭痛的苦刑。

〔四五〕平明赤帖使修表:平明,平旦、早晨。赤帖,賀表所用的紅摺子。此句意謂:因商隱能文,京尹又讓他起草牋奏。

〔四六〕上賀嫖姚收賊州:這是點明起草賀表的具體内容。嫖姚是借用漢將以代指當時收復三州七關的唐將領。漢武帝時,霍去病爲嫖姚校尉,嘗隨大將軍衛青抗擊匈奴的入侵,卓立戰功。不過這裏只是用爲套語。作者《樊南乙集序》云:"(大中二年)二月府貶,選爲盩厔尉,與班縣令武公(疑爲"功"字之誤)劉官人同見尹,尹即留假參軍事,專章奏。屬天子事邊,康季榮首得七關。數月,李玭得秦州。月餘,朱叔明又得長樂州。而益丞相(指杜悰)亦尋取維州,聯爲章賀。"詩文互證,如塤篪相應。

〔四七〕舊山萬仞青霞外:舊山,指作者青年時代在故鄉學道的所在地玉陽山,它是王屋山的一個分支。而王屋山在《列子·湯問》篇有"高萬仞"的説法。青霞,常見於道書,《雲笈七籤》有"元始天王東游碧水豪林之境,上憩青霞九曲之房"的説法。

〔四八〕望見扶桑出東海:此即作者《李肱所遺畫松詩》"形魄天壇上,海日高瞳瞳"的換一個方式的説法。意爲登在王屋山頂的天壇上可以望見東海日出的奇異景象。

〔四九〕"愛君憂國去未能"二句：上句是正意，下句是寫擺在眼前導向學道歸隱的途徑。不過從全篇看來，是陪襯之筆。

〔五〇〕"此時聞有燕昭臺"二句：以下轉入盧弘止出鎮徐泗，延攬人才，爲詩人所向往。戰國時燕昭王築臺，置黃金於其上，以招致天下賢士。《嘉慶一統志》："直隸·順天府·古迹：黃金臺，按燕昭王於易水東南築黃金臺延天下士。後人慕其好賢之名，亦築臺於此，爲燕京八景之一，曰金臺夕照。"下句"挺身東望心眼開"，蓋從張衡《四愁詩》"側身東望涕沾翰"悟出，而化悲戚爲樂觀。唐代方鎮，地位略同於古諸侯，故以弘止上擬燕昭。

〔五一〕且吟王粲從軍樂：王粲《從軍詩》："從軍有苦樂，但問從者誰？"是歌頌曹操的。這裏是詩人以弘止上比魏武帝。案：商隱此次被辟爲節度判官，是武職。

〔五二〕不賦淵明《歸去來》：東晉詩人陶潛在辭卻彭澤令決心歸隱園田時，寫了一篇《歸去來辭》以堅其志。以上兩句，表明自己決心從軍入幕，爲國家統一出力，再不願舊山歸隱。

〔五三〕彭門十萬皆雄勇：彭門，指徐州，徐州古名彭城。唐天寶元年置彭城郡，乾元元年復爲徐州。十萬，徐泗鎮地方兵員的約數，在當時是方鎮擁兵的最高額（一般都不到十萬），是唐王朝需要認真對付的地方武力，駕馭得宜，則是一塊堅強的安定基石；統御失當，則成一股尾大不掉的對抗勢力。不過這裏描述得比較委婉含蓄，但情勢的嚴重還是顯露了出來。

〔五四〕首戴公恩若山重：此句字面上是使用了《列子·湯問》篇的典故："渤海之東……有五山焉。……常隨潮波上下往還，不得蹔峙焉……帝乃命禺彊使巨鼇十五，舉首而戴之……五山始峙。"又結合白居易《觀海圖屏風詩》，以巨鼇象徵藩鎮勢力。其所反映的史實，則當如《舊唐書·盧弘止傳》所載："出爲徐州刺史、武寧軍節度使、徐泗濠觀察等使。徐方自(王)智興之後，軍士驕怠，有銀刀都，尤勞姑息，前後屢逐主帥。弘止(原作“正”)在鎮期年，皆去其首惡，喻之忠義；訖于受代，軍旅無譁。”足見盧弘止作爲一個方鎮長官，有文才武略，能轉危爲安，無怪其成爲作者心目中的“燕昭”。

〔五五〕廷評日下握靈蛇：廷評，指大理寺評事官。《舊唐書·職官志》：“大理寺(注：後漢改爲廷尉)，評事十二人(注：從八品下)。”唐代幕僚常帶試大理評事銜。曹植《與楊德祖書》：“人人自謂握靈蛇之珠，家家自謂抱荊山之玉。”靈蛇珠，即隋侯珠，是古代著名的瓌寶。這是曹植用以描繪當時在魏王府作記室的某些人的文才的。

〔五六〕書記眠時吞彩鳳：書記指當時節度使幕僚中的掌書記。《晉書·文苑傳》：“羅含字君章……嘗晝臥，夢一鳥文彩異常，飛入口中，因起驚……自此後藻思日新。”以上兩句，皆贊美幕府書記，文才出衆。

〔五七〕之子夫君鄭與裴：“之子”、“夫君”皆古成語。《詩·魏風·汾沮洳》：“彼其之子，美如英。”又“彼其之子，美如玉。”《楚辭·九歌·雲中君》：“思夫君兮太息。”又《湘君》：“望夫君兮未來。”“之”“夫”，意思是“那一個”，都用於表親昵的第三人稱。“鄭與裴”，是借用古人以美今人。鄭，指漢鄭當時，性好客，嘗置驛馬於長安郊外，以存問故人，送迎賓客，事見《漢書》本傳。又《世說新語·賞譽》：“太傅府有三才……裴景聲清才。”劉孝標注引《八王故事》曰：“劉興才長綜覈，潘滔以博學爲名，裴邈彊立方正，皆爲東海王所暱，俱顯一府。故時人稱曰：‘興長才，滔大才，邈清才也。’”此句是稱頌徐幕四同舍中，有人豪俠好客，剛強正直，高風足尚。

〔五八〕何甥謝舅當世才：《南史·宋武帝紀》：“何無忌，劉牢之外甥，酷似其舅。”馮注：“謝舅，當用謝安，蓋安有甥羊曇也。同舍中必有爲甥舅者，故云。”此句是稱頌四同舍中，有人戚敦甥舅，並擅才華。

〔五九〕青袍白簡風流極:青袍即青衫,《舊唐書·輿服志》:"八品
服深青,九品服淺青。"又:"文武之官皆執笏,五品以上用象牙爲之,
六品以下用竹木。"白簡即指竹木笏而言。又《玉臺新詠》載古詩《穆
穆青風至》一首,有"青袍似春草,長條隨風舒"句,和唐代的官服制度
結合起來,極意頌揚四舍同僚的位卑才秀。

〔六〇〕碧沼紅蓮傾倒開:沼,池塘。《南史·庾杲之傳》記王儉任
庾杲之爲長史,蕭緬寫信給他説:"景行(杲之字)汎緑水,依芙蓉,何
其麗也?"因時稱儉府爲蓮花池後世因稱幕府爲蓮幕。本詩"碧沼紅
蓮"語出此。作者借喻徐泗幕府,賓主明良,相得甚歡。傾倒,兼寫紅
蓮水中映影,畦徑忒新!

〔六一〕我生粗疏不足數:此作者對四同舍謙辭。《三國志·吳
志·魯肅傳》載張昭訾毀魯肅,謂"肅年少粗疏,未可用"。

〔六二〕《梁父》哀吟鴝鵒舞:傳世的《梁父吟》是諸葛亮哀悼春秋
末齊國三壯士公孫接、田開疆、古冶子因被讒而身死的作品。作者引
此,是藉古人酒杯,澆自家塊磊,抒發其個人沉滯下僚,憂讒畏譏的政
治苦悶。又《晉書·謝尚傳》:"王導辟謝尚爲掾……導謂曰:'聞君能
作鴝鵒舞,一座傾想。'……尚曰:'佳。'便著衣幘而舞。導令坐者撫
掌擊節。尚俯仰在中,旁若無人。"鴝鵒舞,是藉晉謝尚身懷薄伎,爲
丞相王導所賞識,比喻作者略有文才,亦叨幕主盧弘止的垂青。

〔六三〕横行闊視倚公憐:横行闊視,意近今稱"高視闊步",是文人
得意忘形的情態。倚公憐,恃公海涵,不加呵責。

〔六四〕狂來筆力如牛弩:馮注:"弩亦以筋角爲之,故古曰角弩,亦
曰犀弩。《玉海》云:'唐時西蜀有八牛弩。'而江淮弩士號精兵,見唐
書傳中。錢曰:'極寫得遇知己之樂。'"

〔六五〕吾徒禮分常周旋:吾徒,我輩,商隱稱自己及四舍同僚。禮
分,分讀去聲,禮數。周旋,追隨侍奉。此幕僚對府主的謙詞。

〔六六〕收旗臥鼓相天子：《晉書·王鑒傳》：“卷甲韜旗。”又《後漢書·隗囂傳》：“還師振旅，橐弓臥鼓。”句意謂盧能文能武，在叛亂弭定之後，將輔助天子，偃武修文。

〔六七〕相門出相光青史：《史記·孟嘗君列傳》：“將門必有將，相門必有相。”馮浩注：“按《新（唐）書·（宰相世系）表》四房盧氏：大房、二房、三房皆有宰相。弘正系四房，未有相，故以頌之。”按馮氏因囿於盧在武宗朝只做到御史中丞的成見，故對結尾兩句就不可能作出確當解釋。作者之意蓋爲：盧在武宗會昌時，已任副相，則此次出鎮徐泗，功烈彪炳，出將入相，由亞相晉升爲正相，應當是公議所擁戴的。

戲題樞言草閣三十二韻〔一〕

君家在河北〔二〕，我家在山西〔三〕。百歲本無業〔四〕，陰陰仙李枝〔五〕。尚書文與武，戰罷幕府開〔六〕。君從渭南至〔七〕，我自仙游來〔八〕。平昔苦南北〔九〕，動成雲雨乖〔一〇〕。逮今兩攜手，對若牀下鞵〔一一〕。夜歸碣石館〔一二〕，朝上黃金臺〔一三〕。我有苦寒調〔一四〕，君抱《陽春》才〔一五〕。年顏各少壯〔一六〕，髮綠齒尚齊〔一七〕。我雖不能飲，君時醉如泥〔一八〕。政靜籌畫簡〔一九〕，退食多相攜〔二〇〕。掃掠走馬路〔二一〕，整頓射雉翳〔二二〕。春風二三月，柳密鶯正啼。清河在門外〔二三〕，上與浮雲齊〔二四〕。欹冠調玉琴〔二五〕，彈作《松風》哀〔二六〕。又彈《明君怨》〔二七〕，一去怨不回。感激坐者泣〔二八〕，起視雁行低〔二九〕。翻憂龍山雪，卻雜胡沙飛〔三〇〕。仲容銅琵

琶〔三一〕,項直聲淒淒〔三二〕。上貼金捍撥〔三三〕,畫爲承露
雞〔三四〕。君時卧枨觸〔三五〕,勸客白玉杯〔三六〕。苦云年光疾,
不飲將安歸〔三七〕?我賞此言是,因循未能諧〔三八〕。君言中
聖人〔三九〕,坐卧莫我違〔四〇〕。榆莢亂不整,楊花飛相隨。上
有白日照,下有東風吹。青樓有美人〔四一〕,顏色如玫瑰〔四二〕。
歌聲入青雲〔四三〕,所痛無良媒〔四四〕。少年苦不久,顧慕良難
哉〔四五〕。徒令真珠肭〔四六〕,裹入珊瑚腮〔四七〕。君今且少
安〔四八〕,聽我苦吟詩。古詩何人作:"老大徒傷悲!"〔四九〕

〔一〕樞言,草閣主人名字。據此詩對他的身世介紹——"陰陰仙
李枝。尚書文與武,戰罷幕府開。君從渭南至,我自仙游來"等句看
來,他姓李,是李商隱在徐州盧弘止幕府時的同僚。此詩馮浩編於大
中五年(八五一),張采田編於大中四年(八五〇)。本篇風格素樸而
少典實,兼采漢魏六朝樂府與唐代長慶詩作之長,在商隱詩中別開生
面,值得重視。

〔二〕君家在河北:此河北疑指在今山西省芮城縣東北的漢河北
縣。《水經·河水注》:"縣在河之北,故曰河北縣也。"而非指今日之
河北省。

〔三〕我家在山西:馮注:"義山先世本隴西也。《漢書·趙充國
傳》:'山東出相,山西出將。'山西謂天水、隴西、安定、北地諸郡,漢時
所謂六郡良家子者皆其地……宋王伯厚(應麟)《地理通釋》:秦漢稱
山東、山西、山南、山北皆指太行,非華山。蓋秦在山西,以太行山言;
而六郡之稱山西,則又以秦隴諸山言。《漢書注》曰:隴坻即隴山。隴
西郡在隴之西,可類推矣。二句謂各支派。否則如史文所云:義山懷
州人,反爲河北道矣。朱氏以寓居永樂爲山西,此古山東之地也,尤
誤。"案馮説是。

〔四〕百歲本無業：意謂家道近百年來已無產業。無業，或本作
"無异"，非。語本《史記·酈生列傳》："好讀書，家貧落魄，無以爲衣
食業。"作者《上尚書范陽公啓》云："無文通(江淹)半頃之田，乏元亮
(陶潛)數間之屋。"可見詩人出世之前，家庭早已破產。

〔五〕陰陰仙李枝：王維《積雨輞川莊作》："陰陰夏木囀黄鸝。"陰
陰，形容樹木枝葉茂密，比喻李氏家族子孫繁衍。《神仙傳》："老子生
而能言，指李樹曰：以此爲我姓。"案此句義山不僅是自述祖德，而且
溯本窮源，與楅言同屬老子後裔，彼此有同宗之雅。馮注："二句謂無
恒產，而實貴胄。"證之作者常以"我系本王孫"之語自炫，馮浩之語，
可以信據。

〔六〕"尚書文與武"二句：尚書指盧弘止。弘止調任武寧軍節度
使時，帶京官檢校吏部尚書銜。《全唐文》李訥《授盧弘正(當作止)韋
讓徐滑節度使合制》可證。文與武，文治與武功，稱盧是文武全才。
戰罷幕府開，盧弘止曾助李德裕平定澤潞鎮劉稹叛亂。以功晉升鄭滑
節度，旋以徐州軍亂，又調武寧。幕府開，謂延攬文士，以爲記室參佐。

〔七〕君從渭南至：渭南，唐京兆府屬縣，在今陝西省渭南市。楅
言可能曾任渭南縣尉一類的官佐。

〔八〕我自仙游來：宋敏求《長安志》卷十八："盩厔縣：仙游鄉，在
縣南二十里；仙游澤，在縣東南十五里；仙游宫，在縣南三十五里。"所
以此處即以仙游代盩厔。案義山之入徐幕，是從盩厔縣尉轉任的，故
此詩云然。

〔九〕平昔苦南北：《禮記·檀弓》："今丘也，東西南北之人也。"
鄭注："東西南北，言居無常處也。"案義山在赴徐辟以前，曾北至太
原、涇原，南至興元、桂管，萍踪浪迹，迄無寧居。

〔一〇〕動成雲雨乖：動，動輒。成，形成。顔延之《和謝監靈運》：
"朋好雲雨乖。"升者爲雲，降者爲雨，喻弟兄同氣，友好同心，升沉异

勢，每成睽隔。

〔一一〕"逮今兩攜手"二句：今，一作"及"。鞵，鞋的異體字。

〔一二〕夜歸碣石館：《嘉慶一統志》："直隸·順天府·古迹：碣石宮，在宛平縣西。《史記》(《孟鄒列傳》)：'鄒衍如燕，昭王築碣石宮，親往師之。'《正義》：'碣石宮，在幽州薊縣西三十里。'"案其地在今北京西城區。碣石宮、碣石館，同實異稱，但此說可能出自後人附會，詳下。

〔一三〕朝上黃金臺：任昉《述異記》："燕昭王爲郭隗築臺，今在幽州燕王故城中，土人呼爲賢士臺，亦謂之招賢臺。"《嘉慶一統志》："順天府·古迹：黃金臺，按《史記》昭王爲郭隗改築宮而師事之，不言築臺。後漢孔融《論盛憲書》，始云昭王築臺以事郭隗。……至《水經注》及《文選》李善注，引王隱《晉書》、《隋上谷圖經》，始有黃金臺之名，然皆在今易州，唯《述異記》謂臺在幽州，後人緣此以築耳。"兩句意謂自己和樞言，就像鄒衍和樂毅備受燕昭王的禮接和信用那樣受到幕主盧弘止的禮接和信用，從而歌頌和感激幕主盧弘止的禮賢下士，可以上比戰國時代的燕昭王。

〔一四〕我有苦寒調：此詩"苦寒調"，當用《子夜警歌》："誰知苦寒調，共作白雲絃。"而非魏武所作的《苦寒行》。《苦寒行》與"苦寒調"不僅有一字之差，而且從作者身分，作品內容看，都使人感到前者與這兩方面的關係不大，而所用必然是後者。"苦寒調"的意思不外表明，我的創作，格調不高，只不過是從飢寒交迫的生活中迸發出來的怨歎，與韓愈《苦寒歌》同旨。

〔一五〕君抱《陽春》才：《新序·雜事》："客有歌于郢中者，其始曰《下里》《巴人》，國中屬而和者數千人……其爲《陽春》《白雪》，國中屬而和者數十人而已。……是其曲彌高者，其和彌寡。"從此以後，"陽春白雪，曲高和寡"就成爲有奇才異能，而不見重於世常用的憤慨語。此處詩人用以褒美樞言。

〔一六〕年顏各少壯:年顏,年齡和面貌。《禮記·曲禮》:"三十曰壯。"此時作者三十七八歲,故稱少壯。

〔一七〕髮綠齒尚齊:髮黑而有光澤則似綠色,這是青壯年的體貌特徵。李白《古風》:"中有綠髮翁,披雲臥松雪。"寫修道士老有少容。齒尚齊,謂牙齒未缺,還很齊全,是大有爲之年。

〔一八〕君時醉如泥:《漢官儀》:"一日不齋醉如泥。"古代一些懷才不遇的知識分子往往用酗酒的辦法來麻醉自己。

〔一九〕政靜籌畫簡:盧弘止之治徐泗,爲了醫治不久前因軍亂所造成的社會凋殘,采取休養生息的方針政策,從而幕僚的參議任務,也就歸於省簡。

〔二〇〕退食多相攜:《詩·召南·羔羊》:"退食自公。"爾後往往以"退食"爲公畢退班的代稱。

〔二一〕掃掠走馬路:掃掠,掃除平整馳道,以便走馬。走馬,是古代人喜愛的體育鍛煉。

〔二二〕整頓射雉翳:整頓,安裝設置。《西京雜記》:"茂陵人周陽(原文作固陽,兹據《太平御覽》引文改)本琊琊人,善馴野雉爲媒,用以射雉,每以三春之月爲茅障以自翳(掩蓋),用鮭矢以射之。"《文選》潘岳《射雉賦》:"爾乃擊場拄翳,停僮蔥翠。"徐爰注:"射者聞有雉聲,便除地爲場,拄翳於草。停僮,翳貌也;蔥翠,翳色也。翳上加木枝,衣之以葉,上則蕭森,下則繁茂,而實綢繆輕利也。翳外觀密緻,與草木無別;內視洞徹,多所睹見也。"

〔二三〕清河在門外:馮注:"徐州臨水,韓昌黎(《汴泗交流贈張僕射》)詩所謂'汴泗交流郡城角'也。又有《雉帶箭》詩,亦可與此互證。"

〔二四〕上與浮雲齊:此句全本《文選·古詩十九首》,原來是用以形容"西北有高樓"，此詩卻用以形容低矮的樞言草閣，所以爲"戲"。

〔二五〕欹冠調玉琴：欹冠，側帽。江淹《扇上彩畫賦》："玉琴兮珠徽，素女兮錦衣。"玉琴，以玉雕鑲飾的琴。調，調絃。

〔二六〕彈作《松風》哀：《樂府詩集》卷六〇《琴曲歌辭‧風入松》題解引《琴集》曰："《風入松》，晉嵇康所作也。"

〔二七〕又彈《明君怨》：《樂府詩集》卷五九《琴曲歌辭》有《昭君怨》。石崇《王明君辭序》："昭君以觸晉文帝（司馬昭）諱，改明君。"

〔二八〕感激坐者泣："坐"，或作"臥"，非。

〔二九〕起視雁行低：寫樞言琴藝之高，已經達到嵇康《贈秀才入軍》所寫"目送歸鴻，手揮五絃"那種高妙境界。亦藉烘托草閣地勢之高，襯墊樞言技藝之高。

〔三〇〕"翻憂龍山雪"二句：鮑照《學劉公幹體》："胡風吹朔雪，千里度龍山。"龍山在今內蒙古自治區托克托，古代爲中國北邊屏障。此寫樞言彈琴藝術成就之高，不僅能刻畫出昭君的哀怨，而且能夠通過氣氛的烘托，顯示漢朝以婦人和番，是一種屈辱求和的醜惡行徑。影響所及，必然會在不少人心理上，造成一種恇怯症，彷彿銀裝玉砌的雪後龍山，已經被窒人氣息的胡沙攪得天昏地暗了。

〔三一〕仲容銅琵琶：《晉書‧阮咸傳》："咸字仲容……妙解音律，善彈琵琶。"《通典‧樂》"琵琶"："阮咸，亦秦琵琶也，而項長過於今制，列有十三柱。武太后時，蜀人蒯朗於古墓中得之。晉《竹林七賢圖》阮咸所彈，與此類同。蒯朗初得銅者，時莫有識之。太常少卿元行冲曰：'此阮咸所造。'乃令匠人改以木爲之，聲甚清雅。"

〔三二〕項直聲淒淒：《樂府雜錄》："琵琶有直項者，曲項者。"馮注："此亦蒙上引入，綫索細妙。"案：項直聲淒，意亦藉物寫人。

〔三三〕上貼金捍撥：捍撥，彈奏琵琶時所用撥絃的工具，張籍《宮詞》："黃金捍撥紫檀槽，絃索初張調更高。"《海錄碎事》："金捍撥在琵琶面上當絃，或以金塗爲飾，所以捍護其撥也。”

〔三四〕畫爲承露雞：《藝文類聚》九一《鳥部·雞》引《江表傳》：“南郡獻長鳴承露雞。”（《太平御覽》九一八《羽族部》同）案此亦疑爲以物寫人。《詩·鄭風·風雨》：“風雨如晦，雞鳴不已。”李賀《致酒行》：“雄雞一聲天下白。”在風雨如磐的歲月裏，在萬馬齊瘖的國度中，一些志士仁人，總是像雄雞那樣，振羽長鳴。

〔三五〕君時臥根觸：謝惠連《祭古冢文》：“以物根撥之。”注曰：“《說文》：‘根，杖也。’”案：杖之形，直挺挺，兀傲不遜的人很有些像它。此亦遥承上文“君時醉如泥”立言。

〔三六〕勸客白玉杯：此句遥承上文“我雖不能飲”爲言。

〔三七〕“苦云年光疾”二句：即魏武帝《短歌行·對酒》“對酒當歌，人生幾何？譬如朝露，去日苦多”和陶潛《形贈影》“願君取吾言，得酒莫苟辭”那種意思。“將安歸”的意思是：將要怎麽安排自己的出路（歸趣）？

〔三八〕“我賞此言是”二句：賞，贊同。此言是，您所說的對。因循，牽於不能飲酒的素習，不能按照你所説的去做。

〔三九〕君言中聖人：《三國·魏志·徐邈傳》：“徐邈爲尚書郎，時科禁酒，而邈私飲至於沉醉，校事趙達問以曹事，邈曰：‘中聖人。’達白之太祖（曹操），太祖甚怒。渡遼將軍鮮于輔進曰：‘平日醉客謂酒清者爲聖人，濁者爲賢人，邈性修慎，偶醉言耳。’”此詩亦用“中聖人”爲酒的隱語。

〔四〇〕坐臥莫我違：我，樞言自謂。莫我違，不要離我片刻。

〔四一〕青樓有美人：曹植《美女篇》：“青樓臨大路，高門結重關。……媒氏何所營，玉帛不時安。”

〔四二〕顏色如玫瑰：司馬相如《子虛賦》：“其石則赤玉玫瑰。”注：“晉灼曰：‘玫瑰，火齊珠也。’”玫瑰，是一種紅寶石。

〔四三〕歌聲入青雲：曹植《雜詩》：“西北有織婦，綺縞何繽紛！……太息終長夜，悲嘯入青雲。”

〔四四〕所痛無良媒：《詩·衛風·氓》：“匪我愆期，子無良媒。”古代下層知識分子，往往寄希望於有權勢者對自己的汲引推薦，譬之夫妻好合，必借良媒。

〔四五〕“少年苦不久”二句：嵇康《琴賦》：“徘徊顧慕。”馮注：“謂所思難合，而年華易逝。”顧慕，指君臣魚水之情。

〔四六〕徒令真珠肶：肶，《說文》等字書訓牛百葉（胃），無當於詩旨。近人注或疑為眦之形誤，而釋為淚脉、淚囊，亦覺未妥。我們認為“肶”當為“泚”之形誤，《孟子·滕文公》：“其顙有泚。”意謂前額上冒汗珠。真珠，此處是形容汗珠而非淚點。

〔四七〕裹入珊瑚腮：裹，當是“湆”之借字。《詩·召南·行露》：“厭浥行露。”《傳》：“厭浥，溼意。”珊瑚，色近肉紅，渲染美人之腮。同時語意雙關，用白居易《新樂府·澗底松》：“高者未必賢，下者未必愚。君不見沉沉海底生珊瑚，歷歷天上種白榆。”詩意，極寫樞言美才蘊玉，如《世說新語·容止》寫裴令公“有儁容儀，脫冠冕，麤服亂頭皆好，時人以為玉人”，而無所用之。雖未免令人汗顏，而珠光寶氣，迥異俗流。稱譽之，迺所以激勵之、鞭策之。標以“戲題”，結以莊語，下文自見。

〔四八〕君今且少安：勸對方少安勿躁，凝神諦聽。

〔四九〕老大徒傷悲：古樂府《長歌行》：“少壯不努力，老大徒傷悲。”徒，一本作“猶”，非原意，不可從。

讀任彥昇碑〔一〕

任昉當年有美名〔二〕，可憐才調最縱橫〔三〕。梁臺初建應惆悵〔四〕,不得蕭公作騎兵〔五〕。

〔一〕讀任彥昇碑:任昉字彥昇。此詩馮《譜》編於大中五年(八五一),云:"義門(何焯)評云'中書堂裏坐將軍'也,奈何不得他。此溫飛卿嘲令狐綯者。綯固短於文學,所謂燮理之餘,時宜覽古者也。程氏(夢星)因以梁臺初建,比綯初爲相。余檢《唐闕史》'路舍人友盧給事'一條云:弘正魁梧,富貴未嘗言山水。所狀盧之俊邁,頗近粗豪。義山與盧舊交,盧初開幕府,被其辟命,故以寄慨,情味乃極真切,必非例刺令狐也。"張《箋》則編於大中四年(八五〇),云:"考弘正先鎮義成,後除武寧。'梁臺初建',語似無根。且義山雖與盧交舊,踪迹似不如子直之昵,亦不應如此戲謔也。仍當屬之令狐爲是。詩中着重在'可憐'二字,以任昉自比,借古寄慨,無庸泥也。此子直(綯字)初相時作,今從午橋(程夢星)。"朱彝尊評曰:"寫出文人豪慨!"案:朱彝尊的評語雖然提出了此詩的某一特點,但是還沒有真正揭示出它的主要進步性之所在。詩中的蕭公,就是梁武帝蕭衍,對於像蕭衍這樣的人,作者並不認爲他後來做了皇帝有甚麼了不起,而倒是喪失了能征慣戰的一名騎兵本色。

〔二〕任昉當年有美名:任昉(四六〇——五〇八),南朝齊、梁間人。《南史·任昉傳》:"昉字彥昇,樂安博昌(今山東省壽光縣)人。……能屬文……尤長載筆……王公表奏,無不請焉。……齊永元末爲司徒右長史。梁武帝建鄴霸府初開,以爲驃騎記室參軍。……武帝踐阼,歷官御史中丞、秘書監……出爲新安太守,卒。"

〔三〕可憐才調最縱橫:憐,愛,見《爾雅·釋詁》。才調,才氣。《隋書·許善心傳》:"徐陵大奇之,謂人曰:'才調極高,此神童也。'"縱橫,縱橫恣肆。杜甫《戲爲六絕句》:"庾信文章老更成,凌雲健筆意縱橫。"案任昉長於章奏,義山亦擅此體,《樊南文甲乙集》可以爲證。

〔四〕梁臺初建應惆悵：馮注：“《晉書·成帝紀》：‘咸和五年造新宮，始繕苑城，七年，遷於新宮。’《輿地圖》曰：‘即臺城也。’《容齋隨筆》：‘晉宋後，以朝廷禁省爲臺，故稱禁城爲臺城。’案：南朝每以一朝之興爲某臺建：‘梁臺建’之字屢見於史。”案《梁書·武帝紀》：“詔：‘梁國初建，宜須綜理，可依舊選諸要職悉依天朝之制。’高祖（蕭衍）上表曰：‘臣聞：以言取士，士飾其言……’”則知梁臺初建，雖然是蕭衍稱帝以前的一個重要步驟，但二者在時間和性質上還有差別，不能混爲一談。對此，《梁書》高祖紀、任昉傳有關記載，足資證明。

〔五〕不得蕭公作騎兵：《梁書·任昉傳》：“高祖克京邑，霸府初開，以昉爲驃騎記室參軍。始高祖與昉過（齊）竟陵王西邸，從容謂昉曰：‘我登三府，當以卿爲記室。’昉亦戲高祖曰：‘我若登三事，當以卿爲騎兵。’謂高祖善騎也。至是，故引昉，符昔言焉。”

天　涯〔一〕

春日在天涯，天涯日又斜。鶯啼如有淚，爲濕最高花。

〔一〕此詩馮《譜》編於大中九年（八五五），義山時在梓州柳仲郢幕。張《箋》編於大中五年（八五一），義山時在徐泗盧弘止幕。《箋》云：“‘春日天涯’，點時點地。‘日又斜’，府主又卒也。‘最高花’，所指顯然。馮編梓幕，大誤。”案：張説是。

詠懷寄秘閣舊僚二十六韻[一]

年鬢日堪悲[二]，衡茅益自嗤[三]。攻文枯若木[四]，處世鈍如槌[五]。敢忘垂堂戒[六]，寧將暗室欺[七]？懸頭曾苦學[八]，折臂反成醫[九]。僕御嫌夫懦[一〇]，孩童笑叔癡[一一]。小男方嗜栗[一二]，幼女漫憂葵[一三]。遇炙誰先噉[一四]？逢虀即更吹[一五]。官銜同畫餅[一六]，面貌乏凝脂[一七]。典籍將蠡測[一八]，文章若管窺[一九]。圖形翻類狗[二〇]，入夢肯非羆[二一]？自哂成書簏[二二]，終當呪酒巵[二三]。嬾霑襟上血[二四]，羞鑷鏡中絲[二五]。橐籥言方喻[二六]，樗蒲齒詎知[二七]？事神徒愓慮[二八]，佞佛愧虛辭[二九]。曲藝垂麟角[三〇]，浮名狀虎皮[三一]。乘軒寧見寵[三二]，巢幕更逢危[三三]。禮俗拘稀喜[三四]，侯王忻戴逵[三五]。途窮方結舌[三六]，靜勝但摏頤[三七]。糲食空彈劍[三八]，亨衢詎置錐[三九]。柏臺成口號[四〇]，芸閣暫肩隨[四一]。悔逐遷鶯伴[四二]，誰觀擇虱時[四三]？甕間眠太率[四四]，牀下隱何卑[四五]！奮迹登弘閣[四六]，摧心對董帷[四七]。校讐如有暇[四八]，松竹一相思[四九]。

〔一〕此詩馮《譜》編於大中六年（八五二），張《箋》編於大中五年（八五一），作者徐州府罷入朝，復以文投令狐綯，蒙其引薦補任太學博士。這是一個基本無事可做的閒冷差使,但他的生活卻從此由流動而暫時歸於寧靜,有時間把此前一段很長時期的游宦生活:幕府的、朝廷的、地方的、家庭的、親友的各個方面,做一個簡單的總結。給人總的印象是:在漫長的封建社會裏,特別是一個王朝臨近崩潰的昏暗時代,一切有才華、有抱負的知識分子,是沒有出路的。東方朔作《答客難》、揚雄作《解嘲》、韓愈作《進學解》,雖具體內容因爲時代、個性不同而略有不同,但都是自覺或不自覺地感到在他們的時代,他們是沒有出路的。作者會昌二年(八四二)以中試"書判拔萃"爲秘書省正字,旋以母喪居家。會昌五年(八四五)十月,服滿入京重官秘書省正字。秘閣即指秘書省而言,《文選》陸機《答張士然(悛)》詩"絜身躋秘閣",李善注:"然秘書省亦爲秘閣。"《舊唐書・職官志》:"秘書省,隸中書之下,漢代(案唐代同)藏書之所。"其長官曰秘書監,僚屬有"秘書郎四員,從九品上;校書郎八人,正九品上;正字四人,正九品下;主事一人,從九品上;令史四人……"舊僚,當屬以上這些同僚而言。馮注:"只二十四,舊本皆作'二十六'似誤。然細玩通篇,多是詠懷,而寄舊僚太略。似'埘下隱何卑'下,再得兩韻轉掞,'奮迹'句接更融和,頗疑脫二韻,故未改從實數。"案馮注可備一解。但其關於"寄秘閣舊僚"語太略,疑有脫漏的猜想則未必確當。因此詩題主要是"詠懷",而"秘閣舊僚"則不過是受讀者,所以寫多寫少,可不計慮。

〔二〕年鬢日堪悲:《論語・子罕》:"四十五十而無聞焉,斯亦不足畏也已。"陶潛《榮木》詩:"先師遺訓,余豈云墜! 四十無聞,斯不足畏。"時作者年已三十九歲,已迫近四十,故發此嘆。年鬢,始見《南史》蕭子範《到府牋》:"雖佩恩寵,還羞年鬢。"

〔三〕衡茅益自嗤:衡,當是"衡門"之省。《詩・陳風・衡門》:"衡門之下,可以棲遲。"《毛傳》:"衡門,橫木爲門,言淺陋也。"《鄭箋》:"賢者不以衡門之淺陋則不游息于其下。"茅,當是"茅堂"之省,《宋書・袁粲傳》:"上于華林園茅堂講《周易》,粲爲執經。""衡茅"此處殆所以形容當時太學規模之譾陋,故下以"益自嗤"三字承接,意思是:連自己也嘲笑自己。

〔四〕攻文枯若木:《文選》陸機《文賦》:"及其六情底滯,志往神留;兀若枯木,豁若涸流;攬營魂以探賾,頓精爽於自求。"這是寫作家爲文,在構思的階段,有时陷入冥思苦索,形體就像一根枯木直挺挺呆在那裏。

〔五〕處世鈍如槌:《晉書·祖納傳》:"納謂梅陶、鍾雅曰:'君汝潁之士利如錐,我幽冀之士鈍如槌;持我鈍槌,搥君利錐,皆當摧矣。'"案鈍槌語本鈍椎。《史記·絳侯周勃世家》:"其椎少文如此。"《索隱》:"大顏云:'俗謂愚爲鈍椎。'"椎、槌同字,皆讀chuí。案"鈍如槌",自嘲語,亦悲憤語。

〔六〕敢忘垂堂戒:《史記·袁盎列傳》:"千金之子,坐不垂堂。"《論衡·四諱篇》:"毋承屋檐而坐,恐瓦墮擊人首也。"王充之説,可作"垂堂"確詁。此寫自己爲人,謹小慎微,唯恐罹禍。

〔七〕寧將暗室欺:寧將,豈肯把。暗室欺,不欺暗室,古人常用爲慎獨束身的箴銘。《宋書·阮長之傳》:"一生不侮暗室。"《梁書·簡文帝紀》:"弗欺暗室。"意爲:即使一個人獨處暗室,也不做自欺欺人的勾當,不萌自欺欺人的念頭。提倡這種高尚的自我修養,在我國古代先哲,早已有之。《詩·大雅·抑》:"相在爾室,尚不愧于屋漏。"《毛傳》:"西北隅謂之屋漏。"所謂"不愧屋漏"或者"不欺暗室",都是反對當面一套背後一套兩面做人的處世哲學的,其内容並不僅限於"男女之大防",如《詩·小雅·巷伯》毛傳所舉顏叔子的行爲那樣。馮注引之以解此詩,是很片面的。

〔八〕懸頭曾苦學:《楚國先賢傳》(《太平御覽》卷六一一):"(漢)孫敬好學,時欲寤寐,奮志懸頭屋梁以自課。"

〔九〕折臂反成醫:《左傳·定公十三年》:"齊高彊曰:'三折肱知

爲良醫。'"又《楚辭・九章・惜誦》:"九折臂而成醫兮,吾至今乃知其信然。"意思是説:自身有過三次斷臂痛苦直接經歷的人,學做接骨的外科大夫最容易成功。這是用一句古老的成語,形容他青少年時代力學所嘗受的種種艱辛。

〔一○〕僕御嫌夫懦:《新序・義勇》:"白公之難,楚人有莊善者,辭其母,將往死之……比至公門,三廢車中。其僕曰:'子懼矣。'曰:'懼。''既懼,何不返?'莊善曰:'懼者,吾私也;死義,吾公也。吾聞君子不以私害公。'及公門,刎頸而死。"又:"齊崔杼弑莊公也,有陳不占者,聞君難,將赴之。比去,餐則失匕,上車失軾。御者曰:'怯如是,去有益乎?'不占曰:'死君,義也;無勇,私也;不以私害公。'遂往……"夫,古代對男人的一般稱謂詞。《禮記・檀弓》:"曾子指子游示人曰:'夫夫也,爲習于禮者。'"此處與僕御對文,可能是用作大夫的省稱。這句詩所反映的當是徐幕生活的一個側面。盧弘止之節鎮徐州,本因軍亂,驕兵悍將,所在多有。義山之見輕僕御,乃勢所必至,理有固然。

〔一一〕孩童笑叔癡:此以晉王湛自喻。《世説新語・賞譽》:"王汝南(湛)既除所生服,遂停墓所。兄子濟每來拜墓,略不過叔,叔亦不候。濟脱時過,止寒温而已。後聊試問近事,答對甚有音辭,出濟意外……濟先略無子姪之敬,既聞其言,不覺懔然,心形俱肅,遂留共語,彌日累夜。濟雖儁爽,自視缺然。乃喟然嘆曰:'家有名士,三十年而不知!……武帝每見濟,輒以湛調之曰:'卿家癡叔死未?'……濟曰:'臣叔不癡。'"此詩引用這一歷史掌故自喻,意在表明,一個沉滯下僚的志士,不僅要遭到路人的白眼,而且要備受宗親晚輩的欺凌。

〔一二〕小男方嗜栗:陶潛《責子》詩:"白髮被兩鬢,肌膚不復實;雖有五男兒,總不好紙筆……阿宣行志學,而不愛文術……通子垂九(或作六)齡,但覓梨與栗。"作者引用以表明自己擔憂因仕途坎坷,生計維艱,兒輩廢學,行見斯文墜緒。

〔一三〕幼女漫憂葵：《列女傳·仁智傳》：“魯漆室女倚柱而嘯，鄰婦曰：‘欲嫁耶？’曰：‘我憂魯君老，太子幼。’鄰婦笑曰：‘此乃魯大夫之憂，婦人何與焉？’漆室女曰：‘不然！非子所知也。昔晉客舍我家，繫馬園中，馬佚馳走，踐吾葵，使我終歲不食葵（或作“不厭葵味”）。……吾聞河潤九里，漸洳三百步。今魯君老悖，太子少愚，愚僞日起。夫魯國有患者，君臣父子皆被其辱，禍及衆庶，婦人獨安所避乎？’”李詩此處只“師其辭而不師其意”，融合了古詩《十五從軍征》“采葵持作羹”對貧苦人家生活的描寫，反映作者當時家庭生活的艱困，在幼童的行動上最敏感地表露出來。

〔一四〕遇炙誰先啗：《晉書·王羲之傳》：“年十三，謁周顗，顗察而異之。時重牛心炙，坐客未啗，顗先割啗羲之，於是始知名。”可見牛心炙在古代是被認作一種珍饈美味。李詩此處引用，祇是當作一種生活素材，表明一個有高度文化教養的家庭成員，儘管生活困窘，面對偶然得到的美食，誰也不肯首先下箸。但是另一方面，我們必須看到，這點莊生說得對：“魚相煦以沫，不如相忘於江湖。”作者在“穆如清風”的生活描述裏，筆觸是噙着淚痕和血點的。

〔一五〕逢虀即更吹：《楚辭·九章·惜誦》：“懲于羹者而吹虀兮，何不變此志也？”王逸注：“言人有歠（飲）羹而中熱，心中懲忿，見虀則恐而吹之，言易改移也。”《新唐書·傅奕傳》：“懲沸羹者吹冷虀，傷弓之鳥驚曲木。”虀，或作韲、齏，同，意為醃辣（薑、韭之類）菜末。這句詩的意思是說：家屬屢因株連罹禍，成了驚弓之鳥，就像受過滾水燙傷的人，即使端起冷飲，也要吹了又吹一樣。更，或本作“便”。

〔一六〕官銜同畫餅：《三國志·魏志·盧毓傳》：“時舉中書郎。詔曰：‘選舉莫取有名。名士如畫地作餅，不可啖也。’”李詩此句意謂太學博士是個冷差，徒擁當官名義，卻無當官實惠。

〔一七〕面貌乏凝脂：《詩·衛風·碩人》：“膚如凝脂。”凝脂，凝固了的脂肪。《世說新語・容止》:“王右軍(羲之)見杜弘治(乂),嘆曰:‘面如凝脂,眼如點漆。’”句意謂:家人因生活艱困,營養不良,面色枯槁。

〔一八〕典籍將蠡測:《漢書・東方朔傳》:“以筦闚(窺)天,以蠡測海。”典籍主要是指《詩》、《書》、《禮》、《易》、《春秋》。別詳下。蠡,與蠃、螺同字。意謂經典涵義深廣,如汪洋大海,非螺壳所能測量。

〔一九〕文章若管窺:文章指詩文集部著作而言。案《樊南乙集序》云:“在國子監太學始主事講經,申誦古道,教太學生爲文章。”可與以上兩句參看。

〔二〇〕圖形翻類狗:《後漢書・馬援傳》:“初兄子嚴、敦,並喜譏議,而通輕俠客,援前在交阯,還書誡之曰:‘……杜季良豪俠好義,憂人之憂,樂人之樂,清濁無所失。父喪致客,數郡畢至,吾愛之重之,不願汝曹效也……效季良不得,陷爲天下輕薄子,所謂畫虎不成反類狗(《玉篇》:“熊虎子曰狗。”)者也。’”意爲志大才疏反爲禍始屬階。

〔二一〕入夢肯非羆:《史記・齊太公世家》:“西伯(文王)將出獵,卜之,曰:‘所獲非龍非彲,非虎非羆,所獲霸王之輔。’……果遇太公於渭之陽。”“非羆”是指卜辭,而非夢兆。屈原《離騷》:“吕望之鼓刀兮,遭周文而得舉。”王逸注云:“或言周文王夢天帝立令狐之津,太公立其後。帝曰:‘昌!賜汝名師。’文王再拜,太公亦再拜。太公夢亦如此。文王出田(畋),見識所夢,載與俱歸,以爲太師也。”記文王得太公,是由夢兆,但未涉熊羆。李詩則把二者合一,暗示作者本懷王佐之才,當爲王者之師;卻沉滯下僚,壯懷徒抱。

〔二二〕自哂成書簏:哂,訕笑。書簏,《晉書・劉柳傳》:“傅迪好廣讀書而不解其義,柳惟讀《老子》而已。迪每輕之,柳云:‘卿讀書雖多而無所解,可謂書簏矣。’”又《新唐書・文藝傳》:“李善淹貫古今,不能屬辭,故人號書簏。”書簏,意爲書簝。古人往往用以嘲諷但有“記問之學”的人。然此處則自嘲語實爲自悲語。

〔二三〕終當呪酒卮:《世説新語·任誕》:“劉伶病酒,渴甚,從婦求酒。婦捐酒毁器,涕泣諫曰:‘君飲太過,非攝生之道,必宜斷之!’伶曰:‘甚善!我不能自禁,唯當祝鬼神自誓斷之耳。便可具酒肉!’婦曰:‘敬聞命!’供酒肉于神前,請伶祝誓。伶跪而祝曰:‘天生劉伶,以酒爲名。一飲一斛,五斗解酲。婦人之言,慎不可聽!’便引酒進肉,隗然已醉矣。”《集韻》:“祝或作呪。”則“祝”與“呪”通。卮,圓形盛酒器。

〔二四〕嬾霑襟上血:嬾,古懶字。霑,濕,淚灑而濕。《詩·小雅·雨無正》:“鼠思泣血,無言不疾。”毛傳:“無聲曰泣血,無所言而不見疾也。”《韓非子·和氏》:“楚人和氏,得玉璞楚山中,奉而獻之厲王。厲王使玉人相之。玉人曰:‘石也。’王以和爲誑,而刖其左足。及厲王薨,武王即位,和又奉其璞而獻之武王,武王使玉人相之,又曰:‘石也。’王又以和爲誑,而刖其右足。武王薨,文王即位。和乃抱其璞而哭於楚山之下,三日三夜,泣盡而繼之以血。”對泣血的理解,《詩》毛傳和《韓非子》大不相同。而用《韓非子》的解釋,似乎更覺深刻一些。“嬾霑襟上血”是説有情淚莫要浪灑無情土。

〔二五〕羞鑷鏡中絲:鑷,鑷子。初生白髮的人,過去往往用鑷子拔掉。鏡中絲,指白髮。左思《白髮賦》:“星星白髮,生于鬢垂。將拔將鑷,好爵是縻。”又《南史·齊廢帝紀》:“高帝笑謂左右曰:‘豈有爲人作曾祖而拔白髮者乎?’即擲鏡鑷。”杜甫《秦州雜詩》:“東柯遂疏懶,休鑷鬢毛斑。”綜合上引這些歷史掌故看來,此語是作者宦情冷落的表露。

〔二六〕橐籥言方喻:老子《道德經》:“天地之間,其猶橐籥乎。虛而不屈,動而愈出。”“橐籥”是舊日煉鐵用的風箱。老子的意思是:處世要委心任運,聽其自然。喻,理解,領會。

〔二七〕樗蒲齒詎知：樗蒲是古代的一種賭博。馬融《樗蒲賦》：“排五木，散九齒。”《晉書·葛洪傳》：“洪少好學……性寡欲，無所愛玩，不知棋局幾道，樗蒲齒名。”齒即骰子，蓋因使用象齒刻製得名。案此句大意：一方面表明自己生活嚴肅，不染惡習；另一方面也説明自己淡泊自守，不務奔競。

〔二八〕事神徒惕慮：《淮南子·氾論》：“是故因鬼神機祥而爲之立禁。”禁的意思是禁忌、忌諱，疑神疑鬼，顧慮重重。

〔二九〕佞佛愧虚辭：《世説新語·排調》：“二郄（愔及弟曇）奉道，二何奉佛，皆以財賄。謝中郎（萬）云：‘二郄諂于道，二何佞于佛。’”注引《晉陽秋》曰：“何充性好佛道，崇修佛寺，供给沙門以百數。久在揚州，徵役吏民，功賞萬計，是以爲遐邇所譏。充弟準亦精勤，唯讀佛經，營治寺廟而已矣。”句意：反省過去自己爲了信佛，修廟燒香，祈求福報，實際是向偶像行賄，勞民傷財，損人害己。

〔三〇〕曲藝垂麟角：曲藝，謂文章乃雕蟲小技。垂，流傳。麟角，極言其希奇可貴。《太平御覽》卷四九六引蔣子《萬機論》：“學如牛毛，成如麟角。”

〔三一〕浮名狀虎皮：《法言·吾子》：“其文是也，其質非也。敢問質？曰：‘羊質而虎皮，見草而説（悦），見豺而戰，忘其皮之虎也。’”以上這兩句的意思是説：自己雖然因善寫詩文，竊得社會上一點浮名，但能否傳世，則希望是很少的。

〔三二〕乘軒寧見寵：《左傳·閔公二年》：“衛懿公好鶴，鶴有乘軒者。”杜注：“軒，大夫車。”《正義》：“定十三年《傳》稱‘齊侯歛諸大夫之軒’。”《五經正義》是唐代科舉的準則，故李詩用之。此句命意，本於《詩·鄘風·定之方中》毛傳：“故建邦能命龜，田能施命，作器能銘，使能造命，升高能賦，師旅能誓，山川能説，喪紀能誄，祭祀能語，君子能此九者，可謂有德音，可以爲大夫也。”旨在表明自己雖擅長文翰,兼備"九能",而迄未見寵當道,升任大夫。

〔三三〕巢幕更逢危:《左傳·襄公二十九年》:"夫子之在此也,如燕之巢于幕上。"杜注:"言至危。"這是義山總結平生多次的入幕生活。涇原則見嫉同僚,桂管則與幕主同黜,徐泗則時虞軍亂等等,何曾得一夕安枕?

〔三四〕禮俗拘嵇喜:《世説新語·簡傲》劉孝標注引《晉百官名》曰:"嵇喜,字公穆,歷揚州刺史,康兄也。阮籍遭喪,往弔之。籍能爲青白眼,見凡俗之士,以白眼對之。及喜往,籍不哭,見其白眼,喜不懌(悦)而退。康聞之,乃齎酒挾琴而造之,遂相與善。"又干寶《晉紀》曰:"(吕)安嘗從康,或遇其行。康兄喜位至方伯,拭席而待。弗之顧也,獨坐車中,康母就設酒食,求康兒,共語戲,良久則去,其輕貴如此。"由此可見,嵇喜和他的弟弟嵇康性格大不相同,是一個拘謹的禮俗之士。其所以如此,《晉書·嵇康傳》給我們提供了一個值得深思的綫索説:"兄喜有當世才,歷太僕宗正。"義山此詩的意思則是説:自己一行作吏,則成了歷史上的嵇喜,一切行動都爲禮俗所拘。

〔三五〕侯王忻戴逵:《世説新語·棲逸》注引《續晉陽秋》曰:"逵不樂當世,以琴書自娱,隱會稽剡山,國子博士徵不就。"《晉書·隱逸傳》:"戴逵,字安道,譙國人也。……孝武帝時,以散騎常侍、國子博士累徵,辭父疾不就……乃逃於吴。……王珣復請徵爲國子祭酒……復不至。……太傅會稽王道子、少傅王雅、詹事王珣又上疏薦……以參僚侍。逵既重幽居之操,必以難進爲美,宜下所在備禮發遣。會病卒。"《北堂書鈔》六十七王珣《啟戴逵爲國子祭酒》云:"前國子博士戴逵,卓有遠樂,堪發胄子之蒙。"義山用此以切自己蒙侯王引薦,爲國子博士。

〔三六〕途窮方結舌:《史記·主父偃列傳》:"吾日暮途窮。"《漢書·杜欽傳》:"皆結舌杜口。"此詩則當用阮籍掌故。《三國志·魏志》卷二一,注引《魏氏春秋》:"籍曠遠不羈,不拘禮俗。……兗州刺史王昶請與相見,終日不得與言。昶嘆賞之,自以爲不能測也。……時率意獨駕,不由徑路;車迹所窮,輒慟哭而返……籍口不論人過,而自然高邁,故爲禮法之士何曾等深所讎疾。”

〔三七〕靜勝但揾頤:《世説新語·簡傲》:“王子猷(徽之)作桓車騎(沖)參軍,桓謂王曰:‘卿在府久,比當相料理?’初不答,直高視,以手版拄頰云:‘西山朝來,致(頗)有爽氣。’”揾頤,即拄頰。靜勝的意思,是冷靜戰勝了浮躁。靜表歸隱,躁表出仕。

〔三八〕糲食空彈劍:《戰國策·齊策》:“馮諼(《史記》作“馮驩”)彈其劍歌曰:‘長鋏歸來乎,食無魚!’”鋏謂劍把。糲食,粗米。《漢書·外戚傳》:“妾誇布服糲食。”

〔三九〕亨衢詎置錐:《易·大畜》:“何(荷)天之衢,亨。”《莊子·盜跖》:“堯舜有天下,子孫無置錐之地。”以上兩句是自歎貧困過馮諼,粗糧充飢,彈劍無用;周道如砥,而無立錐之地。與李白“大道如青天,我獨不得出”,奕世同悲。

〔四〇〕栢臺成口號:《漢書·朱博傳》:“御史府中列柏樹,常有野烏數千,棲宿其上,晨去暮來,號曰朝夕烏。”《唐六典》:“御史臺曰柏臺。”大中三年(八四九)十月,盧弘止鎮徐州,奏爲判官,得侍御史,故薛逢《重送徐州李從事商隱》詩有“蓮府望高秦御史”之語。《資治通鑑》胡注:“幕僚帶御史銜者,謂之寄禄官,亦曰憲官。”寄禄是虚銜的意思,但從此作者也得到了一個“李侍御”的稱號,所以有“栢臺成口號”之語,這實際上是自嘲。

〔四一〕芸閣暫肩隨:芸閣,指秘書省。秘書省是皇家藏書之所,須用芸香以避蟲蠹,故稱芸閣。蕭穎士《登臨河城賦序》:“亡舅孝廉元君,于予有教授之恩。隻辭片字,皆資訓誘。既而射策桂林,校書芸閣。”《禮記·曲禮》:“五年以長,則肩隨之。”馮注:“追遡爲校書郎時,亦因御史臺與秘省對也。”

〔四二〕悔逐遷鶯伴：遷鶯語詞，本之《詩・小雅・伐木》：“伐木丁丁，鳥鳴嚶嚶。出自幽谷，遷于喬木。”唐人省試，因有《鶯出谷》詩，後人遂以“鶯遷”爲升官之祝頌辭。這句詩的意思是説，由於自己想升官而捲入了官僚集團的黨爭，结果受到兩方面權勢者的攻擊與排擠，想起來是很後悔的。

〔四三〕誰觀擇蝨時：《世説新語・雅量》：“顧和始爲揚州從事，月旦當朝，未入頃，停車州門外。周侯詣丞相，歷和車邊，和覓蝨，夷然不動。周既過反還，指顧心曰：‘此中何所有？’顧搏蝨如故，徐應曰：‘此中最是難測地。’周侯既入，語丞相曰：‘卿州吏中有一令僕才。’”《晉書・顧和傳》，“搏蝨”作“擇蝨”，爲李詩所本。然“擇”字稍隔，似不及“搏”字顯豁。此以顧和自況明心，表明自己對當時官僚們的鈎心鬥角，爾詐我虞，根本不屑理睬。

〔四四〕甕間眠太率：《世説新語・任誕》注引《晉中興書》曰：“畢卓字茂世，新蔡人，少傲達，爲胡母輔之所知。太興末，爲吏部郎，嘗飲酒廢職。比舍郎釀酒熟，卓因醉夜至其甕間取飲之。主者謂是盜，執而縛之，知爲吏部也，釋之。卓遂引主人燕（宴）甕側，取醉而去。温崤素知愛卓，請爲平南長史，卒。”案：據詩人《戲題樞言草閣》詩有“我雖不能飲”之句，則此句當是寫秘閣舊僚，其中可能有“醉酒狂歌空度日”如李白者，故於結尾前略致規勸之意。

〔四五〕牀下隱何卑：《唐摭言》卷十一：“襄陽詩人孟浩然，開元中，頗爲王右丞所知。句有‘微雲淡河漢，疏雨滴梧桐’者，右丞吟詠之，常擊節不已。維待詔金鑾殿，一旦召之，商較風雅，忽遇上幸維所，浩然錯諤伏牀下。維不敢隱，因之奏聞。上欣然曰：‘朕素聞其人。’因得詔見。上曰：‘卿將得詩來耶？’……浩然奉詔拜舞念詩曰：‘北闕休上書，南山歸臥廬。不才明主棄，多病故人疏。’上聞之，憮然曰：‘朕未曾棄人，自是卿不求進，奈何反有此作？’因命放歸南山，終身不仕。”馮注：“《新書》採入傳文。源師引注此句。義山用事，必不古今

夾雜,意境亦不類,況本不足信乎?"案:馮氏此説,謂義山用事,必不
古今夾雜,本篇即可舉出反證;謂凡不足信的故實,絶不入詩,恐亦過
於武斷。本詩使用了許多典故,果盡足信乎? 頗疑李對孟表面似在指
責,實際則寄予深厚哀憐與同情。《詩》云:"善戲謔兮,不爲虐兮。"此
之謂也。

〔四六〕奮迹登弘閣:《史記·平津侯傳》:"公孫弘,字季。……策
奏,天子擢弘爲第一……拜爲博士……卒以弘爲丞相,封平津侯,開東
閣(閣)以延士。"此祝勉舊僚之詞。

〔四七〕摧心對董帷:《史記·董仲舒列傳》:"董仲舒,廣川人也。
以治《春秋》,孝景時爲博士。下帷講誦,弟子傳以久次相受業,或莫
見其面。蓋三年,董仲舒不觀於舍園,其精如此!"摧心,義猶悲心、痛
心。此句作者自白。以上兩句一方面祝願舊僚的奮迹臺閣,一方面悲
傷自己的儒冠誤身。

〔四八〕校讎如有暇:劉向《別録》:"讎校:一人讀書,校其上下,得
謬誤爲校;一人持本,一人讀書,若怨家相對爲讎。"案:校讎,即校勘。

〔四九〕松竹一相思:松竹耐寒,喻直士節概。戴逵《松竹贊》:"猗
與松竹,獨蔚山皋,肅肅修竿,森森長條。"梁元帝《與劉智藏書》:"山
間芳杜,自有松竹之娱;巖穴鳴琴,非無薜蘿之致。"結語以節概砥礪,
是一篇宗旨。

宿晉昌亭聞驚禽〔一〕

羈緒鰥鰥夜景侵〔二〕,高窗不掩見驚禽〔三〕。飛來曲渚煙方
合〔四〕,過盡南塘樹更深〔五〕。胡馬嘶和榆塞笛〔六〕,楚猿吟

雜橘村砧〔七〕。失群掛木知何限〔八〕，遠隔天涯共此心〔九〕。

〔一〕此詩馮《譜》編於大中六年（八五二），張《箋》編於大中五年（八五一），茲從張《箋》。箋云："陳情之感，悼亡之痛，遠行之恨，觸緒紛集。'飛來'句喻博士纔除，舊好將合；'過盡'句喻梓府承辟，良緣又阻。'失群'比喪偶，'掛木'比依人。'遠隔天涯'，將赴東川也。晉昌爲子直（令狐綯）所居，南塘亦其中地名。羈緒鰥鰥，雙關而起耳。又案此云'宿晉昌亭'，而寫景不似相府，且亦未言謁見令狐與否，或晉昌里即子直之別館，而義山偶爾借宿歟？"案晉昌坊在長安皇城東第一街，見宋敏求《長安志》卷八。驚禽，意即驚弓之鳥。《晉書·王鑒傳》："黷武之衆易動，驚弓之鳥難安。"鮑照《代東門行》："傷禽惡絃驚，倦客惡離聲。""驚禽"一篇主綫，作者所以自喻。此詩內容，萬感叢集，但形諸楮墨，卻圓融駿蕩，遒麗渾成，在技法上有值得借鑑的地方。

〔二〕羈緒鰥鰥夜景侵：羈緒，一方寓意晉昌坊借宿，另方亦總結前此南北游踪。鰥鰥，《釋名·釋親屬》："無妻曰鰥。鰥，昆也；昆，明也。愁悒不寐，目恒鰥鰥然也。故其字從魚，魚目恒不閉者也。"時義山新喪妻，故用"鰥鰥"雙關。夜景侵，是此詩寫景總的出發點。

〔三〕高窗不掩見驚禽："高窗不掩"是"寄宿"到"見禽"過脉。

〔四〕飛來曲渚煙方合：夜幕降臨，水面泛出如煙之薄霧，所謂"煙籠寒水"的自然景象。飛，《文苑英華》作"行"，非。

〔五〕過盡南塘樹更深：馮注："曲渚、南塘，以晉昌近地言。"案以上兩句，張《箋》以"博士纔除，舊好將合；梓府承辟，良緣又阻"等具體事實，牽合附會，作法過於機械，使人難以首肯。此聯妙處，全在"言在耳目之內，情寄八荒之表"，使人讀了就像看到一隻失侶的驚禽，在夜氣如磐的池塘上，身影偶一在人們的眼前掠過，就立刻消逝在陰森的林海中,哪裏是它的棲身之處呢!"我瞻四方,蹙蹙靡所騁"。古今詩人,异世同慨。

〔六〕胡馬嘶和榆塞笛:《文選·古詩十九首》:"胡馬依北風,越鳥巢南枝。"《漢書·韓安國傳》:"累石爲城,樹榆爲塞。"案:《史記·秦始皇本紀》云:"西北斥逐匈奴,自榆中(注引徐廣曰"在金城")並河以東,屬之陰山,以爲四十四縣,城河上爲塞。"這實際上已爲"榆塞"做了釋名。此以"胡馬嘶"與"榆塞笛"爲當句對,而重點是後者,下同。因爲文藝創作是因物見志,而不是逐物不返,這裏有主次之分,深淺之別,同時也有工拙之異,成敗之差。

〔七〕楚猿吟雜橘村砧:《楚辭·九歌·山鬼》:"猨啾啾兮又夜鳴。"案:猨、猿字同。《三國志·吳志·孫休傳》有關於李衡在武陵種橘千樹的記載(已見前注引)。然此詩中的"橘村",是泛指江南產橘之地,不必如舊注采《水經·湘水注》"湘水又北逕南津城西,西對橘洲",以及"又龍陽有泛洲,李衡植橘處"以坐實此"橘村"所在。砧,所以搗衣,此寫思婦之情。案以上兩句,一方面概括了作者游宦的歷程,另一方面也聯繫了勞人思婦的哀怨。此皆鍾嶸《詩品序》所謂"塞客衣單,孀閨淚盡"之言差足以當之。評家何焯"五六客中客,不爲佳"的説法,是"看朱成碧"了。

〔八〕失群掛木知何限:朱彝尊以"馬"注"失群",以"猿"注"掛木",完全正確。我們則進一步認爲:"失群"自喻離家喪偶,"掛木"自喻入幕依人。知何限,這和宋朝張載《西銘》所説"民胞物與"的精神是一致的。

〔九〕遠隔天涯共此心:紀昀評云:"末句'共此心'三字頂五六句作收,實一筆貫到第一句。"又云:"後四句推得開,收得轉,妙不沾滯。"這才是的評。

悼傷後赴東蜀辟至散關遇雪[一]

劍外從軍遠[二]，無家與寄衣[三]。散關三尺雪，回夢舊
鴛機[四]。

〔一〕此詩馮《譜》編於大中六年(八五二)，張《箋》編於大中五年
(八五一)，兹從張《箋》。商隱妻王氏卒於是年秋初。約與此前後同
時，柳仲郢銜命任梓州刺史東川節度使，辟掌書記，當於冬初啟行，故
有散關遇雪之事。《水經注》卷一七："渭(《嘉慶一統志》引作"汧")
水東入散關。"《元和郡縣志》卷二："關內道·鳳翔府·寶雞縣：散關
在縣西南五十二里。《蜀志》：'諸葛亮出散關，圍陳倉。'"

〔二〕劍外從軍遠：劍外，意即劍南，唐代東川節度史屬劍南道，見
《元和郡縣志》卷三三"劍南道下"。杜甫《聞官軍收河南河北》詩：
"劍外忽傳收薊北。""劍外"語，當從此出。從軍，《文選》王粲有《從
軍詩》。唐代節度使是軍職。《舊唐書·職官志》："節度使，注云'天
寶中，緣邊禦戎之地，置八節度使。受命之日，賜之旌節，謂之節度使，
得以專制軍事。'"案《樊南文集乙集序》云："七月，尚書河東公守蜀東
川，奏爲記室，十月得見，吳郡張黯見代，改判上軍。"即指其事。

〔三〕無家與寄衣：此"無家"指喪妻言。《左傳·僖公十五年》
"而棄其家"注："謂子圉婦懷嬴。"與，給我。

〔四〕回夢舊鴛機：回夢，即歸夢。鴛機，詞書多引上官儀《八詠應
制》詩"且學鳥聲調鳳管，方移花影入鴛機"句而釋爲繡具，恐屬臆說，
未見刺繡有用機杼者。疑鴛機之名，導源漢樂府《相逢行》："入門時

左顧,但見雙鴛鴦。鴛鴦七十二,羅列自成行……大婦織綺羅,中婦織流黃。"此爲對織錦的具體描寫。按之上官氏詩,情亦契合。用鴛鴦,喻伉儷,此易曉,不贅述。

井　絡[一]

井絡天彭一掌中[二],漫誇天設劍爲峰[三]。陣圖東聚烟江石[四],邊柝西懸雪嶺松[五]。堪嘆故君成杜宇[六],可能先主是真龍[七]。將來爲報奸雄輩,莫向金牛訪舊踪[八]。

〔一〕巴蜀位於我國中部,物産富饒,號稱天府。自漢以後,益州縋縠雍梁,爲國家重鎮。但歷史上部族雜居,地理上交通梗阻,這些自然與社會的特殊條件,很容易被野心家所利用,作爲他們搞封建割據的憑藉,從而對封建王朝構成嚴重威脅,對人民也造成莫大的痛苦。此詩作者從維護封建中央集權的立場、觀點出發,總結一些歷史上割據者遲早必然走向滅亡的經驗教訓,正告那些野心家,"奸雄輩"的覆轍是不能重蹈的。杜宇、劉備尚不能固守一隅,何況才能比他們差得遠的一些人呢? 此詩馮《譜》編於大中三年(八四九),張《箋》編於大中五年(八五一),似可兩存。

〔二〕井絡天彭一掌中:古代地理區劃,上應天文。《三國志·蜀志·秦宓傳》注引《河圖·括地象》曰:"岷山之地,上爲東井絡。帝以會昌,神以建福,上爲天井。"左思《蜀都賦》曰:"遠則岷山之精,上爲井絡。"《華陽國志·蜀志》:"秦孝文王以李冰爲蜀守。冰能知天文地理,謂汶山爲天彭門。乃至湔,及縣,見兩山對如闕,因號天彭闕。"一掌中,意謂巴蜀從全國來説,只是一隅之地,譬如一個人被攥在別人的掌心裏,命運不能由自己決定一樣。

〔三〕漫誇天設劍爲峰:《水經·漾水注》:"小劍戍北,西去大劍三十里。連山絶險,飛閣通衢,故謂之劍閣。"案劍閣之名,始見於《三國志·蜀志·姜維傳》。《舊唐書·地理志》:"劍州,劍門縣界大劍山即梁山也。其北三十里有小劍山。"杜甫《劍門》詩曰:"唯天有設險,劍門天下壯。"此句語本杜詩而反其意。劍峰,意即劍山,指四川省劍閣縣北大小劍山而言,是我國著名的天險之一。

〔四〕陣圖東聚烟江石:"烟"舊作"燕",乃音誤,兹據《唐音戊籤》"燕一作烟"改。"石",舊作"口",今據《唐音戊籤》改。《水經·江水注》:"江水又東逕南鄉峽東,逕永安宫南……又東逕諸葛亮圖壘南……有亮所造八陣圖,東跨故壘,皆累細石爲之。自壘西去,聚石八行,行間相去二丈,因曰八陣。既成,自今行師,庶不覆敗,皆圖兵勢行藏之權,自後深識者所不能瞭。"這句詩是探下句"可能先主是真龍"爲説,即使英主如劉備,又得"功蓋三分國,名成八陣圖"那樣杰出的軍事家諸葛亮爲輔,也不能把僻處一隅的統治世世代代維持下去,何況別人?

〔五〕邊柝西懸雪嶺松:柝,警夜所用響木。《元和郡縣志》卷三三:"劍南道中·松州·嘉誠縣:雪山在縣東八十里,春夏常有積雪,故名。"松字既是植被,也切地名。松州地帶,唐代蕃漢錯處,時常引起軍事衝突,警夜之聲,終年不斷,以故邊柝長懸。以上兩句,從東西、今古兩個對立側面烘托巴蜀從來就是兵爭之地,以見天險之不足憑恃。

〔六〕堪嘆故君成杜宇:《華陽國志·蜀志》:"七國稱王,杜宇稱帝,號曰望帝,更名蒲卑。自以功德高諸王,乃以褒斜爲前門,熊耳靈關爲後户,玉壘峨眉爲城郭,江潛綿洛爲池澤,以汶山爲畜牧,南中爲園苑。會有水災,其相開明決玉壘山以除水害,帝遂委以政事。法堯

舜禪授之義,遂禪位于開明,帝升西山隱焉。時適二月,子鵑鳥鳴,故
蜀人悲子鵑鳥鳴也。"《文選》左思《蜀都賦》:"鳥生杜宇之魄。"劉逵
注引《蜀記》曰:"昔有人姓杜名宇,王蜀,號曰望帝。宇死,俗説云:
'宇化爲子規。'子規,鳥名也。蜀人聞子規鳴,皆曰望帝也。"案蜀王
杜宇禪位於宰相開明的官方傳統記載,可能掩蓋着臣弒其君的史實,
因此這一故事,載籍上是傳聞異辭的。此在作者看來,巴蜀雖有天險
可守,但從全國輿圖看來,它不具備統攝天府之國的客觀條件,因此杜
宇割據稱王的下場是比較悲慘的。

〔七〕可能先主是真龍:《三國志・吳志・周瑜傳》:"周瑜曰:劉
備必非久屈爲人用者⋯⋯恐蛟龍得雲雨,終非池中物也。"陳壽爲劉
備立傳稱"先主"。案此詩作意與周瑜的原話微有區別,而帶有宿命
論的色彩。這句詩的意思説,劉備以巴蜀爲據點所創半途而廢的帝
業,在歷史上是個例外,可能他是得天獨厚的緣故吧! 這是用一種委
婉的措辭以申明"王業不偏安"的論點。

〔八〕"將來爲報奸雄輩"二句:當一氣讀下。意思是:爲報奸雄
輩,將來莫向金牛訪舊踪! 爲報,正告奸雄,指爲達目的不擇手段的政
治野心家,特別是那些擁有軍政大權而妄想搞獨立割據的地方長官。
《荀子・非相》:"上不足以順明王,下不足以和齊百姓,然而口舌之於
嘈唯則節,足以爲奇偉偃卻之屬,夫是之謂奸人雄。聖王起,所以先誅
也。"這種人,不但先秦兩漢有,魏晉六朝有,直至唐代也還是有。以
安禄山、史思明爲禍首的藩鎮叛亂,即是。他們是人民災難的主要釀
造者,所以要對他們當頭棒喝。《華陽國志・蜀志》:"周顯王之世,蜀
王有褒漢之地,因獵谷中,與秦惠王遇。惠王以金一笥遺蜀王,王報珍
玩之物,物化爲土。惠王怒,群臣賀曰:'天奉我矣。王將得蜀土地。'
惠王喜,乃作石牛五頭,朝瀉金其後,曰:'牛便金。'有養卒百人。蜀
人悦之,使使請石牛,惠王許之。乃遣五丁迎石牛,既不便金,怒遣還
之。乃嘲秦人曰:'東方牧犢兒。'秦人笑之曰:'吾雖牧犢,當得蜀

也.’……周慎王五年秋,秦大夫張儀、司馬錯,都尉墨等從石牛道伐蜀,蜀王自于葭萌拒之,敗績,王遁走,至武陽,爲秦軍所害。其傅相及太子退至逢鄉,死于白鹿山,開明氏遂亡,凡王蜀十二世。”作者通過這一段歷史事實正告奸雄:蜀王爲了貪人“國寶”,把石牛要道拱手奉送給秦國,結果“北門鎖鑰”自己撤除,爲爾後秦國的入侵鏟平道路,成爲歷史上令人齒冷的角色,難道説他們的覆轍你們還要重蹈嗎?

有　感[一]

非關宋玉有微辭[二],卻是襄王夢覺遲[三]。一自高唐賦成後[四],楚天雲雨盡堪疑[五]。

〔一〕這首詩衹有紀昀評語最爲中肯。其言曰:“義山深於諷刺,必有以詩賈(招惹)怨者,故有此辨,蓋爲似有寓意而實無所指者作解也。四家謂爲《無題》作解,失其指矣。”“前二句言雖有諷刺,亦因人之憒憒而然。後二句乃言由此召疑。”馮《譜》編此詩於大中六年(八五二)。

〔二〕非關宋玉有微辭;非關,不是由於。宋玉有微辭,語本《文選》宋玉《登徒子好色賦序》:“登徒子短(誣蔑)宋玉曰:‘玉爲人體貌閑麗,口多微辭。’”意思是説:宋玉專門委曲宛轉地誹謗人。全句意爲:不是由於宋玉在主觀上專門喜歡委曲宛轉地誹謗人。

〔三〕卻是襄王夢覺遲:卻是,衹是、乃是。襄王夢覺遲,語本《文選》宋玉《神女賦序》:“楚襄王與宋玉游於雲夢之浦,使玉賦高唐之事。其夜王寢,果夢與神女遇,其狀甚麗……寐而夢之,寤不自識;罔

兮不樂，悵然失志(二句寫楚王迷戀女色神魂顛倒的醜態)。”其後杜
甫據此寫《詠懷古迹》之二有云“雲雨荒臺豈夢思”，可稱千載以下宋
玉的知己。而李商隱則不僅知宋，而且知杜。此韓愈所謂“事有曠百
世而相感者”。夢覺，夢醒。這句詩的意思是：倒是客觀上因爲楚襄
王荒淫無道而又沉迷不醒。

〔四〕一自高唐賦成後：一自，衹從；宋玉所作《高唐賦》在蕭統
《文選》列爲“情賦”類；這裏詩人用爲托諷統治者荒淫無恥生活作品
的代名詞。“賦成”二字，疑當互乙，不動也行。

〔五〕楚天雲雨盡堪疑：楚天雲雨，語出《高唐賦》“旦爲朝雲，暮
爲行雨”，借指詩人創作中有關男女愛情的描寫。盡堪疑，都認爲可
疑，因而給以深文周納的曲解，爲他們對詩人進行殘酷的政治打擊製
造借口。

杜工部蜀中離席〔一〕

人生何處不離群〔二〕？世路干戈惜暫分〔三〕。雪嶺未歸天
外使〔四〕，松州猶駐殿前軍〔五〕。座中醉客延醒客〔六〕，江上
晴雲雜雨雲〔七〕。美酒成都堪送老〔八〕，當壚仍是卓
文君〔九〕。

〔一〕此詩馮《譜》云：“是六年冬七年春有西川之役也。”而未編
年。張《箋》則編於大中六年(八五二)，而否定了馮《譜》“七年春”義
山自西川推獄回之説，但未舉出確實證據，兹故兩存，以備研討。題
旨：模擬杜工部而作《蜀中離席》。張氏箋曰：“此擬杜工部體。集中

如《韓翃舍人即事》即其例,作辟者非。首點‘離席’,‘雪嶺’二句,以工部之時況今日,言天使仍稽雪嶺,前軍尚駐松州,言外見世路干戈,需人贊畫,而己獨不預,故曰‘惜暫分’也。後聯一‘醉’一‘醒’,或‘晴’或‘雨’,比喻顯然。結云‘成都美酒’,可以‘送老’,奈何使‘文君’舊壤,而爲若輩所盤踞哉?離群之恨淺,蔽才之嘆深,細味詩意,是西川推獄時,追慨前游失意之作矣。”案義山奉命赴西川推獄時,或已被柳仲郢表薦爲檢校(閑散官銜,《新唐書·百官志》:“是時已有員外置……至於檢校兼守判知之類,皆非本制。”)工部郎中(《新唐書》本傳作“員外郎”,此從《舊書》),與唐肅宗時杜甫入蜀,被西川節度使嚴武表薦爲“檢校工部員外郎”情況大同,故引以爲喻。

　　〔二〕人生何處不離群:《禮記·檀弓》:“吾離群而索居,亦已久矣。”句意:自揆平生,到處飄泊,對於離群索居,已經安之若素。

　　〔三〕世路干戈惜暫分:句意:在干戈擾攘的世代,命若游絲,生離可能即是死別,故暫分亦感可惜,抒情較上句又深入一層。

　　〔四〕雪嶺未歸天外使:案杜甫《歲暮》有“煙塵犯雪嶺,鼓角動江城”之句,又《嚴公廳宴同詠蜀道畫圖得空字》詩“劍閣星橋北,松州雪嶺東”爲此二句用“雪嶺”、“松州”所本。雪嶺,即雪山,主峰名貢嘎山,在四川省康定縣。其支脉蜿蜒於西部,稱爲大雪山脉。案:大雪山脉附近,爲吐蕃族(藏族)簇居之所在地,早已屬於祖國版圖的一部分。此詩所用的“天外使”,乃是暫時現象,表明邊疆少數民族地區,暫時與朝廷處於對立狀態,因此兩方互派使節,辦些交涉。

　　〔五〕松州猶駐殿前軍:《舊唐書·地理志》:“松州下都督府……一百四州,其二十五州有額戶口,但多羈縻逃散。餘七十九州皆生羌部落,或臣或否,無州縣戶口,但羈縻統之。天寶元年,改松州爲交州郡,乾元元年,復爲松州。據貞觀初,分十道,松、文、扶、當、悉、柘、靜等,屬隴右道。永徽之後,據梁州之境,割屬劍南道也。”其地在今四川省阿壩藏族自治州松潘縣。當宣宗時是西南邊區和吐蕃接壤的重鎮。殿前軍，前身是肅宗時代的殿前射生左右軍。元和中，改稱天威軍，八年廢，以其兵分隸左右神策軍，從此成爲皇帝近衞軍的一部分。此句反映近衞軍永駐松潘，表明邊防吃緊。蔡寬夫《詩話》載王荆公晚年極喜義山詩此二句，謂“雖老杜無以過”。

〔六〕座中醉客延醒客：此用《楚辭·漁父》“衆人皆醉我獨醒”意，以醉客比西川餞送者，以醒客自喻。言蒿目時艱，心膽欲碎，不能隨波逐流，醉生夢死也。

〔七〕江上晴雲雜雨雲：暗喻暴風雨的即將來臨。案以上兩句，皆用當句偶對，疑亦襲用杜甫《聞官軍收河南河北》“即從巴峽穿巫峽，便下襄陽向洛陽”的句法。

〔八〕美酒成都堪送老：成都美酒，疑指郫筒酒。《成都記》：“郫縣出大竹，土人截爲筒盛酒，謂之郫筒酒。”案杜甫《江畔獨步尋花絕句》有“應須美酒送生涯”，疑爲李詩所本。此爲排遣，不是托諷。馮浩以爲“結則借指其人，言竟思據以終老，不肯讓人也”，是不正確的。

〔九〕當壚仍是卓文君：《太平寰宇記》“劍南西道益州華陽縣”引李膺《蜀記》曰：“相如宅在市橋西，即文君當壚滌器處。”案杜甫《琴臺》詩云：“茂陵多病後，尚愛卓文君。酒肆人間世，琴臺日暮雲。”褒而無貶，爲義山所本。此乃詩人自興，非醜詆，殆可質言。

二月二日〔一〕

二月二日江上行〔二〕，東風日暖聞吹笙〔三〕。花鬚柳眼各無賴〔四〕，紫蝶黃蜂俱有情〔五〕。萬里憶歸元亮井〔六〕，三年從事亞夫營〔七〕。新灘莫悟游人意〔八〕，更作風簷雨夜聲〔九〕。

〔一〕此詩馮《譜》編於大中九年（八五五），是因爲他把商隱梓州之辟繫於大中六年。張《箋》則編於大中七年（八五三），是因爲他把李商隱梓州之辟繫於大中五年。從五年到七年，共佔三個年頭，與詩中"三年從事亞夫營"之語合，今從之。馮注："按《文昌雜録》：'唐時節物，二月二日有迎富貴果子。'而《全蜀藝文志》：'成都以二月二日爲踏青節。至宋張詠乃與賓僚乘彩舫數十艘，號小游江。'則唐時梓州當亦爲踏青節也。"何焯評此詩曰："此等詩其神似老杜處，在作用（藝術構思），不在氣調（風格模擬）。同一江行也，耳目所接，萬物皆春，不覺引動歸思；及憶歸未得，則江上灘聲，頓有風雨淒淒之意，筆墨至此，句句俱有化工矣。"

〔二〕二月二日江上行：梓州附近有涪江流過。

〔三〕東風日暖聞吹笙：踏青節游人載歌載舞，吹笙伴奏。

〔四〕花鬚柳眼各無賴：花鬚，花蕊如鬚；柳眼，柳芽如眼。各無賴，用杜甫《奉陪鄭駙馬韋曲》詩"韋曲花無賴，家家惱殺人"作意，極寫春光爛漫，得意人看了高興，而失路者卻認爲它在捉弄自己。

〔五〕紫蝶黃蜂俱有情：何焯評云："前半逼出憶歸，如此濃至，卻使人不覺，所謂'國風好色而不淫'也。"

〔六〕萬里憶歸元亮井：蕭統《陶淵明傳》："陶淵明，字元亮，或云潛，字淵明。"《宋書·陶潛傳》："陶潛字淵明，或云：淵明字元亮。"案陶氏《歸園田居》詩："井竈有遺處，桑竹殘朽株。"案：陶淵明亦曾爲鎮軍參軍，充任過軍府幕僚，故此處引用他的史迹，與下句構成偶對，並不使人感到湊泊牽合。案：句意謂將步陶氏後塵，田園歸隱。

〔七〕三年從事亞夫營：三年，用張《箋》說爲自大中五年至七年。但"三"字也有可能是虛數，此在詩文中屢見不鮮。從事，語源出《詩·小雅·北山》："偕偕士子，朝夕從事。"以後用以代稱佐吏。如李商隱之曾爲節度書記等。亞夫，周亞夫，漢文帝時名將，曾屯兵細柳,壁壘森嚴,後世傳稱"細柳營"或"柳營",以爲美談。此詩則以"亞夫營"暗喻"柳營"。史稱仲郢之在東川,"美績流聞",則知詩人操觚,實非過譽。"三年"爲期,微露倦游之意。

〔八〕新灘莫悟游人意:"灘",一作"春",誤。"悟"一作"誤"、"訝"、"怪",非。游人,作者自稱。句意:新灘不理解游人天涯飄泊的心情。

〔九〕更作風簷雨夜聲:"雨夜",一作"夜雨",一作"雨後"。馮注:"我方借此遣恨,乃新灘莫悟,而更作風雨淒其之態,以動我愁,真令人驅愁無地矣。"

初　起〔一〕

想像咸池日欲光〔二〕,五更鐘後更回腸〔三〕。三年苦霧巴江水〔四〕,不爲離人照屋梁〔五〕。

〔一〕此詩張《箋》編於大中七年(八五三)梓幕詩中,曰:"遠客思入京華之慨。'咸池日光',所指甚顯。蓋去歲曾托杜悰附狀,今則消息闃如,故詩有餘歎也。"案:張《箋》近是,解詳注中。

〔二〕想像咸池日欲光:咸池日光,《淮南子·天文》:"日出於暘谷,浴於咸池。"古代往往以日爲君象,蓋本《楚辭·九歌·東君》:"暾將出兮東方,照吾檻兮扶桑。"

〔三〕五更鐘後更回腸:五更鐘後,暗示夢回。古有"夢見人君者夢見日"之説,見《戰國策·趙策》。更回腸,言夢醒失望。

〔四〕三年苦霧巴江水:作者以大中五年赴梓幕,到七年已經三個年頭。梓州多霧,俗稱霧城。集中《北禽》篇云“爲戀巴江暖,無辭瘴霧蒸”,參之是句,信而有徵。

〔五〕不爲離人照屋梁:言浮雲蔽日,不能像東君那樣“照吾檻兮扶桑”,是則大可悲矣!案屈原《九章·哀郢》已有“哀見君而不再得”之嘆,玉谿生於此,蓋亦有“謇法前脩”之意,問題似未可遽加肯定或否定。因爲君之爲君,臣之爲臣,具體情況千差萬別,要在論世知人,區別對待,不能主觀武斷,一概相量。

夜　飲〔一〕

卜夜容衰鬢〔二〕,開筵屬异方〔三〕。燭分歌扇淚〔四〕,雨送酒船香〔五〕。江海三年客〔六〕,乾坤百戰場〔七〕。誰能辭酩酊〔八〕,淹臥劇清漳〔九〕。

〔一〕夜飲:語本《詩·小雅·湛露》:“厭厭夜飲,不醉無歸。”案《左傳·文公四年》:“衛甯武子來聘,(魯文)公與之宴,爲賦《湛露》……不答賦……對曰:‘昔諸侯朝正於王,王宴樂之,於是乎賦《湛露》,則天子當陽,諸侯用命也。’”則知《湛露》本天子宴饗諸侯之詩。不過到春秋時代,諸侯也已賦用。唐代方鎮,地位略當於古諸侯,此詩是作者被幕主邀請參加府宴時所抒發的一些感嘆,故摘取《湛露》篇中的成語爲題。此詩馮《譜》編於大中二年,張采田《玉谿生年譜會箋》編於大中七年(八五三),義山時在梓幕,驗以集中《梓州罷吟寄同舍》詩中有“漳濱多病”之語,與此詩“淹臥劇清漳”之語完全契合,故知張《箋》可以信從。

〔二〕卜夜容衰鬢:《左傳·莊公二十二年》:"陳公子完曰:'臣卜其晝,未卜其夜。'""卜夜",指占卜吉利的夜晚舉行宴會。時作者已四十歲,且於兩年前悼亡,故對柳仲郢舉行的夜宴不感興趣;但四十之年,未能言老,托言"衰鬢",蓋有杜甫"已知白髮非春事"之感。

〔三〕開筵屬異方:案此詩"卜夜"、"開筵",性質是節使幕府所舉行的歌舞晚會。集中有《病中聞河東公樂營(隨軍官妓)置酒口占寄上》詩一首,所寫與此是同一內容,可以參看。"異方"集中有時亦稱"殊方",皆具體指東川。蓋益州爲四塞之地,往往與中原隔絕的原故。

〔四〕燭分歌扇淚:燭,蠟燭。句意謂因燭光的照耀,可以分明看出歌扇下的舞女在落淚。至於爲什麼會出現這種情況呢?集中有《上河東公啓》一篇,其中有云:"兩日前於張評事處伏睹手筆兼評事傳指意,於樂籍中賜一人,以備紉補。某悼傷以來,光陰未幾;梧桐半死,纔有述哀……自安衰薄,微得端倪。至於南國妖姬,叢臺妙妓,雖有涉於篇什,實不接於風流。況張懿仙本自無雙,曾來獨立,既從上將,又托英僚……伏惟克從至願,賜寢前言!"我們可以找到一些綫索。

〔五〕雨送酒船香:馮注:按《吳志注》引《吳書》曰:"鄭泉性嗜酒,每曰:'願得美酒滿五百斛船,以四時甘脆置兩頭,反覆沒飲之。'"《晉書·畢卓傳》:"嘗謂人曰:'得酒滿數百斛船,四時甘味置兩頭,拍浮酒船中,便足了一生矣。'"二事相類。陸龜蒙酒中諸詠,其詠"酒船",即指此事也。若泛以酒器爲酒船,亦可。又《八王故事》:"陳思王有神思,爲鴨頭杓,浮於九曲酒池。王意有所勸,鴨頭則回嚮之。"近人注庾子山詩"金船代酒巵"者引之,謂凡用酒船者本此。若朱氏引《大業拾遺》之酒船,必非矣(馮注終止於此)。案以上兩句,寫與宴者與侑酒者因地位不同流露出的苦與樂截然不同的思想感情。

〔六〕江海三年客：此商隱自述。大中三年，赴徐充武寧軍節度使盧弘止幕府判官；五年，河南尹柳仲郢爲東川節度使，辟商隱掌書記，旋改判官。僅僅在三年左右的短暫時間内，足迹就遠自東海之濱，西至大江上游，充當一名寄人籬下的客卿，内心的悲憤是不言而喻的。

〔七〕乾坤百戰場：《易·説卦》：“乾爲天……坤爲地。”從此後人往往以乾坤爲天地的代稱。案：當李商隱作此詩時，東部有爲盧弘止鎮撫下去的軍事叛亂，川西有吐蕃、党項和漢族上層所挑起的種族磨擦，還有西距東川首府梓州不遠的蓬、果二州爆發的雞山區農民起義。廣大勞動人民和少數的志士仁人生活都處於水深火熱和顛沛流離的苦難當中，和一小撮封建特權階層的燈紅酒綠、紙醉金迷的腐爛生活形成鮮明的對照。所以這兩句詩很見稱道於王安石，認爲雖老杜無以過。這兩句詩從表面上看，有明顯的學杜甫《江漢》詩“江漢思歸客，乾坤一腐儒”的痕迹，可是探究其實際，則感到義山此詩所概括的社會生活面，比杜要廣闊得多。儘管形式是取法乎上，而内容則實已“青出於藍”。因此我們不贊成何焯“不病而呻”的批語，而肯定馮浩“指事中兼含身世之感，非强慕悲壯之鈍漢也”的評論。

〔八〕誰能辭酩酊：酩酊，大醉貌。《晉書·山簡傳》：“日夕倒載歸，酩酊無所知。”意謂蒿目時艱，唯一的解脱辦法，就是喝得酩酊大醉。

〔九〕淹卧劇清漳：這是用《文選》劉楨《贈五官中郎將》詩“余嬰沉痼疾，竄身清漳濱”的掌故。淹，久。劇，危急程度過於東漢末年的劉楨。清漳，《文選》李善注：“《漢書》曰：‘魏郡武始縣漳水至邯鄲入漳。’《山海經》曰：‘少山，清漳水出焉，東流於濁漳之水。’”案《文選》左思《蜀都賦》：“帶二江之雙流。”劉逵注：“江水出岷山，分爲二江，經成都南東流。經之，故曰帶也。”案成都地扼岷江上游，附近支流密布，著名者有浣花溪，水流澄澈，故以清漳爲比。

楊本勝説於長安見小男阿袞[一]

聞君來日下[二]，見我最驕兒[三]。漸大啼應數[四]，長貧學恐遲[五]。寄人龍種瘦[六]，失母鳳雛癡[七]。語罷休邊角[八]，青燈兩鬢絲[九]。

〔一〕《樊南文乙集序》云：“大中七年（八五三）十月，宏農楊本勝始來軍中。”詩當作於是年。阿袞，即袞師。

〔二〕聞君來日下：聞字直貫此下兩句。情況由楊本勝口述得知。日下，古人用指京都。《世説新語・排調》：“荀鳴鶴（隱）、陸士龍（雲）二人未相識，俱會張茂先（華）坐。張令其語。以其並有大才，可勿作常語。陸舉手曰：‘雲間陸士龍。’荀答曰：‘日下荀鳴鶴。’”此處則具體指長安。

〔三〕見我最驕兒：集中有《驕兒詩》專寫袞師。

〔四〕漸大啼應數：陶潛《擬挽歌辭》：“嬌兒索父啼。”是此句所本。馮浩注：“漸大則知思父遠游，傷母早背，故啼應數。”數，頻繁。

〔五〕長貧學恐遲：此句略本陶潛《責子》詩作意，而歸根於“長貧”，似較陶詩委之“天運”者爲得其實。此乃李詩師古而不泥古的確證。

〔六〕寄人龍種瘦：寄人，寄養於人家。龍種，語本杜甫《哀王孫》詩：“高帝子孫盡隆準，龍種自與常人殊。”商隱作《哭遂州蕭侍郎》詩有“我系本王孫”之語，自以爲系出宗室而感到驕傲，甚至連子女也與普通人不同。

〔七〕失母鳳雛癡：漢樂府《隴西行》：“鳳凰鳴啾啾，一母將九雛。”乃此“鳳雛”語詞之所從出。移用於人，則始於《晉書·陸雲傳》所載：“雲六歲能屬文……吳尚書廣陵閔鴻見而奇之曰：‘此兒若非龍駒，當是鳳雛。’”

〔八〕語罷休邊角：角，號角，軍隊警夜所吹。馮浩注：“謂晚角將罷。”

〔九〕青燈兩髻絲：古代照明用油燈，發出青熒的光亮，故曰青燈。韋應物《寺居獨夜寄崔主簿》詩：“坐使青燈晚，還傷夏衣薄。”兩髻絲，即兩鬢絲。陶潛《責子》詩“白髮被兩鬢”，此與之同意。

北　禽〔一〕

爲戀巴江暖〔二〕，無辭瘴霧蒸〔三〕。縱能朝杜宇〔四〕，可得值蒼鷹〔五〕。石小虛填海〔六〕，蘆銛未破矰〔七〕。知來有乾鵲〔八〕，何不嚮雕陵〔九〕？

〔一〕胡震亨《唐音統籤》：“此必東川幕府不得意寄託之作。”朱彝尊評同意他的觀點，亦謂：“此詩作於東川。義山自北來居幕府，故題曰‘北禽’，以自況也。中二聯皆憂讒畏譏之意；末語有羨於雕陵之鵲，其爲周身之防至矣。此等詩意味深長，逼真少陵家法。”據此則當作於大中五年到十年義山充柳仲郢東川幕府的僚屬期間，而時間略靠前的可能性要大一些。反映的是節鎮幕府新舊僚屬間的矛盾，這種矛盾早在他參加王茂元涇原節度使幕府時已經存在，作者是有切身體會的。《北禽》這一詩題，是動物的擬人化，實際就是詩人自己身世的寫照。這種寫法可以説淵源於《詩·豳風·鴟鴞》,以後發展成爲宋人的"禽言詩",前後一脈相傳。

〔二〕爲戀巴江暖:此作者自述其入梓幕的動機,是化用杜甫《同諸公登慈恩寺塔》"君看隨陽雁,各有稻粱謀"意。巴江,源出四川南江縣北大巴山,亦曰南江;又東南會巴水,遂稱巴江;南流至渠縣,入嘉陵江。此處則泛指川東諸水,亦即當時東川一帶地。"暖",通行本作"好",此從《唐音統籤》本。"好"字在感受上較抽象,"暖"字則較具體。

〔三〕無辭瘴霧蒸:無辭,不辭,不顧。白居易《得微之到官後書,備知通州之事,悵然有感》詩,叙川東一帶的氣候説"夏旱秋霖瘴瘧多",可與此詩"瘴霧蒸"之言相印證。"蒸",形容瘴霧既熱且潮,對人身體健康構成嚴重的危害。

〔四〕縱能朝杜宇:仍從化身爲禽鳥立説。《文選》左思《蜀都賦》:"鳥生杜宇之魄。"劉逵注引《蜀記》曰:"昔有人姓杜名宇,王蜀,號曰望帝。宇死,俗説云宇化爲子規,子規鳥名也。蜀人聞子規鳴,皆曰望帝也。"至於"朝杜宇"作爲一個成語使用,則當是本之杜甫《杜鵑》詩:"杜鵑暮春至,哀哀叫其間。我見常再拜,重是古帝魂。"這句的含義是:即使此行爲自己効忠於巴蜀的君長創造了條件。

〔五〕可得值蒼鷹:可得,意爲可能。值,馮注:"'值'如《後漢書·酷吏傳》'嗟我樊府君,安可更遭值之'之'值'。"蒼鷹,古人往往用以比喻酷吏,未必盡合詩旨。此處"值蒼鷹"三字的實際含義,是如齊謝朓《暫使下都,夜發新林至京邑贈西府同僚》詩所説:"常恐鷹隼擊,時菊委嚴霜。寄言蔚羅者,寥廓已高翔。"鷹隼與蔚羅,都是獵人所使用的工具,與讒人專門用深文周納的伎倆來誣陷好人的行徑近似。所以這句詩的實際含義是,擔憂妒賢害能的同僚對自己横加"莫須有"的誣陷。

〔六〕石小虚填海:《山海經·北山經》:“發鳩之山……有鳥焉，其狀如烏，文首白喙赤足，名曰精衛，其鳴自詨(叫)，是炎帝之少女，名曰女娃……游於東海，溺而不返，故爲精衛。常銜西山之木石以堙於東海。”陶淵明《讀山海經》詩:“精衛銜微木，志欲填滄海。”此作者自歎身如精衛，心大力微，壯懷徒抱。

〔七〕蘆銛未破矰:《文選》左思《蜀都賦》:“候鴈銜蘆。”劉逵注:“鴈候時南北，故曰候鴈。銜蘆以禦矰繳，令不得截其翼也。《淮南子》(案見《脩務》篇):‘鴈銜蘆而翔，以備矰繳。’”(案今本《淮南子》作:“夫鴈銜蘆而翔，以備矰弋。”)這句詩的意思是説:自憐命如候鴈，即使周身設防，亦難於回避政敵從暗處射來的冷箭。蘆，蘆葉;銛，鋒利;蘆葉尖，故以劍鋒狀其銛利。矰，尾端繫繩的箭鏃。古代矰繳往往連用，此詩雖用矰而實指繳，故上用破字，謂斬斷之也。案以上六句，作者不僅是使用了一連串飛禽的掌故，而且盡可能多地使用與蜀地相關的掌故，所以使人感到貼切而不空泛，殊堪注意。

〔八〕知來有乾鵲:《淮南子·氾論》:“乾鵲知來而不知往，此脩短之分也。”高誘注:“乾鵲，鵲也。人將有來事憂喜之徵則鳴，且知來也。乾，讀乾燥之乾;鵲，讀告退之告。”《西京雜記》:“乾鵲噪而行人至。”此詩似合用《淮南子》正文和高注。知來，意思是:預知未來之事。

〔九〕何不嚮雕陵:《莊子·山木》:“莊周游雕陵之樊，睹一異鵲，自南方來者，翼廣七尺，目大運寸。感周之顙，而集於栗林。……周執彈而留之。睹一蟬，方得美蔭而忘其身;螳螂執翳而搏之，見得而忘其形;異鵲從而利之，見利而忘其真。莊周怵然曰:‘噫! 物固相累，二類相召也!’捐彈而反走。”馮浩注:“‘知來’‘雕陵’合勘，方得命意。莊子皆言見所利而忘其害也。喻己意有所慕，而不知人將忌之，知來之明不全矣。故箋斯集，不可不詳引事也。”馮氏又總括此詩大意云:“起聯謂不憚遠來，三四言意在西川，而歎人之排擊，‘縱能’者，正托出不能也。五六頂上致慨,結則言其計左矣。"

寓　興[一]

薄宦仍多病[二],從知竟遠游[三]。談諧叨客禮[四],休瀚接
冥搜[五]。樹好頻移榻,雲奇不下樓[六]。豈關無景物,自
是有鄉愁[七]!

〔一〕此詩寫作者在梓州幕府,雖受到府主柳仲郢的一些禮遇,但
彼此間卻沒有成爲志同道合的莫逆之交。不過措辭比較婉曲,而絃外
之音,仍可於"寓興"題目中參得。此詩馮《譜》編於大中八年(八五
四),張《箋》編於大中九年(八五五)。然經反復推校,終覺馮《譜》
近實。

〔二〕薄宦仍多病:《文選》任昉《爲范尚書讓吏部封侯表》:"臣高
祖少連……薄宦東朝,謝病下邑。"爲此詩用語所本。薄宦,謂仕宦不
通顯,地位卑微。集中有《夜飲》詩,曾以劉楨抱病自喻,與此同旨。

〔三〕從知竟遠游:意謂因被柳仲郢引爲知己,從而再次遠游異
地。"遠游"成語,《楚辭》有"遠游篇",傳爲屈原所作。馮注:"竟字
悲痛!"案馮氏深得義山鍊字神髓,揭示了這次出仕的盲目性。

〔四〕談諧叨客禮:陶潛《乞食》詩:"主人解余意,遺贈豈虛來?
談諧終日夕,觴至輒傾杯。"爲此句用詞"談諧"並命意所本。叨,惠
蒙。客禮,以幕賓之禮相待。骨子裏是說:柳仲郢對自己"尊"而不
親,實際上是把我當作他幫閒的清客。

〔五〕休瀚接冥搜:朱注:"休瀚即休沐。鮑照《玩月城西門廨

中》:‘休澣自公日。’"孫綽《游天臺山賦序》:"遠寄冥搜。"句意:逢到
假日,追隨柳仲郢游山玩水,選勝搜奇。與上句合看,各寫清客幫閑生
活的一個側面。

〔六〕"樹好頻移榻"二句:榻,坐榻;樓,山樓。好樹無窮,故坐榻
頻移;岫雲奇幻,故上樓忘返。然羈客之懷,殊不在蒼莽雲樹間也。因
啓結句。

〔七〕"豈關無景物"二句:王粲《登樓賦》:"雖信美而非吾土兮,
曾何足以少留?"古今同慨。然吾意"鄉愁"云云者,恐仍是托詞耳。

梓州罷吟寄同舍〔一〕

不揀花朝與雪朝〔二〕,五年從事霍嫖姚〔三〕。君緣接坐交珠
履〔四〕,我爲分行近翠翹〔五〕。楚雨含情皆有托〔六〕,漳濱臥
病竟無憀〔七〕。長吟遠下燕臺去〔八〕,惟有衣香染未銷〔九〕。

〔一〕梓州罷吟寄同舍:此詩馮《譜》編於大中十年(八五六)。注
云:"柳仲郢在鎮五年,美績流聞,徵爲吏部侍郎(見《舊唐書·柳仲郢
傳》)。"張《箋》則認爲馮《譜》繫義山入梓幕於大中六年是錯誤,而主
張義山入梓幕是在大中五年,故是詩編年亦較馮《譜》提前一年(八五
五),義似較長,今從之。梓州,故治在今四川省三臺縣,當時是東川
節度使幕府所在地。同舍,幕府同僚。

〔二〕不揀花朝與雪朝:不揀,不論,每逢。花朝,舊以夏曆二月十
二日爲百花生日,稱爲花朝。《舊唐書·羅威傳》:"威每花朝月夕,與
賓佐賦詠,甚有情致。"雪朝始見此詩,當變雪夜以趁韻。

〔三〕五年從事霍嫖姚：五年，從大中五年至九年，佔五個年頭。從事，義山爲柳仲郢節度判官，爲府從事。集中《爲河東公上西川相國京兆公書》云：“當道頻奉臺牒，令差從事往推……今謹差節度判官李商隱侍御往。”是其證。從事即入幕幫閑幫忙的意思。霍嫖姚，指霍去病。《漢書·霍去病傳》：“爲票姚校尉。”服虔曰：“音飄搖。”杜甫《前出塞》已用服音，爲義山所本（顏師古注：二字頻妙、羊召反，則讀去）。節度使亦掌軍事，故以漢霍去病爲喻（去病後爲票騎將軍，不止做到校尉）。

〔四〕君緣接坐交珠履：君，稱同舍。接坐，接席而坐，指席位接近府主，特蒙禮遇。《史記·春申君傳》：“客三千餘人，其上客皆躡珠履。”馮注：“此則謂婦人珠履。”交，謂廁足其間。

〔五〕我爲分行近翠翹：分行，按品級排隊。近，鄰近。翠翹，婦人首飾的一種。韋應物《長安道》詩：“麗人綺閣情飄飄，頭上鴛釵雙翠翹。”《山堂肆考》：“翡翠鳥尾上長毛曰翹，美人首飾如之，因名翠翹。”此翠翹與上珠履同，均以物代人，借指節使府中所畜營妓，亦即集中《病中聞河東公樂營置酒口占寄上》詩所説的“樂營”，篇中“珠履”、“翠翹”、“楚雨含情”都寫的是這些人。她們的身分是官妓。

〔六〕楚雨含情皆有托：《文選》宋玉《高唐賦序》：“‘妾巫山之女也，爲高唐之客，聞君游高唐，願薦枕席。’王因幸之。去而辭曰：‘妾在巫山之陽，高丘之阻。旦爲朝雲，暮爲行雨，朝朝暮暮，陽臺之下。’”這就是“巫山神女”故事之所從出。此句興言僚屬盛感恩遇以銷永夜，營妓亦熱情獻藝冀托終身。

〔七〕漳濱卧病竟無憀：《文選》載劉楨《贈五官中郎將（曹丕）》詩云：“余嬰沉痼疾，竄身清漳濱。自夏涉玄冬，彌曠十餘旬……望慕結不解，貽爾新詩文。勉哉脩令德，北面自寵珍！”清漳，《山海經·北山經》：“又東北百二十里曰少山……清漳之水出焉，東流於濁漳之水。”

《漢書·地理志》:"魏郡·武始:漳水東至邯鄲入漳。""卧"一作
"多"。按詩人自比於劉楨的漳濱抱病;病是會有的,但此恐亦係作者
委婉的托辭,此典集中屢見使用,但往往與謝絕聲伎相聯繫,我們從中
也可略窺作者衷曲。

〔八〕長吟遠下燕臺去:燕臺,指燕昭王所築黄金臺。今北京市大
興縣東南有黄金臺,已非燕昭王臺故址。《嘉慶一統志》:"直隸·順
天府·古迹:燕昭王於易水東南(在今河北省易縣東南)築黄金臺,延
天下士,後人慕其好賢之名,亦築臺於此。"此以燕臺比梓幕。句意:
自己不久當離去梓幕,此作乃是尾聲。

〔九〕惟有衣香染未銷:習鑿齒《襄陽記》:"劉季和曰:'荀令君至
人家,坐幙三日,香氣不歇。'"荀令,指荀彧,《三國志·魏志》、《後漢
書》並有傳。或爲漢侍中,守尚書令,故稱"荀令"。《三國志·魏志·
荀彧傳》裴注引《典略》曰:"曹公荀令,皆足蓋世。"又引《彧別傳》曰:
"司馬宣王(懿)曰:'吾自耳目所從聞見,逮百數十年間,賢才未有及
荀令君者也。'"句意謂:幕主厚渥,雖限於健康條件,未能全領,然銘
刻於心,經久不滅,儼如荀令留香撲鼻三日也。

夜出西溪[一]

東府憂春盡[二],西溪許日曛[三]。月澄新漲水,星見欲銷
雲[四]。柳好休傷別[五],松高莫出群[六]。軍書雖倚馬[七],
猶未當能文[八]。

〔一〕此詩馮《譜》編於大中八年(八五四),張《箋》編於大中九年

（八五五），兹從張《箋》。案：西溪是梓州城西的一條河，是中江的一個支流。《嘉慶一統志》：“四川·潼川府·山川：中江，在三臺縣西南，自綿州流入……又東七十里合西溪，過城南。”附近景色幽美，有《西溪》一詩，首云“近郭西溪好”可證。

〔二〕東府憂春盡：東府，故址在今南京市東。東晉簡文帝司馬昱爲會稽王時的舊第。山謙之《丹陽記》：“東府城地，晉簡文爲會稽王時第也。東則丞相會稽王道子府。道子領揚州，故俗稱東府。”此處以東府喻東川幕署。

〔三〕西溪許日曛：日曛，日落時，意同黃昏。句意暗用《南史·朱异傳》：“异起宅東陂，窮乎美麗，晚朝來下，酣飲其中。每迫曛黃，慮臺門將闔，乃引其鹵簿，自宅至城，使捉城門，停留管籥（鑰）。”表明在梓幕公畢散衙，府主特許作者去西溪游覽。

〔四〕“月澄新漲水”二句：寫雨過天晴，月明水漲，星見雲銷。這一偶句，上下有内在聯繫，而又各有重心。上句是寫雨霽，下句是寫晚晴。語言樸素而清新，氣韻諧調而生動，已在爲宋代詞人張先“雲破月來花弄影”等秀句度與金針。

〔五〕柳好休傷別：此句表面上似翻王維《渭城曲》“渭城朝雨浥輕塵，客舍青青柳色新。勸君更進一杯酒，西出陽關無故人”詩意，而骨子裏則確如馮注所説：“寓柳姓，謂且可久留。”用比興法，以柳喻柳仲郢。

〔六〕松高莫出群：此亦因物見志，如馮注所説，是“自謂”。據此知義山在梓幕，與在其他幕府同樣遭到同僚的猜忌，因此語含激憤。

〔七〕軍書雖倚馬：軍書，如露布、捷書等。《漢書·息夫躬傳》：“軍書交馳而輻輳。”《世説新語·文學》：“桓宣武（温）北征，袁虎時從，被責免官。會須露布文，唤袁倚馬前令作，手不輟筆，俄得七紙，殊可觀。東亭在側，極嘆其才。”

〔八〕猶未當能文：馮注：“言我豈僅軍書見才者歟？”意思是：我的文才，表現在長於軍書方面的，僅僅是局部。

西　溪〔一〕

近郭西溪好，誰堪共酒壺〔二〕？苦吟防柳惲〔三〕，多淚怯楊朱〔四〕。野鶴隨君子〔五〕，寒松揖大夫〔六〕。天涯常病意，岑寂勝歡娛〔七〕。

　　〔一〕西溪：《嘉慶一統志》：“四川省·潼川府·山川：石谷溪，在三臺縣城西。《舊志》：‘今有西溪在州西門外，一名濯筆溪。源出州北衆山溪水，下流三十里，至州城西南入中江。’”此詩馮《譜》編於大中九年（八五五），張《箋》同。集中別有《夜出西溪》，當作於同時。另有同題“悵望西溪水”一首，寫作時間在先，皆作於梓幕。

　　〔二〕“近郭西溪好”二句：郭，指當時潼川府城。次句嘆寡知音。

　　〔三〕苦吟防柳惲：《南史·柳惲傳》：“（梁）柳惲，字文暢……少工篇什，爲詩云：‘亭臯木葉下，隴首秋雲飛。’琅邪王融見而嗟賞，因書齋壁。”惲作《江南曲》，其警句有：“汀洲采白蘋，日落江南春。”防，意思是自慚不逮，存有戒心，故對景興嘆。此蓋藉柳惲以比工詩的仲郢父子。

　　〔四〕多淚怯楊朱：《淮南子·説林》：“楊子見逵路（交叉道）而哭之，爲其可以南，可以北。”此楊朱疑借指集中所見的楊本勝。楊自京入蜀，工爲四六。古代不以善哭爲壞事，如魏阮籍，唐唐衢，皆屢見後人稱詠。

〔五〕野鶴隨君子:《抱朴子・釋滯》:"周穆王南征,三軍之衆,一朝盡化。君子爲鶴,小人成沙。"意謂:野鶴氣宇軒昂,有如君子,故願追隨其後。

〔六〕寒松揖大夫:《史記・秦始皇本紀》:"(始皇)遂上泰山,立石,封,祠祀。下,風雨暴至,休於樹下,因封其樹爲五大夫。"案《漢官儀》謂所封之樹爲松樹,後世遂以五大夫爲松之别稱。此亦即景生情,隱喻當官須有勁松耐寒節概。

〔七〕"天涯常病意"二句:義山之參梓幕,連賦《屬疾》、《夜飲》諸章,屢次稱病,蓋對梓幕樂營歌舞的糜爛生活甚抱反感。寧肯孤獨自處,不肯隨俗沉湎。

有懷在蒙飛卿〔一〕

薄宦頻移疾〔二〕,當年久索居〔三〕。哀同庾開府〔四〕,瘦極沈尚書〔五〕。城緑新蔭遠,江清返照虚〔六〕。所思惟翰墨〔七〕,從古待雙魚〔八〕。

〔一〕此詩馮《譜》編於大中十年(八五六)梓州詩中。張《箋》編於前一年,箋云:"在蒙不詳何人,據五六寫景,是梓州作也。《飛卿集》有《秋日旅舍寄義山李侍御》詩,結云:'子虚何處堪消渴?試向文園問長卿。'蓋寄義山東川者,温李酬唱始此。以上皆東川詩,而不能定編何年矣,附此(九)年末。"《舊唐書・文苑傳》:"温庭筠者,太原人,本名岐,字飛卿。大中初,應進士,苦心硯席,尤長於詩賦。初至京師,人士翕然推重……累年不第。"(案:自《舊唐書》以至《唐才子傳》

等史傳文字，皆有“徐商鎮襄陽，往依之，署爲巡官”等記載，但徐商鎮襄陽，事在大中十二年，商隱於同年已死，不可能有往依受署之事，故未可信據。）晚唐詩人，溫李齊名。此詩爲二人酬唱開始時的作品，所以值得重視。

〔二〕薄宦頻移疾：薄宦，意謂官運不甚亨通。語本《文選》任昉《爲范尚書讓吏部封侯第一表》：“臣高祖少連……薄宦東朝，謝病下邑。”頻，屢次。移疾，古代官僚因想退休，移（寄）書上峰稱病，叫移病，《漢書·公孫弘傳》：“移病免歸。”也叫“移疾”。

〔三〕當年久索居：當年，同丁年，壯年之意。故古代“當”與“丁”通用。《管子·輕重·丁篇》：“男女當壯。”《戊篇》作“丁壯”，義同。故《淮南子·齊俗》：“丈夫丁壯而不耕……婦人當年而不織。”“當年”與“丁壯”對文同意。《易林·隨之既濟》：“當年早寡，獨立孤居，雞鳴犬吠，無敢問者。”此“當年”亦謂壯年，爲此詩用“當年”爲“壯年”所出。索居，意爲孤居獨處。《禮記·檀弓》：“吾離群而索居，亦已久矣。”此句意謂已過“強壯”之年，而宦途坎壈，壯志難酬。

〔四〕哀同庾開府：庾開府，庾信，字子山，南陽新野（今河南新野縣）人。初仕梁，使西魏，被留，後入周，累官驃騎大將軍、開府儀同三司。善屬文，詩賦俱清新、宏麗，爲南北朝時代後期的重要作家。著作有《庾子山集》。其代表作《哀江南賦》序云：“傅燮之但悲身世，無處求生；袁安之每念王室，自然流涕。”此庾信藉古人酒杯，澆自家魄磊；而義山則又藉庾信賦序以自抒幽憤。杜甫有《詠懷古迹五首》，其一云：“庾信生平最蕭瑟，暮年詩賦動江關。”亦寫於“漂泊西南天地間”時。此韓退之所謂“事有曠百世而相感”者也。

〔五〕瘦極沈尚書：沈尚書，指沈約。《梁書·沈約傳》載約《與徐勉書》曰：“百日數旬，革帶常應移孔；以手握臂，率計月小半分。以此推算，豈能支久？”這是說他病體越來越瘦。約在梁武帝時，曾任尚書僕射。生平事迹，詳《宋書》自序、《梁書》、《北史》本傳。《與徐勉書》

是自述他的政治抱負不得展現的苦悶的作品,所以李商隱引用了這一故實。尚書的"尚",古皆讀平,故此句非拗。馮注:"二句自叙。"

〔六〕"城緑新蔭遠"二句:寫梓州早春物候以寄慨。上句謂城周樹木雖已返青,而成蔭則爲期尚遠;下句謂江清水冷,斜陽有光而無熱。這是通過自然的感受寄托政治的感受。此二句亦自述而非寫所懷。馮注未確。

〔七〕所思惟翰墨:此句當用曹植《與楊德祖(脩)書》:"吾雖德薄,位爲蕃侯(商隱作詩,嘗稱"我系本王孫"),猶庶幾勠力上國,流惠下民,建永世之業,留金石之功,豈徒以翰墨爲勳績,辭賦爲君子哉?""惟翰墨"的意思是不得已而求其次。和曹丕《典論·論文》所説"古之作者,寄身於翰墨,見意於篇籍"的用意,是大相逕庭的。馮注引以注此詩,殆所謂"未達一間"者也。

〔八〕從古待雙魚:古樂府《飲馬長城窟行》:"青青河畔草,緜緜思遠道。遠道不可思,宿昔夢見之……客從遠方來,遺我雙鯉魚。呼兒烹鯉魚,中有尺素書……"故此詩用"待雙魚"表"候音信"。

籌筆驛〔一〕

猿鳥猶疑畏簡書〔二〕,風雲長爲護儲胥〔三〕。徒令上將揮神筆〔四〕,終見降王走傳車〔五〕。管樂有才真不忝〔六〕,關張無命欲何如〔七〕?他年錦里經祠廟〔八〕,梁父吟成恨有餘〔九〕。

〔一〕此詩張《箋》編於大中十年(八六九),其時東川節度柳仲郢奉調回長安,商隱以幕府屬員的身分隨柳回京,路經籌筆驛。《嘉慶一統志》：“四川・保寧府・關隘：籌筆古驛在廣元縣北八十里，相傳諸葛亮出師，嘗駐軍籌畫於此。”其地在今廣元縣朝天峽上。此詩藉歌詠諸葛亮卓越的政治軍事才能，以抒發自己的政治苦悶。

〔二〕猿鳥猶疑畏簡書：《詩・小雅・出車》：“畏此簡書。”毛傳：“簡書，戒命也。”此處指軍隊的戒令。

〔三〕風雲長爲護儲胥：儲胥，《文選・長楊賦》：“木擁槍累，以爲儲胥。”注引蘇林曰：“木擁柵其外，又以竹槍累爲外儲胥也。”又引韋昭曰：“儲胥，蕃落之類也。”古代行軍，安營扎寨，用竹、木做成藩籬以爲壁壘，稱作“儲胥”。以上二句極寫諸葛亮軍令之整肅，壁壘之森嚴，使幾百年後，猿鳥還好像生畏，風雲儼如呵護。

〔四〕徒令上將揮神筆：上將，諸葛亮在蜀後主建興元年（二二三）爲丞相、領益州牧，是當時蜀國最高的軍政官長。揮神筆，《世說新語・文學》：“魏朝封晉文王爲公，備禮九錫，文王固讓不受，公卿將校當詣府敦喻，司空鄭沖馳遣信就阮籍求文，籍時在袁孝尼家，宿醉扶起書札爲之，無所點定，乃寫付使，時人以爲神筆。”此當指諸葛亮起草《出師表》而言。

〔五〕終見降王走傳車：降王，指蜀後主劉禪。《三國志・蜀志・後主傳》：“（鄧）艾至城北，後主輿櫬自縛詣軍壘門，艾解縛焚櫬，延請相見，因承制拜後主爲驃騎將軍……明年，後主舉家車遷至洛陽。”潘岳《西征賦》：“作降王於路左。”傳車，《爾雅・釋言》：“馹遽，傳也。”郭璞注：“皆轉車驛馬之名。”以上二句句意：諸葛亮生前鞠躬盡瘁，但事非其主，死後劉禪終於投降了。

〔六〕管樂有才真不忝：管樂，指管仲、樂毅。《三國志・蜀志・諸葛亮傳》：“每自比於管仲、樂毅，時人莫之許也。惟博陵崔州平、潁川徐庶元直與亮友善，謂爲信然。”忝，愧。

〔七〕關張無命欲何如：關，指關羽，《三國志・蜀志・關羽傳》：

"羽率衆攻曹仁於樊……不能克,引軍退還。權已據江陵,盡虜羽士
衆妻子,羽軍遂散。權遣將逆擊羽,斬羽及子平於臨沮。"張,指張飛,
《三國志·蜀書·張飛傳》:"先主伐吴,飛當率兵萬人自閬中會江州,臨
發,其帳下將張達、范彊殺飛。"關張皆被人殺害,故云"無命"。以上二
句句意:諸葛亮自比管、樂,但關、張都死了,他的才能施展不出來。

〔八〕他年錦里經祠廟:錦里,《華陽國志·蜀志》:"蜀郡西城,故
錦官也。錦江,織錦濯其中,則鮮明,他江則不好,故命曰錦里也。"
《元和郡縣志》:"劍南道·成都府·成都縣:錦城在其縣南十里,故錦
官城也。"祠廟,指諸葛武侯祠,《儒林公議》:"成都先主廟側有諸葛武
侯祠,祠前有大柏,係孔明手植,圍數丈,唐相段文昌有刻詩存焉。"李
商隱於大中六年(八六五)曾去西川審理刑事案件,有機會游成都武
侯祠。

〔九〕梁父吟成恨有餘:梁父吟,《三國志·蜀志·諸葛亮傳》:
"亮躬耕隴畝,好爲'梁父吟'。"《水經·沔水注》:"沔水又東逕樂山
北,昔諸葛亮好爲'梁甫吟',每所登游,故俗以樂山爲名。"諸葛亮的
梁父吟,可能是一首抒發政治抱負的詩,已經失傳,今所傳者是諷刺齊
國宰相晏嬰用二桃殺三士的詩。恨有餘,恨無窮。以上二句句意:聯
想到四年前,由梓州去成都游武侯祠,深深慨嘆於諸葛亮復興漢室的
宏大志願未能實現。諸葛亮生不逢時,用《梁父吟》來抒發政治抱負,
李商隱也以《籌筆驛》感歎自己冷落的一生。《籌筆驛》實際上就是他
的《梁父吟》。

重過聖女祠〔一〕

白石岩扉碧蘚滋〔二〕,上清淪謫得歸遲〔三〕。一春夢雨常飄

瓦〔四〕,盡日靈風不滿旗〔五〕。蕚緑華來無定所〔六〕,杜蘭香去未移時〔七〕。玉郎會此通仙籍〔八〕,憶向天階問紫芝〔九〕。

〔一〕重過聖女祠:《水經·漾水注》:"武都秦岡山……懸崖之側,列壁之上,有神像,若圖指狀婦人之容,其形上赤下白,世名之曰'聖女神'。"武都,即今甘肅武都縣,乃唐時由陝西到西川的要道。作者於開成二年冬自興元回長安時,經過這裏曾寫過一首《聖女祠》詩,故此題作"重過"。馮《譜》編此詩入大中二年(八四八),張《箋》編入大中十年(八五六)。張氏箋曰:"此隨仲郢還朝時作。'上清淪謫得歸遲',一篇之骨。'來無定所'似指桂州府罷,來京選尉,既又假京兆參軍;徐州府罷,復遷太學博士也。'去不移時',似指參軍未幾,又赴徐幕;博士未幾,又赴梓幕也。結則回憶子直助之登第,正經過此廟之年。今則無復'靈風',只有付之'夢雨'而已,尚堪復問也哉!馮編於大中二年蜀游時,考當時歸途,仍由水程,聖女祠在陳倉大散關之間,非其行蹤所歷矣。"案張説極是,可從。

〔二〕白石巖扉碧蘚滋:白石巖扉,指聖女祠的門。碧蘚滋,石門上生緑苔。江淹《張司空華離情》:"閨草含碧滋。"是此句所本。蘚,即苔。

〔三〕上清淪謫得歸遲:上清,神仙家最高的天界。《靈寶本元經》:"四人天外曰三清境,玉清、太清、上清,亦名三天。"淪謫得歸遲,謂被貶謫到人間遲遲未歸。

〔四〕一春夢雨常飄瓦:宋玉《高唐賦序》:"昔者楚襄王與宋玉游於雲夢之臺……夢見一婦人,曰:'妾巫山之女也。爲高唐之客,聞君游高唐,願薦枕蓆。'王因幸之。去而辭曰:'妾在巫山之陽,高丘之阻,旦爲朝雲,暮爲行雨,朝朝暮暮,陽臺之下。'"又《楚辭·九歌》:"東風飄兮神靈雨。"皆此句所用。謂一春之夢雨常飄灑在屋瓦之上。

〔五〕盡日靈風不滿旗：靈風，神靈之風。陶弘景《真誥》：“右英王夫人歌：‘阿母延軒觀，朗嘯躡靈風。’”徐逢源云：“祠中樹旗，如《漢書·郊祀志》‘畫旗樹太乙壇上，名靈旗’之類。”不滿旗，謂靈風輕微，不能把整面旗吹動起來。以上二句寫聖女祠。

〔六〕萼綠華來無定所：萼綠華，古代女仙。陶弘景《真誥·運象》：“萼綠華者，自云是南山人，不知是何山也。女子，年可二十上下，青衣，顏色絶整。以升平三年十一月十日夜降於羊權家，自此往來，一月輒六過。來與權尸解藥。”即所謂“來無定所”。

〔七〕杜蘭香去未移時：杜蘭香，古代女仙。《晉書·曹毗傳》：“桂陽張碩爲神女杜蘭香所降，毗因以二篇詩嘲之，並續蘭香歌詩十篇，甚有文彩。”又《藝文類聚·靈異部》引《杜蘭香別傳》曰：“杜蘭香自稱南陽人，以建興四年春，數詣張傳。傳年十七，望見其車在門外。婢通言：‘阿母所生，遣受配君，君可不敬從？’傳先改名碩，碩呼女前，視可十八九，説事邈然久遠……言本爲君作妻，情無曠遠，以年命未合，其小乖太歲東方卯，當還求君。”即所謂“去未移時”。以上二句寫聖女，並自喻宦途播遷。

〔八〕玉郎會此通仙籍：玉郎，道家所謂仙官名。《太平御覽》卷六七六《簡章》引《金根經》曰：“青宮之内，北殿上有仙格，格上有學仙簿籙，及玄名年月深淺，金簡玉札，有十萬篇，領仙玉郎之典也。”這裏是自喻，即玉谿生。會，猶曾。仙籍，仙人的簿册。會此通仙籍，是説自己曾經在此通過仙籙。

〔九〕憶向天階問紫芝：天階，宮殿臺階，《文選》潘尼《贈侍御史王元貺》詩：“游鱗萃靈沼，撫翼希天階。”劉良注：“靈沼，天階，喻左右省閣也。”紫芝，靈芝仙草，據説服食後可以成仙升天。這句是説上次經過這裏曾向天階問尋過靈芝仙草。以上二句歸到自身，結出重過。暗喻自己曾應舉及第。

韓冬郎即席爲詩相送，一座盡驚。他日余方追吟"連宵侍坐徘徊久"之句，有老成之風，因成二絶寄酬，兼呈畏之員外〔一〕

十歲裁詩走馬成〔二〕，冷灰殘燭動離情〔三〕。桐花萬里丹山路〔四〕，雛鳳清於老鳳聲〔五〕。

〔一〕韓冬郎是韓偓的乳名。他是李商隱連襟韓瞻的兒子，是晚唐有一定成就的詩人之一。著有《翰林集》一卷、《香奩集》三卷。"連宵侍坐徘徊久"是殘句，原詩集中已佚。老成之風，言偓的詩作風格已臻於成熟。杜甫《敬贈鄭諫議十韻》"毫髮無遺憾，波瀾獨老成"，爲此語所本。此詩乃大中五年（八五一）李商隱赴梓（東川）幕時，韓偓父子餞別，偓曾爲詩相送；至大中十年，李回長安，因作二首（選一）追答。畏之，韓瞻字。

〔二〕十歲裁詩走馬成：杜甫《戲爲六絶句》："別裁偽體親風雅，轉益多師是汝師。"裁偽親正，是作詩立體的前提，所以以後稱作詩曰"裁詩"。走馬成，意同"倚馬可待"，是文思敏捷的意思。《世説新語·文學》："桓宣武北征，袁虎時從，被責免官，會須露布文，喚袁倚馬前令作，手不輟筆，俄得七紙，殊可觀。東亭在側，極歎其才。"李白《與韓荆州書》："雖日試萬言，倚馬可待。"

〔三〕冷灰殘燭動離情："冷灰殘燭"當是餞別時眼前景色，爲韓偓作詩時所采用。

〔四〕桐花萬里丹山路：《詩·大雅·卷阿》：“鳳皇鳴矣，于彼高岡；梧桐生矣，于彼朝陽。”鄭玄箋：“鳳皇之性，非梧桐不棲，非竹實不食。”又《山海經·南山經》：“丹穴之山……丹水出焉……有鳥焉，其狀如雞，五采而文，名曰鳳皇。”《史記·貨殖列傳》：“巴蜀寡婦清，其先得丹穴，而擅其利數世。”時義山有巴蜀之行，故用“丹山路”以影射有關鳳皇掌故的地望，興言鳳皇“噰噰喈喈”之鳴，不絕於耳，因起末句。

〔五〕雛鳳清於老鳳聲：此譽韓偓的詩才，在童年已超越其父。《晉書·陸雲傳》：“雲幼時，吳尚書廣陵閔鴻見而奇之曰：‘此兒若非龍駒，當是鳳雛。’”在義山赴梓幕後不久，韓瞻旋亦出任果州刺史，是行當必携眷，偓與同載，故末有“雛鳳”、“老鳳”之擬。

暮秋獨游曲江〔一〕

荷葉生時春恨生，荷葉枯時秋恨成〔二〕。深知身在情長在，悵望江頭江水聲〔三〕。

〔一〕此詩張《箋》編於大中十年（八五六），並云：“此亦追悼之作，與《贈荷花》等篇不同，作艷情者誤。”時在王氏亡後五年。

〔二〕“荷葉生時春恨生”二句：結穴在一“恨”字，而以“春生”、“秋枯”見變化。生，一本作“起”，非。

〔三〕“深知身在情長在”二句：意思是，儘管生者幸存，人在情在，怎奈死者長往，逝如江波！程夢星云：“第三句最悽惋。”

過故府中武威公交城舊莊感事〔一〕

信陵亭館接郊畿〔二〕,幽象遥通晉水祠〔三〕。日落高門喧燕
雀〔四〕,風飄大樹撼熊羆〔五〕。新蒲似筆思投日〔六〕,芳草如
茵憶吐時〔七〕。山下祇今黄絹字〔八〕,淚痕猶墮六州兒〔九〕。

　　〔一〕此詩朱鶴齡《李義山詩集箋注》以武威公爲王茂元;馮浩注
初以爲劉從諫,重校本又曰:"頗以爲李光顏也。"張《箋》則據《偶成轉
韻》詩嘗稱盧弘止(原誤爲正)爲武威將軍,謂其人當指盧弘止;但以
弘止"未嘗封爵加平章事,似與腹聯用典不合"爲疑。然而《偶成轉
韻》詩末云"收旗卧鼓相天子,相門出相光青史",彼詩既可以懸擬平
章,則此詩又何不可儀型漢相。所以我們認爲張氏的論斷,是完全可
以成立的。至交城和盧弘止的關係,張氏《會箋》云:"弘止(原作正),
范陽人,後徙家於蒲,或有莊在交城也。"這種推論,雖近"意必",但可
以找到旁證。李德裕贊皇(在今河北省贊皇縣西南)人,而有別墅在
平泉(在今河南省洛陽市南)。盧弘止卒於大中五年,義山此詩則寫
於大中十年梓幕罷歸以後,故稱"故府中武威公"。《舊唐書·地理
志》:"河東道·北京太原府:交城,隋分晉陽縣置。取縣西北古交城
爲名。初治交山。天授元年移治卻波村。"治所在今山西省交城縣。
何焯曰:"中字衍。"馮注:"按:未可定。"
　　〔二〕信陵亭館接郊畿:信陵,指戰國時魏公子無忌。《史記·魏
公子列傳》:"魏公子無忌者,魏昭王少子而魏安釐王異母弟也。昭王
薨,安釐王即位,封公子爲信陵君……公子爲人,仁而下士。士無賢不

肖,皆謙而禮交之,不敢以其富貴驕士,士以此方數千里爭往歸之,致食客三千人。"因爲他有禮賢下士的謙虛作風,所以作者以"今之信陵"褒美盧弘止。亭館,《太平御覽》卷一五八"州郡部":"東京開封府,《圖經》曰:'浚儀有信陵亭,在城内,即魏公子無忌勝概之地。'"按此處是藉用信陵亭托喻交城亭館。接郊畿,藉用信陵亭之密邇大梁,托喻交城莊之密邇唐代北京太原。《嘉慶一統志》:"山西太原府,交城縣,在府西南一百二十里。"故稱郊畿。

〔三〕幽象遙通晉水祠:《水經·晉水注》:"晉水,有唐叔虞祠。水側有涼堂,結飛梁於水上。左右雜樹交蔭,希見曦景(陽光)。至有淫朋密友,羈游宦子,莫不尋梁契集,用相娛慰,於晉川之中,最爲勝處。"幽象,蓋指唐叔虞造像而言,但亦不妨理解爲清幽的景色。山西晉祠,國務院列爲全國重點文物保護單位。《文物》一九七七年第六期有專文介紹。

〔四〕日落高門喧燕雀:《史記·陳涉世家》:"嗟乎!燕雀安知鴻鵠之志哉?"詩疑用此,暗喻交城舊莊隨盧弘止的卒没,李德裕黨徒在政治舞臺上的失勢而被牛黨走卒所據有,所以上面下一"喧"字,顯示一種很强烈的鄙薄諷刺意味。

〔五〕風飄大樹撼熊羆:此句也未必是寫實景,而是托此寄興。《後漢書·馮异傳》:"諸將並坐論功,异常獨屏樹下,軍中號曰大樹將軍。"因下面還有"撼熊羆"的托寓,則此"風飄大樹"還可能另有一種寄興。曹植《野田黄雀行》:"高樹多悲風,海水揚其波。"這句以"風飄大樹"形象地概括晚唐黨爭劇烈和整個動盪不安的政治局勢,如此理解,則與下文"撼熊羆"各明一意,不相重複。熊羆,喻武臣。《書·康王之誥》:"則亦有熊羆之士,不二心之臣。"故此用以頌揚削平澤潞叛鎮劉稹立下戰功的盧弘止(後來徐泗軍亂,亦賴其鎮撫並用,得到暫時平息)。熊羆皆能上樹,而且冬季喜在樹穴中安眠。以故風吹樹動,熊羆撼摇。此句是對故府主盧弘止的功勳熱情稱頌,對他晚年在政治舞臺上受打擊排擠暗表同情。"撼",一作"感",似非。紀昀評云:"三四有聲有情。燕雀、熊羆,乃是藉對,此用大樹將軍事。"

〔六〕新蒲似筆思投日:謝靈運《於南山往北山經湖中瞻眺》詩:"新蒲含紫茸。"李善注:"此茸謂蒲華也。(郭璞)《江賦》曰:'擢紫茸茸。'"似筆,是指蒲草花苞而言。《後漢書·班超傳》:"班超常爲官傭書……久勞苦,嘗輟業投筆嘆曰:'大丈夫當立功異域……安能久事筆研間乎?'"投筆,謂從軍,似喻作者前參盧幕事。謂自己本一介書生,受盧賞識,辟參徐幕,故見新蒲而憶投筆,亦"心念舊恩"之意。而馮注以爲:"此則以投筆謂封侯也。"考《舊唐書·盧簡辭附傳》弘止在受任邢、洺、磁團練觀察留後(未行)以前,已爲給事中(《舊唐書·職官志》:"給事中,正五品上,位次門下侍郎。")與班超履歷大不相同,何能妄加比附?知其所論非是。

〔七〕芳草如茵憶吐時:謝萬《春游賦》:"草靡靡以成茵。"茵,車褥。《漢書·丙吉傳》:"丙吉始於官屬掾吏,務掩過揚善。吉馭吏耆(嗜)酒,數逋蕩。嘗從吉出,醉歐(嘔)丞相車上,西曹主吏白欲斥之。吉曰:'以醉飽之失去士,使此人將復何所容?西曹地忍之。此不過污丞相車茵耳。'遂不去也。"案:作者蓋用丙吉寬以待下的掌故,表明自己對盧容人犯過的恢弘器度感到由衷的仰戴。以上這兩句仍然是在寫盧,但是結合着過去自己和他的一些交往的觀感來寫,在命意上要比頷聯更深入一層,用筆也把前面的粗綫條換成細綫條,表現手法顯得變化多樣。

〔八〕山下秖今黃絹字:山,當指《山海經·北山經》之縣雍之山:"縣雍之山……晉水出焉,而東南流注於汾水。"即《水經·晉水注》"晉水出晉陽縣西懸甕山"之懸甕山。縣雍、懸甕古今字。秖今,至今。秖或本作"只"。黃絹字,用《世說新語·捷悟》篇所載"魏武嘗過《曹娥碑》下,楊脩從。碑背上見題作'黃絹幼婦外孫齏臼'八字……"的民間傳說(不合史實),斷章取義,以"黃絹字"代喻《曹娥碑》,再用

《曹娥碑》借喻晉人爲羊祜所立的“墮淚碑”，再用“墮淚碑”借喻當時晉地爲盧弘止所立的“紀功碑”。基本事實是如此，但幾經轉折，穿插了兩三個性質各不相干的歷史掌故，固無怪其以“獺祭”見譏於後世了。

〔九〕淚痕猶墮六州兒：此用晉代襄陽百姓爲羊祜在峴山立碑以誌遺愛故事頌揚盧弘止。《晉書・羊祜傳》：“襄陽百姓於峴山祜平生游憩之所建碑立廟，歲時饗祭焉，望其碑者，莫不流涕，杜預因名爲‘墮淚碑’。”六州，指相、魏、澶、博、衛、貝等六州而言。“魏博六州”，唐代常語。如《舊唐書・憲宗本紀》：“元和七年，魏博田興請度（即裴度）至六州諸縣，宣達朝旨。”又《文宗本紀》：“大和九年，歲饑，河北尤甚，賜魏博六州粟五萬石。”又韓愈《平淮西碑》有“魏將首義六州降”之言，皆其證。而劉稹所據之昭義鎮本由相、衛分置，一氣相依。故澤、潞平而六州穩定，其中有不少人對盧弘止感恩戴德，是可能的。但對李德裕鎮壓昭義叛亂，究竟應當如何估計，當時唐朝統治集團内部就有截然不同的兩種對立的意見。其中還牽連着“甘露之變”的未息餘波。李商隱曾經同情過“甘露之變”的蒙難者，這裏又對李、盧的鎮壓昭義叛亂給以支持。實際上唐朝這次出兵澤、潞，對人民進行了瘋狂的掠奪和殘暴的屠殺，表面上雖然維護了統一，但付出的代價是非常巨大的。

正月崇讓宅〔一〕

密鎖重關掩綠苔〔二〕，廊深閣回此徘徊〔三〕。先知風起月含暈〔四〕，尚自露寒花未開〔五〕。蝙拂簾旌終展轉〔六〕，鼠翻窗網小驚猜〔七〕。背燈獨共餘香語〔八〕，不覺猶歌《夜起來》〔九〕。

〔一〕此詩馮《譜》編於大中十二年（八五八），張《箋》編於前一年（八五七）。茲用張《箋》。何焯評曰：“此悼亡之詩，情深一往。”崇讓宅，已見《臨發崇讓宅》注。

〔二〕密鎖重關掩緑苔：掩緑苔，謂緑苔掩徑。

〔三〕廊深閣回此徘徊：“廊深閣回”，寫人去樓空。閣或作閤，同。

〔四〕先知風起月含暈：《玉篇》：“暈，日月旁氣也。”月暈是由於高空大氣層會有塵埃使月亮光綫發生折射或反射所形成，所以它預兆風暴將起，所謂“月暈而風”之說，就是李詩這一句意的簡括。

〔五〕尚自露寒花未開：此所謂“乍暖還寒時候，最難將息”也。

〔六〕蝙拂簾旌終展轉：蝙，蝙蝠。拂，飛時翼掃。簾旌，門窗簾上的繡額。《南史·柳世隆傳》：“世隆屏人，命典籤李黨取筆及高齒屐，題簾箔旌。”此即俗稱“帳光”者是。

〔七〕鼠翻窗網小驚猜：窗網即窗紗。馮注：“心有追憶，動成疑似。”案二句意遠情真，不粘不脱，爲潘岳《悼亡》所不逮。

〔八〕背燈獨共餘香語：背燈，背向燈光，用後背對著燈光。白居易《村雪夜坐》詩：“南窗背燈坐，風霰暗紛紛。”

〔九〕不覺猶歌《夜起來》：《樂府詩集》卷七五“雜曲歌辭·起夜來”題解引《樂府解題》曰：“《起夜來》其辭意猶念疇昔思君之來也。”案唐施肩吾《起夜來》云：“香銷連理帶，塵覆合歡杯。懶臥相思枕，愁吟《起夜來》。”觀此，則《起夜來》爲男女初婚合巹之夕所唱。宋詞“從別後，憶相逢”之句，可作此詩注脚。“起夜來”，各本多作“夜起來”。

風　雨[一]

淒涼寶劍篇[二]，羈泊欲窮年[三]。黃葉仍風雨[四]，青樓自
管絃[五]。新知遭薄俗，舊好隔良緣[六]。心斷新豐酒[七]，
銷愁斗幾千[八]。

〔一〕此詩張《箋》編於大中十一年（八五七），云："'新知遭薄
俗'謂鄭亞、李回輩；'舊好隔良緣'，謂子直（令狐綯）不能久居京師，
翻使'窮年羈泊'，自斷此生已無郭震、馬周之奇遇，詩之所以歎也。
味其意致，似在游江東時矣。"

〔二〕淒涼寶劍篇：張説《郭代公行狀》："公少倜儻，廓落有大志。
十八擢進士第，判入高等，授梓州通泉尉。（武）則天聞其名，驛徵引
見，會録舊文，上《古劍篇》，覽而喜之。"郭忠恕《汗簡》云："《郭元振
文集序》：'昔於故鄴城下，得异劍，上有古文四字云：請埃薛燭，因作
《古劍歌》。'"句意：自負懷有郭震作《古劍歌》的才具，而身世淒涼，
壯心空抱。

〔三〕羈泊欲窮年：盧思道《爲高僕射與司馬消難書》："羈泊水
鄉，無乃勤悴！"羈泊，義同羈旅、飄泊。窮年，義同"盡年"（《莊子·養
生主》）、"終生"。案此句驅括《楚辭·九辯》："坎廩兮貧士失職而志
不平；廓落兮羈旅而無友生。"

〔四〕黃葉仍風雨：自悲身世。雖萎頓如黃葉，而驟雨狂風，仍在
無情地吹打而來。

〔五〕青樓自管絃：《晉書·麴允傳》："允與游氏，世爲豪族，西州

爲之語曰：‘麴與游，牛羊不數頭，南開朱門，北望青樓。’”此詩用以泛指封疆大吏、朝廷重臣。管絃，歌舞所用的伴奏樂器。此聯着重鍛煉“仍”、“自”二字；上句著一“仍”字，而詩人“更能消幾番風雨”的悲凉自見；下句著一“自”字，而“昔我同門友，棄我如遺迹”的俗態全呈。

〔六〕“新知遭薄俗”二句：此“新知”、“舊好”皆承上“青樓”而言。馮注：“新知謂婚於王氏，舊好指令狐。遭薄俗者，世風澆薄，乃有朋黨之分，而怒及我矣。”案此二句，乃詩人自覺在晚唐時代由於上層官僚集團結成朋黨而互相傾軋的鬥爭中成了腹背受敵的犧牲品，感到無限傷懷。

〔七〕心斷新豐酒：《舊唐書·馬周傳》：“西游長安，宿於新豐逆旅，主人唯供諸商販，而不顧待周。遂命酒一斗八升，悠然獨酌，主人深異之。至京師，舍於中郎將常何之家……爲何陳便宜二十餘事，令奏之，事皆合旨……太宗即日召之……與語甚悦，令直門下省，六年，授監察御史。”此句意謂：時無英主明君如太宗，雖自負“寶刀未老”，而已斷念於馬周之驟膺人主賞遇。

〔八〕銷愁斗幾千：《漢書·東方朔傳》：“銷憂者，莫若酒。”又曹植《名都篇》：“歸來宴平樂，美酒斗十千。”又王維《少年行》：“新豐美酒斗十千。”以上兩句，一氣貫下。

隋　宮〔一〕

乘興南游不戒嚴〔二〕，九重誰省諫書函〔三〕？春風舉國裁宮錦，半作障泥半作帆〔四〕。

〔一〕隋宫:《隋書・煬帝紀》:"大業元年八月,上御龍舟,幸江
都。"又《地理志》:"江都郡江陽縣。"注:"有江都宫、揚子宫。"《輿地
紀勝》:"淮南東路・揚州江都宫,煬帝於江都郡置宫,號江都宫。"《嘉
慶一統志》:"江蘇省・揚州府・古迹:臨江宫在江都縣南二十里,隋
大業七年,煬帝升釣臺臨揚子津,大燕百僚,尋建臨江宫於此。顯福宫
在甘泉縣東北,隋城外離宫。《方輿紀要》'隋宇文化及弑煬帝,奪江
都舟楫,行至顯福宫,武賁郎將麥孟才等謀殺之,不克;即此。江都宫
在甘泉縣西七里,故廣陵城内。中有成象殿、水精殿及流珠堂,皆隋煬
帝建。'《輿地紀勝》:'宫在江都縣北五里,今爲上方禪寺。'十宫,在甘
泉縣北五里,隋煬帝建。《寰宇記》:'十宫在江都縣北五里長阜苑内,
依林傍澗,高跨岡阜,隨城形置焉。曰歸雁、回流、九里、松林、楓林、大
雷、小雷、春草、九華、光汾。'"案此詩及另一首同題張《箋》俱編於大
中十一年(八五七),時作者由柳仲郢薦,任鹽鐵推官,游江東。"宫"
一作"諉"。審詩旨,似可並存。

〔二〕乘輿南游不戒嚴:《晉書・輿服志》:"凡車駕親戎,中外戒
嚴。"餘詳題解。

〔三〕九重誰省諫書函:《楚辭・九辯》:"豈不鬱陶而思君兮,君
之門以九重。"九重謂天子所居之處。《隋書・煬帝紀》:"大業十二
年,幸江都宫……奉信郎崔民象以盗賊充斥……上表諫,不宜巡
幸……王愛仁以盗賊日盛,諫上請還西京,皆斬之。"其時臣工皆不敢
諫,史臣所謂:"上下相蒙,莫肯念亂。""省"一作"削",非。

〔四〕"春風舉國裁宫錦"二句:《西京雜記》二:"武帝時……得貳
師天馬……以緑地五色錦爲蔽泥。"《世説新語・術解》:"王武子
(濟)善解馬性,嘗乘一馬,著連錢障泥,前有水,終日不肯渡,王云:
'此必是惜障泥。'使人解去,便徑渡。"《隋書・食貨志》:"大業元年,
造龍舟、鳳艒、黄龍、赤艦、樓船、篾舫……幸江都……舳艫相接,二百
餘里。"何焯評云:"借錦帆事點化得水陸繹騷,民不堪命之狀,如在目

前。"案何評頗有見地:兩句寫楊廣爲了自己的游玩享樂,不惜動用全
國的人力物力,這裏在用詞時着重使用了一人(詩的主語省略)與舉
國,宮錦與障泥的對立,突出了他的驕奢淫佚是建築在殘酷地剝削人
民勞動力基礎之上的。但作者在這裏避去了自己的評論,而是讓活生
生的藝術形象來展現,是這首詩的寫作技法特點。

隋　宮〔一〕

紫泉宮殿鎖煙霞〔二〕,欲取蕪城作帝家〔三〕。玉璽不緣歸日
角〔四〕,錦帆應是到天涯〔五〕。於今腐草無螢火〔六〕,終古垂
楊有暮鴉〔七〕。地下若逢陳後主,豈宜重問《後庭花》〔八〕!

〔一〕此詩與上七絕一首當作於同時。

〔二〕紫泉宮殿鎖煙霞:司馬相如《上林賦》:"丹水亙其南,紫淵
徑其北。"唐人避高祖李淵諱,稱"淵"爲"泉"。《長安志》一:"開皇三
年,自漢長安故城東南移二十一里,遷都龍首川。"是隋都長安,已非
漢城舊地。此詩用上林苑掌故,亦泛指耳。句意:煬帝爲了追歡享樂,
拋棄建立在關中形勝之區的京城而不用,使它荒廢冷落。

〔三〕欲取蕪城作帝家:《隋書·煬帝紀》:"大業元年三月,發河
南諸郡男女百餘萬開通濟渠……八月,上御龍舟幸江都。"《文選》鮑
照《蕪城賦》李善注:"《別集》云:'登廣陵故城。'"是蕪城即廣陵,亦
即揚州。《太平寰宇記》:"淮南道·揚州·江都縣:蕪城,即州城,古
爲邗溝城也。鮑明遠爲賦即此。"案:"取蕪城"、"作帝家",刺意顯然,
用詞注意設色,詩人匠心,可供借鑑。

〔四〕玉璽不緣歸日角:《舊唐書·高祖本紀》:"隋恭帝二年,奉皇帝璽授於高祖。"又同書《唐儉傳》:"高祖乃召入,密訪時事,儉曰:'明公日角龍庭,李氏又在圖牒;天下屬望……指麾可取。'"《後漢書·光武紀》注引鄭玄《尚書中候》注:"日角,謂中庭(前額)骨起狀如日。"日角龍庭,古代讖緯家阿諛封建統治者,謂是受命帝王之相。句意:如果隋朝的傳國璽不被李淵所奪取。玉璽不緣,語法倒裝;"日角"與下"天涯",詞對而意不對,是借對。

〔五〕錦帆應是到天涯:《開河記》:"帝自洛陽遷駕大梁,詔江淮諸州造大船五百隻……龍舟既成,泛江沿淮而下……時舳艫相繼,連接千里,自大梁至淮口,聯綿不絕。錦帆過處,香聞百里。"何焯評云:"著此一聯,直說出狂王抵死不悟,方見江都之禍,非偶然不幸。後半諷刺更有力。"

〔六〕於今腐草無螢火:《隋書·煬帝紀》:"大業十二年,上於景華宮徵求螢火,得數斛,夜出游山放之,光徧巖谷。"《禮記·月令》:"腐草爲螢。"

〔七〕終古垂楊有暮鴉:《開河記》:"詔民間有柳一株賞一縑,百姓爭獻之。又令親種,帝自種一株,群臣次第種栽畢,帝御筆寫賜垂楊柳姓楊,曰楊柳也。"句意:煬帝遺迹,只留下河旁的無限楊柳,尚可供幾隻老鴉棲身,不時發出聒耳的嚎叫。

〔八〕"地下若逢陳後主"二句:《隋遺錄》卷上:"煬帝在江都,昏湎滋深……嘗游吳公宅雞臺,恍忽間與陳後主相遇,尚喚帝爲殿下……後主舞女數十許……中一人迴美,帝屢目之。後主云:'……即麗華也。'……俄以綠文測海蠡酌紅粱新醞勸帝,帝飲之甚歡,因請麗華舞《玉樹後庭花》……麗華乃徐起,終一曲。後主問帝:'……龍舟之游樂乎?始謂殿下致治在堯舜之上,今日復此逸游,大抵人生各圖歡樂,曩時何見罪之深耶?'……帝忽悟,叱之……恍然不見。"案:

結句所謂"殷監不遠,在夏后之世。"乃紀昀評云:"結句是中唐別於盛唐處。李杜決不如此。此升降大關,不可不知,學義山者,切戒此種。"這是他以"爲尊者諱"的封建正統觀點來評價李杜的。實際上,李學杜而不墨守前人成規,正是他的封建正統觀念隨着時代的推移而逐漸淡薄的表現,這不是他的短處,正是他的長處。紀氏是把問題看朱成碧了。

齊宮詞〔一〕

永壽兵來夜不扃〔二〕,金蓮無復印中庭〔三〕。梁臺歌管三更罷〔四〕,猶自風摇九子鈴〔五〕。

〔一〕此詩張《箋》編於大中十一年(八五七),時商隱任鹽鐵推官,游江東,至白下。尚想齊梁嬗代,梁武帝蕭衍雖對齊廢帝東昏侯荒迹有所革除,而南朝皇帝金迷紙醉的生活傳統,則基本上因襲下來。這種換湯不換藥的改朝易代,除去上層封建主接二連三迅速垮臺,可供人們憑弔以外,在歷史上幾乎没有什麼進步意義可言。詩人在這一首短短的七言絶句裏,只抓住兩三個典型事件,就把齊、梁兩朝最高統治者從本質上看是一丘之貉這一歷史實際最形象地揭露出來,重描述而避去評論,給讀者留下體認領會的餘地,在技法上是十分高明的。

〔二〕永壽兵來夜不扃:《南史·齊廢帝東昏侯紀》:"齊廢帝東昏侯(蕭)寶卷起芳樂、芳德、仙華、大興、含德、清曜、安壽等殿,又別爲潘妃起神仙、永壽、玉壽三殿。……蕭衍師至,王珍國、張稷應之,夜開雲龍門勒兵入殿。是夜帝在含德殿,吹笙歌,作女兒子。卧未熟,聞兵入,趨出北户……直後張齊斬首送蕭衍。"(《南齊書·廢帝紀》略同。)
永壽,永壽殿,文氣緊接下"夜不扃",因有東昏侯的近衛豐勇之爲内
應;兵來,指蕭衍爲南雍州刺史,率兵入建康齊後宫。

〔三〕金蓮無復印中庭:《南史·齊廢帝東昏侯紀》:"又鑿金爲蓮
華以帖地,令潘妃行其上,曰:'此步步生蓮華也。'"言梁之代齊,把前
朝最醜的劣迹進行一些清掃。案此句着重鍛煉了"無復"二字,表明
南齊後主的罪惡統治已經徹底結束。

〔四〕梁臺歌舞三更罷:梁臺,晉宋間稱朝廷禁省爲臺,故梁臺實
即指蕭梁宫禁,其故址在今南京市北玄武湖畔。此句諷新的封建統治
者蕭梁集團,要害不在歌舞,而在"三更罷",這是旨在揭露他們沉湎
於佚樂,而不是反對他們欣賞正常的歌舞。作者的批判是有分寸的。

〔五〕猶自風摇九子鈴:《南史·齊廢帝東昏侯紀》:"莊嚴寺有九
子鈴,外國寺佛面有光相;禪靈寺塔諸寶珥,皆剥取以施潘妃殿飾。"
田蘭芳評曰:"此齊時故物,新主爲歡,猶摇昔響……"案田評可作此
句確解。此句着重鍛煉"猶自"二字。二字作用有二:其一是給亡齊
以辛辣的嘲諷;其二是刺蕭梁不肯從中汲取教訓,甘作亡秦之續。

贈鄭讜處士〔一〕

浪迹江湖白髮新〔二〕,浮雲一片是吾身〔三〕。寒歸山觀随碁
局〔四〕,暖入汀洲逐釣輪〔五〕。越桂留烹張翰鱠〔六〕,蜀薑供
煮陸機蒓〔七〕。相逢一笑憐疏放,他日扁舟有故人〔八〕。

〔一〕馮浩箋此詩曰:"首二自謂,三四謂偕鄭游,五六留物贈之,

七八叙交情,期後會,是江鄉旅次偶然之地主(東道)也。用張、陸事,其游江東時歟?"張《箋》編於大中十一年(八五七),云:"馮説得之,是充推官游江東時作,非開成時也。"案大中十年,李商隱由柳仲郢薦爲鹽鐵推官,於次年赴任。此作已開劍南端緒,由唐入宋,詩風在潛移默换中,故入選以備一格。處士,意即隱逸之士。鄭讜生平無考。

〔二〕浪迹江湖白髮新:戴逵《棲林賦》:"浪迹潁湄,棲景箕岑。"浪迹,謂行踪無定。江湖,代指江東一帶。白髮新,白髮新生,容顏變老,體現了作者的政治苦悶。此悲音,非熟調。

〔三〕浮雲一片是吾身:《維摩詰經·方便品》:"是身如浮雲,須臾變滅。"但在此詩,這祇是字面上襲用,骨子裏則是概括了曹丕《雜詩》"西北有浮雲,亭亭如車蓋。惜哉時不遇,適與飄風會。吹我東南行,行行至吳會。吳會非我鄉,安得久留滯?棄置勿復陳,客子常畏人"全篇的涵義。這裏寫的是活生生的現實,而不是在宣揚佛教的虛無主義思想。

〔四〕寒歸山觀隨碁局:寒,指秋冬。《魏書·釋老志》:"何必縱其盜竊,資營寺觀?"《韻會》:"道宫曰觀。"此觀讀仄聲。隨,謂鄭。碁局,謂碁枰,即碁盤。班固《弈旨》:"局必方正,象地則也。"

〔五〕暖入汀洲逐釣輪:暖,指春夏。汀洲,汀,水岸平處,謝靈運《登臨海嶠與從弟惠連詩》:"汀曲舟已隱。"洲,水中可居處。《詩·周南·關雎》:"在河之洲。"汀洲,總謂近水岸島可供垂釣處。逐,與上句隨字,皆隱然以鄭爲東道主之意。釣輪,釣具有甩竿,安輪以纏釣絲。《文選》郭璞《江賦》:"或揮輪於懸碕。"注:"輪,釣輪也。"亦稱釣車。輪,或本作綸,則指釣絲。案輪上字用逐,則以作輪爲是。

〔六〕越桂留烹張翰鱠:朱注:"南越有桂林,故曰越桂。"案桂皮與薑,都含揮發油,具香氣,故古今用爲調和劑。《晉書·張翰傳》:"齊王冏辟爲大司馬東曹掾。冏時執權……翰因見秋風起,乃思吳中菰莱、蓴羹、鱸魚膾……遂命駕而歸……俄而閫敗。”

〔七〕蜀薑供煮陸機蓴:《吕氏春秋·本味》:“和之美者,陽樸之薑。”高誘注:“陽樸,地名,在蜀郡。”《後漢書·方術傳》:“左慈,字元放……嘗在司空曹操座……求銅盤,貯水,以竹竿餌釣。於盤中須臾引一鱸魚出……又得蜀中生薑。”詩蓋兩用之。《世説新語·言語》:“陸機詣王武子(濟),武子前置數斛羊酪,指以示陸曰:‘卿江東何以敵此?’陸云:‘有千里蓴羹,但未下鹽豉耳。’”案詩謂“張翰鱠”、“陸機蓴”得越桂、蜀薑而味益美,興言鄭李友朋臭味相投,相得益彰。

〔八〕“相逢一笑憐疏放”二句:疏放,簡慢不羈。言不爲官府所容,卻爲隱者所喜。暗示自己雖任鹽鐵推官,然有名無實,最終也祇能步鄭諳後塵,走浪迹江湖一路。

和人題真娘墓[一]

虎丘山下劍池邊[二],長遣游人嘆逝川[三]。胃樹斷絲悲舞席[四],出雲清梵想歌筵[五]。柳眉空吐效顰葉[六],榆莢還飛買笑錢[七]。一自香魂招不得,祇應江上獨嬋娟[八]。

〔一〕和人題真娘墓:原注:“真娘吳中樂妓,墓在虎丘山下寺中。”陸廣微《吳地記》:“(虎丘)寺側有貞娘墓,吳國之佳麗也。行客才子,多題詩墓上。有舉子譚銖作詩一絶,其後人稍稍息筆。”案《白氏長慶集》一二有《真娘墓》一篇,其中有“霜摧桃李風折蓮,真娘死時猶少年”之句,合以此詩“胃樹斷絲悲舞席,出雲清梵想歌筵”的敘寫,推斷真娘之死,必然是受暴橫的封建勢力摧殘的結果,其成爲“行客才子”憑弔的對象，並非僅僅因爲容貌之美，才藝之高，年齡之促。此詩張《箋》入不編年詩。我們認爲有可能作於詩人大中十一年（八五七）游江東時。

〔二〕虎丘山下劍池邊：《嘉慶一統志》：“江蘇·蘇州府·山川·虎丘山引《姑蘇志》：‘虎丘劍池，唐顏真卿書；生公講堂，李陽冰書，今並存，其下有真娘墓。’”案其地在今江蘇省吳縣西閶門外。

〔三〕長遣游人歎逝川：遣，使。逝川，語出《論語·子罕》：“子在川上曰：‘逝者如斯夫！’”此句重點在“歎逝川”三字，言真娘之死，令人痛悼。

〔四〕冒樹斷絲悲舞席：此句疑是模擬真娘自縊時的情狀。槐樹有一種懸絲自垂的青蟲，華北俗稱“弔死鬼”。疑即《爾雅·釋蟲》：“蜆，縊女。”郭注：“小黑蟲，赤頭，喜自經死，故曰縊女。”朱駿聲云：“今蘇俗謂之蓑衣蟲，吐絲自裹，有時而懸，非真死也。”悲舞席，言人亡藝絶，身世堪悲。

〔五〕出雲清梵想歌筵：《列子·湯問》：“薛譚學謳於秦青……辭歸，秦青弗止，餞於郊衢，撫節悲歌，聲振林木，響遏行雲。”此用其意，寫真娘生前歌聲，可以上徹雲霄。清梵，虎丘山下有虎丘寺，故有梵唄和梵唱。又唐代霓裳羽衣曲本婆羅門曲，梵唱已成爲民間歌曲的一部份，故真娘有可能唱佛曲。此句盛讚真娘歌喉之妙。

〔六〕柳眉空吐效顰葉：句意是寫真娘眉如柳葉，但嫌過於熟爛，因此翻説柳葉效眉，又遠不如眉。《莊子·天運》：“西施病心而矉其里，其里之醜人見而美之，歸亦捧心而矉其里。”矉即顰，意爲蹙眉、皺眉。

〔七〕榆莢還飛買笑錢：榆莢，錢名，六朝時因銅料不足，加鑄一些既薄又小，形如榆莢的劣錢，流通市面，稱爲榆莢錢。此句意爲：看到春盡夏初風飄萬點的榆錢下落，聯想到當年買笑者不惜纏頭揮金如土的盛況。

〔八〕"一自香魂招不得"二句：一自，單單由於。《楚辭》有《招魂》篇，因死者爲女性，故用香魂。祇，一作秖，同今只字。嬋娟，《楚辭·離騷》："女嬃之嬋娟兮。"王逸注："嬋娟，猶牽引也。"案：牽引，義同抽搐，心情過度激動時的生理反應，故與傷懷字連用。《楚辭·九章·哀郢》："心嬋媛而傷懷兮。"王逸注："嬋媛，猶牽引也。"案：嬋媛、嬋娟音義皆同。結句意爲：真娘色相才藝超群，而被迫害致死，因此不能不觸動自己的滿腔義憤。

出關宿盤豆館對叢蘆有感〔一〕

蘆葉梢梢夏景深〔二〕，郵亭暫欲灑塵襟〔三〕。昔年曾是江南客〔四〕，此日初爲關外心〔五〕。思子臺邊風自急〔六〕，玉娘湖上月應沉〔七〕。清聲不遠行人去〔八〕，一世荒城伴夜砧〔九〕。

〔一〕此詩馮《譜》編於會昌三年（八四三），張《箋》編於會昌四年（八四四），因母喪營葬，罷秘書省正字，由長安回永樂，過潼關，宿盤豆館，對叢蘆而抒發一些喪母休官的雜感。這種判斷是立足於把第三句的"江南客"理解爲開成五年（八四〇）至會昌元年（八四一）商隱曾有一度江湘之游。岑仲勉《玉谿生年譜會箋平質》曾提出疑問，認爲缺少確證。我們認爲商隱江湘之游是極可能的，但對馮、張二氏對此詩的編年及對第三句"江南客"的解釋，卻有不同看法。詩人於大中元年（八四七）曾應桂管觀察使鄭亞辟去桂林，於大中十年（八五六）又經柳仲郢推薦任鹽鐵推官赴江東，這在習慣上都可自稱是"江南客”。而且最明顯展示此詩的寫作時間的，是“此日初爲關外心”這一句。這句緊接上句，用對比的手法把作者的生平劃分爲“游宦”與“歸隱”的兩個截然不同的階段。在這樣的思想基礎上，我們不難看出作者心絃的波動是很激烈的。它標誌着主人公生活發生重大的變化。如果這首詩是寫在會昌三四年之際，則那時他生活上較大的變革是母喪丁憂，暫時休官，不久還要回朝。些許小故，而在精神上感到“此日初爲關外心”，則不僅使人發生小題大作之想，而且更重要的是這不符合生活實際。下文“思子臺”、“玉娘湖”這兩個抒情色彩很濃厚的語詞，我們都應看成是作者生活的有機或有關組成部份，而不是泛設。那麼，我們就不禁要問：這“思子”和“玉娘”到底説的是誰呢？是商隱的亡母嗎？人已經死了，還能“思子”嗎？爲人子能稱呼自己的母親爲“玉娘”嗎？況結尾還有“一世荒城伴夜砧”的感慨，也決非壯游時期所能發出的喟歎。所以我們認爲這篇當作於大中十二年（八五八）商隱罷鹽鐵推官，還鄭州，路出潼關時。關，指潼關。馮注：“《北周書·太祖紀》：‘帝率將東伐，遣于謹徇地，至盤豆，拔之，至弘農。’《隋書·楊素傳》：‘西至閿鄉，上槃豆。’一案盤豆館至今有其名，潼關外四十里矣。”

　〔二〕蘆葉梢梢夏景深：蘆，即葦。梢梢，始見鮑照《野鵝賦》：“風梢梢而過樹。”是風吹樹葉聲。李白《贈李十二左司郎中崔宗之》詩：“梢梢風葉聲。”則兼草葉言之。夏景深，言已屆夏末。

　〔三〕郵亭暫欲灑塵襟：《漢書·薛宣傳》：“過其縣，橋梁郵亭不修。”顏師古注：“郵，行書之舍，亦如今之驛及行道館舍也。”案：郵亭，即驛站或旅館，此處指盤豆館。灑，義同散，見《文選》郭璞《江賦》李善注。塵襟，風塵俗吏的襟懷，亦即宦情、旅懷、客心。

　〔四〕昔年曾是江南客：主要當指大中元年桂管幕僚之辟及十年江東之游。這兩處從更廣泛的意義來説，都可以稱“江南”。這在詩人感受上，都認爲是“薄宦梗猶泛”的行徑，是時時記掛着“故園蕪已平”的鄉土之思的。叢蘆江南到處都有,故見館旁有此而引起聯想。

〔五〕此日初爲關外心:“初”字是作者着意鍛煉的一個字,它標誌着主人公生活歷程的更大轉折點。可能是遠紹漢代辭賦家東方朔《七諫·初放》的“初”字用法。《初放》有云:“數言便事兮,見怨門下;王不察其長利兮,卒見棄乎原野……往者不可及兮,來者不可待……竊怨君之不寤(悟)兮,吾獨死而後已。”這是作者模擬屈原的語氣寫的。它宣告了詩人政治生活的結束,且不久就要終老於丘園。可見這裏“初”字是着力點染之筆。又《漢書·武帝紀》:“元鼎……三年冬,徙函谷關於新安。”注引應劭曰:“時樓船將軍楊僕數有大功,恥爲關外民,上書乞徙東關,以家財給其用度。武帝意亦好廣闊,於是徙關於新安,去弘農三百里。”到了唐代,因襲了漢代的傳統習慣,重關內而輕關外,重内調而輕外遷。甚至職官的品級、祿秩,人民的租税,關裏關外,也都相差懸殊。所以在人們的心目中,自然要使關外民形成一種自卑感。這次詩人歸老丘園,不僅是丢了官,而且成了關外民,兩宗痛心的事一起向他襲來,當時的愁惱是情見乎辭的。

〔六〕思子臺邊風自急:《漢書·戾太子傳》:“上憐太子無辜,乃作思子宫,爲歸來望思之臺於湖。”顏師古注:“臺在今湖城縣之西,閿鄉之東。”案:湖城在故閿鄉縣東四十里,縣早廢,轄區併入今河南省靈寶縣。句意:因個人先有思子之情,故見臺而歸心益加迫切。如此表現手法,謂之“觸景生情”也可;謂之“未知文生於情,情生於文”,亦未始不可。

〔七〕玉娘湖上月應沉:馮注:“玉娘湖未詳。舊引嵩山玉女臺,誤甚。而王阮亭(士禎)《秦蜀驛程後記》云:‘過閿鄉盤豆驛,涉郎水,即義山所云之玉娘湖。’未知何據,俟再考。又檢《太平御覽·臺類》下引《水經注》:‘河水南至華陰,又東北(重校本誤作“西”,兹據影宋本《御覽》訂正),玉湖(此據重校本,影宋本《太平御覽》:“湖”作“潤”)水注之。’此乃玉潤水(案馮氏所引《御覽》乃通行刊本,有誤字,故其

言如此），即‘南出玉谿，北流，逕皇天原西者，原上有思子臺。’《御覽》
傳本多訛，不足據。然竊疑唐時或作‘玉湖’，或即此‘玉娘湖’，蓋二
句正寫宿字，必近地也。斯誠妄測耳。風急月沉，叢蘆尤覺蕭森也。”
案：馮氏勤心考索，雖自己持審慎保留態度，但是我們還認爲此注有一
定的參考價值，不過想做一點補充，那就是：這兩句詩寫的應當是作者
在驛站中投宿，因百感交集，通宵不寐，臨當起牀前的所聞（上句）和
所想（下句）。“風自急”，在屋裹就可以聽見；“月應沉”，在屋裹不能
看見，因而用想當然的口吻。既然作者對天時的預測是如此，所以次
一步的行動就祇能是起牀趲路，從而又有結尾兩句。上下文的内在聯
繫，如此緊密，如此自然，在律詩裹是不可多得的。復次，這兩句詩寓
情於景，選詞敷色寓有興寄。如“思子”臺、“玉娘”湖皆然。這和他寫
《隋宫》“欲取蕪城作帝家”的“蕪城”隱含諷諭所運匠心正同。這樣
就密切了寫景與抒情的聯繫，從而增强了作者室家之思的感染力。

〔八〕清聲不遠行人去：清聲，指上面所寫風吹蘆葉聲。不遠，或
作“不逐”，非。“不遠”，謂聲猶在耳。

〔九〕一世荒城伴夜砧：一世，或作“一任”，似非。因下文是“荒
城伴夜砧”五字，“任”也是那樣，“不任”也是那樣，則作“一任”還有
什麽意義可言呢？砧聲，是誘發征人室家之思的觸媒，這在唐人詩中
爲例不勝枚舉。此句“荒城”，是寫勞人的旅迹；“夜砧”是寫思婦的閨
情。“荒城伴夜砧”所寫不是夫妻好合，而恰恰是相反。這樣寫法，則
感憤要比正面寫去深厚得多。這不是短暫的仳離，而是“一世”，也即
“終生”的睽隔。這就是“一世”肯定不能作“一任”的原因所在。

井泥四十韻〔一〕

皇都依仁里〔二〕，西北有高齋〔三〕。昨日主人氏，治井堂西

陲〔四〕。工人三五輩，輦出土與泥〔五〕。到水不數尺，積共庭樹齊〔六〕。他日井甃畢〔七〕，用土益作堤〔八〕。曲隨林掩映〔九〕，繚以池周回〔一〇〕。下去冥寞穴〔一一〕，上承雨露滋〔一二〕。寄辭別地脈〔一三〕，因言謝泉扉〔一四〕。昇騰不自意〔一五〕，疇昔忽已乖〔一六〕。伊余掉行鞅，行行來自西〔一七〕。一日下馬到，此時芳草萋〔一八〕。四面多好樹，旦暮雲霞姿〔一九〕。晚落花滿地，幽鳥鳴何枝〔二〇〕？蘿幄既已薦〔二一〕，山樽亦可開〔二二〕。待得孤月上，如與佳人來〔二三〕。因之感物理，惻愴平生懷〔二四〕。茫茫此群品〔二五〕，不定輪與蹄〔二六〕。堯得舜可禪，不以瞽瞍疑〔二七〕。禹竟代舜立，其父吁咈哉〔二八〕！嬴氏并六合，所來因不韋〔二九〕。漢祖把左契〔三〇〕，自言一布衣〔三一〕。當塗佩國璽〔三二〕，本乃黃門携〔三三〕。長戟亂中原，何妨起戎氏〔三四〕？不獨帝王爾〔三五〕，臣下亦如斯〔三六〕：伊尹佐興王，不藉漢父資〔三七〕。磻溪老釣叟，坐爲周之師〔三八〕。屠狗與販繒，突起定傾危〔三九〕。長沙啓封土，豈是出程姬〔四〇〕？帝問主人翁，有自賣珠兒〔四一〕。武昌昔男子，老苦爲人妻〔四二〕。蜀王有遺魄，今在林中啼〔四三〕。淮南雞舐藥，翻向雲中飛〔四四〕。大鈞運群有〔四五〕，難以一理推〔四六〕。顧於冥冥內，爲問秉者誰〔四七〕？我恐更萬世，此事愈云爲〔四八〕。猛虎與雙翅，更以角副之〔四九〕。鳳凰不五色，聯翼上雞棲〔五〇〕。我欲秉鈞者，揭來與我偕〔五一〕！浮雲不相顧，寥泬誰爲梯〔五二〕？悒怏夜參半，但歌井中泥〔五三〕！

〔一〕井泥：《易·井》：“初六，井泥不食。”（意思是説：井泥地位既低,當然容易藏垢納污,不會有人飲用。)又:"九三,井渫不食,爲我心惻(意思説:但是一口經過淘浚整治的井,清泉芳冽,如果仍然没人汲引飲用,那就未免太可惜了),可用汲;王明,並受其福。"後來司馬遷作《史記·屈原列傳》,感於"明於治亂,嫻於辭令"的屈原在楚國遭受污衊與排擠,身世頗有些像《易經·井》卦爻辭所寫,於是就把《易經·井》卦九三的原文全部録入,並加評論説:"王之不明,豈足福哉!"對楚懷王、頃襄王父子的倒行逆施加以最猛烈的抨擊。從此以後,"井泥"就成了在野賢才自托身世的習用詞彙,如無名氏所作《箜篌謡》(或以爲梁孝威所作,未見確據)云:"豈甘井中泥,時至出作塵(或本作"上出作塵埃")!"詩人大概是讀到這些古典文獻而深有感觸,受到啓發,故假《井泥》名篇,以抒發其生不逢辰,壯懷空抱的憤慨。此詩馮《譜》編於開成五年(八四〇),箋云:"行行來自西,自長安至東都也。遡其游踪,玩其引古,蓋當文宗崩,武宗立,楊嗣復輩遠斥江湘,李德裕由淮入相之時。"張《箋》編於大中十二年(八五八)云:"此篇感念一生得喪而作。贊皇(李德裕)輩無端遭廢,令狐(綯)輩無端秉鈞,武宗無端而殂落,宣宗無端而得位,皆天時人事,難以理推者。意有所觸,不覺累累滿紙,怨憤深矣。觀'行行來自西'語,蓋推官罷後自京還洛時也。即以詩格論,意境頹唐,亦近晚年,馮氏謂衛公當國時,爲牛黨致慨,真臆説矣。"案:李德裕由淮入相時,商隱已婚於李黨王氏,他在政治上絶不反李,所以被張采田斥爲臆説。張氏所見是正確的。但是我們認爲:張氏概括此詩的内容,完全著眼於朋黨之爭,則不太全面。此詩之所揭露,矛頭主要是針對中晚唐時代的最高封建統治者,儘管他們表面上標榜"依仁"行義,可是在實際行動中,卻爲虎副角,驅使酷吏殺人;笯鳳如雞,坐觀賢能失位。這種黑暗的社會現象,層出不窮,愈演愈烈。作者爲了充分揭露矛盾,加強感染,從歷史故事和民間傳説中,列舉了大量的奇聞軼事,雄辯地論證了社會上貴與賤、貧與富之分都不是天定的,一成不變的,而是變化莫測,超越於常情之外的。這實際等於在創作過程中,替陳勝"王侯將相寧有種乎"那句名言做了注腳。這是對封建正統的歷史觀一種無情的嘲弄,大膽的否定。對此,過去的評論家也察覺到了一些。例如何焯即説:"後半與牧之(杜牧)《杜秋詩》極相似,《天問》之遺!"雖寥寥數語,而巨眼卓識,迥異常倫,應當作爲我們研究此詩的重要參考。

〔二〕皇都依仁里:朱注:"在東都。《白氏長慶集》有《宿崔十八依仁新亭詩》。"案:東都指洛陽。白氏原詩題目是《聞崔十八宿予新昌敝宅,時予亦宿崔家新亭,一宵偶同,兩興暗合,因而成詠,聊以寫懷》。此詩"依仁里"雖是洛陽城内的里坊名,但它又是全詩的一個有機組成部分,是沿用《論語・里仁》篇和《先進》篇"依於仁"的成語寓意,以爲下文揭露李唐王朝的僞善面目作鏡鑑。

〔三〕西北有高齋:《文選・古詩十九首》:"西北有高樓。"李善注:"此篇明高才之人,仕宦未達,知人者稀也。西北乾位,君之居也。"此詩全襲《文選・古詩》之意,只是把"樓"字改爲"齋"字。

〔四〕"昨日主人氏"二句:用比興,藉喻朝廷任官下至幕府用人。餘者參閱前面解題。治井,意即掘井。陞,邊際。

〔五〕"工人三五輩"二句:輩,名、個。輦,車運。

〔六〕積共庭樹齊:堆積和庭樹一般高。

〔七〕他日井甃畢:甃,用磚石砌。《易・井》:"井甃無咎。"

〔八〕用土益作堤:益,增築。堤,詳詩意,似代稱假山。

〔九〕曲隨林掩映:形似龍蟠蛇走的假山,是本着盡量發揮固有園林的映帶作用而設計的。

〔一〇〕繚以池周回:又開塘(池)引水把它環繞(繚)起來。

〔一一〕下去冥寞穴:去,離開。冥寞穴,陰暗的井筒。此句暗喻出身卑賤的人被當權者提拔而擺脱了原來的窘境。冥,《全唐詩》注:"一作寂"。

〔一二〕上承雨露滋：承，承受。雨露，藉喻主恩，包括朝廷和幕府。滋，潤澤，藉喻優寵。

〔一三〕寄辭別地脉：寄辭，托帶口訊（或書信）。別，告別。地脉，古成語，《史記·蒙恬列傳》：“蒙恬曰：‘此其中不能無絕地脉哉？’”案：地脉，指地下沇流，和下文“泉扉”，互文見義，皆以藉喻寒素的家族。

〔一四〕因言謝泉扉：因言，與上“寄辭”互文見義。謝，告別。因，《全唐詩》注：“一作固”，非。

〔一五〕昇騰不自意：昇騰，飛黃騰達。意謂自己出仕，目的本不在博取高官厚禄。

〔一六〕疇昔忽已乖：疇昔，平素、初心。指政治抱負。忽，很快。已乖，走向反面，歸於破滅。以上二句意謂：自己出仕，既然不是爲了博取高官厚禄，那麼當個人的政治抱負無法實現時，爲何還不解組歸田呢？

〔一七〕“伊余掉行鞅”二句：伊，文言助詞。掉鞅，古成語，出《左傳·宣公十二年》，杜注：“鞅，羈也。”此處用同“反斾”，意爲旋歸。案此指義山解除鹽鐵推官入京，嗣復出京還洛。路綫起初是由東向西，繼又由西向東，故需撥轉馬頭，且示迷途知返。

〔一八〕此時芳草萋：萋，草盛貌，同“萋萋”。《楚辭·招隱士》王逸注：“萋萋，垂條吐葉，紛華榮也。”

〔一九〕旦暮雲霞姿：陶潛《四時》詩（或謂顧凱之詩）：“夏雲多奇峰。”又謝朓《晚登三山還望京邑》詩：“餘霞散成綺。”都是古人對“雲霞姿”的具體形象描寫。

〔二〇〕幽鳥鳴何枝：此自王維《過香積寺》“深山何處鐘”、白居易《錢塘湖春行》“幾處早鶯爭暖樹，誰家新燕啄春泥”等寫早春警句中悟出。

〔二一〕蘿幄既已薦：蔦蘿蔓延，自成羅幕，回環枕席，天薦屏藩。

〔二二〕山樽亦可開：李白《山中與幽人對酌》詩："兩人對酌山花開，一杯一杯復一杯。"此用其意。樽，即酒杯。

〔二三〕"待得孤月上"二句：此寫望月懷人，是從《詩·陳風·月出》"月出皎兮，佼人（佳人）僚兮"之風人抒情反復變幻使用的傳統技法而來。案從"一日下馬到"至此，是作者從反面著筆，力寫故園三春景色，煞是宜人，殊勝仕途奔競，温緬化素。下文兔起鶻落，把人們的視野從對當前風物的鑑賞帶到古代軼聞奇迹的探索中，如聞雞聲，如觀劍影，使人振聾發聵。

〔二四〕"因之感物理"二句：作者因感於井泥得地，花鳥逢時的周圍情景，觸動對平生不幸遭遇的無限傷懷。之，一本作"兹"。馮注："二句一篇之主。以下雜拉繁亂，集中至頹唐之作。"

〔二五〕茫茫此群品：茫茫，廣泛而眾多貌。群品，主要指當時社會不同的階級、階層、類別、行業等。

〔二六〕不定輪與蹄：不定，指變動不居。定，或作"動"，非。輪、蹄，代表車馬。車馬行蹤不定，形容人事的變幻莫測。

〔二七〕"堯得舜可禪"二句：堯，舊本皆作"喜"，程箋本謂當作"堯"，是，今從之。禪，把帝位讓給他。瞽瞍，舜父，《尚書·堯典》說他"頑"，《孟子·萬章》記載："父母使舜完廩（倉庫），捐階（撤去梯子），瞽瞍焚廩。使浚（深挖）井，出，從而揜（填土）之。"可見他是個壞人。句意謂：唐堯並不因為虞舜的父親瞽瞍頑劣而懷疑他本人的聖明。

〔二八〕"禹竟代舜立"二句：夏禹終于代替虞舜作了天子，但是他的父親鯀卻是個剛愎自用的人。《尚書·堯典》："帝曰：'咨，四岳！湯湯洪水方割（正在興災），蕩蕩懷山襄陵（大到淹没許多山頭），浩浩滔天（浩浩蕩蕩，就像要把蒼天浸到裏邊似的），下民共咨（老百姓都在唉聲歎氣），有能俾乂（有能把它治理好的人嗎）？’僉曰（都說）：‘於（音烏，相當於現在說“啊”）鯀哉！’帝曰：‘吁（疑怪之詞）！咈哉（執拗得很哩），方命圮族（抗民虐民）。’”相傳鯀治水，用堙（堵塞潰決）法，逆水之性，九年不得成功；其子大禹改用疏（宣洩水道）法，順水之性，取得顯著成效，是父愚而子智的又一例證。

〔二九〕“嬴氏并六合”二句：嬴氏，指秦始皇嬴政。并，統一。六合，上下四方，古代以稱天下，此處實指中國。不韋，指呂不韋。此二句意謂：秦始皇統一中國，在歷史上有重要貢獻，但他的真正父親卻是呂不韋而不是名義上的父親莊襄王。《史記・呂不韋列傳》：“呂不韋取邯鄲諸姬絶好（最美）善舞者與居，知有身。子楚（即莊襄王）從不韋飲，見而說（悅）之，因起爲壽，請之。……乃遂獻其姬……至大期（産期）時，生子政。子楚遂立姬爲夫人。……秦昭王五十六年薨，太子安國君立爲王（孝文王）……子楚爲太子。……秦王立一年薨……太子子楚代立，是爲莊襄王。……莊襄王即位三年薨，太子政立爲王。”

〔三〇〕漢祖把左契：漢祖，指漢高祖劉邦。左契，《老子》：“聖人執左契而不責於人。有德司契，無德司徹，天道無親，常與善人。”王弼注：“左契，防怨之所由生也。有德之人，思念其契，不令怨生而後責於人也。徹，司人之過也。”意謂高祖總結秦政繁苛，喪失天下的歷史經驗教訓，而代之以省刑薄稅，與民休息的寬和做法，所以採用《老子》“無爲而治”的施政方針。馮浩未喻作者深旨，以爲“左契”是“右契”的誤用，可謂“未達一間”。

〔三一〕自言一布衣：語本《史記・高祖本紀》：“吾以布衣持三尺劍取天下。”此二句意謂：劉邦本來是個平民，後來居然作了天子。

〔三二〕當塗佩國璽：當塗，乃“當塗高”的簡稱，用以暗切“魏”字。《三國志・魏志・文帝紀》裴注引《獻帝傳》載禪代衆事曰：“白馬令李雲上事曰：‘許昌氣見於當塗高。當塗高者，當昌於許。’當塗高者，魏也;象魏者,兩觀闕是也。"又《魏志·文帝紀》:"漢帝以衆望在魏,乃召群公卿士,告祠高廟,使兼御史大夫張音持節奉璽綬禪位。"國璽,傳國玉璽。《漢書·元后傳》:"初,漢高祖入咸陽,至霸上,秦王子嬰降於軹道,奉上始皇璽……高祖因御服其璽,世世傳受,號曰漢傳國璽。"又《後漢書·徐璆傳》注:"玉出藍田山,題是李斯書,其文曰:'受命于天,既壽永昌。'號曰傳國璽。"

〔三三〕本乃黃門携:黃門,指宦官。自東漢以來,黃門令,中黃門諸職,皆以宦官充任。携,携養的簡稱,如今言"抱養"。《後漢書·袁紹傳》:"檄曰:'司空曹操,祖父騰,故中常侍(宦官);……父嵩,乞丐携養(原姓夏侯,隨父行乞,爲曹騰所抱養,改姓曹)。……操姦閹(宦官)遺醜(養子的後代),本無令(美)德。'"裴注:"《曹瞞傳》及郭頒《世語》並云:'嵩,夏侯氏子,惇之叔父。'"此二句意謂:魏武帝、文帝父子,不過是宦官抱養的義子的後代,出身微賤,竟也作了皇帝。

〔三四〕"長戟亂中原"二句:長戟,《史記·樗里子列傳》:"故使長戟居前,强弩在後。"此處舉一以該五兵。戎、氐,統言諸邊區民族。此十字指西晉末五胡亂華之事。如前趙劉氏屬匈奴族,後趙石氏屬羯族,前燕慕容氏屬鮮卑族,前秦符氏屬氐族,後秦姚氏屬羌族。事詳《晉書·載記》。這些民族在當時文化都比較落後。

〔三五〕不獨帝王爾:爾,如此。

〔三六〕臣下亦如斯:如斯,同樣。

〔三七〕"伊尹佐興王"二句:伊尹,輔佐商湯成帝業的元勳。有母無父,可能是私生子。《呂氏春秋·本味》篇:"有侁氏女子採桑,得嬰兒於空桑之中……故命之曰伊尹。"案:《楚辭·天問》"水濱之木,得彼小子"亦指此事,可見此種傳説,由來已久。興王,指湯,是商朝的開國帝王。漢父,意爲父親。唐人稱父,文雅一點稱漢父,見此詩;通俗一點稱"郎罷",見顧況《上古之什補亡訓傳十三章,囝一章》云:"囝別郎罷（今用爸），心摧血下！隔地絶天，及至黄泉，不得在郎罷前！”
藉，仰賴，依靠。資，撫養、培植。

〔三八〕“磻溪老釣叟”二句：磻溪，在今陝西省寶雞市東南。《水
經·渭水注》：“渭水之右，磻溪水注之。水出南山茲谷……溪中有
泉，謂之茲泉……即《吕氏春秋》所謂‘太公釣茲泉’也。今人謂之丸
谷。……東南隅有一石室，蓋太公所居也。水次平石釣處，即太公垂
釣之所也。其投竿跽餌，兩膝遺迹猶存。”《尚書大傳·西伯戡黎》：
“文王至磻溪，見吕望釣，拜之，尚父曰：‘望釣得魚，腹中有玉璜，刻
曰：周受命，吕佐檢（鄭玄注，“佐檢，猶助。”），德合于今，昌來提（鄭玄
注，“提者，取也”）。’”（引見《初學記·武部·漁》、《太平御覽》八三
四“資産”一四、《白帖·溪》、《太平御覽》六七“地部”一三）又《詩·
大雅·大明》：“維師尚父。”毛傳：“師，大（同太）師也。”鄭箋：“尚父，
吕望也，尊稱焉。”

〔三九〕“屠狗與販繒”二句：《史記·樊噲列傳》：“樊噲者，沛人
也。以屠狗爲事……項羽在戲下，欲攻沛公。沛公從百餘騎因項伯面
見項羽……亞父（范增）謀欲殺沛公……是日微（没有）樊噲奔入營譙
讓項羽，沛公事幾殆。”又《史記·灌嬰列傳》：“灌嬰者，睢陽販繒者
也。……吕太后崩，吕禄等……軍長安，爲亂。……嬰乃與絳侯（周
勃）等謀誅吕氏。絳侯等既誅諸吕……嬰與絳侯、陈平共立代王爲孝
文皇帝。”此二句意謂：樊噲、灌嬰都出身微賤，但當項羽欲殺劉邦，諸
吕陰謀叛亂的關鍵時刻，卻幫助劉邦以及後來的漢王朝化險爲夷，立
下了大功。

〔四〇〕“長沙啓封土”二句：《漢書·景十三王傳》：“長沙定王發，
母唐姬，故程姬侍者。景帝召程姬，程姬有所避（師古注：“謂月
事。”），不願進，而飾侍者唐兒，使夜進。上醉不知，以爲程姬而幸之，
遂有身。已乃覺，非程姬也。及生子，因名曰發。”案：漢朝地方行政，
基本上是行郡縣制，但劉氏宗親，仍可封土建國，故此處稱“啓封土”，

意即開國稱王。

〔四一〕"帝問主人翁"二句：《漢書·東方朔傳》："竇太主寡居，年五十餘矣，近幸董偃。始偃與母以賣珠爲事。偃年十三，隨母出入主家，左右言其姣好，主召見曰：'吾爲母養之。'……至年十八而冠，出則執轡，入則侍内……名稱城中，號曰董君。……上（武帝）從主飲，上曰：'願謁主人翁！'……主自引董君伏殿下，因叩頭謝。……當是時，董君見尊不名，稱爲主人翁，飲大驪（歡）樂。……於是董君貴寵，天下莫不聞。"這一歷史故事，説明一個賣珠娃兒竟然成了貴族老寡婦的姘頭，甚至連皇帝都不肯直呼其名，而尊稱他爲"主人翁"。此二句意謂：誰想到被皇帝垂問而被尊稱爲"主人翁"的人，也竟然出身於一個賣珠小販的家庭。

〔四二〕"武昌昔男子"二句：馮浩注："武昌或南昌之訛，豫章郡首南昌縣。"《漢書·五行志》："哀帝延平中，豫章有男子化爲女子，嫁爲人婦，生一子。"案：此事違反科學，似亦没有考證確鑿地點之必要。

〔四三〕"蜀王有遺魄"二句：《華陽國志·蜀志》："七國稱王，杜宇稱帝，號曰望帝。……其相開明，決玉壘山以除水害，帝遂委以政事……禪位於開明，帝升西山隱焉。時適二月，子鵑鳥鳴，故蜀人悲子鵑鳥鳴也。"遺魄，意即遺體。

〔四四〕"淮南雞舐藥"二句：《神仙傳》："八公，安（淮南王劉安）臨去（指昇天）時，餘藥器置在中庭，雞犬舐啄之，盡得升天。故雞鳴天上，犬吠雲中也。"案："一人成道，雞犬昇天"這兩句後人對結黨營私的當道進行諷刺的成語，即取材於這一神話故事。

〔四五〕大鈞運群有：賈誼《鵬鳥賦》："大鈞播物兮，坱圠無垠。"李善注："如淳曰：'陶者作器於鈞上，此以造化爲大鈞。'應劭曰：'陰陽造化，如鈞之造器也。'"群有，指萬物。這句意謂：宇宙推動萬物，一刻不停地在運轉。

〔四六〕難以一理推:很難用一條法則來探索衡量。

〔四七〕"顧於冥冥内"二句:顧,可是,一作"影"。冥冥,意指寥廓太空。揚雄《法言·問明》:"鴻飛冥冥。"秉者誰,主宰是誰? 秉,意爲掌權。此二句是在暗示寫此詩寓有屈子"問天"之意。

〔四八〕"我恐更萬世"二句:更,經過。萬世,萬代。此事,指上文"難以一理推"的奇聞軼事。《文選》班固《東都賦序》:"烏睹(如何能看見)大漢之云爲乎?"云爲,作爲、舉措,引申爲創造,演變。愈云爲,意謂:不但層出不窮,而且愈演愈烈。

〔四九〕"猛虎與雙翅"二句:《禮記·檀弓》:"苛政猛于虎。"這是此詩使用"猛虎"這一成詞的深刻涵義。又《周書·寤儆》:"無(勿)虎傅(添)翼,將飛入宮,擇人而居。"又揚雄《法言·淵騫》:"或問酷吏,曰:'虎哉虎哉! 角而翼者也。'"翼即翅。副之,助其爲惡。

〔五〇〕"鳳凰不五色"二句:漢焦贛《易林》:"神鳥五色,鳳皇爲王。"《韓詩外傳》卷八:"夫鳳象鴻前麟後,蛇頸而魚尾,龍文而龜身,燕頷而雞啄,戴德負仁,抱忠挾義,小音金,大音鼓,延頸奮翼,五彩備明……"可見它是傳説中身備五色的神鳥,也是德、仁、忠、義諸善俱全的益鳥。聯翼,猶比翼,《楚辭·卜居》:"寧與黄鵠比翼乎,將與雞鶩爭食乎?"爲此聯翼所本,而用意稍有不同。《卜居》作者旨在鄙棄平庸,自致遠大;此詩作者旨在抒發賢士失職之憤憤不平。《詩·王風·君子于役》:"雞棲于塒。"此詩"雞棲",意爲雞之所棲,實即雞塒,今稱"雞窩"。以上四句是實寫中晚唐政治概況,不過仍然用比興,不假直尋。

〔五一〕"我欲秉鈞者"二句:秉鈞,意即掌權,指有用人之權的人。高誘注《吕氏春秋》以"何"釋"曷",其説可從。何來,意即"何不來"。偕,同行。

〔五二〕"浮雲不相顧"二句:《楚辭·九章·思美人》:"願寄言于

浮雲兮,遇豐隆而不將。"王逸注:"雲師徑逝,不我聽也。"此用其意。
浮雲,指當道的有力薦士者。顧,照顧。寥沈,沈寥的倒文,《楚辭·
九辯》:"沈寥兮天高而氣清。"梯,階梯,《楚辭·九章·惜誦》:"欲釋
階而登天兮,猶有曩之態也。"當時寒士走上仕宦途徑,十分困難,如
想施展懷抱,必須有力者推薦。即使豪邁如李白,倔強如韓愈,也都分
別寫過《上韓荊州書》、《上宰相書》等,此屈原《離騷》"吾令蹇脩以爲
理(媒介)"之遺則。

〔五三〕"悄怏夜參半"二句:悄怏,苦悶貌。參,一作"將",同義。
案《舊唐書》本傳云:"令狐綯作相,商隱屢啟陳情,綯不之省。"又《新
唐書》本傳云:"綯當國,商隱歸窮自解,綯憾不置。"所記皆當爲詩人
晚年事,則知詩人解官,情非得已。

錦 瑟〔一〕

錦瑟無端五十絃〔二〕,一絃一柱思華年〔三〕。莊生曉夢迷蝴
蝶〔四〕,望帝春心托杜鵑〔五〕。滄海月明珠有淚〔六〕,藍田日
暖玉生煙〔七〕。此情可待成追憶,只是當時已惘然〔八〕!

〔一〕錦瑟:此詩拈首二字爲題,集中此例甚多,如《商於》、《潭
州》等不勝枚舉。傳統遠紹《詩經》,如《凱風》、《雄雉》等篇皆然。此
詩雖以發端"錦瑟"二字名篇,且集中《回中牡丹爲雨所敗》中一首有
"錦瑟驚弦破夢頻"之語,暗示此篇中寓有"黃粱夢覺"之情,然此終非
抒情主綫,主綫是在自悲懷才不遇的淒涼身世。不過因前六句皆用比
興,致啓後世"一篇錦瑟解人難"之慨,箋釋者見仁見智,各執一詞,大

抵臆度興寄者多,注意結尾二句直抒胸臆者少。且在測度寄興過程中,對"望帝春心託杜鵑"這一必須聯繫當時重大政局始能做出正確解釋的詩句,往往又注意得不夠,因此大體説來,這些解説,結合到作品本身,總不免給讀者一種"七寶樓臺,拆碎不成片段"的印象。其中比較中肯的是何焯評語所説:"此乃自傷之詞。騷人所謂美人遲暮也。莊生句言付之夢寐;望帝句言待之來世(此解甚誤,詳注);滄海、藍田言埋韞而不得自見;月明、日暖則清時而獨爲不遇之人,尤可悲也。"此詩馮《譜》編於大中七年,張《箋》編於大中十二年,今從張《箋》。

〔二〕錦瑟無端五十絃:《世本》:"瑟,庖犧作,五十絃。"《漢書·郊祀志》:"泰帝使素女鼓五十絃瑟,悲,帝禁不止,故破其瑟爲二十五絃。"可見瑟本五十絃,爲此詩言"無端五十絃"的依據。"無端",語含悲憤,領起全篇,爲詩作奠定了基本情調。作者終年接近五十。

〔三〕一絃一柱思華年:人生大限不逾百歲,而前五十年則是最美好、最寶貴的。這個數字恰恰冥會於錦瑟的絃數,所以應當是錦繡年華,一絃一柱(與絃連類而及)都是惹人深思的。

〔四〕莊生曉夢迷蝴蝶:《莊子·齊物論》:"昔者莊周夢爲蝴蝶,栩栩然蝴蝶也,自喻適志與(歟),不知周也。俄然覺,則蘧蘧然周也。"成玄英疏:"栩栩,忻(欣)暢貌。蘧蘧,驚動之貌。"爲此用語所出。然此亦只是托喻。莊周,據《史記·老莊申韓列傳》載其生平只做過漆園吏,比義山的資歷要卑微得多,但卻是一位歷史上很負盛名的文化人。所以此句的主旨,當從集中《偶成轉韻七十二句贈四同舍》詩所説"憐我秋齋夢蝴蝶"的話中探得驪珠,找到解答。質言之,作者在這裏,是自嘆才秀人微,壯懷徒抱。句中連用"夢"、"迷"二字,着力顯示此一關節。

〔五〕望帝春心托杜鵑:《華陽國志·蜀志》:"後有王曰杜宇……一號杜主。……七國稱王,杜宇稱帝,號曰望帝。……其相開明,決玉

疊山以除水害,帝遂委以政事,法堯舜禪授之義,遂禪位於開明,帝升
西山隱焉。時適二月,子鵑鳥鳴,故蜀人悲子鵑鳥鳴也。"子鵑,即杜
鵑,見蔡夢弼《杜工部草堂詩箋》一九《杜鵑》注引《成都記》。爲此句
故實所本。此處作者用"望帝"以哀悼化去的帝王。重用牛黨(牛僧
孺、李宗閔)之文宗,重用李黨(李德裕)的武宗,皆可比擬。因中晚唐
以後,牛、李黨爭的起伏交替,很明顯地在皇位的嬗代之際表現出來。
特別是武宗下世,宣宗嗣位,標誌李黨失勢,牛黨重新上臺的政治局面
已經確立以後,詩人意識到自己前進的道路已經阻塞,政治幻想已經
破滅,在精神上所受的創傷,是非常深重的。十幾年的冷落宦情,使他
陷入完全絕望的困境。因此,我們認爲:"望帝"一詞,不是詩人自我
的寫照,而是武宗皇帝的化身。何焯箋評此詩雖基本正確,但以"待
之來世"箋釋此句,則完全是誤解。我們只要試看一下杜甫的《杜
鵑》,當知言之匪誣。此句遣辭,雖完全依據故實,但在命意上,卻並
未墨守成規。"春心"二字寫的是他自己,"望帝"化爲"杜鵑",則影
射的是客觀現實,實際指的是武宗死亡。由於武宗死亡,而作者"欲
回天地"的豪言壯語,成爲徒"託"的空言,這就是此句真正的命意所
在。我們這樣理解作品,在集中是找到了無法動搖的內證的,那就是
《井絡》篇裏"堪嘆故君成杜宇"這一句。從這裏我們看不到一絲一毫
希冀的曙光,卻聽到了聲聲淒咽的哀叫。在這聲聲淒咽哀叫當中,似
乎還可以聽到一些詩人與之同命運共呼吸的悲涼吟嘆。

　　〔六〕滄海月明珠有淚:舊注多引《搜神記》、《博物志》等書所載
"鮫人泣珠"事,與此無涉。此所用者,乃唐代故實。《新唐書·狄仁
傑傳》:"仁傑舉明經,調汴州參軍,爲吏誣訴黜陟,使閻立本召訊,異
其才,謝曰:'仲尼稱觀過知仁,君可謂滄海遺珠矣。'""滄海遺珠",喻
野有遺賢。這一成語,在當時是很膾炙人口的。不過到了詩人筆下,
珠非常珠,乃明月珠,是在《史記·鄒陽列傳》裏與"夜光璧"比價的稀
世瓊寶;月亦非常月,是在作者筆下(見集中《病中聞河東公樂營置酒

口占寄上》)"長壓赤城霞"的"滄海月"。如此層層敷色而又境界空明的藝術技法,在效果上給讀者的又是如何强烈!奇寶稀世,而鬱沈海底,能不令人感到痛心嗎?故曰"有淚"。

〔七〕藍田日暖玉生煙:此句之"玉",與上句之"珠",皆所以借喻詩人的品德才能。《文選》陸機《文賦》裏所説:"石韞玉而山輝,水懷珠而川媚。"講的是文章,但更重要的是在講作者。志士仁人,比德珠玉,在我國有其悠久的傳統。屈原《九章·涉江》云:"被明月兮珮寶璐,世溷濁而莫予知兮,吾方高馳而不顧。"其後韓非著《和氏》,也發揮的是同一意旨,這是一方面。但另一方面,根據《困學紀聞》卷十八"司空表聖(圖)云'戴容州(叔倫)謂詩家之景,如藍田日暖,良玉生煙,可望而不可置於眉睫之前也。李義山玉生煙之句蓋本於此'"的記載,知此語乃原封不動地移録前人論詩的名言,以抒發詩人既不見用於時,不得已而求其次,別圖以辭章名世的堅强意志。"金聲而玉振",固不妨人與文兩者雙關互見也。《文選》班固《西都賦》"藍田美玉"李善注引《范子》:"計然曰:玉英出藍田。"《初學記》二七:"玉部"引《京兆記》曰:"藍田出美玉如藍,故曰藍田。"《元和郡縣志》一:"關内道·京兆府·藍田縣:藍田山,一名玉山,在縣東二十八里。"(《長安志》一六,作"在縣東南三十里"。)煙,如理解爲狀人之詞,則義當如《孟子·盡心》所云"充實而有光輝之謂大"的光輝;如果理解爲形文,則義當如韓愈《調張籍》詩"李杜文章在,光焰萬丈長"的"光焰"和李賀《送沈亞之歌》"短策齊裁如梵夾,雄光寶礦獻春卿"中的"雄光"。王琦以"其光雄雄"釋之,極是。這在當時,都是形象鮮明,氣韻生動的活語言。"立片言以居要,乃一篇之警策",成爲集中名句,非偶然也。

〔八〕"此情可待成追憶"二句:只有把全詩理解爲詩人自傷身世之作,才能對此二句做出確鑿不移的解釋。大意是:回顧生平,雖懷抱"欲回天地"的雄心壯志,而蹭蹬仕途,只斷斷續續做了幾任節使幕府的幫閑差使,回首前塵,實際是充當了一名在朋黨的劇烈傾軋中的犧牲者,連追憶一下也感到多餘,這是多麽令人痛心的一生啊!如果對作品不是如此理解,而理解爲悼亡,則義山與王氏婚配十餘年,而且生了一兒一女,如此確實而又愜意的夫妻生活,能够説是完全虛幻的嗎?如果理解爲艷情之作,則替主人公設想,究竟怎樣才不算"惘然"呢?如想自圓其説,這豈不是必須回答的問題嗎?還有一些别的説法,亦同此例,就不一一分述了。

幽居冬暮[一]

羽翼摧殘日[二],郊園寂寞時[三]。曉雞驚樹雪,寒鶩守冰池[四]。急景倏云暮,頹年寖已衰[五]。如何匡國分[六],不與夙心期[七]?

〔一〕張《箋》:"此詩遲暮頹唐,必晚年絕筆,馮編永樂閒居,誤矣。程氏云:'此乃大中末廢罷,居鄭州時作。起句曰:羽翼摧殘日,又曰:頹年寖已衰。情語顯然。'所解極是。今以殿編年之末,識者審之。"

〔二〕羽翼摧殘日:此句用《玉臺新詠·雙白鵠》(《樂府詩集》作《飛來雙白鵠》)詩"飛來雙白鵠,乃從西北來……忽然卒(猝)疲病……羽毛日摧頹"情意。以羽毛摧頹的白鵠自比,未能一舉千里,而情同雞鶩,困守郊園,爲冰雪所欺,因此感到無限憤慨。

〔三〕郊園寂寞時:此句主語爲白鵠,省略。暗用《楚辭·卜居》"寧與黄鵠比翼乎,將與雞鶩爭食乎?"遺意,而稍變其辭,以興自己目前不能追踪黄鵠,而等迹雞鶩,遥遥領起下文。摧頹,意即摧殘。

〔四〕"曉雞驚樹雪"二句:雪積枝涼,雞棲爪滑,所以膽戰心驚。池冰魚蟄,鶩飢食缺,何時水暖春江?何焯《義門讀書記》:"三四工于比興。"案:此二句必須和發端起興的頭兩句合看,方可領會作者的"寄託遥深",何焯評語很有見地。

〔五〕"急景倏云暮"二句:鮑照《舞鶴賦》:"窮陰殺節,急景凋年。"急景,轉瞬即逝之光陰。作者在此詩中以鵠、鶴自比,驗之首句和此句用典,意向都比較明顯。倏,一本作忽,或作歲。云暮,成語,《詩·小雅·小明》:"歲聿云莫(古暮字)。"云,句中語助詞,表進行。頹年,意即老年、晚年。陸機《應詔》:"恨頹年之方侵。"寖,漸。衰,弱。案:以上兩句,上句是輔,下句是主。意謂:由於一年很快就到歲終,聯想到一個人也是很快就趨向衰老。

〔六〕如何匡國分:匡國,成語,《詩·小雅·六月》:"以匡王國。"匡之意是"獻可替否",使朝廷政治走上正軌。分,讀仄聲,意爲職分、權位。

〔七〕不與夙心期:夙心,成語,《後漢書·趙壹傳》:"唯君明睿,平其夙心。"夙心,初心,素願。期,會合,契合。案:末兩句意謂:事與願違,宏圖莫展。

富平少侯〔一〕

七國三邊未到憂〔二〕,十三身襲富平侯〔三〕。不收金彈抛林外〔四〕,卻惜銀床在井頭〔五〕。彩樹轉燈珠錯落〔六〕,繡檀回枕玉雕鎪〔七〕。當關不報侵晨客〔八〕,新得佳人字莫愁〔九〕。

〔一〕富平少侯：《才調集》(殷元勛箋注宋邦綏補注本。吳王綸序云：“相傳始刻於宋時沈氏，前明則有臨安陳氏刻本、華亭徐氏鈔本。”未知殷、宋注何本)作《富平侯》。然汲古閣刻《唐人選唐詩八種》本《才調集》則仍作《富平少侯》。《漢書·張安世傳》：“昭帝即位……封(張)安世爲富平侯。”又同卷《張延壽傳》：“延壽子勃，勃子臨嗣……臨尚敬武公主。薨，子放嗣。(成帝)鴻嘉中，上欲遵武帝故事，與近臣游宴。放以公主子開敏得幸。放取皇后弟平恩侯許嘉女，上爲放供張，賜甲第，克以乘輿服飾，號爲天子取婦，皇后嫁女。”又《五行志》載：“成帝爲微行出游，常與富平侯張放俱稱富平侯家人。”故何焯評此詩云：“此刺敬宗詩。成帝自稱富平侯家人。”其言是信而有徵的。此外還有些內證，分疏有關注下。關於唐敬宗李湛的童昏無知，《舊唐書》本紀有較具體的記載：“長慶四年二月己亥，冊大行皇帝(初死的穆宗)皇太后爲太皇太后。庚子，西川節度使杜元穎進氁畫、打毬衣五百事(件)，非禮也。……丁未，御中和殿擊毬。賜教坊樂官綾絹三千五百匹。戊申，擊毬於飛龍院。己酉，大合樂於中和殿，極歡而罷，內官頒賜有差。……戊辰，群臣入閤，日高猶未坐，有不任立而踣者。……庚午，賜內教坊錢一萬貫，以備游幸。……丙子，浙西觀察使李德裕奏：詔令當道造盝子二十具，計用銀一萬三千兩，金一百三十兩。昨已進段具用銀一千三百兩。當道在庫貯備銀無二三百兩，皆百計收市方成此兩具……九月丁未，波斯大商李蘇沙進沉香亭子材，拾遺李漢諫云：‘沉香爲亭子，不異瑤臺瓊室。’上怒……己巳，浙西、淮南各進宣索銀粧盒三具……辛丑，吐蕃貢牦牛，鑄成銀犀牛、羊、鹿各一。……寶曆元年七月甲辰，鹽鐵使王播進羨餘絹一百萬匹，仍請日進二萬，計五十日方畢。……己未，詔王播造競渡船二十隻供進，仍以船材京內造，時計其功，當半年轉運之費。諫議大夫張仲方切諫，乃改進十隻。……詔度支進銅三千斤，金薄(箔)十萬，翻修清思院新殿及昇陽殿圖障……寶曆二年三月上巳，幸魚藻宮觀競渡……五月，戊寅，幸魚藻宮觀競渡……六月,帝性好土木,自春至冬,興作相繼。庚申,鄆州進驢打毬人石定寬等四人。……六月甲子,上御三殿觀兩軍教坊內園分朋驢鞠角抵戲,有碎首折臂者,至一更二更方罷。……九月丁丑朔,大合宴於宣和殿,陳百戲。……十二月甲午朔,帝夜獵還宮。史臣曰:寶曆不君,國統幾絕……彼狡童兮,夫何足議!”史文詩作,大同小異,各反映李湛罪惡生活的多種方面。此詩馮《譜》未編年,張《箋》入不編年詩。富平,唐縣名,屬關內道京兆府,西南至京兆府一百五十里(見《元和郡縣志》),在漢朝,是張安世、張放一家貴戚的封邑。

〔二〕七國三邊未到憂:黃侃遺稿《李義山詩偶評》(見《中華文史論叢》一九八一年三期):“此詩刺武宗,題曰《富平少侯》,詭辭也。首句鑾括漢成帝《報許后書》意,而注家皆不憭。武宗好游獵,又寵王才人,故以成帝比之。”按黃氏徵引漢成帝《報許后書》以釋首句,爲過去注家所未及。《報許后書》見《漢書·外戚孝成許皇后傳》,其中有云:“諸侯拘迫漢制,牧相執持之也,又安獲齊、趙七國之難(案指景帝時吳、楚、趙、膠西、膠東、蓄川、濟南七個同姓諸侯,聯合舉兵,實行叛變,史稱七國之亂)……匈奴夷狄,非有冒頓郅支之倫也;方外內鄉(嚮),百蠻賓服,殊俗慕義,八州懷德。雖使其懷挾邪意,猶不足憂,又況其無乎?”此詩首句所詠,正用其事。這點經黃氏指出,無疑對讀者是很有裨益的。但黃氏進一步推論“此詩刺武宗”,則違反歷史事實:一,《舊唐書·武宗紀》記武宗“即皇帝位……時年二十七”,已屆盛壯,不得猶謂“十三襲得富平侯”,且與詩題《富平少侯》明顯枘鑿;二,《舊唐書·武宗紀》載“史臣曰”:“昭肅(武宗謚)雄謀勇斷,振已去之威權;運策勵精,拔非常之俊傑。屬天驕失國,潞孽阻兵,不惑盈庭之言,獨納大臣(李德裕)之計;戎車既駕,亂略底寧,紀律再張,聲名復振,足以蹈彰武出師之迹,繼元和戡亂之功……”勛業如此,猶云“七國三邊未到憂”,那豈不成了顛倒事實? 因此,黃氏這一論斷,是站不住腳的。至於他所摘引武宗“好游獵,寵才人”二事,唐朝皇帝,屢見不鮮,而以敬宗這個童騃無知的兒皇帝尤爲突出。已據史籍摘録於題解下面,可參看。三邊,指《報許后書》中所涉及的匈奴夷狄、方外百蠻而言。句意暗刺敬宗李湛還没有成長到對當時内憂外患、危機四伏的局面有所覺察而加以戒備的年齡,就作了皇帝,這不是兒戲嗎?

〔三〕十三身襲富平侯:《舊唐書·敬宗紀》:"長慶四年正月壬申,穆宗崩,癸酉,皇太子即位柩前,時年十六。"此句作者未敢斥指,借《孔子家語》所載成王嗣位故事以爲影射。《冠頌》篇云:"武王崩,成王十有三而嗣立(位)。"這句既援引了歷史掌故,同時也加强了藝術感染色彩。

〔四〕不收金彈抛林外:《西京雜記》四:"韓嫣(漢武帝劉徹寵臣,《史記》、《漢書》俱入《佞幸傳》)好彈,常以金爲丸,所失者日有十餘,長安爲之語曰:'苦飢寒,逐金丸。'京師兒童每聞嫣出彈,輒隨之。望丸之所落,輒拾焉。""揮金如土",這是皇帝、貴族生活很突出的一個側面。此句"不收金彈"是原有的;"抛林外",則是後加的。在藝術技法上叫"加倍出稜"。

〔五〕卻惜銀床在井頭:《樂府詩集》五四《舞曲歌辭·晉拂舞歌·淮南王篇》解題引歌曰:"後園鑿井銀作床,金瓶素綆汲寒漿。"梁簡文帝蕭綱《雙桐生空井》詩:"銀床牽轆轤。"(《樂府詩集》"牽"作"繫"。)《廣韻》:"轆轤,圓轉木也。"《玉篇》:"轆同轤。"明周祈《名義考》云:"銀床乃轆轤架,非井欄也。"此聯用了兩則現成故實,集中而深刻地揭露了李湛貴賤顛倒、遠近不分的癡憨狀態,與上句匠心獨運,珠聯璧合。

〔六〕彩樹轉燈珠錯落:《西京雜記》三:"高祖初入咸陽宮,周行府庫,金玉珍寶,不可稱言。其尤驚異者,有青玉五枝燈,高七尺五寸,似蟠螭,以口銜燈,燈燃,鱗甲皆動,焕炳若列星而盈室焉。"又《開元天寶遺事》:"韓國夫人置百枝燈樹,高八十尺,竪之高山,上元夜點之,百里皆見。"今日出土的漢代文物,有十二枝燈及長信宮銅燈,皆此言"彩樹轉燈"的實物證明。我們未可祇因《西京雜記》等非正規史籍而完全否認其記載的可靠性。珠,形容燈光明亮。"錯落",語本班固《西都賦》:"隋侯明月,錯落其間。"義爲上下不齊。

〔七〕繡檀回枕玉雕鎪:徐陵《中婦織流黃》:"帶衫行障口,覓釧枕檀邊。"可見古代有檀枕。此句前四字的含義是:繞滿了花紋圖案的檀枕;後三字的含義是:再用雕刻得十分精美的玉塊鑲嵌起來。雕鎪,語本左思《魏都賦》:"木無雕鎪。"義爲雕刻。以上二句極寫李湛生活的豪華腐朽。

〔八〕當關不報侵晨客:指皇帝以及一般貴族官僚的門衛。《東觀漢記》:"汝郁再徵,載病詣公車,白衣詣止,遣兩當關扶入,拜郎中。""不"或本作"莫",與下"莫愁"字重複,非是。侵晨客,指早朝等候奏事的大臣。此句意與白居易《長恨歌》"從此君王不早朝"同。極諷李湛的荒淫誤國。

〔九〕新得佳人字莫愁:梁武帝《河中之水歌》:"河中之水向東流,洛陽女兒名莫愁。……十五嫁作盧家婦,十六生兒字阿侯。盧家蘭室桂爲梁,中有鬱金蘇合香。"此莫愁是洛陽人。《舊唐書·音樂志》:"《石城》,宋臧質所作也。石城在竟陵。……《莫愁樂》出於《石城樂》,石城有女子名莫愁,善歌,因有此歌。"《樂府詩集》四八《清商曲辭·西曲歌·莫愁樂》曰:"莫愁在何處?莫愁石城西。艇子打兩槳,催送莫愁來。"此莫愁石城人,此石城故址在今湖北鍾祥縣,因北周曾於此置石城郡得名。洪邁《容齋三筆》據此主"兩莫愁"之説:"莫愁者,郢州石城人。今郢有莫愁村,畫工傳其貌。"另引梁武帝《河中之水歌》云云,謂"此莫愁者洛陽人",從而進一步推論:"近世周美成(邦彥)樂府《西河》一闋,專詠金陵,所云莫愁艇子曾繫之語,豈非誤指石頭城爲石城乎?"案洪説非是。《莫愁樂》第二首云:"聞懽下揚州,相送楚山頭。"周邦彥詞以莫愁爲金陵掌故,根據在此。今南京市有莫愁湖,亦非出於後人自我作古,可以斷言。但石城莫愁當是一人,

而石城則可兩解並存。馮注："此異於《少將》、《公子》諸篇也。《通
鑑》:'帝宣索左藏金銀,悉貯內藏,以便賜與。'第四句指此。蘇鶚《杜
陽雜編》:'寶曆二年,浙東貢舞女二人,曰飛鸞、輕鳳。帝琢玉芙蓉爲
歌舞臺,每歌舞一曲,如鸞鳳之音,百鳥莫不翔集。歌罷,令內人藏之
金屋寶帳。宮中語曰:寶帳香重重,一雙紅芙蓉。'結句指此。"案此用
"莫愁"二字,雖是影射"新得佳人",但作者恐亦有意識地借用其字
面,與首句"七國三邊未到憂"相照,暗示作者把諷刺對象看成是和北
齊後主高緯同樣的"無愁天子"(見《北齊書·後主紀》)。"無愁天
子"寵愛"莫愁佳人",真所謂無獨有偶,人以群分。作者於此蓋還有
深入一層的涵義,集中有《無愁果有愁北齊歌》一首,揭示的就是這一
嚴重政治課題。"字",或作"是",但似不如"字"字更混成自然一些。

蟬[一]

本以高難飽,徒勞恨費聲[二]。五更疏欲斷,一樹碧無
情[三]!薄宦梗猶泛,故園蕪已平[四]。煩君最相警,我亦
舉家清[五]。

〔一〕此詩馮《譜》編於大中五年,義山在徐州府罷入朝,以文章
干令狐綯時。張《箋》則入不編年,箋曰:"頗難徵實。馮編徐幕,無
據。"張氏態度謹慎,可取。此詩以蟬自喻,表現出詩人的處境、地位
和操守。

〔二〕"本以高難飽"二句:《吳越春秋》卷五:"夫秋蟬登高樹,飲
清露,隨風撝撓,長吟悲鳴。"秋蟬在高樹,且吸風飲露,故云"難飽"。

蟬鳴以傳恨,但沒有知音,衹是徒費聲音而已。

〔三〕“五更疏欲斷”二句:疏,猶稀。斷,間斷。謂秋蟬鳴至天明已聲嘶力竭。碧無情,謂蟬自鳴而樹自碧,對它的哀鳴毫無同情。

〔四〕“薄宦梗猶泛”二句:《戰國策·齊策三》:“土偶人與桃梗人相與語……土偶曰:‘今子東國之桃梗也,刻削子以爲人,降雨下,淄水至,流子而去,則子漂漂者將如何耳?’”薄宦,仕途不顯達。《宋書·隱逸傳》:“潛弱年薄宦。”秋蟬由此樹飛到彼樹,猶人之宦途坎坷,故云“梗猶泛”。盧思道《聽鳴蟬篇》:“詎念漂搖嗟木梗。”蕪已平,長滿了荒草。平,猶滿。陶潛《歸去來辭》:“田園將蕪胡不歸!”又盧思道《聽鳴蟬篇》:“故鄉已超忽,空庭正蕪沒。”此用其意。

〔五〕“煩君最相警”二句:君,指蟬。謂得蟬的警戒。舉家清,仍以清高自持。詩人宦途飄蓬,有歸隱之意,並自我警戒,保持清高的節操。

江亭散席循柳路吟歸官舍〔一〕

春詠敢輕裁〔二〕!銜辭入半杯〔三〕。已遭江映柳,更被雪藏梅〔四〕。寡和真徒爾〔五〕,殷憂動即來〔六〕。從詩得何報〔七〕,唯看二毛催〔八〕。

〔一〕此詩馮《譜》編於大中八年(八五四),張《箋》以爲“江亭”指“桂江”抑或“梓江”未能肯定,入“不編年詩”,態度比較審慎,可從。内容是寫在春游中,感到韶光易逝,壯心徒抱的感情。

〔二〕春詠敢輕裁:敢,意爲豈敢,此種用法,從《左傳》中已可找出許多,不具體徵引。輕,輕易。裁,鎔裁,指作詩的命意修辭。《文心雕龍·鎔裁》云:"規範本體謂之鎔,剪截浮詞謂之裁。裁則蕪穢不生,鎔則綱領昭暢。"

〔三〕銜辭入半杯:邊吟詩,邊飲酒,把"文人與酒"的關係用"詩情畫意"的妙筆,描繪得精細入神。

〔四〕"已遭江映柳"二句:"江映柳","雪藏梅",最是賞心娛目之景,上面卻着"已遭"、"更被"四字,給人以暗示:梅柳渡江,花色惱人,因啓下二句。

〔五〕寡和真徒爾:《新序·雜事》載《宋玉對楚王問》:"其曲彌高,其和彌寡。"句意爲:儘管自己抱有郢人歌唱《陽春白雪》的美才,其奈知音者少,無可如何。

〔六〕殷憂動即來:殷憂,深愁。動,是動輒的意思,猶今稱"動不動"。案此兩句全用虛詞散化,已開宋代詩風。

〔七〕從詩得何報:"從"字猶言"從事",故"從詩"意即"從事爲詩"。

〔八〕惟看二毛催:"看"或本作"感"。二毛,髮有黑白,漸老之相。《左傳·僖公二二年》:"不禽(擒)二毛。""二毛",指半老之人。

霜　月〔一〕

初聞征雁已無蟬,百尺樓高水接天〔二〕。青女素娥俱耐冷,月中霜裏鬥嬋娟〔三〕。

〔一〕此詩馮《譜》、張《箋》俱入不編年。張氏箋曰:"馮氏云:'艷情也.’案未定.”單從文意看,則是贊美霜月之神的清幽高潔,於涼氣浸肌的氣氛中,猶在爭奇鬭妍。

〔二〕“初聞征雁已無蟬”二句:征雁,遠飛的雁,江淹《赤亭渚》詩:“遠心何所類,雲邊有征鴻.”樓高,或本作“樓南”、“樓臺”,皆不如“樓高”貼切,因爲樓高始能見到高空霜月之景.《晉書·樂志》:“淮南王,自言尊,百尺高樓與天連.”是其所本.水,指月光、霜華似水.此暗用王勃《滕王閣序》“秋水共長天一色”之意.何焯評云:“第二句先虛寫霜月之光,最接得妙.”

〔三〕“青女素娥俱耐冷”二句:《淮南子·天文訓》:“至秋三月,地氣不藏,乃收其殺,百蟲蟄伏,靜居閉户,青女乃出,以降霜雪.”高誘注:“青女,天神,青腰玉女,主霜雪也.”主降霜雪之女神.素娥,《文選》謝莊《月賦》:“集素娥於後庭.”李周翰注:“常娥竊藥奔月……月色白,故云素娥.”此句霜月雙含.嬋娟,《文選》左思《吴都賦》:“檀欒嬋娟,玉潤碧鮮.”吕向注:“檀欒嬋娟,皆美貌.”鬥嬋娟,猶比美.此二句寫霜月爭輝的景象。

龍　池〔一〕

龍池賜酒敞雲屏〔二〕,羯鼓聲高衆樂停〔三〕。夜半宴歸宮漏永〔四〕,薛王沉醉壽王醒〔五〕。

〔一〕龍池:亦稱隆慶池,乃唐玄宗爲太子時居住之處.《唐會要》卷三十:“開元二年……以興慶里舊邸爲興慶宮.初,上在藩邸……宅內有龍池涌出,日以浸廣,望氣者云有天子氣……至是爲宮。"又沈佺期《龍池篇》注:"明皇爲諸王時,故宅在隆慶坊,宅有井,井溢成池。中宗時數有雲龍之祥,後引龍首堰水注池中,池面遂廣,即龍池也。"池北有唐代五王第宅,故又稱"五王百子池"。這是玄宗和兄弟五王以及諸子經常宴樂的地方。此詩如此尖銳地揭露唐玄宗淫逸無度的生活在以前的詩人中並不多見,實爲義山詩的一大特色。馮《譜》、張《箋》俱編此詩入不編年。

〔二〕龍池賜酒敞雲屏:賜酒,玄宗邀集群臣喝酒,以示恩賜。敞雲屏,敞開雲母屏風。

〔三〕羯鼓聲高衆樂停:羯鼓,古樂器名,《通典·樂典四》:"羯鼓正如漆桶,兩頭俱擊,以出羯中,故號羯鼓,亦謂之兩杖鼓。"南卓《羯鼓錄》:"其音焦殺鳴烈,尤宜急曲促破,又宜高樓曉引,破空透遠,特異衆樂。"此是玄宗最喜歡的一種音樂,據説他嘗聽琴未畢,即叱琴師出去,"速召花奴(汝陽王李璡小名)將羯鼓來,爲我解穢。"因此在宴會上獨它聲音高亢,其他音樂都停奏了。

〔四〕夜半宴歸宮漏永:宮漏,宮廷中的計時器,即銅壺滴漏。宮漏永,謂夜已深。

〔五〕薛王沉醉壽王醒:薛王,《舊唐書·睿宗諸子傳》:"惠宣太子業,睿宗第五子也。……垂拱三年,封趙王……睿宗即位,進封薛王。……開元二十二年正月薨。……有子十一人……琄嗣薛王。"又《舊唐書·玄宗紀》:"天寶三載二月,册瑝爲嗣薛王。"《傳》作琄,《紀》作瑝,未知孰是,待考。此應指李琄(或瑝)。壽王,《舊唐書·玄宗諸子傳》:"壽王瑁,玄宗第十八子也。……開元十三年三月封爲壽王。"又《新唐書·十一宗諸子傳》"瑁"作"琩",誤。樂史《楊太真外傳》:"楊貴妃小字玉環……父玄琰,蜀司户。……妃早孤,養於父河南士曹玄璬家。開元二十二年十一月,歸於壽邸。二十八年十月,玄宗幸温泉宮,使高力士取楊氏女於壽邸,度爲女道士,號太真……天寶四載七月,册左衛中郎將韋昭訓女配壽邸。是月……册楊氏爲貴妃。"唐玄宗强占壽王妃爲妻,壽王爲此心懷憤懑,不肯飲酒,所以宴罷歸來,薛王沉醉,壽王卻獨醒。

宮　辭[一]

君恩如水向東流[二],得寵憂移失寵愁[三]。莫向樽前奏花落[四],涼風只在殿西頭[五]。

　　〔一〕此詩揭露在君權和夫權處於絕對支配地位的封建時代,臣僕和婦女的命運是衹能聽人擺佈的。所謂"君恩浩蕩,山河帶礪",完全是騙人的鬼話。癡心的臣妾們,爲什麽還要患得患失,執迷不悟呢?此詩寫作年代無考。

　　〔二〕君恩如水向東流:古樂府《長歌行》:"青青園中葵,朝露待日晞。陽春佈德澤,萬物生光輝。常恐秋節至,焜黃華葉衰。百川東到海,何時復西歸!"此本其意,而語簡思深,遠勝原作。向東流,謂一去不復返。

　　〔三〕得寵憂移失寵愁:《論語·陽貨》:"鄙夫可與事君哉!其未得之,患得之;既得之,患失之。"大意爲:臣僕在得寵的時候,擔憂的是恩寵轉移於別人,而到了失寵的時候,當然更要愁苦萬分。這裏詩人和孔子所反映的是同一社會生活現實,但在態度上有同情和輕蔑之分。

　　〔四〕莫向樽前奏花落:樽前,酒樽前,也即國君的御筵前。古樂府《橫吹曲》有用笛子演奏的《梅花落》。後世繼作者,多代棄婦抒發色衰見背的悲憤。

〔五〕涼風只在殿西頭:末句意在暗示:別人的遭遇,也就是自己的前景,因爲“風飄萬點”,固自愁人;就連“秋氣蕭殺”,百卉俱殫,也是近在目前的呀!不是有些人“朝承恩,暮賜死”了嗎?何焯評云:“用意最深,人人可解,故妙。”

常　娥〔一〕

雲母屏風燭影深〔二〕,長河漸落曉星沉〔三〕。常娥應悔偷靈藥,碧海青天夜夜心〔四〕。

〔一〕常娥:《淮南子·覽冥訓》:“羿請不死之藥於西王母,恒娥竊以奔月。”《意林》及《續漢書·天文志》劉注引張衡《靈憲》,“恒”字並作“姮”。《丹鉛總録》卷十三謂《吕覽》言常儀占月(《勿躬篇》),儀、娥音同,訛爲常娥。其説甚確。此詩並非詠常娥,而是藉常娥以抒情。歷來注釋家對其解釋分歧很大,如何焯認爲“自比有才反致流落不遇”,馮浩認爲“或爲入道而不耐孤子者致誚也”,張采田則認爲“依違黨局,放利偷合,此自懺之詞,作他解者非”。細味全詩,以張説爲近真,從張説。詩的寫作年代不可考。

〔二〕雲母屏風燭影深:雲母屏風,嵌着雲母的屏風。燭影深,即燭光幽暗,説明夜已深了。

〔三〕長河漸落曉星沉:長河,銀河。曉星沉,即晨星隱没,説明天將亮了。此二句寫從夜晚到天明的過程,以烘托常娥在月宫的孤獨環境。

〔四〕碧海青天夜夜心:《十洲記》:“扶桑在東海之東岸,岸直,陸行登岸一萬里，東復有碧海，海廣狹浩汗，與東海等，水既不鹹苦，正作碧色。”夜夜心，每夜都如此孤悽寂寞。意謂常娥會懊悔吃了不死之藥，以致到月宮在碧海青天之間，千年萬代過着這種孤悽的生活。

板橋曉別〔一〕

回望高城落曉河〔二〕，長亭窗户壓微波〔三〕。水仙欲上鯉魚去〔四〕，一夜芙蓉紅淚多〔五〕。

〔一〕馮浩注：“王阮亭（士禛）《隴蜀遺聞》：‘板橋在今中牟縣東十五里。白樂天詩：“梁苑城西三十里，一渠春水柳千條。若爲此路重經過，十五年前舊板橋。”李義山亦有詩，皆此地。’按：板橋雖非一處，而唐人記板橋三娘子者，首云‘汴州西有板橋店，行旅多歸之’，即梁苑城西也。義山往來東甸，其必此板橋矣。《香山集·板橋路詩》乃三韻小律，末云：‘曾共玉顏橋上別，不知消息到今朝。’蓋旅舍冶游，與此章同情矣。”案此詩所描述的基本情節，與《太平廣記》卷二八六採録《河東記》的《板橋三娘子》全然不同，而與白居易《板橋路詩》内容近似，所寫是關於妓女的生活。不過作者把狹斜游的漁夫（或舟子）與娼妓，通過藝術加工，使他們升華成爲水仙和花神，這樣就把封建衛道士所斥責的淫穢醜行，敷上了一層莊嚴而又聖潔的色彩。對社會生活如此評價，是與當時正統的禮教觀念相抵觸的。

〔二〕回望高城落曉河：高城指汴城。會在城中，分在城外；言回望表明相送之遠。曉河，將曙時的天河。落，寫乳白色的星雲因天曉而漸趨淡没。

〔三〕長亭窗户壓微波：北周王褒《送别裴儀同》詩：“河橋望行旅，長亭送故人。”《白帖》：“十里一長亭，五里一短亭。”此後長短亭就成了詩詞裏表送行的習用典實。“壓微波”，擴寫“携手上河梁……恨恨不得辭”的濃摯情愫。

〔四〕水仙欲上鯉魚去：《列仙傳》：“琴高者，趙人也，以鼓琴爲宋康王舍人。行涓、彭之術，浮游冀州、涿郡之間二百餘年。後辭入涿水中，取龍子，與諸弟子期曰：‘明日皆潔齋待於水旁，設祠！’果乘赤鯉來……留一月餘，復入水去。”吳均《登壽陽八公山》詩：“是有琴高者，陵波去水仙。”

〔五〕一夜芙蓉紅淚多：《南徐州記》：“子英於芙蓉湖捕得赤鯉，養之；一年生兩翅。魚云：‘我來迎汝。’子英騎之，即乘風雨，騰而上天。每經數載，來歸見妻子，魚復來迎。”按芙蓉湖即射貴湖，在江蘇武進縣東。此神話傳説，芙蓉與仙人乘鯉故事結合在一起，蓋義山兩用之。《拾遺記》：“魏文帝所愛美人姓薛名靈芸，常山人也。……别父母……升車就路之時，以玉唾壺承淚，壺則紅色。……及至京師，壺中淚凝如血。”案：這句實際是寫女主人公與所歡是血淚之交，體現了作者對被侮辱與損害的女性人格的尊重，對她們愛情的肯定。

楚　宫〔一〕

十二峰前落照微〔二〕，高唐宫暗坐迷歸〔三〕。朝雲暮雨長相接，猶自君王恨見稀〔四〕。

〔一〕此詩或與另一首七律合題《楚宫二首》。《才調集》選此一首別題《水天閑話舊事》,今從之。此詩藉諷楚襄王的荒淫誤國,揭露唐朝皇帝的溺色輕賢。此詩馮《譜》、張《箋》皆入不編年。

〔二〕十二峰前落照微:《方輿勝覽》載巫山十二峰之名曰:望霞、翠屏、朝雲、松巒、集仙、聚鶴、净壇、上升、起雲、飛鳳、登龍、聖泉。巫山,在今重慶市巫山縣東南。十二峰皆在巫山北峰。落照微,寫日薄西山,氣息奄奄。

〔三〕高唐宫暗坐迷歸:《文選》宋玉《高唐賦序》:"昔者楚襄王與宋玉游於雲夢之臺,望高唐之觀,其上獨有雲氣……王問玉曰:'此何氣也?'玉對曰:'所謂朝雲者也。'王曰:'何謂朝雲?'玉曰:'昔者先王嘗游高唐,怠而晝寝,夢見一婦人,曰:"妾巫山之女也。爲高唐之客,聞君游高唐,願薦枕席。"王因幸之。'"此詩前二句檃括其語。高唐或作高堂。

〔四〕"朝雲暮雨長相接"二句:《高唐賦序》續曰:"去而辭曰:'妾在巫山之陽,高丘之阻,旦爲朝雲,暮爲行雨,朝朝暮暮,陽臺之下。'""雲雨"以後成爲男女性關係的代詞。何焯評云:"言外獨於賢才不然耳。"

日　日〔一〕

日日春光鬥日光〔二〕,山城斜路杏花香。幾時心緒渾無事?得及游絲百尺長〔三〕!

〔一〕日日:朱注:"一云春日。"馮注:"一作春光。"此詩馮《譜》、張《箋》俱不編年。

〔二〕日日春光鬥日光:何焯評:"驚心動魄之作。"句意謂:大地回春,氣溫景色,日新月異,宇宙間充滿着無限生機。

〔三〕"幾時心緒渾無事"二句:略本庾信《春賦》"一叢香草足礙人,數尺游絲即橫路"而侈言之。暗示此時作者志大身閑,長材莫展,遠不迨游絲之卷舒自如。田蘭芳評,對此詩立意創新略有所感,但分析未能鞭辟入裏。

流　鶯〔一〕

流鶯漂蕩復參差〔二〕,度陌臨流不自持〔三〕。巧囀豈能無本意〔四〕? 良辰未必有佳期〔五〕。風朝露夜陰晴裏〔六〕,萬户千門開閉時〔七〕。曾苦傷春不忍聽〔八〕:鳳城何處有花枝〔九〕?

〔一〕此詩以流鶯自喻,寫作者"十年京師寒且餓"(《樊南甲集序》)的流寓生活,而不是追述他飄泊四方的作品。詩題當采岑參《奉和中書舍人賈至早朝大明宮》"鶯囀皇州(即京城)春色闌"句,用其辭而反其意。

〔二〕流鶯漂蕩復參差:漂蕩,謂行踪不定。參差,謂離合無常。

〔三〕度陌臨流不自持:陌,紫陌,見賈至、岑參《早朝大明宮》唱和詩。流,御溝,崔顥《相逢行》:"玉户臨馳道,朱門近御溝。"不自持,表露了他自己急於仕進的心情。

〔四〕巧囀豈能無本意:言以所業詩文干當路者,旨在治國濟民,絕非爲了譁衆取寵。

〔五〕良辰未必有佳期:言即使生逢治世,而賢才也未必就能決定自己的遇合，順利地施展平素的懷抱。其實這不過是作者委婉的悲憤語。以上兩句是在揭示作者不垂空文，言必有中；而又感歎知音難遇，識寶無人。疑從杜甫《送鄭十八虔貶臺州司户》詩"萬里傷心嚴譴日，百年垂死中興時"下句悟出，不過在情調上易沈鬱爲旖旎，在繼承中有創新，所以能夠贏得馮浩"頷聯入神"的很高評價。

〔六〕風朝露夜陰晴裹：古代風露連用，與風雲、風波連用相似，往往不是用以表明某種自然現象，而是用以表明某種社會動態。如王融《净行詩十首》"連幌結清陰，高臺起風露"、庾信《代人乞致仕表》"一葉將隕，寧待於風露；百川皆到，自竭者潢汙"皆是。陰晴裹，是説晴天在風裹，陰天在露裹，反正逃不脱風吹露浥。

〔七〕萬户千門開閉時：《漢書・郊祀志》："作建章宫，度爲千門萬户。"此寫早年流寓京師的生活境況。早晨萬户千門開了，而我卻被拒於外；晚上萬户千門閉了，而我則無處容身。

〔八〕曾苦傷春不忍聽：意謂由於自己的英年流寓，聯想到黄鶯的漂蕩；又因聽到黄鶯的巧囀，感傷自己的苦吟。所以對於容易引起共鳴的鶯聲，就不忍多聽了。"春"，一作"心"；"忍"，一作"思"。非。

〔九〕鳳城何處有花枝：杜甫《夜》詩："步蟾倚杖看牛斗，銀漢遥應接鳳城。"趙次公注云："秦繆公女弄玉吹簫，鳳降其城，因號丹鳳城。其後言京城曰鳳城。"句意：京城百萬家，而賢才獨無托足之地。案：唐代不第舉子，往往流落京師，走投無路，因而發出類似《流鶯》的一類感歎，此在唐詩中不少概見。馮注宥於詩中個别語句，以爲客中所賦，蓋未深考。

復　京〔一〕

虜騎胡兵一戰摧〔二〕，萬靈回首賀軒臺〔三〕。天教李令心如日〔四〕，可要昭陵石馬來〔五〕。

〔一〕《資治通鑑·唐紀》六四：“宣宗大中四年秋，党項爲邊患，發諸道兵討之，連年無功，戍饋不已。……十二月，以鳳翔節度使李業、河東節度使李拭，並兼招討党項使。”此詩蓋引德宗時李晟收復西京的業績以激勵二李。考新、舊《唐書》、《資治通鑑》：貞元二年八月，吐蕃寇涇、隴、邠、寧，諸道節度軍鎮咸堅壁自守，京師戒嚴，民間傳言，復欲出幸。宰臣齊映奏言，人情洶懼，臣聞大福不再，奈何不熟計之？因俯伏流涕，帝爲之感動。九月，吐蕃游騎及好畤，時李晟節度鳳翔，令王佖率三千人夜襲賊營，擊敗之。又寇鳳翔，晟出兵禦之，一夕而退。時以鳳翔節度使李業兼任招討党項使，故以德宗朝李晟勤王事勉之。馮浩注此詩論曰：“使當時無西平，京城必復陷於虜矣。”不但明指其人，而且具著其事。如此釋詩，可謂深入腠理，洞見垣方。李晟功業，具載新、舊《唐書》本傳。其收復長安事，在德宗建中四年（七八三）。長安一度爲叛鎮涇原節度使朱泚竊據立號。唐神策軍將李晟以忠義激勵將士，以寡敵衆，轉敗爲勝，於是年五月收復長安；六月，朱泚亂平。

〔二〕虜騎胡兵一戰摧：馮浩注：“此虜字固指外夷，然古來敵國叛臣，皆曰虜，史文極多，此（原作他，當係誤刊）處不可拘泥。”此處虜騎，當指德宗時朱泚部衆而言。胡兵當指李懷光部衆而言，因李懷光本渤海靺鞨人（見《舊唐書》一二一本傳）。摧，摧毀，殲滅。

〔三〕萬靈回首賀軒臺：萬靈，億萬生靈，指全國臣民。回首，掉頭，是針對他們背唐而去説的。意爲把離心離德轉變爲回心內向。賀，祝賀。軒臺，軒轅臺的省稱。語出《山海經·大荒西經》：“有軒轅之臺，射者（畢沅校謂當作“罘”）不敢西向射，畏軒轅之臺。”郭璞注：“敬難黃帝之神。”按黃帝古稱軒轅氏，故郭注如此。此處軒臺則借喻唐代西京長安。這句詩是盛讚李晟對唐王室有回天轉地、光復舊物的重大功勛。

〔四〕天教李令心如日：李晟因收復長安有功,於德宗興元元年(七八四)六月,進爵司徒兼中書令。馮浩據《舊唐書·李晟傳》所載事迹注此詩云:"是時吐蕃用尚結贊之計,抵鳳翔不虜掠以間晟。宰相張延賞屢言晟不可久典兵,德宗乃罷晟兵柄,皆詳傳中。則晟已處疑忌之際,而終盡力王事,真丹心如日者也。"按此句既頌李晟天賦忠義,亦旨在強調"成事在人",因起下句。

〔五〕可要昭陵石馬來:《元和郡縣志》卷一:"關内道·京兆府·醴泉縣:太宗昭陵在縣東北二十五里九嵕山。"《唐會要》卷二十《陵議》:"上欲闡揚先帝徽烈……乃又刻石爲常所乘破敵馬六匹於(昭陵)闕下。"按此即聞名世界的古石雕藝術珍品"昭陵六駿"。又《安禄山事迹》:"潼關之戰,我軍既敗。賊將崔乾祐領白旗引左右馳突往來,我軍視之,狀若神鬼。又見黃旗軍數百隊,官軍潛謂是賊,不敢逼之。須臾又見與乾祐鬭,黃旗不勝,退而又戰者不一,俄然不知所在。後昭陵官奏:是日靈官石人馬汗流。"這當然是不會有的神話傳説,在當時社會上廣泛流傳者。作者引此的意思,不外是表明國家興亡,關鍵在於忠臣效命,而不在於乞靈鬼神。

渾河中〔一〕

九廟無塵八馬回〔二〕,奉天城壘長春苔〔三〕。咸陽原上英雄骨,半向君家養馬來〔四〕。

〔一〕上篇頌李晟勤王以復京,此篇贊渾瑊衛帝以免難,一攻一守,功足相匹。渾河中,指渾瑊。《舊唐書》本傳:"渾瑊,皋蘭州人。……本鐵勒九姓部落之渾部也。……德宗幸奉天……瑊率家人子弟自京城至,乃署爲行在(行都)都虞侯、檢校兵部尚書、京畿渭北節度觀察使。……興元元年(七八四)三月,加檢校左僕射同中書門下平章事……奉天行營兵馬副元帥……六月加瑊侍中。……七月,德宗還宮,以瑊守本官兼河中尹、河中絳慈隰節度使……封咸寧郡王。"瑊之治蒲,共十六年,卒於蒲,故稱渾河中。按唐代勛臣不乏蕃將,渾瑊是其一。

〔二〕九廟無塵八馬回:《舊唐書·玄宗紀》:"開元十年(七二二),增置太廟爲九室。"李肇《國史補》云:"德宗覽李令(即晟)露布,至'臣已肅清宮禁,祇謁寢園,鐘簴不移,廟貌如故'感涕失聲。"九廟無塵指此,謂九廟因有忠臣捍衛,始未蒙塵。八馬回,此借用周穆王驅八駿以雲游天下的故實,暗喻德宗幸蜀,因復京而回鑾一事,興言"疾風知勁草,國亂識忠臣",以見李、渾光復之功,爲不可刊。

〔三〕奉天城壘長春苔:《元和郡縣志》卷一:"關內道·京兆府·奉天縣。"治所在今陝西省乾縣。唐德宗因朱泚叛亂曾暫時逃到這裏,故要加固城壘。長春苔,暗示行將荒廢。此在寫作技法上是以冷場陪墊熱場,構思婉曲而抒情深厚。是義山擅長的絕詣。

〔四〕"咸陽原上英雄骨"二句:盛贊渾瑊及其所率部屬,儘管出身微賤,但能見危授命,無愧於執干戈以衛社稷的英雄稱號。咸陽原上,暗示當時渾部與朱、李叛軍鏖戰之地。君家養馬,此借漢朝金日磾掌故以喻渾瑊盡忠於唐室。《漢書·金日磾傳》:"金日磾,本匈奴休屠王太子也。……日磾以父不降見殺,與母閼氏弟倫俱没入官,輸黃門養馬。武帝游宴見馬……異而問之……拜爲馬監。遷侍中,日見親近。……後以討莽何羅功,封日磾爲秺侯。"《舊唐書·渾瑊傳》:"瑊忠勤謹慎,功高不伐(居)。……位極將相,無忘謙抑,物論方之金日

碑。”程夢星《李義山詩集箋注》:“德宗避難奉天,渾瑊有童奴曰黄苓
(一作芩)者,力戰有功,即封渤海郡王,此明證也。”按黄苓後改名高
國,《舊唐書》一五二有傳。作者在詩的結尾極力稱頌出身少數民族
而又職位卑賤的將領,等級和種族畛域不甚拘執,在漢族作家當中,實
爲不可多得。

一　片〔一〕

一片瓊英價動天〔二〕,連城十二昔虛傳〔三〕! 良工巧費真爲
累,楮葉成來不值錢〔四〕。

　　〔一〕馮注:“自歎之詞,當在未第時。”張《箋》入不編年詩。
　　〔二〕一片瓊英價動天:《詩·齊風·著》:“尚之以瓊英乎而。”
傳:“瓊英,美石似玉者,人君之服也。”案此句瓊英寄興,全用毛傳上
下兩句,是作者自負美才,堪爲王佐。價動天,三字措意連下。
　　〔三〕連城十二昔虛傳:《史記·藺相如列傳》:“趙惠文王時,得
楚和氏璧。秦昭王聞之,使人遺趙王書,願以十五城易璧。”案《韓非
子·和氏》篇其中有句云:“悲夫寶玉而題之以石,貞士而名之以誑,
此吾所以悲也。”故桓譚本此旨作《新論·薦賢》,發“連城之璧,瘞影
(埋形)荆山”之浩歎。楊炯《夜送趙縱》詩:“趙氏連城璧,由來天下
傳。”又爲此詩“傳”字所本。朱注:“二,當作五。”案:朱説是。
　　〔四〕“良工巧費真爲累”二句:《韓非子·喻老》:“宋人有爲其君
以象爲楮葉者,三年而成。豐殺莖柯,毫芒繁澤,亂之楮葉之中而不可
别也⋯⋯列子聞之曰:‘使天地三年而成一葉,則物之有葉者寡矣。’”

偽《列子·説符》中有一段全襲此文而獨"象"字作"玉"爲異。或別本《韓非》有作"玉"者。何評:"本自連城光價,況又良工雕琢,乃偏不值錢,豈能無慨於中耶?"案何評得之。此與李賀《南園》六"尋章摘句老雕蟲,曉月當簾掛玉弓。不見年年遼海上,文章何處哭秋風"同時一慨。紀評以爲:"亦激亦鄙。"其意不外認爲結尾説到"錢"字。曾不知東漢趙壹《疾邪詩》已有"文籍雖滿腹,不如一囊錢"的憤慨,乃出於貧士的真情流露,與晉人王衍輩自鳴清高,矢口不言錢字的矯飾醜行,所過遠矣。

襪[一]

常聞宓妃襪,渡水欲生塵[二]。好借嫦娥著,清秋踏月輪[三]。

〔一〕此體物寫志之作,於古人名篇杰作所達到的境界中,另闢畦町,使它更上一層樓。而解家以"桂枝喻得第"説之,此點金成鐵伎倆。此詩,馮《譜》、張《箋》俱入不編年。

〔二〕"常聞宓妃襪"二句:曹植《洛神賦》:"河洛之神,名曰宓妃……陵波微步,羅襪生塵。"這裏曹氏刻畫人物,有其匠心獨運的地方。洛神微步陵波,哪裏來的塵土呢? 所謂生塵,實際是寫細如煙霧的水點,此陸機《文賦》所謂"或襲故而彌新,或沿濁而更清",這乃是作家唾棄凡近的超妙寫法。

〔三〕"好借嫦娥著"二句:好借,最好能够借給。嫦娥,本作姮娥,《淮南子·覽冥》:"羿請不死之藥於西王母,姮娥竊以奔月。"姮娥,羿

妻,後因漢文帝名諱恒,改名嫦娥。此即民間傳説"月裏嫦娥"故事的
由來。著,穿。月,舊曆望月魄滿形圓,故稱月輪。魏文帝曹丕有《月
重輪行》樂府。詩人於此把神女的行踪從地下移到天上,於是宓妃改
换成嫦娥,讓她在碧海青天的大宇宙裏,乘清秋,踏明月,盡興地遨游,
從"潛處於太陰"的受壓抑地位中永遠解脱出來,這是多麽令人神往
的境界!

屏　風[一]

六曲連環接翠帷[二],高樓半夜酒醒時[三]。掩燈遮霧密如
此[四],雨落月明俱不知[五]。

　〔一〕此詩諷人主之壅蔽於近侍之臣,如《韓非子·孤憤》所説:
"治辯之功,制於近習;精潔之行,決於毁譽;則修智之吏廢,而人主之
明塞矣。"此詩馮《譜》、張《箋》俱不編年。
　〔二〕六曲連環接翠帷:六曲,指屏風六扇或六摺。連環,環繞。
翠帷,寝息之處,也是近習惑亂宮闈之處。
　〔三〕高樓半夜酒醒時:寫昏君醉生夢死,俾晝作夜(反面是俾夜
作晝)。
　〔四〕掩燈遮霧密如此:掩燈,寫這種人連豆大的燈光也害怕;遮
霧,寫這種人竟不滿足於霧氣的遮人眼目,存心把主子封閉在一間小
小的密室裏,讓他和外面的情況完全隔絶。
　〔五〕雨落月明俱不知:雨落,代表陰;月明,代表晴。晴陰代表最
明顯的天象變化。國家的興亡,社會的治亂,亦在言外。

少　將^{〔一〕}

族亞齊安陸^{〔二〕}，風高漢武威^{〔三〕}。煙波別墅醉，花月後門
歸^{〔四〕}。青海聞傳箭^{〔五〕}，天山報合圍^{〔六〕}。一朝携劍起，上
馬即如飛^{〔七〕}。

〔一〕此詩馮《譜》、張《箋》皆不編年。但從整個詩作所表現的情
調看，屬於前期作品的可能性較大。因爲全篇發揚蹈厲，英氣沁人，雖
模客體，亦顯衷情，到後期則作者無此興會了。看前四句知此少將出
身宗室，所以門第煊赫，生活奢佚，不同於義山之遠支零落。

〔二〕族亞齊安陸：族，宗族。亞，類似。齊安陸，《南齊書・宗室
傳》：“安陸昭王緬……建元元年封安陸侯……累遷寧蠻校尉、雍州刺
史……建武元年贈安陸王。”案南齊皇族蕭姓，唐代宗室李姓，雖姓氏
不同，而彼此同於皇室則相類似。

〔三〕風高漢武威：《漢書・地理志》：“武威郡，武帝太初四年開。
縣十：姑臧、張掖、武威……”《後漢書・馮異傳》：“制詔武威將軍。”
注：“劉尚也。”又《南蠻傳》：“建武二十三年，精夫相單程等據其險隘，
大寇郡縣，遣武威將軍劉尚發南郡、長沙、武陵兵萬餘人，乘船泝沅水，
入武溪擊之……”又《太平廣記》卷一四《神仙》引《神仙感遇傳》云：
“劉子南者，乃漢冠軍將軍武威太守也。從道士尹公受務成子螢火
丸，辟疾病疫氣百鬼……及五兵白刃，賊盜凶害……永平十二年，於武
邑界遇虜，大戰敗績，餘衆奔潰，獨爲寇所圍，矢下如雨，未至子南馬數
尺，矢輒墮地，終不能中傷，虜以爲神人也。乃解圍而去。……一名冠

軍丸,亦名武威丸。"案以上所引史傳,各有偏至,疑作者兩用之。

〔四〕"煙波別墅醉"二句:寫此出身貴冑的年輕將官生活奢縱,酒地花天,無間水陸。但從全篇看,這是由反面襯墊之筆。

〔五〕青海聞傳箭:《隋書·地理志》:"西海郡置在古伏俟城,即吐谷渾國都,有西王母石窟、青海鹽池。"案伏俟城故址在今青海省青海湖西岸。《舊唐書·吐蕃傳》:"徵兵用金箭。"又《裴行儉傳》:"是日傳其契箭。"《新唐書·吐蕃傳》:"其舉兵以七寸金箭爲契(信號、標誌)。……有急兵,驛人臆前加銀鶻。"案:此略相當於漢族所用的羽檄。

〔六〕天山報合圍:《漢書·霍去病列傳》:"去病出北地,遂深入……至祁連山。"顏注:"祁連山,即天山也。匈奴呼天爲祁連。"(案《史記·霍去病列傳》《索隱》引小顏注即此。)案此指南祁連而言。《嘉慶一統志》:"甘肅·甘州府·山川:祁連山,一名天山,亦名白山,在張掖縣西南二百里……東西延袤千餘里。"案除南祁連而外,又有北祁連,亦有天山之稱,即今新疆維吾爾自治區之天山山脉,似非《史》、《漢》所指、本詩所用。合圍,指作戰上包圍圈合攏而言。《文選》李陵《答蘇武書》:"單于臨陣,親自合圍。"爲此詩所本。與《禮記·王制》"天子不合圍"無涉,彼謂畋獵,此謂陷敵。

〔七〕"一朝携劍起"二句:携劍,猶提劍。《北史·宇文貴傳》:"貴少從師受學,嘗輟書歎曰:'男兒當提劍汗馬,以取公侯,何能爲博士也?'"皆以隱喻從戎。上馬如飛,用元稹《智度師》詩:"四十年前馬上飛。"寫少將的英姿颯爽,先聲奪人。此詩對一個武藝超群的小將臨當聽到邊塞受到敵人侵擾之際,以保衛國家民族爲重,毅然抛棄紈袴子弟的侈靡生活,披掛上馬,奔赴沙場的衛國行動,給以充分的表揚。但對其生活上的階級烙印,在作品中也做了如實的反映。

思賢頓^{〔一〕}

内殿張絃管^{〔二〕},中原絶鼓鼙^{〔三〕}。舞成青海馬^{〔四〕},鬥殺汝南雞^{〔五〕}。不見華胥夢^{〔四〕},空聞下蔡迷^{〔七〕}。宸襟他日淚,薄暮望賢西^{〔八〕}。

〔一〕思賢頓:此詩末句云"薄暮望賢西",故知即望賢宮。《舊唐書·玄宗本紀》:"天寶十五載六月乙未,上至咸陽望賢驛置頓,官吏駭散,無復儲供。"宋敏求《長安志》十三:"咸陽縣,唐望賢宮在縣東數里開遠門外。"這是天寶十五載,安禄山叛變,潼關不守,唐明皇蒼黄逃往西川,快到咸陽,暫時停頓的驛站。詩人大約在近百年後,行經此地,撫今追昔,對於當時昏君誤國,猶有餘憤。至於其藝術構思特點,馮浩注云:"此章通首作勢,結乃喚醒。"頓,皇帝外出時在途中用膳、宿止的地方。此詩張《箋》入不編年。

〔二〕内殿張絃管:内殿,後宫。張絃管,吹彈管絃樂器。《舊唐書·音樂志》:"玄宗教太常樂工子弟三百人爲絲竹之戲,音響齊發,有一聲誤,玄宗必覺而正之,號爲皇帝弟子,又云梨園弟子。"又云:"又令宫女數百人,自帷出,擊雷鼓爲《破陣樂》、《太平樂》、《上元樂》。"張,有施設、排演、高張、盛大等涵義。此寫李隆基沉迷聲色,不問國政。

〔三〕中原絶鼓鼙:鼙,一種戰鼓,漢以後騎士所用。《禮記·樂記》:"君子聽鼓鼙之聲則思將帥之臣。"故此詩絶鼓鼙,一方面可以理解爲中原無事,不聞鼓鼙之聲,使無道昏君滋長了和平麻痹思想;另方面也可以根據杜甫《無家別》中有"縣吏知我至,召令習鼓鞾"之句,而理解爲玄宗耽於佚樂,不修戰備,結果招致安史亂起,祗能蒼皇逃命。這兩種理解不同,但實不能偏廢。斧鉞之貶,俱於"絕"字見之。

〔四〕舞成青海馬:鄭嵎《津陽門詩注》:"設連榻,令馬舞其上。馬衣紈綺而被鈴鐸,驤(昂)首奮鬣(鬃),舉趾翹尾,變態動容,皆中音律。"《舊唐書·音樂志》:"内閑廐引蹀馬三十匹,《傾杯樂曲》,奮首鼓尾,縱橫應節。又施三層校牀,乘馬而上,抃轉如飛。"《新唐書·禮樂志》:"嘗以馬百匹,盛飾分左右,施三重榻,舞《傾杯樂》數十曲。壯士舉榻,馬不動。樂工少年姿秀者十數人,衣黄衫,文玉帶,立左右。每千秋節,舞於勤政樓下。"舞馬傾杯是唐代宮廷以馬戲爲主體,配以聲樂伴奏,馴技複雜,難度很大的高級雜技。一九七〇年西安南郊何家村基本建設過程中所發現的唐代窖藏的許多金銀器中,有一件仿皮囊舞馬銜杯紋銀壺,壺上的金質浮雕雕出頸繫飄帶、口銜酒杯作蹲踏狀的駿馬一匹。這一珍貴的出土文物,爲當時"舞馬"與"傾杯"的關係提供了實物資料,有助於理解本詩。因爲"舞馬"這種伎藝難度很大,得來不易,故着一"成"字,以見造詣之高。《隋書·西域傳》:"青海周回千餘里,中有小山,其俗至冬輒放牝馬於其上,言得龍種。吐谷渾嘗得波斯草馬放入海,因生驄駒,能日行千里,故時稱青海驄焉。"

〔五〕鬥殺汝南雞:鬥雞,是自周秦以降即被王室貴族子弟最耽玩的佚樂之一。汝南雞,語本《樂府·相和歌·雞鳴》:"東方欲明星爛爛,汝南晨雞登壇喚。"至唐,這種游戲尤爲宮廷所重。陳鴻祖《東城父老傳》:"玄宗即位,治雞坊於兩宮間。索長安雄雞,金毫鐵距高冠昂尾千數,養於雞坊,選六軍小兒五百人,使馴擾教飼。"案此句詩人着力鍛煉一個"殺"字,譬之射手,不至没金飲羽,不肯罷休也。與上句"成"字,均備見輪扁匠心。

〔六〕不見華胥夢:華胥,古人理想中的有道之邦。《列子·黄帝》:"黄帝晝寢而夢游華胥氏之國。華胥氏之國……蓋非舟車足力

之所及，神游而已。……其民……神行而已。黄帝既寤，怡然自
得……又二十有八年，天下大治，幾若華胥氏之國。"此詩似以"華胥"
作爲情慾的對立物而安排的。觀下句自見。

〔七〕空聞下蔡迷：空聞，意爲除此以外，別無所聞，極言惑溺之
深。下蔡迷，語本《文選》宋玉《登徒子好色賦序》："東家之子，增之一
分則太長，減之一分則太短，著粉則太白，施朱則太赤。眉如翠羽，肌
如白雪，腰如束素，齒如含貝，嫣然一笑，惑陽城，迷下蔡。"李善注：
"陽城、下蔡二縣名，蓋楚之貴介公子所封，故取以喻焉。"其説極是。
所以我們不需要確考其故址所在。馮注："指寵楊貴妃。"

〔八〕"宸襟他日淚"二句：宸襟，封建時代，尊稱皇帝的心情叫
"宸襟"。他日，异日，是詩人追思近百年前的情況之詞。《明皇幸蜀
記》："明皇憩望賢宫樹下，怫然若有棄海内之意。高力士覺之，遂抱
上足，嗚咽開諭，上乃止。"又《天寶亂離記》："至望賢宫，迨曛黑，百姓
稍稍來，乃得麥飯。"薄暮，傍晚。此詩前六句皆用諷刺，末二句始寫
玄宗略有悔悟，惜已過遲。

謝先輩防記念拙詩甚多，异日偶有此寄〔一〕

曉用雲添句，寒將雪命篇。良辰多自感，作者豈皆然〔二〕？
熟寢初同鶴〔三〕，含嘶欲並蟬〔四〕。題時長不展〔五〕，得處定
應偏〔六〕。南浦無窮樹〔七〕，西樓不住煙〔八〕。改成人寂
寂〔九〕，寄與路緜緜〔一〇〕。星勢寒垂地〔一一〕，河聲曉上
天〔一二〕。夫君自有恨，聊借此中傳〔一三〕。

〔一〕此詩馮《譜》、張《箋》皆入不編年詩。胡震亨《唐音戊籤》評此詩曰:"寄興視他篇自超,惜重'寒'、'曉'二字,爲全璧之玷。"案此詩與《漫成》五首雖各有所側重,但都是義山談論創作與個人生活、政治聯繫問題的,所以也很重要。《國史補》:"進士爲時所尚久矣。……互相推敬,謂之先輩。"此謂同科得第者。但亦有未第稱得第者爲先輩之例。不知謝防是屬於哪一種。徐夢星《李義山詩集箋注》云:"疑即《與陶進士書》中所謂'得謝生於雲臺觀'者。"防,一作"昉"。

〔二〕"曉用雲添句"四句:叙述自己進入創作的過程。大意同於陸機《文賦》:"遵四時以歎逝,瞻萬物而思紛。悲落葉於勁秋,喜柔條於芳春;心懍懍以懷霜,志眇眇而臨雲。"鍾嶸《詩品序》:"若乃春風春鳥,秋月秋蟬,夏雲暑雨,冬月祁寒,斯四候之感諸詩者也。"總的經驗,所有作家是大體相似的;具體經驗,則每個作者各不相同。但鍾嶸所説的"因物喻志"這條法則,則任何作者,概莫能外。

〔三〕熟寢初同鶴:疑用盧綸《和王倉少尹暇日言懷》詩意:"劍飛終上漢,鶴夢不離雲。"鶴寢即"鶴夢不離雲"的簡化,表明作者早年夢想直上青雲的意願。首句"曉用雲添句",與此句合觀,則衷隱自顯。作者《偶成轉韻》詩"憐我秋窗夢胡蝶"和《錦瑟》詩"莊生曉夢迷胡蝶"的"夢"字都是同一内容,祇是用詞略異而已。

〔四〕含嘶欲並蟬:集中《蟬》詩是此句最詳實的注腳。案:駱賓王《在獄詠蟬》詩中有句:"露重飛難進,風多響易沉。無人信高潔,誰爲表予心!"顯然其以蟬自喻,是信心的表露,這是一方面。除此而外,韓愈《薦士》詩説:"齊梁及陳隋,衆作等蟬噪。"作者引此以示對謝防表謙沖,這又是一方面。這兩方面的涵義蓋兼而有之。

〔五〕題時長不展:題,題詩。展,展視。唐人寫詩,都用卷子,因不願示人,故不需展卷。

〔六〕得處定應偏:得處,謂偶得佳句。"定應偏",從作人與作詩兩方面來考慮,都是偏而不全的。首先從作人來講,立言畢竟比不上立功,更比不上立德。所以《漫成》詩第三首説:"借問琴書終一世,何如旗蓋仰三分?"其次從作詩來講,自忖在詩的王國中,雖能獨樹一幟,堪稱名家,但比起包羅萬象的大家,畢竟有小巫、大巫之差。所以《漫成》詩第二首説:"李杜操持事略齊,三才萬象共端倪。"把這兩方面的意思合起來,就構成對賞音者的謙辭。

〔七〕南浦無窮樹:《楚辭·九歌·河伯》:"送美人兮南浦。"江淹《別賦》:"送君南浦,傷如之何!"

〔八〕西樓不住煙:庾肩吾《奉和春夜應令》詩:"天禽下北閣,織女入西樓。"張籍《登樓寄胡家兄弟》:"獨上西樓盡日間,林煙演漾鳥蠻蠻。"馮注:"南浦二聯,言多送別懷人之作。"不住煙,謂雲煙繚繞。

〔九〕改成人寂寂:言詩作改完,往往已至夜深人靜。極言用力之勤。

〔一〇〕寄與路緜緜:古樂府《飲馬長城窟行》:"青青河畔草,緜緜思遠道。"此句言知己遠在天涯。

〔一一〕星勢寒垂地:杜甫《旅夜書懷》:"星垂平野闊,月涌大江流。"境界曠遠雄渾,爲此句所本。

〔一二〕河聲曉上天:此句乃由實際生活中體驗得來,與上句工力悉敵,堪稱聯璧。

〔一三〕"夫君自有恨"二句:《楚辭·九歌·湘君》:"望夫君兮未來,吹參差兮誰思?"此"夫君"用代第二人稱的湘君;此處"夫君"乃作者自稱。"自有恨",是義山揭示自己許多作品的主題思想是一個"恨"字。此《史記·屈原列傳》所謂:"信而見疑,忠而被謗,能無怨乎?屈平之作《離騷》,蓋自怨生也。"案"恨"與"怨",連文則別,散文則通,其歸一也。這裏給世之抽繹李詩者,提供了一個重要的綫索。

馬嵬二首選一^{〔一〕}

海外徒聞更九州^{〔二〕}，他生未卜此生休^{〔三〕}。空聞虎旅傳宵柝^{〔四〕}，無復雞人報曉籌^{〔五〕}。此日六軍同駐馬^{〔六〕}，當時七夕笑牽牛^{〔七〕}。如何四紀爲天子^{〔八〕}，不及盧家有莫愁^{〔九〕}。

　〔一〕馬嵬：陳鴻《長恨歌傳》：“潼關不守，翠華南幸，出咸陽，道次馬嵬亭。六軍徘徊，持戟不進……請以貴妃塞天下怨。上知不免，而不忍見其死。反袂掩面，使牽之而去。蒼皇展轉，竟就死於尺組之下。”《長安志》一四：“興平縣，馬嵬故城在縣西北二十三里。孫景安《征途記》曰：‘馬嵬，人名，於此築城以避難，未詳何代人。姚萇時，扶風王駬以數千人保馬嵬故城。’”此詩對唐明皇因荒淫誤國，弄得衆叛親離，連自己的妃子也保不住的可恥行徑，進行了嘲弄與諷刺。詩的本事，與其說根據歷史，不如說根據傳奇更爲切合實際。過去許多評論家對此詩橫加指摘，他們感到詩人對唐玄宗皇帝太褻瀆了，什麼虎、雞、馬、牛野獸畜類也都用上了。我們的看法正好和這些評論家相反，這恰恰是作者的長處而不是他的短處。長處就在於他“爲尊者諱”的封建意識沒有前輩作家那麼濃厚，他並不承認“不及盧家有莫愁”，是什麼“擬人不倫”，我們和過去此類評論家的根本分歧就在這裏。此詩馮《譜》、張《箋》皆未編年。
　〔二〕海外徒聞更九州：原注：“鄒衍云：‘九州之外，復有九州。’”《史記·鄒衍列傳》：“中國者於天下八十一分居其一分耳。中國名曰赤縣神州。……中國外如赤縣神州者九，乃所謂九州也。於是有裨海環之……一區中者,乃爲一州。如此者九,乃有大瀛海環其外。'案:此詩對《史記·鄒衍列傳》衹是語詞上借用,實際海外九州指的是陳鴻《長恨歌傳》所説的海上仙山,是一種神話中的境界,所以用"徒聞"二字以見篤信者的迷惘。詳下句注。

〔三〕他生未卜此生休:陳鴻《長恨歌傳》:"上皇命方士致貴妃之神……東極天海,跨蓬壺,見最高仙山上多樓闕,西廂下有洞户……署曰'玉妃太真院'。方士抽簪叩扉……因稱唐天子使者,且致其命。玉妃出見……取金釵鈿合,各析其半授使者曰:'爲我謝太上皇,謹獻是物……'方士將行,請當時一事不爲他人聞者,驗於太上皇……玉妃茫然退立,若有所思,徐而言曰:'昔天寶十載,侍輦避暑驪山宮。……牽牛織女相見之夕……獨侍上。……因仰天,感牛女事,密相誓心,願世世爲夫婦。言畢,執手各嗚咽。此獨君王知之耳。'……使者還奏……皇心震悼。"句意:人死如燈滅,所謂再生之説,是靠不住的。《文苑英華》:"卜"作"決"。

〔四〕空聞虎旅傳宵柝:張衡《西京賦》:"陳虎旅於飛廉。"李善注:"《周禮》:'虎賁,下大夫;旅賁氏,中士也。'"(注引《周禮》,見《夏官》。"也",原作"二人")此詩"虎旅"泛指近衛下級士官。"傳",一作"鳴"。柝,警夜用的梆子。《易·繫辭傳》:"重門擊柝,以待暴客。"案:此句寫逃命的皇帝聞警夜柝聲而膽戰心驚。

〔五〕無復雞人報曉籌:《周禮·春官》:"雞人……掌夜嘑(呼)旦以呼(嘂)百官。"鄭玄注:"夜,夜漏未盡,雞鳴時也。呼旦以警起百官,使夙興(早起)。"蔡質《漢宮典儀》曰:"不畜宮中雞。汝南出雞鳴衛士,侯朱雀門外,專傳雞鳴於宮中。"《晉太康地道記》曰:"後漢固始、鮦陽、公安、細陽四縣衛士,習此曲於闕下歌之,今《雞鳴》是也。"(一作"今雞唱是也。")籌,古代記録時刻的籌碼。馮注:"《舊書紀》:'乙未夕,次金城;丙申,次馬嵬。'是將宿於馬嵬也,而兵士圍驛,遂賜妃自盡,則長眠不復曉矣。緊賦駐宿驚悲之狀,舊解多誤會。"案:馮注雖勝舊解而有未盡。白居易《長恨歌》云：“春宵苦短日高起，從此君王不早朝。”是則安史亂前，雖有雞人，事等虛設；今則按時早朝，亦不可得。嘲諷之意，盡在環中。

〔六〕此日六軍同駐馬：此日指天寶十五載六月十四日玄宗近衛軍譁變這一天。六軍，泛指皇帝近衛軍。説見陳寅恪《元白詩箋證稿》。案此即隱括《長恨歌傳》“六軍徘徊，持戟不進……請以貴妃塞天下怨”之意。

〔七〕當時七夕笑牽牛：此句略本自居易《長恨歌》：“七月七日長生殿，夜半無人私語時。”以及陳鴻《長恨歌傳》有關此節的描述，而進行了大膽的藝術加工。此蕭統《文選序》所説“踵其事而增華，變其本而加厲”，在文藝創造上，有時是必要的。其意若謂：牽牛織女，別易會難；在李、楊當時看來，不過是兩個供人談笑的可憐人物；而結果到底如何呢？《風月堂詩話》云：“此二句與溫飛卿《蘇武廟詩》‘回日樓臺非甲帳，去時冠劍是丁年’，用事屬對，如此者罕有！”

〔八〕如何四季爲天子：考唐玄宗自開元元年（七一三）即位至天寶十五載（七五六），共計四十二、三年左右，故《舊唐書·玄宗本紀》云：“明皇御蜀都府衙，宣詔曰：‘聿來四紀，人亦小康。’”是舉成數而言。古代以十二年爲一紀。

〔九〕不及盧家有莫愁：《藝文類聚·樂部三》引《古歌》：“河中之水向東流，洛陽女兒名莫愁。……十五嫁爲盧家婦，十六生兒字阿侯。盧家蘭室桂爲梁，中有鬱金蘇合香……”餘請參看《富平少侯》詩注。案：結語表面上似在感嘆李、楊的夫妻悲劇下場，然而僞古文《書·五子之歌》中“内作色荒，外作禽荒……有一于此，未或不亡”的古訓，作者認爲唐玄宗是不會不知道的，然而仍蹈覆轍，家破國傾，咎非自取，其復誰取？則諷諭之旨，仍在言外。盧家，蓋以喻庶族平民家庭。

雨中長樂水館送趙十五滂不及^{〔一〕}

碧雲東去雨雲西^{〔二〕},苑路高高驛路低^{〔三〕}。秋水綠蕪終分盡^{〔四〕},夫君太騁錦障泥^{〔五〕}。

〔一〕長樂水館:疑指《長安志》——所載萬年縣之長樂驛:"長樂驛在縣東十五里長樂坡下。《兩京道里記》曰:'聖歷元年敕:滋水驛去都亭驛路遠,馬多死損,中間置長樂驛。東去滋水驛一十三里,西去都亭驛一十三里。'"又:"長樂坡在縣東北一十里,即滻水之西岸。《十道志》曰:'舊名滻坂,隋文帝惡之,改曰長樂坡,蓋漢長樂宮在其西北。'"案此詩題曰"水館",詩曰"驛路",則"長樂館"即"長樂驛",毫無疑義。《新唐書·宰相世系表》有趙滂,字思齊,疑即其人(此本馮注)。張《箋》入不編年詩,云:"據崔嘏《授蔡京、趙滂等御史制》,滂嘗爲忠武軍節度副使,必與義山舊稔者。"

〔二〕碧雲東去雨雲西:江淹《休上人怨別》:"日暮碧雲合,佳人殊未來。"碧雲合,古人以興友朋歡聚,此反用江詩,而云"碧雲東去雨雲西",則親交睽離,意在言外。

〔三〕苑路高高驛路低:通向長安京苑大路,步步高昇;外調地方驛路,步步下降。前者謂趙,而後者自謂。

〔四〕秋水綠蕪終分盡:"分盡",各本均作"盡分",然殊難與全篇關合,故今互乙,作"分盡"。"分"字讀如曹丕《與吳質書》"謂百年已分,可長共相保"、曹植《上責躬詩表》"自分黃耉,永無執珪之望"之"分",是有生必有死,有盛必有衰的自覺的意思。不過此種用法,已非後人所易解,因此李詩傳刻時,爲淺人所臆改。曾不寤"盡分"單看雖若易解,然通觀整句全篇,則殊難通貫也。愚案此句意爲:秋水、綠蕪,雖動靜高下有差,然嚴冬一至,水涸卉腓,同歸於盡,又何去馬來牛之足辨乎?

〔五〕夫君太騁錦障泥:《楚辭·九歌·雲中君》:"思夫君兮太息。"夫君,指雲中君,此處用以關合首句"碧雲東去"的"雲"字,借指趙澇。實旨是用同《禮記·檀弓》"夫夫也,爲習於禮者"的"夫夫",骨子裏有"敬而遠之"的意思。騁,策馬馳驟。《西京雜記》二:"武帝……後得貳師天馬……以綠地五色錦爲蔽泥。"錦蔽泥即錦障泥。《世説新語·術解》:"王武子(濟)善解馬性,嘗乘一馬,著連錢障泥。"障泥、蔽泥,義同,皆指馬衣。紀昀評云:"趙十五當是得意疾行,故此詩刺之。碧雲苑路以比趙,雨雲驛路以自比。末言榮華終有盡日,不須如此得意也。"

復至裴明府所居^{〔一〕}

伊人卜築自幽深^{〔二〕},桂巷杉籬不可尋^{〔三〕}。柱上雕蟲對書字^{〔四〕},槽中秣馬仰聽琴^{〔五〕}。求之流輩豈易得^{〔六〕}?行矣關山方獨吟^{〔七〕}。賒取松醪一斗酒,與君相伴灑煩襟^{〔八〕}。

〔一〕復至裴明府所居:集中有《寄裴衡》詩一首,馮注云:"按《宰相世系表》:'裴衡,字無私,係出東眷房。文集有《代裴無私祭文》,疑即此人。《祭文》云:'綏黃鬚白。'疑後之《與裴明府詩》亦即此人。"案從義山所寫有關裴氏諸詩,其人物性格是一致的,所以馮氏的推斷

可信。《賓退錄》:"明府,漢人以稱太守,唐人以稱縣令。"馮注義山
《裴明府居止》詩:"按許渾有《晨至南亭呈裴明府》詩,時代既同,南亭
在京郊,似即此裴明府。"裴明府是一個近似陶淵明式的人物,李詩對
他作了很具體的模寫。此詩五六兩句以散行對仗,已開宋詩風氣之
先。此詩馮《譜》、張《箋》皆入不編年。

〔二〕伊人卜築自幽深:伊人,古代對心目中所欽佩的人,往往不
肯直呼其名,而稱"伊人"。語本《詩·秦風·蒹葭》:"所謂伊人,在水
一方。"卜築,擇地築室。杜甫有《卜居》詩云:"浣花溪水水西頭,主人
爲卜林塘幽。"爲此詩用"卜築"所本。

〔三〕桂巷杉籬不可尋:《楚辭》淮南小山《招隱士》:"桂樹叢生兮
山之幽。"杉籬,以杉樹作圍牆。桂、杉俱香木,故隱者種以飾居。不
可尋,言山徑幽深。

〔四〕柱上雕蟲對書字:《說文叙》:"六曰鳥蟲書。"這句詩的意思
是說:裴明府的屋柱被蟲蝕自然形成古篆,與主人的書法相映成趣。

〔五〕槽中秣馬仰聽琴:《荀子·勸學》:"伯牙鼓琴六馬仰秣。"
《淮南子·説山》作"馹馬仰秣",注云:"仰秣,仰頭吹吐,謂馬笑也。"
此謂裴之琴藝絶高,足以上比伯牙,可見他不同於一般風塵俗吏。
"秣"一作"瘦"。

〔六〕求之流輩豈易得:意思是,如此高超的藝術造詣,求之於宦
海官場,真如鳳毛麟角,不可多得。

〔七〕行矣關山方獨吟:此詩人自述之詞。意謂兩度訪裴之後,
即將重上征途,做一個關山逾邁的行吟詩人。馮注:"是將行役叙別
之作。"這樣理解是很正確的。按以上兩句易駢爲散,爲全篇增加了
一股豪邁英挺之氣,在藝術效果上是很成功的。在此以前,杜工部、
白香山都曾經做過一些大膽的探索和嘗試,鑄造了不少膾炙人口的
警句;宋代詩人蘇東坡、黃山谷繼之,也創作出許多清剛可喜的英

辭。而清代評論家何焯、錢良擇諸人對此則大肆抨擊,認爲是走向靡弱,引導僵化。這種先入爲主,墨守成規的保守觀點,已被紀昀所撥正。

〔八〕"賒取松醪一斗酒"二句:賒取,沽得或買到。松醪,也叫松醪春,是一種南方酒名。戎昱《送張秀才之長沙詩》云:"松醪能醉客,慎勿滯湘澤。"據此,疑義山此詩可能是作於客潭州時。灑,排遣。煩襟,苦悶的胸懷。

細　雨〔一〕

瀟灑傍回汀〔二〕,依微過短亭〔三〕。氣涼先動竹〔四〕,點細未開萍〔五〕。稍促高高燕,微疏的的螢〔六〕。故園煙草色,仍近五門青〔七〕。

〔一〕此詩馮《譜》、張《箋》俱入不編年。體物精雕細刻,力追造化;抒情不粘不脱,疏密得宜。

〔二〕瀟灑傍回汀:瀟灑,形容在微風蕩漾中細雨飄落的景象。李白《游水西簡鄭明府》詩:"涼風日瀟灑,幽客時憩泊。"是此句用詞所本。傍,臨近、圍繞。回汀,曲沼、曲池。

〔三〕依微過短亭:依微,隱約、依稀。韋應物《自鞏洛舟行入黃河即事寄府縣僚友》詩:"寒樹依微遠天外,夕陽明滅亂流中。"這裏是寫若隱若現的濛濛細雨。短亭,此處祇是矮亭或小亭的意思,無涉於與長亭相對的那種建築。

〔四〕氣涼先動竹:動竹似兼寫風力,故雖屬微雨而仍感氣涼。

〔五〕點細未開萍:中雨以上始見開萍,此是微雨,所以説未開萍。從正面經驗出發,進行刻畫,這種寫法是參活句,避死語。

〔六〕"稍促高高燕"二句:寫細雨中小生物的活動。《淮南子·説林》:"的的者獲,提提者射。"注:"的的,明也,爲衆所見,故獲。"梁簡文帝《秋夜》詩:"螢飛夜的的,蟲思夕喓喓。"是此句所本。

〔七〕"故園煙草色"二句:《禮記·明堂位》鄭玄注:"天子五門:皋、庫、雉、應、路。"此五門代指京城。馮注:"詩爲客居作,草色相連,人偏遠隔。"可謂深得詩旨。

端　居〔一〕

遠書歸夢兩悠悠〔二〕,只有空床敵素秋〔三〕。階下青苔與紅樹,雨中寥落月中愁〔四〕。

〔一〕此作客思家詩,確切寫作年代無考。

〔二〕遠書歸夢兩悠悠:馮注:"遠書彼來,歸夢我去,兩皆久疏。"

〔三〕只有空床敵素秋:此句全力鍛煉一個"敵"字。意謂秋氣蕭殺,對貧病交加的游子來説,如强鄰壓境,將何以抵禦之乎。似廉悍而實穩練,於衰颯中見英挺,使全句精神爲之一振。古代以秋配白,故稱素秋。

〔四〕"階下青苔與紅樹"二句:承上寫"素秋"景象。連用"青苔"、"紅樹"、"雨中"、"月中",用作者自己的語言來説,叫做"當句有對",而又起句落句,上下呼應,相映成趣。

訪　隱〔一〕

路到層峰斷，門依老樹開〔二〕。月從平楚轉，泉自上方來〔三〕。蕹白羅朝饌〔四〕，松黄暖夜杯〔五〕。相留笑孫綽，空解賦天臺〔六〕。

〔一〕寫作年代無考。謀篇别開生面。

〔二〕"路到層峰斷"二句：起句鍛煉"到"、"斷"二字，落句鍛煉"依"、"開"二字，而結穴皆在後一字。層峰：重巒叠嶂。案陸游《游西山村》詩"山重水復疑無路，柳暗花明又一村"的寫法，可能從這裏得到啟示。

〔三〕"月從平楚轉"二句：平楚，始見謝朓《宣城郡内登望》："平楚正蒼然。"義爲灌木叢生的平野。上方，古稱佛舍和僧居。案此二句寫隱者之居，背山面野，避去直尋，全用形象具現。紀昀總評以上四句詩云："首四句句法不變，然排於起處，如四峰並峙，不辨低昂，彌增樸老；捧心雖病，亦謂之佳可也。若中四句平頭切腳，初唐多有之，不可爲訓。"由此可見，作者對於詩歌結構布局，也是立意創新，進行多方面的探索，此亦晚唐詩人的一大特色。

〔四〕蕹曰羅朝饌：潘岳《閑居賦》："緑葵含露，白蕹負霜。"《本草圖經》："蕹似韭而葉闊，多白，無實。人家種者有赤白二種……白者冷補。"按此句原意是：朝饌羅蕹白，顛倒語序以調平仄。且着重鍛煉一個"羅"字。寫隱者樸素生活而故用綺語，意味格外深厚。

〔五〕松黄暖夜杯：《本草圖經》："松花上黄粉名松黄。山人及時拂取作湯，點之甚佳。"按此句着力鍛煉一個"暖"字，意在此處"松黃"用充麴蘗。與後人詩句"寒夜客來茶當酒"，是同一機杼，亦旨在突出隱者生活的儉素。

〔六〕"相留笑孫綽"二句：《文選》孫綽《游天臺山賦序》："天臺山者，蓋山岳之神秀者也。……事絕於常編，名標於奇紀。然圖像之興，豈虛也哉？……非夫遠寄冥搜，篤信通神者，何肯遥想而存之？余所以馳神運思……不任吟想之至，聊奮藻以散懷。"馮注："此言親至其地，笑古之對圖畫而遥賦。"

樂游原〔一〕

嚮晚意不適，驅車登古原。夕陽無限好，只是近黃昏。

〔一〕樂游原：《長安志》八："昇平坊東北隅，漢樂游廟。注云：漢宣帝所立，因樂游苑爲名。在高原上，餘址尚有。……其地居京城之最高，四望寬敞。京城之内，俯視指掌。每正月晦日，三月三日，九月九日京城士女，咸就此登賞被禊。"案：此詩張《箋》入不編年。馮《注》引《詩話類編》云："憂唐之衰。"又引楊守智曰："遲暮之感，沉淪之痛，觸緒紛來。"我們認爲，把二者結合起來，始符"知人論世"之道，始得詩人之旨。

雨〔一〕

摵摵度瓜園〔二〕，依依傍竹軒〔三〕。秋池不自冷〔四〕，風葉共成暄〔五〕。窗迥有時見，簷高相續翻〔六〕。侵宵送書雁，應爲稻粱恩〔七〕。

〔一〕此詩瓣香杜甫《春夜喜雨》，寫夜雨細膩入微。而俗務勞形，於篇末見意。作年無考。

〔二〕摵摵度瓜園：自此以下六句是寫從有微弱燈光的竹軒內聽到和看到秋雨淋灕。首先是聽到雨聲，自遠而近。摵摵，形容雨打瓜葉聲。盧諶《時興詩》：“摵摵芳葉零。”是此語詞所本。

〔三〕依依傍竹軒：寫雨由遠而近。依依，隱約之意，陶潛《歸園田居》：“依依墟里煙。”竹軒，從下文“簷高”字看，當指竹樓上的欄杆而言。竹，或本作“水”，非。

〔四〕秋池不自冷：言雨後氣溫下降，其變化首先由秋池水色格外冷冽顯示出來。

〔五〕風葉共成暄：風雨交加，竹葉上滙合成一派喧鬧。

〔六〕“窗迥有時見”二句：意思是：天雖然雲昏如墨，但竹樓卻因爲開着小窗借着燈光有時可以看到一些雨絲；同時因爲竹樓去地較高，還可以看到因受疾風攪動，雨點自上而下不時翻覆的美妙情景。馮注：“寫秋雨入微。”

〔七〕“侵宵送書雁”二句：《文選》劉峻《廣絕交論》：“分雁鶩之稻粱。”馮注：“此借慨身在幕府。”按馮說是。幕職簿領叢脞，需要早起上班，而夜雨侵晨，故俗務令人生憎。

當句有對〔一〕

密邇平陽接上蘭〔二〕，秦樓鴛瓦漢宮盤〔三〕。池光不定花光亂[四]，日氣初涵露氣乾[五]。但覺游蜂繞舞蝶[六]，豈知孤鳳憶離鸞[七]！三星自轉三山遠[八]，紫府程遙碧落寬[九]。

〔一〕當句有對：律句對偶，一般都是分置於起落句，而非安排在一句當中。其安排一句當中者，謂之"當句對"或"當句有對"。這也是我國古代詩人充分利用漢語的特點，在藝術形象的創造上所進行的一種新的探索與嘗試。中唐詩人白居易已經開始這樣做了。據《東坡題跋》所引的白氏《寄韜光禪師》詩："一山門（一作分）作兩山門，兩寺原從一寺分。東澗水流西澗水，南山雲起北山雲。前臺花發後臺見，上界鐘聲下界聞。遙想吾師行道處，天香桂子落紛紛。"通篇除結尾兩句外，皆用"當句對"，而此詩則貫徹始終。所以馮浩注說："八句皆自爲對，創格也。標以爲題，猶無題耳。"通篇似以一個入道的貴主的孤棲苦寂生活爲中心而進行鋪叙形容。這裏有思想感情的有機聯繫，並非單純是一幅綺縠紛披的古集錦。馮氏所解，殆猶未窺一間。此詩馮《譜》入不編年。張《箋》編於大中五年，箋云："此初除博士之寓言也。"未免拘泥，不可取。

〔二〕密邇平陽接上蘭：此句點明貴主身分及入道宮觀。密邇，謂此貴主地位鄰近漢之平陽公主。《漢書·衛青傳》："平陽侯曹壽尚武帝姊陽信長公主，後壽有惡疾，就國，迺詔衛青尚平陽主。"《三輔黃圖》："上林苑有上蘭觀。"觀，秦漢以前以爲宮闕名。自後魏以後，始專用爲道士所居。接上蘭，暗喻貴主入道所在，非寫實。此句平陽、上蘭皆地名，互爲對偶。

〔三〕秦樓鴛瓦漢宮盤：此句極寫道觀營構的壯麗，而又以鴛鴦瓦、承露盤切合貴主求仙事。因爲秦樓舊有弄玉、蕭史夫婦雙雙仙去的傳說，故暗以鴛瓦關合。漢宮盤，指漢建章宮中仙人承露盤。《三輔黃圖》三："建章宮神明臺，《漢書》曰：'建章有神明臺。'《廟記》曰：

'神明臺，武帝造祭仙人處。上有承露盤，有銅仙人舒掌捧銅盤玉杯以承雲表之露。以露和玉屑服之，以求仙道。'《長安記》：'仙人掌，大七圍，以銅爲之。魏文帝徙銅盤，折，聲聞數十里。'"（據《魏略》，魏徙銅盤，是明帝景初元年間事。此云文帝，似誤。）據此，則漢宮盤，自三國以後，已不復在長安。義山詩此處不過是借用以喻入道修仙而已。此句"秦樓瓦"與"漢宮盤"互爲對偶。

〔四〕池光不定花光亂：以下兩句是寫入道棲真所在地的自然景象。此寫風來。"池光"與"花光"偶對。

〔五〕日氣初涵露氣乾：此寫雨霽。"日氣"與"露氣"偶對。

〔六〕但覺游蜂繞舞蝶：以下二句用比興，以蟲鳥喻人事。蜂狂蝶舞，亂成一片的熱鬧景象反襯下面道觀女真的孤寂苦悶生活。"游蜂"、"舞蝶"句中偶對。

〔七〕豈知孤鳳憶離鸞：此借禽鳥求友代訴女真內心深處燃燒着熾熱的生命之火。比物此志，唐代詩人，所在多有。按《西京雜記》："慶安世年十五，爲成帝侍郎，善鼓琴，能爲雙鳳離鸞之曲。"從此離鸞別鳳就成爲曠男怨女的常用代語。"憶"，《唐音戊籤》作"更"。"孤鳳"、"離鸞"，句中偶對。

〔八〕三星自轉三山遠：以下二句，總言入道修真，苦行可嘉，而成仙無望。三星，語用《詩·唐風·綢繆》："綢繆束薪，三星在天；今夕何夕？見此良人。"又："綢繆束芻，三星在隅……綢繆束楚，三星在戶……"鄭箋："三星，謂心星也……爲二月之合宿，故嫁娶者以爲候焉。"又云："心星在隅，謂四月之末，五月之中……"又："心星在戶，謂五月之末，六月之中……"所以這裏所寫的"三星自轉"，乃潛喻斗轉星移，年光在迅速流逝。又《綢繆》詩小序云："刺晉亂也，國亂則婚姻不得其時焉。"這是義山"三星自轉"起興的深意所在。揭露李唐王朝提倡道教，引導人們學道求仙，斷送終生的虛妄無知。三山，方士所傳的三神山。《史記·封禪書》:"自(齊)威、宣、燕昭使人入海,求蓬萊、方丈、瀛洲。此三神山者,其傳(或作"傅")在渤海中,去人不遠。……未至,望之如雲;及到,三神山反居水下。臨之,風輒引去,終莫能至云。世主莫不甘心焉。"可見三神山之説,是方士們所捏造的捕風捉影之談,用以欺騙愚昧無知的世俗皇帝的。"三星"、"三山",上下偶對。

〔九〕紫府程遥碧落寬:《十洲記》(舊題漢東方朔撰,實際是魏晉以後方士所僞托):"青丘紫府宮,天真仙女游於此地。"道藏《度人經》注:"東方第一天,有碧霞遍滿,是云碧落。"寬字這裏是"河漢無極"的委婉説法,意思是諷這些説得天花亂墜的空中樓閣,完全是方士漫無邊際的造謡。"紫府"、"碧落",句中偶對。